Inhaltsverzeichnis

Vorwort.. 12

Individuelles Lernen und Lernen in der Gemeinschaft......................... 12
Bärbel Kopp, Sabine Martschinke, Meike Munser-Kiefer,
Michael Haider, Eva-Maria Kirschhock, Gwendo Ranger &
Günter Renner

Hauptvorträge 19

Adaptive Lerngelegenheiten in der Grundschule: Merkmale,
methodisch-didaktische Schwerpunktsetzungen und erforderliche
Lehrerkompetenzen 19
Silke Hertel

Die Individualisierung des Lernens unter den Bedingungen der
Institution Schule 35
Georg Breidenstein

Symposien 51

Wirksamkeit von Sprachförderung 51
Diemut Kucharz, Gisela Kammermeyer, Christine Beckerle,
Katja Mackowiak, Katja Koch, Ann-Kathrin Jüttner, Sarah
Sauer, Ilonca Hardy, Henrik Saalbach, Birgit Lütje-Klose,
Ulrich Mehlem & Magdalena Spaude

Forschendes Lernen und Studieren in der neuen
Grundschullehrerausbildung. Konzepte und Projekte aus NRW 67
Charlotte Röhner, Petra Büker, Nicola Bunte, Susanne Miller,
Katrin Velten & Jutta Wiesemann

Schulwissen für und über Kinder – Historische Rekonstruktionen 81
Michaela Vogt, Katrin Stöcker & Margarete Götz

Individuelle Förderung **94**

Förderdiagnostische Arbeit im Schriftspracherwerb der
Grundschule – auch eine Frage von Überzeugungen? 94
Susanne Gebauer, Maria Fölling-Albers, Andreas Hartinger &
Astrid Rank

Heterogene Lernvoraussetzungen im Übergang – Ausprägung,
Erfassung und Einschätzung 98
Sonja Dollinger

Die Entwicklung von Lehrerüberzeugungen und von
Unterrichtsqualität im Modellprojekt „Bildungshaus 3 – 10" 102
Doris Drexl

Bildungsdokumentationen im Übergang von der
Kindertageseinrichtung in die Grundschule aus der Perspektive von
Erzieherinnen, Erziehern und Grundschullehrkräften – Ergebnisse
aus dem Projekt „WirKt" 106
Johanna Backhaus, Andrea Bogatz & Petra Hanke

Sichtweisen von Erzieherinnen und Grundschullehrkräften auf die
Entwicklung einer gemeinsamen Bildungsdokumentation –
qualitative Befunde aus dem Paderborner Modellprojekt
„Kinderbildungshaus" 110
Petra Büker

Lehrkompetenz und kompetenzorientierte Lernaufgaben im
Sachunterricht 114
Andrea Becher & Eva Gläser

Individuelle Lern-Entwicklungs-Analysen im Übergang von der
Kita in die Grundschule aus Elternperspektive 118
Ute Geiling & Katrin Liebers

Individuelle Förderung und Lernen in der Gemeinschaft als
Themen der Schulentwicklung 122
Heike de Boer

Bärbel Kopp • Sabine Martschinke
Meike Munser-Kiefer • Michael Haider
Eva-Maria Kirschhock • Gwendo Ranger
Günter Renner (Hrsg.)

Individuelle Förderung und Lernen in der Gemeinschaft

Springer VS

Herausgeber
Bärbel Kopp
Sabine Martschinke
Meike Munser-Kiefer
Michael Haider
Eva-Maria Kirschhock
Gwendo Ranger
Günter Renner

Friedrich-Alexander-Universität Erlangen-Nürnberg, Deutschland

ISBN 978-3-658-04478-7   ISBN 978-3-658-04479-4 (eBook)
DOI 10.1007/978-3-658-04479-4

Die Deutsche Nationalbibliothek verzeichnet diese Publikation in der Deutschen Natio-
nalbibliografie; detaillierte bibliografische Daten sind im Internet über http://dnb.d-nb.de
abrufbar.

Springer VS
© Springer Fachmedien Wiesbaden 2014

Springer VS ist eine Marke von Springer DE. Springer DE ist Teil der Fachverlagsgruppe
Springer Science+Business Media.
www.springer-vs.de

Grundschule in der lokalen Bildungslandschaft – Schulentwicklung
im kommunalen Setting.. 126
Anke Spies

Lernprozessbegleitung als Gestaltungselement der individuellen
Förderung.. 130
Julia Steinfeld, Ingelore Mammes & Kathrin Racherbäumer

Diagnose und Förderung von Kindern im Rahmen von
Wochenplanarbeit im Anfangsunterricht der Grundschule..................... 134
Melanie Eckerth

Lernentwicklungsgespräche – Gespräche über individuelle
Lernprozesse?... 138
Marina Bonanati

Frühe Förderung eines entwicklungsorientierten
Schriftspracherwerbs – aktueller Forschungsstand,
Forschungsfragen und Design der Studie 142
Susanne Geyer

Förderung der Lesekompetenz von Grundschulkindern mit
Migrationshintergrund im Rahmen der LERNEN[plus]
Ferienlerncamps.. 146
Jule von der Haar

Der Erfolg von zwei Rechtschreibförderprogrammen unter
Berücksichtigung individueller Voraussetzungen von
Grundschülern... 150
Skadi Neubauer & Sabine Kirchner

Die Förderung der Schlussfolgerungsfähigkeit beim
naturwissenschaftlichen Lernen im Primarbereich 154
Christin Robisch & Kornelia Möller

Die Koordination von Theorie und Evidenz bei Vorschulkindern:
Ergebnisse einer Vorstudie zu Scaffolding-Maßnahmen........................ 158
Simone Stephan-Gramberg & Ilonca Hardy

Gemeinsames Lernen **162**

»Dissensfähigkeit« und gemeinsames Lernen 162
Bettina Blanck

Wenn Lernen und Lehren zusammentreffen: gegenseitiges Helfen
in heterogenen Klassen 166
Sabine Campana Schleusener

Gemeinsam „Das Miteinander lernen" – Sachlernen in
altersübergreifenden Lernsettings 170
Iris Lüschen & Astrid Kaiser

Kita- und Grundschulkinder lernen zusammen. Altersmischung in
kooperativen Settings aus Kindersicht 174
Agnes Kordulla

Jedem das Seine oder allen das Gleiche? – Individuelle
Lernunterstützung in Schülerarbeitsphasen im Leseunterricht der
Grundschule 178
Miriam Lotz & Frank Lipowsky

Mit Video einen mikroanalytischen Blick auf gemeinsam
konstruierte Lernprozesse von Kindern richten 182
*Monika Sujbert, Patrick Sunnen, Béatrice Arend & Pierre
Fixmer*

Gemeinsames Reflektieren über im Kunstunterricht entstandene
Arbeiten. Zur Konzeption der videobasierten Untersuchung 186
Sonja Orth & Gabriele Faust

„Hiermit eröffne ich…" – Gesprächspraxis in einem
Schülerparlament 190
Ilka Hutschenreuter

Interkulturelles Lernen in Kindergruppen – eine vergleichende
Grundschulstudie in Frankreich und Deutschland 194
Bernd Wagner

Bifokales Experimentieren im Sachunterricht: Förderung von naturwissenschaftlicher Bildung und Sprachkompetenzen 198
Anja Gottwald

Prozesse der Zusammenarbeit im Teamteaching (ProZiTT) – ein Forschungsansatz zur Sichtbarmachung der Nutzung kreativer Potentiale 202
Elke Hildebrandt & Karin Maienfisch

Herausforderungen zwischen individueller Förderung und gemeinsamem Lernen 206

Soziale Integration in einer Klasse mit festem Lehrertandem – zum Stand nach dem ersten Schuljahr 206
Wolfgang Dworschak & Elke Inckemann

Entwicklung einer Studie zum gemeinsamen Unterricht von Kindern mit und ohne Sehschädigung 210
Sarah Wieckert

Schulbegleitung – Die richtige Unterstützungsmaßnahme für Schüler mit (geistiger) Behinderung zur Realisierung ihres Bildungsrechts an der allgemeinen Schule? 214
Wolfgang Dworschak

Grundschullehrkräfte im Entscheidungsdilemma zwischen Fördern und Selektieren 218
Brigitte Kottmann & Susanne Miller

Inklusive Bildung auch für „Grenzfälle"? Lernprozessgestaltung für SchülerInnen mit starken Beeinträchtigungen. Eine fallrekonstruktive Studie aus systemtheoretischer Perspektive 222
Susanne Peters

Multikulturelle und mehrsprachige Schülerschaft – homogen ausgerichtete Lehramtsstudierende? 226
Astrid Rank

Übergänge in das schulpraktische Studieren und Lernen unter den
Bedingungen von sprachlicher Heterogenität: Theorie, Design und
erste Ergebnisse der ÜschSL-Studie 230
Liselotte Denner & Fatma Ilyasoglu

Einstellungen und Sichtweisen von Grundschullehrerinnen und
Grundschullehrern im Umgang mit ethnisch-kultureller Vielfalt 234
Birgit Hüpping

Lesefähigkeiten und metakognitive Lesestrategien bei Kindern mit
Deutsch als Erst- und Zweitsprache im Vergleich 238
Frank Hellmich, Sandra Niebuhr-Siebert & Sabrina Förster

Ressourcenorientierte Begabungsberatung 242
Susanne Trottler, Bettina Harder & Albert Ziegler

Erkläre, was Familie ist! Präkonzepte von Kindern im
sozialwissenschaftlichen Sachunterricht 246
Robert Baar

„Also Krieg ist, wenn ..." – Empirisch begründete Impulse für die
Konzeption von Lernsituationen für das politische Lernen im
Sachunterricht 250
Nina Kiewitt

„Individuelle Förderung und Lernen in Gemeinschaft?!" Eine
Qualitätsanalyse von Sachunterricht 254
Ines Oldenburg, Anne Mertens, Heinke Röbken & Klaus Zierer

Zum Zusammenhang von Schulnoten und Kreativität im
Kunstunterricht der Grundschule – Erste Befunde 258
Nicole E. Berner, Miriam Lotz & Caroline Theurer

Entwicklung von Kindern im mathematischen Bereich im
Übergang von der Kindertageseinrichtung in die Grundschule –
Ergebnisse aus dem FiS-Projekt 262
Melanie Eckerth, Petra Hanke & Anna Katharina Hein

Soziale und emotionale Kompetenzen von Kindern im
Modellprojekt „Bildungshaus 3 – 10" – Eine Längsschnittstudie zu
Übergangsprozessen vom Kindergarten in die Grundschule 266
Nicole Sturmhöfel

Kriterien der Übergangsempfehlung – Eine qualitative
Interviewstudie mit Grundschullehrkräften 270
Kim Riek & Stefanie van Ophuysen

Die Erfahrung des individuellen Lernens in der Grundschule als
(mögliche) Herausforderung für den Übergang in die
weiterführende Regelschule 274
Anca Leuthold-Wergin

Poster **278**

„Liebe Mama Kroko…" – Anlage und erste Ergebnisse des
Projekts NaSch1 278
Sanna Pohlmann-Rother, Gabriele Faust & Anja Kürzinger

Entwicklung diagnostischer Fähigkeiten bei Lehramtsstudierenden 280
Frank Hellmich & Fabian Hoya

,Individualisiertes und Gemeinsames Lernen' – Eine Antinomie
inklusiven Unterrichts? 282
Katja Scheidt

Die Wirkung von Ausbildung auf fachliches und fachdidaktisches
Wissen von Lehrkräften im naturwissenschaftlichen Sachunterricht 284
Maike Schmidt, Katharina Fricke & Stefan Rumann

Persönlichkeitsförderung im Übergang von der Grundschule in die
Sekundarstufe 286
Stefan Kienle & Bärbel Kopp

Verzeichnis der Autorinnen und Autoren **288**

Individuelles Lernen und Lernen in der Gemeinschaft

Bärbel Kopp, Sabine Martschinke, Meike Munser-Kiefer, Michael Haider, Eva-Maria Kirschhock, Gwendo Ranger & Günter Renner

Grundschule als Schule für alle Kinder will einerseits jedem Kind passende Lernangebote für eine günstige Leistungs- und Persönlichkeitsentwicklung bereitstellen, andererseits aber auch gemeinsames Lernen in Kooperation und Ko-Konstruktion ermöglichen. Damit bewegt sich Grundschule im Spannungs-feld zwischen individueller Förderung und Lernen in der Gemeinschaft. Lehr-kräfte in der Grundschule stehen bei dieser Aufgabe wie in keiner anderen Schulart vor dem Problem heterogener Ausgangslagen, müssen dem Anspruch einer adaptiven Lehrkompetenz gerecht werden und dürfen dabei Zielstellungen gemeinsamen Lernens nicht aus den Augen verlieren.

Die 21. Jahrestagung der Kommission Grundschulforschung und Pädagogik der Primarstufe 2012 in Nürnberg hat sich dieses Spannungsfeld zwischen individu-ellem Lernen und Lernen in der Gemeinschaft als Rahmenthema gesetzt. Es gibt zum einen Beiträge, die jeweils eher auf dem einen oder anderen Pol – individu-elles oder gemeinsames Lernen – ihren Schwerpunkt setzen, zum anderen aber auch Beiträge, die eine Verbindung der konkurrierenden Ansätze thematisieren. Im vorliegenden Tagungsband finden sich zwei Hauptbeiträge, drei Symposi-umsdokumentationen und 46 Einzelbeiträge. Dabei sind Beiträge, die im Rah-men eines Symposiums gehalten, aber als schriftlicher Beitrag einzeln einge-reicht wurden, in die entsprechenden thematischen Bezugskapitel eingeordnet. Am Ende des Bandes finden sich fünf Posterbeiträge in Kurzform.

Hauptbeiträge

Beide Hauptbeiträge nehmen das Tagungsthema auf und diskutieren dies einmal aus der Perspektive des quantitativen, einmal aus der Perspektive des qualitati-ven Forschungsparadigmas: Mit einem für die Grundschulpädagogik einschlä-gigen Thema, dem **Umgang mit heterogenen Lernvoraussetzungen**, befasst sich die Dokumentation des Eröffnungsvortrags von Silke Hertel. Hier werden das Konzept der Adaptivität inklusive erforderlicher Lehrerkompetenzen darge-stellt, der Einsatz von Differenzierungsstrategien im Unterricht beschrieben und mit dem Projekt IGEL eine umfangreiche, quasi-experimentell angelegte Inter-ventionsstudie zu adaptivem Lernen an Grundschulen vorgestellt. Georg Brei-densteins Plenarvortrag fokussiert auf die **Frage nach den strukturellen Be-dingungen geöffneten Unterrichts** und weist Handlungsprobleme aus, die sich aus der Individualisierung des Unterrichts bei gleichzeitiger Notwendigkeit,

Lernprozesse für Kindergruppen kollektiv zu organisieren, ergeben. Exemplarische Szenen aus Beobachtungsprotokollen und Videobeobachtungen einer kamera-ethnographischen qualitativen Studie beschreiben dabei, wie Lehrkräfte mit der Vielzahl individueller Anliegen umgehen, wie sie individualisierte Arbeitsprozesse zeitlich koordinieren und wie individualisierter Unterricht didaktisch gesteuert wird.

Symposien

Das Symposium zur **Wirksamkeit von Sprachförderung** (Diemut Kucharz, Gisela Kammermeyer, Christine Beckerle, Katja Mackowiak, Katja Koch, Ann-Kathrin Jüttner, Sarah Sauer, Ilonca Hardy, Henrik Saalbach, Birgit Lütje-Klose, Ulrich Mehlem und Magdalena Spaude) bündelt vier Forschungsprojekte, die die Wirksamkeit von Sprachförderung in Kindertagesstätte und/oder Grundschule untersuchen. Mit dem Fokus auf individueller Förderung werden dabei Sprachentwicklungsprozesse in der Interaktion zwischen pädagogischer Fachkraft und Kind in den Blick genommen. Das Symposium zum **Forschenden Lernen in der Grundschule** (Charlotte Röhner, Petra Büker, Nicola Bunte, Susanne Miller, Katrin Velten und Jutta Wiesemann) gibt einen Überblick über Modelle forschenden Lernens in der universitären Lehrerbildung. Konkretisiert wird dies mit Ausbildungskonzepten an den Standorten der Universitäten Bielefeld, Paderborn und Siegen. **Historische Rekonstruktionen** bilden den Kern des dritten Symposiumsbeitrages (Michaela Vogt, Katrin Stöcker und Margarete Götz). **Schulwissen für und über Kinder** stellt gesellschaftlich erzeugte Wissensbestände dar, aus denen sich Professionswissen in Abgrenzung zum Laienwissen entwickelt. In zwei Projekten werden Beiträge zur Lehrerprofessionalisierung dargeboten, einmal bezogen auf historische Lehrmittelforschung, das andere Mal an der Schnittstelle zu historisch-sozialwissenschaftlicher Kindheitsforschung.

Einzelbeiträge

In drei inhaltlichen Blöcken nehmen die sich anschließenden Einzelbeiträge Bezug auf das Tagungsthema. Ein Themenblock bündelt Beiträge mit dem Schwerpunkt der individuellen Förderung, ein zweiter zum gemeinsamen Lernen. Der dritte Block stellt die besonderen Herausforderungen dar, die durch die Verknüpfung individuellen und gemeinsamen Lernens entstehen. Dabei liegt es in der Natur dieses Spannungsfeldes, dass eine trennscharfe inhaltliche Abgrenzung nicht immer möglich ist und daher die einzelnen Aufsätze auch Aspekte aus anderen Themenblöcken tangieren.

Individuelle Förderung

Ein erster Themenblock beinhaltet verschiedene Beiträge zur individuellen Förderung. Die Forderung nach **Diagnose und Förderung** wird beispielsweise von mehreren Autorinnen und Autoren aufgenommen. Dabei lenken insgesamt fünf Beiträge den **Blick auf Lehr- und pädagogischen Fachkräfte** (von Susanne Gebauer, Maria Fölling-Albers, Andreas Hartinger und Astrid Rank, von Sonja Dollinger, von Doris Drexl, von Johanna Backhaus, Andrea Bogatz und Petra Hanke und von Petra Büker). In diesen Beiträgen wird aufgezeigt, welche Akzeptanz Diagnose und Förderung erfährt. Andrea Becher und Eva Gläser legen zusätzlich dar, dass Lehrkräfte über die Fähigkeit verfügen müssen, kompetenzorientierte Lernaufgaben zu erstellen, um Lehr-Lernprozesse zu fördern. Ute Geiling und Katrin Liebers nehmen in den Blick, welche Einstellungen und Erwartungen **Eltern** zum Tätigkeitsfeld der Diagnostik im Übergang zur Grundschule haben und weisen darauf hin, dass der Wunsch nach gut vororientierten Lehrpersonen vorrangig ist.

Dieser Themenblock wird ergänzt um die **Perspektive der Schulentwicklung**, deren nachdrückliches Ziel es sein muss, sich dem Anspruch zwischen individueller Förderung und Lernen in Gemeinschaft zu stellen (Heike de Boer) und Bildungschancen dadurch zu erhöhen, dass herkunftsbedingte Benachteiligungen über strukturelle Maßnahmen entschärft werden (Anke Spies).

Wie **individuelle Förderung im Unterricht konkret** umgesetzt wird, stellt sich im Anschluss dar: Julia Steinfeld, Ingelore Mammes und Kathrin Racherbäumer erfassen Unterrichtspraxis im Anfangsunterricht und belegen, in welchem Ausmaß tatsächlich Lernprozessbegleitung stattfindet. Melanie Eckerth zeigt, wie gezielte, auf Diagnose basierende Fördereinheiten im Rahmen des Wochenplans gelingen können und Marina Bonanati analysiert exemplarisch ein Lernentwicklungsgespräch kritisch, um auf Ansatzpunkte zur Verbesserung hinzuweisen.

Mit einzelnen **Beiträgen zu speziellen Fördermaßnahmen** wird dieser Themenblock zum individuellen Lernen abgeschlossen: Für den **Lernbereich Deutsch** sucht Susanne Geyer nach Erkenntnissen zu früher schriftsprachlicher Förderung, Jule von der Haar entwickelt ein Konzept zur Förderung der Lesekompetenz von Erst- bis Viertklässlern mit Migrationshintergrund, Skadi Neubauer und Sabine Kirchner vergleichen Rechtschreibförderprogramme, während zwei weitere Beiträge den **naturwissenschaftlichen Lernbereich** untersuchen: Christin Robisch und Kornelia Möller suchen nach einer möglichst effektiven Unterstützung im Unterricht, wenn es gilt, Schlussfolgerungsfähigkeiten zu fördern; Simone Stephan-Gramberg und Ilonca Hardy stellen heraus, dass eine Kombination aus adaptivem Nachfragen und Modellieren frühes naturwissenschaftliches Lernen wirksam unterstützen kann.

Gemeinsames Lernen

Ein zweiter inhaltlicher Block bündelt Beiträge zum gemeinsamen Lernen. Die hier eingeordneten Beiträge fragen nach **Abläufen und Ereignissen beim Lernen in der Gemeinschaft**, das sich auf unterschiedlichste Weise vollziehen kann.

Vorab entwickelt Bettina Blanck ein Verständnis von gemeinsamem Lernen als Entfaltung und Integration aller Erwägungen von Kindern mit dem Ziel, den Austausch konträrer Lösungsoptionen zu befördern.

Den Blick auf **altersgemischte Gruppen** werfen die Beiträge von Sabine Campana Schleusener, von Iris Lüschen und Astrid Kaiser sowie von Agnes Kordulla: Einmal werden die Hilfeinteraktionen in altersgemischten Klassen protokolliert und mit einem Plädoyer für die Etablierung einer guten Helferkultur abgerundet, der zweite Beitrag wird von der Thematik des Peer-Learning bestimmt, während im dritten danach gefragt wird, wie Kinder Altersmischung in Bezug auf Kooperation und Hilfestellung erleben.

Im Anschluss daran werden **exemplarisch besondere Situationen gemeinsamen Lernens** thematisiert: Miriam Lotz und Frank Lipowsky nehmen in einer Videostudie Hilfestellungen bei Leseübungsphasen in den Blick und untersuchen, wie sich diese Hilfeprozesse im Spannungsfeld von Adaptivität und Gleichbehandlung bewegen. In einer mikroanalytischen Untersuchung videographierter Lernsituationen wird durch Monika Sujbert, Patrick Sunnen, Béatrice Arend und Pierre Fixner gezeigt, wie Kinder ihr Verhalten im gemeinsamen Tun organisieren. Sonja Orth und Gabriele Faust berichten aus einer Studie zur Qualitätseinschätzung der Reflexionsphase im Kunstunterricht. Das Schülerparlament als eine besondere Form des gemeinsamen Aushandelns ist das zentrale Thema von Ilka Hutschenreuther, wenn sie eine ethnographische Studie zur Analyse von Eröffnungsroutinen und Gesprächsstrukturierungen durch die Lehrkraft vorstellt, ebenso widmet sich Bernd Wagner einer besonderen Fragestellung, wenn er über Lernprozesse in Kindergruppen im Kontext von Schüleraustauschprogrammen berichtet. Am Beispiel **Sachunterricht** zeigt Anja Gottwald, wie durch Experimentieren Effekte auf Sprachkompetenzen erzielt werden können, indem Kinder miteinander über das Erlebte sprechen. Elke Hildebrandt und Karin Maienfisch nehmen in diesem Themenblock abschließend die **Lehrerperspektive** ein, indem sie Prozesse der Zusammenarbeit und des gemeinsamen Lernens am Beispiel des Teamteachings untersuchen.

Besondere Herausforderungen zwischen individueller Förderung und gemeinsamem Lernen

Hier sind solche Beiträge zu finden, die besondere Herausforderungen zwischen individueller Förderung und gemeinsamem Lernen thematisieren. Eine erste große Herausforderung stellt dabei der **gemeinsame Unterricht in inklusiven**

Settings dar. Speziell diesem Fokus verschreiben sich fünf Beiträge: Wolfgang Dworschak mit Elke Inckemann sowie Sarah Wieckert gehen der Frage nach den Effekten spezieller inklusiver Settings nach. Wolfgang Dworschak liefert in diesem Zusammenhang einen weiteren Betrag, der sich auf die Auslotung von Potenzialen und Risiken der Schulbegleitung bezieht. Im Rahmen inklusiver Beschulung leuchten Brigitte Kottmann und Susanne Miller den Entscheidungsspielraum der Grundschullehrkräfte im Vorfeld der Entscheidung zur Meldung von Kindern mit Förderbedarf aus und arbeiten dabei heraus, wo Lehrkräfte aus ihrer Perspektive Schwierigkeiten sehen, Kinder mit erheblichen Lernschwierigkeiten zu unterrichten. Der Beitrag von Susanne Peters zeigt, welches Spannungsverhältnis zwischen den Vorstellungen bezüglich der Lernprozessgestaltung zwischen Eltern eines Schülers mit Behinderung und dem pädagogischem Team bestehen kann.

Eine weitere Herausforderung im Rahmen des Spannungsfeldes individuelle Förderung und gemeinsames Lernen ist der **Umgang mit ethnisch-kultureller Vielfalt**. Unter **Professionalisierungsaspekten** fokussiert Astrid Rank Kompetenzen von Grundschullehramtsstudierenden im Umgang mit Kindern mit Migrationshintergrund, genauso untersuchen Liselotte Denner und Fatma Ilyasoglu Lehramtsstudierende, allerdings unter dem Fokus, welche individuellen Voraussetzungen, Strategien und Anstrengungen geeignet sind, um die anstehenden Übergangsprozesse mehrsprachiger Studierender zu befördern. Birgit Hüpping erfasst subjektive Perspektiven berufserfahrener Lehrkräfte und appelliert, die Professionalisierungsansprüche im Bereich interkultureller Bildung nicht aus dem Blick zu verlieren. Im Rahmen der Herausforderung ethnisch-kultureller Vielfalt wenden sich Frank Hellmich, Sandra Niebuhr-Siebert und Sabrina Förster der Frage nach Unterschieden in Lesefähigkeiten und metakognitiven Strategien bei Kindern mit Deutsch als Zweitsprache zu und zeigen damit das Ausmaß **sprachlich bedingter Heterogenität** auf.

Ebenfalls berücksichtigt wird im Rahmen des Tagungsthemas die Analyse **unterschiedlicher Lernvoraussetzungen**, die individuell erfasst und im gemeinsamen Lernen bearbeitet werden müssen. Susanne Trottler, Bettina Harder und Albert Ziegler liefern ein Beispiel für Förderdiagnostik im Bereich der Hochbegabtenförderung, Robert Baar diagnostiziert Präkonzepte von Kindern zum Thema Familie und zeigt auf, dass gerade die Begegnung mit anderen Erfahrungsträgern wichtig ist, um die Grundlage für die weitere Konzeptentwicklung zu liefern. Nina Kiewitt berichtet aus einer phänomenographischen Untersuchung über verschiedene Erlebensvarianten des Phänomens Krieg.

Darüber hinaus werden **ausgewählte Herausforderungen exemplarisch** aufgegriffen, z.B. die Qualität von Sachunterricht (Ines Oldenburg, Anne Mertens, Heinke Röbken und Klaus Zierer) oder die Beurteilung von Leistung im Kunstunterricht (Nicole E. Berner, Miriam Lotz und Caroline Theurer).

Dieser thematische Block wird abgerundet durch vier Beiträge, die sich schwerpunktmäßig dem Thema der **Übergänge** widmen: Die Notwendigkeit der individuellen Diagnose von Lernvoraussetzungen und deren Ausprägung gegen Ende der Zeit in der Kindertagesstätte belegen Melanie Eckerth, Petra Hanke und Anna Katharina Hein, die Herausforderung des Übergangs von der Kindertagesstätte in die Grundschule und die damit verbundene, individuell zu diagnostizierende, aber in der Gemeinsamkeit erfolgende Entwicklung sozialer und emotionaler Kompetenzen wird im Beitrag von Nicole Sturmhöfel thematisiert. Kim Riek und Stefanie von Ophuysen befassen sich in einer qualitativen Interviewstudie mit Grundschullehrkäften mit dem Anspruch, übergansrelevante Kriterien mit der Fokussierung auf individuelle Schülerinnen und Schüler zu verbinden. In einer Einzelfallbetrachtung zeigt Anca Leuthold-Wergin auf, wie die Erfahrung des individuellen Lernens in der Grundschule zur Herausforderung für den Übergang in die weiterführende Regelschule mit neuer Klassengemeinschaft wird.

Posterbeiträge

Am Ende des Bandes dokumentieren jeweils zweiseitige Beiträge die **Posterpräsentationen** der Jahrestagung. Dieser Block wird eröffnet durch einen mit dem Posterpreis ausgezeichneten Beitrag: Sanna Pohlmann-Rother, Gabriele Faust und Anja Kürzinger präsentieren die Anlage und erste Ergebnisse eines Forschungsprojekts zur Narrativen Schreibkompetenz. Ganz im Rahmen des Tagungsthemas schließen sich Beiträge zur Entwicklung diagnostischer Fähigkeiten bei Lehramtsstudierenden (Frank Hellmich und Fabian Hoya) und zu individualisiertem und gemeinsamem Lernen (Katja Scheidt) an. Maike Schmidt, Katharina Fricke und Stefan Rumann untersuchen die Wirkung von Ausbildung auf das fachliche und fachdidaktische Wissen von Lehrkräften im naturwissenschaftlichen Sachunterricht. Abschließend stellen Stefan Kienle und Bärbel Kopp ein Projekt zur Persönlichkeitsförderung im Übergang von der Grundschule in die Sekundarstufe vor.

Wie im vorliegenden Band deutlich wird: Forschung im Rahmen der Pädagogik der Primarstufe hat zum einen den Auftrag, Befunde zu Lernsettings zur **individuellen Förderung** aller Kinder zusammenzutragen und die Wirksamkeit gezielter Maßnahmen durch wissenschaftliche Begleitforschung zu optimieren. Erkenntnisse aus dem Bereich der Diagnose und Förderung sowie Wissen über individuelle Lernprozesse können dabei einen Beitrag zur Entwicklung einer adaptiven Lehrkompetenz liefern. Grundschulforschung muss aber zum anderen auch Bedingungen erfolgreichen **gemeinsamen Lernens** klären. Dies umfasst sowohl Lernen im Klassenverband als auch gegenseitigen Austausch und auf Unterstützung zielende Maßnahmen. Gerade vor dem Hintergrund aktueller Entwicklungen hat die Disziplin den Auftrag, sich dem Anspruch inklusiven Lernens zu stellen und verschiedene Umsetzungsmöglichkeiten zu prüfen. Das noch ungelöste Problem der Verbindung dieser beiden Ansprüche des individuellen Lernens und des Lernens in Gemeinschaft war implizite und explizite Thematik in diversen Beiträgen, aber auch in den Diskussionen und Gesprächen vor Ort. Dieser Band liefert Berichte über aktuelle Forschungsprojekte zum Tagungsthema und damit die Grundlage für weitere Forschungsarbeit, für eine gewinnbringende Diskussion in der Scientific Communitiy und für innovatives Gedankengut rund um die Tagungsthematik!

Allen Autoren und Autorinnen, allen Teilnehmern und Teilnehmerinnen an der 21. Jahrestagung der Kommission Grundschulforschung und Pädagogik der Primarstufe in Nürnberg, allen Lesern und Leserinnen ein herzliches Danke-schön für das Engagement und das Interesse an dieser aktuell bedeutsamen Diskussion!

Nürnberg, im August 2013

Das Herausgeberteam

Adaptive Lerngelegenheiten in der Grundschule: Merkmale, methodisch-didaktische Schwerpunktsetzungen und erforderliche Lehrerkompetenzen

Silke Hertel

Der produktive Umgang mit Heterogenität ist ein aktuelles Thema im Schulalltag und im bildungspolitischen Diskurs. Seit jeher ist die Berücksichtigung individueller Lernvoraussetzungen in Lehr- und Lernkontexten ein wichtiges pädagogisches Ziel und insbesondere in der Grundschule von Bedeutung. Der Beitrag befasst sich im ersten Teil mit dem Konzept der Adaptivität bzw. der „adaptiven Lernumgebungen", mit Kriterien für einen adaptiven Unterricht sowie erforderlichen Lehrerkompetenzen. Im zweiten Abschnitt wird beispielhaft eine Forschungsarbeit beschrieben, die sich mit dem Zusammenhang von Heterogenität innerhalb einer Klasse und dem Einsatz von Differenzierungsstrategien im Unterricht befasst. Schließlich wird mit dem Projekt IGEL im dritten Teil des Beitrags eine umfangreiche, quasi-experimentell angelegte Interventionsstudie dargestellt, die im Regelunterricht an Grundschulen durchgeführt wurde. Der Beitrag schließt mit einer kritischen Reflexion sowie Impulsen für weitere Forschung.

1 Problemaufriss

In der aktuellen bildungspolitischen Diskussion sowie im schulischen Alltag ist der produktive Umgang mit Heterogenität ein zentrales Themengebiet. Schülerinnen und Schüler entsprechend ihrer individuellen Lernvoraussetzungen und Möglichkeiten zu fördern und gleichzeitig die Vermittlung einer breiten Gesamtqualifikation sicherzustellen, sind seit jeher wichtige pädagogische Ziele und insbesondere in der Grundschule von Bedeutung (z.B. Einsiedler 2011a; Einsiedler/Martschinke/Kammermeyer 2008; Prengel 2010). Damit einher gehen auch der Anspruch und die Forderung nach Bildungsgerechtigkeit und Chancengleichheit (vgl. Hofer 2009). Lehrkräfte stehen täglich vor der Aufgabe, die Heterogenität der Schülerinnen und Schüler in ihrem Unterricht und ihrem darüber hinausgehenden pädagogischen Handeln konstruktiv zu berücksichtigen. Im Schulalltag ergeben sich Ansatzpunkte insbesondere in den Bereichen (1) Unterrichtsgestaltung und methodisch-didaktische Schwerpunktsetzungen im Unterricht, (2) individuelle Förderung durch Zusatzangebote sowie (3) Zusammenarbeit mit Eltern und Elternberatung. Im Rahmen dieses Beitrags wird der Fokus auf die Unterrichtsgestaltung und methodisch-didaktische Schwerpunktsetzungen gelegt. Hier setzt das Projekt IGEL „Individuelle Förderung und

adaptive Lern-Gelegenheiten in der Grundschule" (Hardy/Warwas/Büttner/
Hertel/Klieme/Lühken 2009) an, welches im Rahmen des IDeA-(Individual
Development and Adaptive Education of Children at Risk)-Zentrums durchge-
führt wird. Zusammenfassende Darstellungen der aktuellen Diskussion und des
Forschungsstandes finden sich bezogen auf das Konzept der „Individuellen
Förderung" bei Klieme und Warwas (2011) sowie bezogen auf die Zusammen-
arbeit mit Eltern und die Elternberatung bei Hertel, Bruder, Jude und Steinert
(2013).

Im Folgenden werden zunächst theoretische Überlegungen zu den Fragen
dargestellt, welche theoretischen Überlegungen mit dem Konzept der Adaptivität verbunden sind, wie sich diese im Unterricht zeigen kann und mit welchen
Anforderungen dies auf Seiten der Lehrkräfte einhergeht . Danach werden bei-
spielhaft zwei Forschungsarbeiten beschrieben, die sich mit der Adaptivität im
Schulalltag befassen: erstens eine Querschnittstudie von Warwas, Hertel und
Labuhn (2011) zum Zusammenhang von Leistungsheterogenität innerhalb der
Schulklasse, konstruktivistischen Überzeugungen der Lehrkraft und der Ver-
wendung von Differenzierungsstrategien und zweitens werden die zentralen
Forschungsfragen, das Untersuchungsdesign sowie erste Ergebnisse des Projekts
IGEL berichtet.

2   Theoretische Überlegungen zum Konzept der Adaptivität

2.1 Wo findet sich Adaptivität in der Lehr-Lernforschung?

Die Konzepte „Adaptivität" bzw. „adaptive Lernumgebung" sind im pädago-
gisch-psychologischen Diskurs nicht eindeutig konnotiert, obwohl sie eine lange
Tradition aufweisen und häufig verwendet werden. Insbesondere in den 1970er
und 1980er Jahren wurden viele (Forschungs-)Arbeiten zu „adaptive education"
(Glaser 1977), „adaptive instruction" (Cronbach/Snow 1977; Snow 1980; Wang
1980) und „adaptive teaching" (Corno/Snow 1986) durchgeführt und veröffentlicht. Den theoretischen Rahmen bildete das Konzept der Aptitute-Treatment-
Interaktion (ATI, Cronbach/Snow 1977). Nach den 1980er Jahren wurde die
Forschung in diesem Bereich jedoch kaum weitergeführt. Gegenwärtig wird das
Konzept der Adaptivität in drei Schwerpunktbereichen thematisiert: (1) im Be-
reich der computerbasierten Lernumgebungen, in dem sich innovative und umfangreiche Möglichkeiten der adaptiven Gestaltung individueller Lernprozesse
bieten (z.B. Bennet/Davis 2001; Chang/Sung/Chen 2001), (2) im Bereich der
Lehrerkompetenzen, für den die Arbeitsgruppe Beck et al. (2008) ein Modell der
Adaptiven Lehrkompetenz entwickelt hat sowie (3) im Bereich des adaptiven
Unterrichtens, mit dem sich Corno (2008) befasst und an dem das Projekt IGEL
ansetzt.

Die Adaptivität wird häufig auf der Ebene des Individuums verortet und in diesem Sinne etwa mit der individuellen Förderung einzelner Schülerinnen und
Schüler in Verbindung gebracht. Individuelle Unterschiede der Schülerinnen

und Schüler werden als „obstacles to be overcome" (Corno 2008, 171) angesehen, die durch spezifische Unterstützung im Unterricht sowie Zusatzangebote
ausgeglichen werden sollen. Adaptivität kann aber auch auf der Ebene von
Gruppen von Lernenden – z.b. Schulklassen – betrachtet werden. In diesem
Kontext ist Adaptivität als produktiver Umgang mit Heterogenität aufzufassen.
Ein besonderes Augenmerk liegt auf den Lerngelegenheiten, die sich aus den
individuellen Unterschieden der Schülerinnen und Schüler ergeben, sofern es
gelingt, diese bei der Unterrichtsgestaltung gewinnbringend zu berücksichtigen.
Individuelle Unterschiede werden in diesem Sinne als „opportunities for learn-
ing" aufgefasst (Corno 2008, 171).

Für den Schulalltag sind beide Perspektiven von Bedeutung: Sowohl die
adaptive Gestaltung von Unterricht – etwa im Rahmen von Binnendifferenzierung – als auch die individuelle Förderung – z.B. durch Zusatzangebote im
Bereich der Sprachförderung – sind wichtige Handlungsfelder von Lehrkräften.

2.2 Wann liegt Adaptivität vor und wie kann Adaptivität erreicht werden?

Die Frage danach, wann Adaptivität vorliegt bzw. wann von einem adaptiven
Unterricht gesprochen werden kann, ist sehr diffizil. Nicht selten wird Adaptivität mit Binnendifferenzierung im Unterricht gleichgesetzt– aber binnendifferen-
zierter Unterricht muss nicht zwangsläufig adaptiv sein.

In der Literatur finden sich unterschiedliche Ansatzpunkte und Argumentationslinien zur Definition von Adaptivität in Lehr-Lernsituationen. Diesen gemeinsam ist, dass Adaptivität aus der Ergebnisperspektive heraus definiert und
somit an eine normative Erwartung in Bezug auf erfolgreiche Lehr-
Lernprozesse geknüpft wird. Bezogen auf den Schulalltag lassen sich mindestens drei erwünschte Ziel- und Ergebnisperspektiven unterscheiden, aus denen
auf Adaptivität geschlossen werden kann: (1) das Erreichen einer Gleichheit der
Lernergebnisse, welches mit einer Leistungshomogenisierung einhergeht, (2)
das Erreichen eines gleichen Lernfortschritts, bei dem alle Schülerinnen und
Schüler in vergleichbarem und möglichst hohem Maße einen Lernzuwachs
aufweisen sowie (3) die optimale Nutzung des Entwicklungspotenzials jedes
Kindes, bei der ein individueller Bezugsrahmen zur Beurteilung von Lernergeb-
nis und -fortschritt angelegt wird (vgl. Arnold 2008; Hardy et al. 2011). Alle drei
Perspektiven haben ihre Berechtigung; in der empirischen Bildungsforschung
zeichnet sich allerdings ein Trend dahingehend ab, die gleichzeitige Erreichung
von Leistungshomogenisierung bei überdurchschnittlicher Leistungssteigerung
als Ziel eines guten Unterrichts zu betrachten (Hardy et al. 2011, 820).

Als Arbeitsdefinition für den Unterrichtskontext lassen sich in Anlehnung an
Corno (2008) sowie Hardy et al. (2011) folgende Kriterien für Adaptivität festhalten:
1. jedes Kind soll so gefördert werden, dass sein Potenzial optimal genutzt
    wird,
2. die curricularen (Mindest-)Standards sollen erreicht werden,

3. alle Kinder sollen in der Unterrichtseinheit dazulernen,
4. keine (Risiko-) Schülergruppe soll zurückfallen,
5. individuelle Unterschiede in den Lernvoraussetzungen sollen weniger sichtbar werden und
6. die Streuung innerhalb der Klasse bzw. Lerngruppe soll gleich bleiben oder verringert werden, in keinem Fall jedoch zunehmen.

Adaptivität in diesem Sinne impliziert eine optimale Förderung, d.h. eine Passung von Lernangebot bzw. Lernumgebung und Lernvoraussetzungen der Schülerinnen und Schüler sowie eine Nutzung und Verwirklichung individueller Potenziale. Unter individuellen Lernvoraussetzungen werden hierbei einerseits kognitive und motivational-volitionale Aspekte und andererseits Hintergrundmerkmale der Schülerinnen und Schüler, etwa Geschlecht, Alter, Migrationsstatus, familiärer Hintergrund, körperliche Beeinträchtigungen verstanden (z.B. Bos/Arnold/Faust/Fried/Hornberg/Lankes 2010; Hardy et al. 2011; Hasselhorn/Gold 2006; Kluczniok/Große/Roßbach 2011).

Die Anpassung des Unterrichts an die individuellen Lernvoraussetzungen lässt sich im Rahmen eines erweiterten Angebots-Nutzungs-Modells verorten (siehe Abbildung 1), welches Hardy et al. (2011) in Anlehnung an Helmke (2003) vorschlagen.

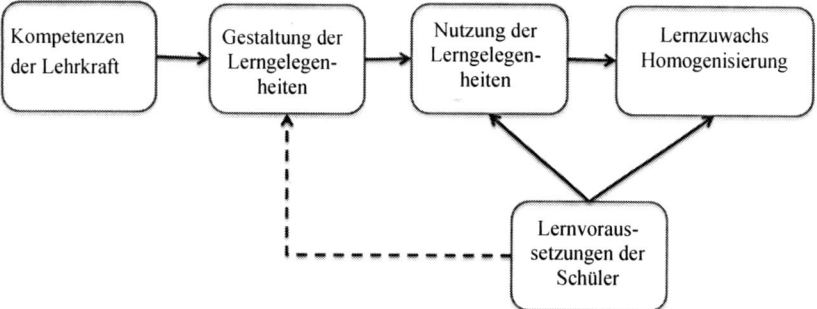

Abbildung 1:   Erweitertes Angebots-Nutzungs-Modell für Lerngelegenheiten (vgl. Hardy et al. 2011, 820)

Die Erweiterung zu Helmkes Angebots-Nutzungs-Modell besteht darin, dass sowohl die Gestaltung der Lerngelegenheiten im Unterricht als auch ihre Nutzung sowie die Ergebnisse des Unterrichts durch die Lernvoraussetzungen der Schülerinnen und Schüler beeinflusst werden. Dabei kann die Gestaltung der Lernumgebungen auf unterschiedlichen Ebenen betrachtet werden, nämlich bezogen auf (1) die Breite der Angebote, (2) die Zuteilung und Nutzung der Lernaufgaben sowie (3) die Interaktionen und Prozesse in der Situation.

Mit einem sehr breiten Angebot an Lerngelegenheiten (1), wie es zum Beispiel im Rahmen des offenen Unterrichts realisiert wird, ist das Ziel verbunden, für alle Schülerinnen und Schüler optimale Lernbedingungen zu schaffen. Allerdings legen empirische Befunde nahe, dass die Kinder nicht immer geeignete Lernumgebungen wählen (z.B. Munser-Kiefer 2011). Die Zuteilung von Lernaufgaben entsprechend der individuellen Lernvoraussetzungen (2), beispielsweise im Rahmen von binnendifferenziertem Unterricht setzt eine Diagnostik von Lernvoraussetzungen voraus und erfordert Wissen darüber, welche Lernangebote zur Unterstützung von Lernprozessen angemessen sind (z.B. Black/Wiliam 1998; Kammer 2009; Maier 2008). Die Interaktionen und Prozesse in Lernsituationen (3) beziehen sich auf die kognitive Strukturierung der Inhalte, die Vorgehensweise bei der Bearbeitung von Aufgaben und die Unterstützung bzw. Hilfestellung beim Auftreten von Schwierigkeiten (vgl. Einsiedler 2011b; Einsiedler/Hardy 2010).

Um die konkrete Ausgestaltung unterrichtlicher Lerngelegenheiten zu beschreiben, kann das Modell von Bolhuis (2003) herangezogen werden (siehe auch Hardy et al. 2011; Seidel 2011). In ihrem Modell prozessorientierter konstruktivistischer Lernumgebungen unterscheidet sie die fünf Komponenten Zielsetzung, Zielorientierung, Ausführung der Lernaktivitäten, Evaluation und Regulation. Eine differenzierte Darstellung des Modells und der Implikationen für den Unterricht findet sich bei Hardy et al. (2011). Auf übergeordneter Ebene lassen sich Lernumgebungen danach unterscheiden, inwieweit durch methodisch-didaktische Schwerpunktsetzungen individuelle oder sozial geteilte (Ko-)Konstruktionen von Lerninhalten angeregt werden und wie stark die Lehrkraft steuernd und regulierend in die Lernprozesse eingreift (siehe Hardy et al. 2011).

2.3 Anforderungen an Lehrkräfte durch die adaptive Gestaltung von Unterricht

Wie kann es Lehrkräften gelingen, Unterricht nach den genannten Prinzipien adaptiv zu gestalten? Einen ersten Zugang liefern allgemeine Modelle des professionellen Lehrerwissens und -handelns, wie beispielsweise von Shulman (1986, 1987), Bromme (1997) sowie Baumert und Kunter (2006; 2011), die – zwar mit leichten Abweichungen, aber prinzipiell konsensuell – Fachwissen, fachdidaktisches Wissen und pädagogisch-psychologisches Wissen als Kernbereiche des Professionswissens von Lehrkräften ansehen (vgl. Grossmann 1990; Kraus et al. 2011; Voss/Kunter 2011).

Empirische Arbeiten belegen die Bedeutung dieser Wissensaspekte für erfolgreiches Unterrichten und das Lernen von Schülerinnen und Schülern (Baumert et al. 2010; Hill/Rowan/Ball 2005). Zwar beziehen sich diese Arbeiten auf durchschnittliche Lernerfolge, ohne die beschriebenen Kriterien für adaptiven Unterricht (vgl. Abschnitt 2.2) explizit zu berücksichtigen, eine Studie von Baumert et al. (2010) zeigt jedoch, dass insbesondere bei Klassen mit geringen Leistungsvoraussetzungen der Effekt des fachdidaktischen Wissens der Lehrkräfte auf die Unterrichtsqualität besonders groß ist (vgl. auch Hill et al. 2008).

Eine erste empirische Annäherung an das Konzept der adaptiven Lehrkompetenz stellen die Arbeiten von Beck et al. (2008) dar, die in ihren Studien

Sachkompetenz, didaktische Kompetenz, diagnostische Kompetenz und Klassenführung als wichtige Aspekte einer adaptiven Lehrkompetenz herausarbeiten. Demnach zeichnen sich Lehrkräfte mit adaptiver Lehrkompetenz insbesondere dadurch aus, dass sie (1) möglichst vielen Schülern unter Einbezug heterogener Voraussetzungen ein möglichst erfolgreiches Lernen ermöglichen, (2) bei der Planung ihres Unterrichts auf eine optimale Passung des Lernstands der Schüler und dem Sachinhalt achten und somit adaptive Planungskompetenz aufweisen, sowie (3) im Moment des Unterrichts, je nach realem Verlauf der antizipierten Lernprozesse, weitere Anpassungen vornehmen und damit adaptive Handlungskompetenz zeigen.

Die einzelnen Gestaltungskomponenten eines adaptiven Unterrichts (vgl. Abschnitt 2.2.) sind demnach mit multiplen Aspekten der professionellen Kompetenz von Lehrkräften verknüpft. Dennoch lassen sich Schwerpunkte im Sinne des Modells von Bolhuis (2003) herausarbeiten: Das Fachwissen ist sowohl bei der Festlegung von Lernzielen und damit verbunden bei der Diagnostik des Vorwissens und des Wissenszuwachses von besonderer Bedeutung. Das fachdidaktische Wissen nimmt in Bezug auf die Komponenten Zielorientierung (Aktivierung/Berücksichtigung von Vorwissen, Auswahl der Unterrichtsmethoden) sowie die prozessbegleitende Regulation des Unterrichtsgeschehens einen hohen Stellenwert ein. Das pädagogisch-psychologische Wissen – etwa über Ursachen für Heterogenität und individuelle Lern- und Motivationsprozesse – stellt einen wichtigen Faktor bei der Diagnose und Anpassung von Lernzielen dar. Es lässt sich weiterhin der Planung und der Ausführung von Lernaktivitäten (z.B. Klassenführung, Auswahl der Unterrichtsmethoden) zuordnen und ist wichtig bei der Regulation der Unterrichtsprozesse.

Professionelles Handeln umfasst aber nicht nur professionelles Wissen und Können, sondern auch professionelle Werte und Überzeugungen, motivationale Orientierungen sowie selbstregulative Kompetenzen (Baumert/Kunter 2011; Woolfolk Hoy/Davis/Pape 2006). In Bezug auf die Gestaltung von Lerngelegenheiten im Unterricht sind die professionellen Überzeugungen von Lehrkräften von besonderer Bedeutung: Sie beeinflussen nicht nur die Zielvorstellungen und Handlungspläne von Lehrpersonen, sondern auch das Arrangement von Lerngelegenheiten und die Interaktion mit den Schülerinnen und Schülern (vgl. Woolfolk Hoy et al. 2006; Voss/Kunter 2011). Aus dem US-amerikanischen Raum liegen Studien vor, die Einstellungen zu Heterogenität bei Lehrkräften und deren Auswirkungen auf das professionelle Handeln explizit untersuchen, wobei hier ein besonderer Fokus auf Merkmalen des familiären Hintergrundes liegt (Woolfolk Hoy et al. 2006). Befunde entsprechender Studien weisen darauf hin, dass Lehrkräfte Kinder aus sozial benachteiligten Familien oder Minderheiten potenziell als weniger leistungsstark einschätzen und entsprechend auch weniger fördern (Jussim/Harber 2005). Doch auch Überzeugungen über die Natur und den Prozess des Lernens können beeinflussen, inwieweit Lehrkräfte Unterricht prozessorientiert konstruktivistisch gestalten. So fand Kleickmann (2008) einen Zusammenhang zwischen konstruktivistischen Überzeugungen von Lehrkräften (insbesondere einer Orientierung an Conceptual Change und aktivem Lernen) und Schülerleistungen in einem von der Lehrperson durchgeführten Unterricht (siehe auch Staub/Stern 2002). Auch in einem Beitrag von Warwas, Hertel und Labuhn (2011) wird der Zusammenhang von (konstruktivistischen) Überzeugungen der Lehrkräfte und dem Einsatz adaptiver Unterrichtsformen belegt. Die zentralen Befunde dieser Forschungsarbeit werden im folgenden Abschnitt beschrieben.

3   Auswahl von Differenzierungsstrategien durch Lehrkräfte

Internationale und nationale Vergleichsstudien haben gezeigt, dass Grundschullehrkräfte in Deutschland Binnendifferenzierung insbesondere durch das Gewähren einer verlängerten Bearbeitungszeit realisieren. Differenzierte, qualitativ unterschiedliche Lernangebote werden seltener unterbreitet (vgl. Bos/Hornberg/Bonsen/Buddeberg 2008). Bislang ist allerdings nur wenig darüber bekannt, in welchem Zusammenhang der Einsatz und die Auswahl von Differenzierungsstrategien mit der Heterogenität der Schülerinnen und Schüler in der Klasse stehen und wovon diese darüber hinaus noch beeinflusst werden. Mit dieser Frage befassen sich Warwas, Hertel und Labuhn (2011) in ihrem Artikel zu „Bedingungsfaktoren des Einsatzes von adaptiven Unterrichtsformen im Grundschulunterricht". Datengrundlage bildete eine Befragung von 26 Lehrkräften mit Klassenleitungsfunktion in einer dritten Jahrgangsstufe sowie diagnostische Informationen von 469 Schülerinnen und Schülern in diesen 26 Klassen. Die Lehrkräfte wurden gebeten anzugeben, wie häufig sie schwierigkeitsgestuftes Aufgabenmaterial (individuelle Bearbeitung) und Gruppenpuzzle (soziale Ko-Konstruktion von Inhalten) in ihrem Unterricht als Differenzierungsstrategien verwenden. Zusätzlich wurden ihre Überzeugungen zum Lernen erfasst, wobei konstruktivistische und transmissionsorientierte Überzeugungen abgebildet wurden. Die Leistungen der Schülerinnen und Schüler wurde mittels der Würzburger Leise Leseprobe (WLLP, Küspert/Schneider 1998) und dem Deutschen Mathematiktest für zweite Klassen (DEMAT 2+, Krajewski/Liehm/Schneider 2004) diagnostiziert.

Untersucht wurde, in welchem Zusammenhang die Verwendung der Differenzierungsstrategien (Aufgabenmaterial, Gruppenpuzzle) mit der Leistungsheterogenität der Schülerinnen und Schüler in der Klasse sowie den konstruktivistischen Überzeugungen der Lehrkräfte stehen. Es wurde angenommen, dass (1) Lehrkräfte von Klassen mit größerer Leistungsheterogenität häufiger Differenzierungsstrategien einsetzen, (2) lernbezogene konstruktivistische Überzeugungen der Lehrkraft mit einer häufigeren Nutzung von Differenzierungsmaßnahmen einhergehen sowie (3) Differenzierungsstrategien insbesondere dann eingesetzt werden, wenn sowohl eine größere Leistungsheterogenität innerhalb der Klasse festzustellen ist als auch konstruktivistische Überzeugungen der Lehrkraft gegeben sind.

Die Regressionsanalysen ergaben, dass allein das Vorliegen von Leistungsheterogenität innerhalb der Klasse nicht zu einer häufigeren Anwendung von
Differenzierungsstrategien führt. Konstruktivistische Überzeugungen zum Lernen auf Seiten der Lehrkräfte gehen mit einer verstärkten Nutzung von leis-
tungsdifferenzicrtem Aufgabenmaterial einher. In Klassen, in denen eine höhere
Heterogenität vorliegt und deren Lehrkraft eine konstruktivistische Überzeu-
gung zum Lernen vertritt, werden sowohl differenzierte Aufgabenblätter als
auch Gruppenpuzzle häufiger zur Binnendifferenzierung eingesetzt. Diese Befunde zeigen sich gleichermaßen für die beiden untersuchten Leistungsbereiche
Lesen und Mathematik. Eine differenzierte Ergebnisdarstellung findet sich bei
Warwas, Hertel und Labuhn (2011). Einschränkend ist festzuhalten, dass die
Analysen auf Querschnittsdaten basieren und somit nur korrelative Aussagen
zulassen. Um Ursache-Wirkungs-Zusammenhänge zu überprüfen, bedarf es
längsschnittlich angelegter Studien. Dennoch liefert diese Untersuchung Hinweise darauf, dass die Heterogenität der Schülerinnen und Schüler innerhalb
einer Klasse nicht per se mit einem verstärkten Einsatz von Differenzierungsstrategien im Unterricht verbunden ist. Vielmehr scheint es eines Zusammenspiels von Heterogenität und konstruktivistischen Überzeugungen der Lehrkraft
zu bedürfen, damit unterschiedliche Differenzierungsstrategien häufiger eingesetzt werden.

4   Forschungsfragen, Design und Befunde des Projekts IGEL

Das Projekt IGEL (Individuelle Förderung und adaptive Lern-Gelegenheiten,
Hardy et al. 2009) setzt an dem Desiderat an, empirisch gesichertes Entschei-
dungs- und Handlungswissen für die Gestaltung adaptiver Lernumgebungen im
Regelunterricht bereitzustellen. Das Projekt ist im IDeA-Zentrum in Frankfurt
verortet und wird von einer interdisziplinären Forschergruppe (Erziehungswissenschaft, Fachdidaktik Chemie, Lehramt, Pädagogische Psychologie) geleitet
und durchgeführt. Im Rahmen des Projekts wurde eine umfangreiche, quasi-
experimentell angelegte Interventionsstudie im Regelunterricht an Grundschulen, spezifisch im naturwissenschaftlichen Unterricht in der dritten Jahrgangsstufe, durchgeführt. Es erfolgte eine systematische Variation dreier unter theoretischen Gesichtspunkten ausgewählter methodisch-didaktischer Schwerpunktsetzungen: Kognitive Strukturierung, Peer Learning und Formatives Assessment. Die einzelnen Unterrichtskonzepte wurden auf der Grundlage der Klassenkisten von Möller und Jonen (2005) von Expertengruppen des Projektteams
entwickelt (siehe Tabelle 1). Sie bilden unterschiedliche Zugangswege für adaptives Unterrichten ab: Bei der kognitiven Strukturierung sind die in Abschnitt
2.2 beschriebenen Unterrichtskomponenten über die Lehrkraft vermittelt, beim
Peer Learning stärker über die Schülerinnen und Schüler und beim Formativen
Assessment vornehmlich über die Aufgabe, die in Anlehnung an die Diagnostik
und das Feedback zugewiesen wird (vgl. Hardy et al. 2011). Die Kontrollgruppe
erhielt eine Fortbildung zu dem Thema Elternberatung.

Tabelle 1:   Verantwortliche Experten für die einzelnen methodisch-didaktischen Schwerpunkte
im Projekt IGEL

Methodisch-didaktischer Schwerpunkt	Expertinnen und Experten
Kognitive Strukturierung	Prof. Dr. Ilonca Hardy Dr. Susanne Mannel
Peer Learning	Dr. Jasmin Warwas Katja Adl-Amini, Förderschullehrerin
Formatives Assessment	Prof. Dr. Eckhard Klieme Prof. Dr. Silke Hertel Dipl.-Psych. Annika Lena Hondrich
Elternberatung	Prof. Dr. Silke Hertel Dipl.-Psych. Sanna-Kristina Djakovic

Im Rahmen von Lehrerfortbildungen wurden die Lehrkräfte sowohl im naturwissenschaftlichen Fachwissen als auch in einem der methodisch-didaktischen
Schwerpunktsetzungen geschult. In der Folge setzten sie dieses Unterrichtskonzept dann in zwei Unterrichtseinheiten um.

4.1 Forschungsfragen des Projekts IGEL

Die Forschungsfragen des Projekts IGEL beziehen sich zum Einen auf die Ebene der Schülerinnen und Schüler und zum Anderen auf die Ebene der Lehrkräfte. Auf Schülerebene wird untersucht, (1) welche Effekte sich durch die spezifischen methodisch-didaktischen Schwerpunktsetzungen auf Klassenebene ab-
zeichnen. Berücksichtigt werden dabei sowohl kognitive als auch soziale und
motivationale Aspekte. Geprüft werden weiterhin (2) differenzielle Effekte für
einzelne Schülergruppen innerhalb der methodisch-didaktischen Schwerpunktsetzungen. D.h. es werden Interaktionen zwischen den Lernvoraussetzungen der
Schülerinnen und Schüler innerhalb der Klasse und der Gestaltung der Lernumgebung betrachtet. Schließlich (3) wird der Zusammenhang von methodisch-
didaktischen Schwerpunktsetzungen mit Merkmalen der allgemeinen Unterrichtsqualität und der Selbstregulation analysiert.

Auf Lehrerebene werden (1) die professionellen Überzeugungen der Lehrkräfte, wie beispielsweise ihre Selbstwirksamkeit sowie ihre Motivation zur
Teilnahme an der Fortbildung und zur Umsetzung der Inhalte im Unterricht
untersucht. Zudem werden (2) die Implementation und der Transfer der methodisch-didaktischen Konzepte in den Unterricht betrachtet. Diese sind nicht zuletzt wichtige Voraussetzungen für die Prüfung der Effekte auf Schülerebene.
Analysiert wird auch, inwieweit (3) individuelle Bedingungsfaktoren auf Seiten
der Lehrkräfte, z.B. Erwartungen und Befürchtungen bezogen auf den Kurs, die
Wirksamkeit der Fortbildung beeinflussen.

4.2 Stichprobe und Design

Die Stichprobe bestand aus 54 Lehrkräften aus 39 Schulen sowie 1071 Schülerinnen und Schülern in der dritten Jahrgangsstufe, die von den teilnehmenden Lehrkräften im naturwissenschaftlichen Bereich unterrichtet wurden. Die Lehrkräfte wurden randomisiert auf eine der vier Treatmentbedingungen (Kognitive Strukturierung, Peer Learning, Formatives Assessment, Elternberatung) zugewiesen. Um sicherzustellen, dass Lehrkräfte der gleichen Schule das gleiche Treatment erhalten, wurde die Schule als Clustervariable bei der Randomisierung berücksichtigt. Zu insgesamt sieben Messzeitpunkten fanden Datenerhebungen statt (siehe Abb. 2). Je nach Messzeitpunkt wurden Befragungen mittels Fragebogen, Videografien von Unterricht sowie teilnehmende Beobachtungen durchgeführt. Auf Schülerebene wurden unter anderem Motivation, Selbstregulation, wahrgenommene Unterrichtsqualität, naturwissenschaftliches Verständnis sowie Sprachverständnis erfasst. Die Lehrkräfte wurden zu Unterrichtspraktiken, Überzeugungen zum Lernen, Einstellungen zu Naturwissenschaften sowie zur Qualität der Fortbildung befragt, zusätzlich wurde ihr fachliches und fachdidaktisches Wissen im naturwissenschaftlichen Bereich erhoben. Eine differenziertere Beschreibung der Instrumente findet sich bei Hardy et al. (2011).

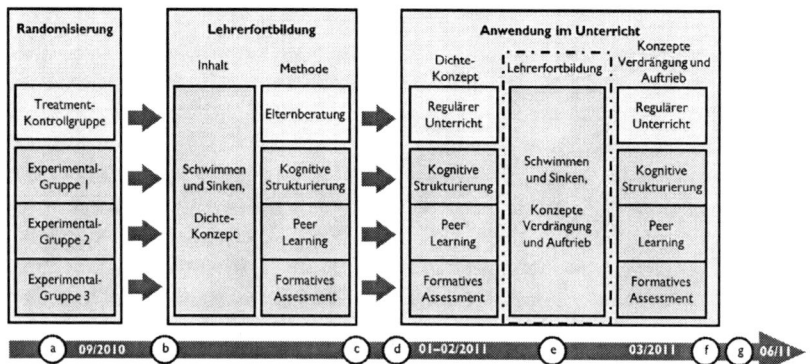

Abbildung 2:   Design und Ablauf des Projekts IGEL (vgl. Hardy et al. 2011, 827)

Die eigentliche Intervention bestand aus der Implementation und dem Transfer der methodisch-didaktisch ausgestalteten Unterrichtskonzepte in den naturwissenschaftlichen Unterricht zum Schwimmen und Sinken (vgl. Abb. 2, rechter Kasten), spezifisch in einer Unterrichtseinheit zum Dichte-Konzept (Implementation) und einer Einheit zu Verdrängung und Auftrieb (Transfer). Beide Unterrichtseinheiten umfassten viereinhalb Doppelstunden, sie wurden in Zusammenarbeit mit erfahrenen Lehrkräften entwickelt und enthielten schüleraktivierende Gestaltungselemente (z.B. Schüler-Experimente). In allen Treatmentbedingungen erhielten die Lehrkräfte ein Basismanual zu den Fachinhalten und der Rahmenstruktur der Unterrichtseinheit, ein methodenspezifisches Manual mit konkreten Vorlagen für die Unterrichtsstunden bzw. für die Elternberatung, schwierigkeitsgestufte Arbeitsblätter (3 Schwierigkeitsgrade) sowie eine Klassenkiste . Die erforderlichen fachlichen und fachdidaktischen bzw. methodenspezifischen Kompetenzen wurden im Rahmen von Lehrerfortbildungen vor bzw. zwischen den Anwendungen im Unterricht vermittelt (siehe Abb. 2, mittlerer und rechter Kasten). Die zwei fachlichen Fortbildungseinheiten umfassten jeweils viereinhalb Stunden, die spezifische Methode wurde an vier Terminen von jeweils viereinhalb Stunden vermittelt. Die methodenspezifischen Fortbildungstermine lagen in wöchentlichem Abstand und fanden vor der ersten Umsetzung im Unterricht statt. An dieser Stelle kann nur zusammenfassend auf die Fortbildungen zu den einzelnen Treatmentbedingungen eingegangen werden, eine differenzierte und ausführliche Darstellung findet sich bei Hardy et al. (2011). In der Fortbildung zur Kognitiven Strukturierung wurden die Lehrkräfte darin geschult, durch kognitiv aktivierende Impulse, wie beispielsweise eine angemessene Reduktion und / oder Sequenzierung des Lerngegenstands, auf die individuellen Lernvoraussetzungen ihrer Schülerinnen und Schüler einzugehen. Diese Strategien und Impulse sollten im Verlauf mehr und mehr von den Schülerinnen und Schülern selbst übernommen werden. Lehrkräfte in dem methodisch-didaktischen Schwerpunkt Peer Learning wurden darin fortgebildet, gemeinsames Lernen und gegenseitiges Lehren in Schülerpaaren zu gestalten. Die Schülerinnen und Schüler wurden in leistungsheterogenen Paaren zusammengesetzt (mittlerer Leistungsabstand) und nahmen abwechselnd die Rolle von Tutor (Berater/Lehrer) und Tutand (Forscher/Lernender) ein. Das leistungsstärkere Kind war zuerst Tutor, der Rollenwechsel erfolgte bei einem Zeichen der Lehrkraft. Die Interaktionen in den Schülerpaaren wurden durch Interaktionsregeln und Arbeitsmaterialien vorstrukturiert. Die Fortbildung zum Formativen Assessment behandelte den Zyklus von Diagnostik und Rückmeldung des Leistungsstandes an die Schülerinnen und Schüler sowie Anpassung der Aufgabenstellungen im weiteren Lernprozess. Die Lehrkräfte wurden geschult, mit Hilfe von schriftlichen Denkaufgaben diagnostische Informationen zu erheben und diese zur Gestaltung des weiteren Lernprozesses zu nutzen. Letzteres erfolgte auf der Grundlage einer Dokumentation der Lernstände in einer Tabelle, einer schriftlichen Rückmeldung zum Wissensstand und zu nächsten Lernschritten an die Schülerinnen und Schüler sowie durch eine Zuweisung von Aufgaben in angemessener Schwierigkeit. Das Nachdenken über den eigenen Lernprozess wurde durch das Bearbeiten von Forscherbüchern und einer Reflexion am Ende unterstützt.

4.3 Erste Ergebnisse

Die umfangreichen, im Rahmen des Projekts IGEL erhobenen, Daten werden aktuell unter Berücksichtigung der unterschiedlichen Perspektiven (Schülerinnen/Schüler, Lehrkräfte) und der dargestellten Forschungsfragen ausgewertet. Da diese in weiteren, bereits vorbereiteten Publikationen berichtet werden, können an dieser Stelle nur erste Tendenzen aufgezeigt werden. Dabei wird auf die vorbereiteten Arbeiten verwiesen.

Erste Analysen zeigen, dass die Lehrkräfte die Fortbildung sehr positiv beurteilen. 84 Prozent der Lehrkräfte bewerten diese insgesamt mit der Note 1 bzw. der Note 2 auf der Notenskala (M=1.9, SD=.08). Auch das Material, das in der Fortbildung ausgegeben wurde, erhielt sehr positive Beurteilungen: 98 Prozent der Lehrkräfte vergaben hier die Note 1 bzw. die Note 2 (M=1.3, SD=0.8). Das Engagement der Referentinnen und Referenten sowie deren Fachkompetenz wurden ebenfalls sehr positiv eingeschätzt, jeweils 98 Prozent der Lehrkräfte erteilten die Note 1 bzw. die Note 2 (Engagement: M=1.4, SD=.08; Fachkompetenz: M=1.4, SD=.08).

Eine (deskriptive) Betrachtung der Umsetzung der methodisch-didaktischen Schwerpunktsetzungen im Unterricht auf der Grundlage der videografierten Unterrichtsstunden bzw. der teilnehmenden Beobachtung in den Unterrichtsstunden zeigt eine hohe Implementationsquote in der Unterrichtseinheit 1 sowie eine niedrigere Umsetzungsquote, d.h. einen niedrigeren Transfer, in Unterrichtseinheit 2 (siehe Adl-Amini/Decristan/Hondrich/Hardy, eingereicht; Hondrich/Hertel/Adl-Amini/Klieme, eingereicht).

Auswertungen zur Wirksamkeit der methodisch-didaktischen Schwerpunktsetzungen zeigen, dass Schülerinnen und Schüler in allen Unterrichtskonzepten einen Lernzuwachs aufweisen. Das Formative Assessment erwies sich als besonders wirksam für Schülerinnen und Schüler im Allgemeinen sowie für Kinder mit einem niedrigeren Sprachverständnis im Speziellen (vgl. Decristan et al., eingereicht).

Bezogen auf die Beurteilungen der Unterrichtsqualität konnten Fauth, Rieser, Decristan, Klieme und Büttner (in Revision) zeigen, dass Schülerinnen und Schüler diese differenziert, d.h. bezogen auf die Dimensionen Klassenführung, Unterstützung und kognitive Aktivierung, erfassen können. Weiterführende multi-level Regressionsanalysen ergaben, dass diese Aspekte der Unterrichtsqualität unabhängig von der Popularität der Lehrkraft einen Einfluss auf die Entwicklung des fachspezifischen Interesses sowie der Leistung nehmen.

Auf Lehrerebene konnten Decker et al. (2013) Effekte der Fortbildung sowohl auf das fachdidaktische Wissen als auch auf die Überzeugungen der Lehrkräfte nachweisen. Spezifische Auswertungen für die Lehrkräfte, die eine Fortbildung zum Thema Formatives Assessment erhalten haben, zeigen, dass Lehrkräfte das Unterrichtskonzept eher umsetzen, wenn sie über ein höheres Wissen bezogen auf inhaltsspezifische Fehlkonzepte ihrer Schülerinnen und Schüler verfügen und das Unterrichtskonzept insgesamt positiver beurteilen (Hondrich et al., eingereicht).

5   Abschließende Betrachtung

Zweifelsohne wird der produktive Umgang mit Heterogenität in den nächsten Jahren an Bedeutung gewinnen – im Schulalltag und in der Bildungspolitik.

Insbesondere vor dem Hintergrund inklusiver Schul- und Unterrichtskonzepte ist der Umgang mit Heterogenität zentral. Noch nicht hinreichend geklärt ist – zumindest aus der Perspektive der empirischen Bildungsforschung – die Frage, wie Adaptivität im komplexen Unterrichtssetting operationalisiert und erfasst werden kann. Auch wenn sich gegenwärtig eine Tendenz dahingehend abzeichnet, einen Unterricht als adaptiv zu bezeichnen, wenn er gleichzeitig zu einem Lernzuwachs und einer Leistungshomogenisierung führt, so ist dies mit einer normativen Setzung verbunden und aus der Ergebnisperspektive heraus definiert. Adaptivität lässt sich allerdings auch auf der Ebene von Prozessen und aus der Perspektive unterschiedlicher Akteure – bezogen auf den Unterricht sind dies Lehrkräfte sowie Schülerinnen und Schüler – betrachten. Hier sind weitere theoriebasierte, empirische Arbeiten notwendig, um Zugangswege zur Operationalisierung und Messung von Adaptivität zu erschließen und zu erproben. An dieser Stelle knüpfen auch Fragen danach an, welche Kompetenzen Lehrkräfte benötigen, um ihren Unterricht adaptiv zu gestalten und wie sich diese in bestehenden Konzepten des Professionellen Lehrerhandelns – wie etwa dem COACTIV-Modell (Baumert/Kunter 2011) – verorten lassen.

Querschnittsstudien legen nahe, dass Lehrkräfte gegenwärtig insbesondere differenziertes Aufgabenmaterial einsetzen, um ihren Unterricht an die individuellen Lernvoraussetzungen ihrer Schülerinnen und Schüler anzupassen. Eine hohe Leistungsstreuung innerhalb der Klasse scheint dabei nicht automatisch zu einer häufigeren Binnendifferenzierung zu führen. Vielmehr erwies sich die Interaktion von Leistungsstreuung und konstruktivistischen Überzeugungen der Lehrkraft als prädiktiv für den Einsatz von Differenzierungsstrategien – und zwar sowohl bezogen auf die Arbeitsmaterialien als auch bezogen auf die Sozialform (vgl. Warwas et al. 2011). Fortbildungen für Lehrkräfte sollten demnach sowohl an fachdidaktischem Wissen als auch an den Überzeugungen von Lehrkräften ansetzen, um einen Transfer der vermittelten Inhalte in den Schulalltag zu erleichtern (Lipowsky 2011).

Doch welche Differenzierungsstrategien sollten Lehrkräften im Rahmen von Fortbildungen vermittelt werden, um ihnen den produktiven Umgang mit den individuellen Lernvoraussetzungen ihrer Schülerinnen und Schüler im Schulalltag zu erleichtern? Wie können und sollen sie ihren Unterricht methodisch und didaktisch gestalten, um Adaptivität zu erreichen? Hierzu gibt es noch keine ausreichende, empirisch gesicherte Befundlage. Insbesondere fehlt es an umfangreichen, methodisch versierten und kontrollierten Interventionsstudien in realen Unterrichtssettings, aus denen Antworten auf diese Fragen abgeleitet werden können (vgl. Hofer 2009). Das Projekt IGEL leistet hierzu einen Beitrag. Weitere Forschungsarbeiten sollten folgen, um evidenzbasiertes Entscheidungs- und Handlungswissen für den Schulalltag sowie die Lehreraus- und -weiterbildung bereitzustellen.

Literatur

Adl-Amini, K./Decristan, J./Hondrich, A. L./Hardy, I. (eingereicht): Umsetzung von peer-gestütztem Lernen durch Lehrkräfte im naturwissenschaftlichen Sachunterricht der Grundschule.

Arnold, K.-H. (2008): Chancengleichheit herstellen – neue Aufgaben für die Forschung, neue Perspektiven für die Praxis. In: Ramseger, J./Wagener, M. (Hg.): Chancenungleichheit in der Grundschule. Ursachen und Wege aus der Krise. Wiesbaden: VS Verlag für Sozialwissenschaften. 65-74.

Baumert, J./Kunter, M. (2006): Stichwort: Professionelle Kompetenz von Lehrkräften. Zeitschrift für Erziehungswissenschaften, H. 9. 469-520.

Baumert, J./Kunter, M. (2011): Das Kompetenzmodell von COACTIV. In: Kunter, M./Baumert, J./Blum, W./Klusmann, U./Krauss, S./Neubrand, M. (Hg.): Professionelle Kompetenz von Lehrkräften – Ergebnisse des Forschungsprogramms COACTIV). Münster: Waxmann. 29-53.

Baumert, J./Kunter, M./Blum, W./Brunner, M./Voss, T./Jordan, A./Klusmann, U./Krauss, S./Neubrand, M./Tsai, Y. (2010): Teachers' mathematical knowledge, cognitive activation in the classroom, and student progress. American Educational Research Journal, H. 47(1). 133-180.

Beck, E./Baer, M./Guldimann, T./Bischoff, S./Brühwiler, C./Müller, P./Niedermann, R./Rogalla, M./Vogt, F. (2008): Adaptive Lehrkompetenz. Münster: Waxmann Verlag.

Bennett, D. E./Davis, M. A. (2001): The development of a computer-based alternate assessment system. Assessment for Effective Intervention, H. 26. 15-34.

Black, P./Wiliam, D. (1998): Assessment and classroom learning. Assessment in Education, H. 5(1). 7-74.

Bolhuis, S. (2003): Towards process-oriented teaching for self-directed lifelong learning: A multidimensional perspective. Learning and Instruction, H. 13. 327-347.

Bos, W./Arnold, K.-H./Faust, G./Fried, L./Hornberg, S./Lankes, E. (2010): IGLU 2006 – Die Grundschule auf dem Prüfstand. Vertiefende Analysen zu Rahmenbedingungen schulischen Lernens. Münster: Waxmann Verlag.

Bos, W./Hornberg, S./Bonsen, M./Buddeberg, I. (2008): Herausforderungen und Perspektiven für die Grundschule im Kontext von IGLU, KESS und LAU. In: Hanke, P. (Hg.): Grundschule in Entwicklung. Münster: Waxmann Verlag. 17-41.

Bromme, R. (1997): Kompetenzen, Funktionen und unterrichtliches Handeln des Lehrers. In: Weinert, F. E. (Hg.): Psychologie des Unterrichts und der Schule. Enzyklopädie der Psychologie. Serie I. Bd. 3. Goettingen: Hogrefe. 177-212.

Chang, K. E./Sung, Y. T./Chen, S. F. (2001): Computerized concept mapping with scaffolding learning aids. Journal of Computer Assisted Learning, H. 17. 21-33.

Corno, L. (2008): On teaching adaptively. Educational Psychologist, H. 43(3). 161–173.

Corno, L./Snow, R. E. (1986): Adapting teaching to individual differences in learners. In: Wittrock, M. C. (Hg.): Third handbook of research on teaching. Washington, DC: American Educational Research Association. 605-629.

Cronbach, L. J./Snow, R. E. (1977): Aptitudes and instructional methods: A handbook for research on interactions. New York: Irvington.

Decker, A.-T./Kunter, M./Hardy, I./Hertel, S./Lühken, A./Adl-Amini, K./Djakovic, S.-K./Hondrich, A. L./Mannel, S. (2013): Und sie verändern sich doch – Der Einfluss von Lehrerfortbildungen auf fachdidaktisches Wissen und Überzeugungen von Grundschullehrkräften. Vortrag im Rahmen der 1. GEBF Tagung in Kiel. 11.–13. März 2013.

Decristan, J./Hondrich, A. L./Büttner, G./Hertel, S./Klieme, E./Kunter, M./Lühken, A./Adl-Amini, K./Djakovic, S.-K./Mannel, S./Hardy, I. (eingereicht): A Comparision of Different Teaching Approaches in Primary School Science: Effects on Students' Conceptual Understanding of the Floating and Sinking of Objects.

Einsiedler, W. (2011a): Grundlegende Bildung. In: Einsiedler W./Götz, M./Hartinger, A./Heinzel, F./Kahlert. J./Sandfuchs, U. (Hg.): Handbuch Grundschulpädagogik und Grundschuldidaktik. 3. Auflage. Bad Heilbrunn: Klinkhardt Verlag. 211-218.

Einsiedler, W. (2011b): Lehr-Lern-Konzepte für die Grundschule. In: Einsiedler W./Götz, M./Hartinger, A./Heinzel, F./Kahlert, J./Sandfuchs, U. (Hg.): Handbuch Grundschulpädagogik und Grundschuldidaktik. 3. Auflage. Bad Heilbrunn: Klinkhardt Verlag. 341-350.

Einsiedler, W./Hardy, I. (2010): Kognitive Strukturierung im Unterricht. Einführung und Begriffsklärungen. Unterrichtswissenschaft, H. 38(3). 194-209.

Einsiedler, W./Martschinke, S./Kammermeyer, G. (2008): Die Grundschule zwischen Heterogenität und gemeinsamer Bildung. In Cortina, K./Baumert, J./Leschinsky, A./Mayer, K./Trommer, L. (Hg.): Das Bildungswesen in der Bundesrepublik Deutschland . Reinbek bei Hamburg: Rowohlt-Taschenbuch-Verlag. 325-374.

Fauth, B./Rieser, S./Decristan, J./Klieme, E./Büttner, G. (in Revision): Student Ratings of Teaching Quality in Primary School: Dimensions and Predictive Validity.

Glaser, R. (1977): Adaptive Education: Individual Diversity and Learning. New York: Holt, Rinehart & Winston.

Grossman, P. L. (1990): The making of a teacher: Teacher knowledge and teacher education. New York: Teachers College Press.

Hardy, I./Hertel, S./Kunter, M./Klieme, E./Warwas, J./Büttner, G./Lühken, A. (2011): Adaptive Lerngelegenheiten in der Grundschule: Merkmale, methodisch-didaktische Schwerpunktsetzungen und erforderliche Lehrerkompetenzen. In: Hertel, S./Warwas, J./Klieme, E. (Hg.): Individuelle Förderung und adaptive Lerngelegenheiten im Grundschulunterricht. Zeitschrift für Pädagogik, Themenheft 6/2011. 819-833.

Hardy, I./Warwas, J./Büttner, G./Hertel, S./Klieme, E./Lühken, A. (2009): Individuelle Förderung und adaptive Lern-Gelegenheiten in der Grundschule – Lehrertrainings und Interventionsstudien im Unterricht (Projekt IGEL). Unveröffentlichtes Dokument, Antrag vom 31.07.2009 an das IDeA-Forschungszentrum. Frankfurt a.M.

Hasselhorn, M./Gold, A. (2006): Pädagogische Psychologie. Erfolgreiches Lernen und Lehren. Stuttgart: Kohlhammer.

Hondrich, A. L./Hertel, S./Adl-Amini, K./Klieme, E. (eingereicht): Formative Assessment in Primary School Science Class – Analyzing the Implementation Fidelity of a Curriculum-Embedded Formative Assessment Intervention.

Helmke, A. (2003): Unterrichtsqualität erfassen, bewerten, verbessern. Seelze: Kallmeyer Verlag.

Hertel, S./Bruder, S./Jude, N./Steinert, B. (2013): Elternberatung an Schulen im Sekundarbereich: Schulische Rahmenbedingungen, Beratungsangebote der Lehrkräfte und Nutzung von Beratung durch die Eltern. In: Jude, N./Klieme, E. (Hg.): PISA 2009 – Impulse für die Schul- und Unterrichtsforschung. Zeitschrift für Pädagogik, 59. Beiheft. 40-62.

Hill, H. C./Rowan, B./Ball, D. L. (2005): Effects of teachers' mathematical knowledge for teaching on student achievement. American Educational Research Journal, H. 42(2). 371-406.

Hill, H.C./Blunk, M./Charalambous, C./Lewis, J./Phelps, G. C./Sleep, L./Ball, D.L. (2008): Mathematical Knowledge for Teaching and the Mathematical Quality of Instruction: An Exploratory Study. Cognition and Instruction, H. 26(4). 430-511.

Hofer, M. (2009): Kompetenz im Umgang mit Schülerheterogenität als Beitrag zur Bildungsgerechtigkeit. In: Zlatkin-Troitschanskaia, O./Beck, K./Sembill, D./Nickolaus, R./Mulder, R. (Hg.): Lehrerprofessionalität. Bedingungen, Genese, Wirkungen und ihre Messung. Weinheim und Basel: Beltz. 141-150.

Hondrich, A. L./Hertel, S./Adl-Amini, K./Klieme, E. (eingereicht): Implementing curriculum-embedded formative assessment in primary school science classrooms.

Jussim, L./Harber, K. D. (2005): Teacher expectations and self-fulfilling prophecies: Knowns and unknowns, resolved and unresolved controversies. Personality and Social Psychology Review, H. 9(2). 131-155.

Kleickmann, T. (2008): Zusammenhänge fachspezifischer Vorstellungen zum Lehren und Lernen mit Fortschritten von Schülerinnen und Schülern im konzeptuellen naturwissenschaftlichen Verständnis. Dissertation. Universität Münster in Westfalen.

Klieme, E./Warwas, J. (2011): Konzepte der Individuellen Förderung. In: Hertel, S./Warwas, J./Klieme, E. (Hg.): Individuelle Förderung und adaptive Lerngelegenheiten im Grundschulunterricht. Zeitschrift für Pädagogik, Themenheft 6/2011. 805-818.

34   Silke Hertel

Kluczniok, K./Große, C./Roßbach, H.-G. (2011): Heterogene Lerngruppen. In: Einsiedler, W./Götz, M./Hartinger, A./Heinzel, F./Kahlert, J./Sandfuchs, U. (Hg.): Handbuch Grundschulpädagogik und Grundschuldidaktik. 3. Auflage. Bad Heilbrunn: Verlag Julius Klinkhardt. 180-186.

Krajewski, K./Liehm, S./Schneider, W. (2004): Deutscher Mathematiktest für zweite Klassen. DEMAT 2+. Göttingen: Hogrefe Verlag.

Krammer, K. (2009): Individuelle Lernunterstützung in Schülerarbeitsphasen. Münster: Waxmann Verlag.

Kraus, S./Blum, W./Brunner, M./Neubrand, M./Baumert, J./Kunter, M./Besser, M./Elsner, J. (2011): Konzeptualisierung und Testkonstruktion zum fachbezogenen Professionswissen von Mathematiklehrkräften. In: Kunter, M./Baumert, J./Blum, W./Klusmann, U./Krauss, S./Neubrand, M. (Hg.): Professionelle Kompetenz von Lehrkräften – Ergebnisse des Forschungsprogramms COACTIV. Münster: Waxmann. 135-162.

Küspert, P./Schneider, W. (1998): Würzburger Leise Leseprobe (WLLP). Handanweisung. Göttingen: Hogrefe Verlag.

Lipowsky, F. (2011): Theoretische Perspektiven und empirische Befunde zur Wirksamkeit von Lehrerfort- und -weiterbildung. In: Terhart, E./Bennewitz, H./Rothland, M. (Hg.): Handbuch der Forschung zum Lehrerberuf. Münster: Waxmann. 398-417.

Maier, U. (2008): Formative Assessment – Ein erfolgversprechendes Konzept zur Reform von Unterricht und Leistungsmessung? Zeitschrift für Erziehungswissenschaft, H. 13(2). 293-308.

Möller, K./Jonen, A. (2005): Die KiNT-Boxen – Kinder lernen Naturwissenschaft und Technik. Klassenkisten für den Sachunterricht. Paket 1: Schwimmen und Sinken. Essen: Spectra-Verlag.

Munser-Kiefer, M. (2011): Formen und Qualitätsmerkmale offenen Unterrichts. In: Einsiedler, W./Götz, M./Hartinger, A./Heinzel, F./Kahlert J./Sandfuchs, U. (Hg.): Handbuch Grundschulpädagogik und Grundschuldidaktik. 3. Auflage. Bad Heilbrunn: Klinkhardt Verlag. 351-355.

Prengel, A. (2010): Heterogenität als Theorem der Grundschulpädagogik. Zeitschrift für Grundschulforschung, H. 3(1). 7-17.

Seidel, T. (2011): Lehrerhandeln im Unterricht. In: Terhart, E./Bennewitz, H./Rothland, M. (Hg.): Handbuch der Forschung zum Lehrerberuf. Münster: Waxmann Verlag. 605-629.

Shulman, L. S. (1986): Those who understand: Knowledge growth in teaching. Educational Researcher, H. 15(2). 4-14.

Shulman, L. S. (1987): Knowledge and teaching: Foundations of the new reform. Harvard Educational Reviews, H. 57(1). 1-22.

Snow, R. E. (1980): Aptitude, learner control, and adaptive instruction. Educational Psychologist, H. 15. 151-158.

Staub, F. C./Stern, E. (2002): The nature of teachers' pedagogical content beliefs matters for students' achievement gains: Quasi-experimental evidence from elementary mathematics. Journal of Educational Psychology, H. 94. 344-355.

Voss, T./Kunter, M. (2011): Pädagogisch-psychologisches Wissen von Lehrkräften. In: Kunter, M./Baumert, J./Blum, W./Klusmann, U./Krauss, S./Neubrand, M. (Hg.): Professionelle Kompetenz von Lehrkräften. Münster: Waxmann Verlag. 193-214.

Warwas, J./Hertel, S./Labuhn, A. S. (2011): Bedingungsfaktoren des Einsatzes von adaptiven Unterrichtsformen im Grundschulunterricht. In: Hertel, S./Warwas, J./Klieme, E. (Hg.): Individuelle Förderung und adaptive Lerngelegenheiten im Grundschulunterricht. Zeitschrift für Pädagogik, Themenheft 6/2011. 854-867.

Wang, M. C. (1980): Adaptive instruction: Building on diversity. Theory into Practice, H. 19. 122-128.

Woolfolk Hoy, A./Davis, H./Pape, S. (2006): Teachers' knowledge, beliefs, and thinking. In: Alexander, P. A./Winne, P. H. (Hg.): Handbook of educational psychology. Mahwah, NJ: Lawrence Erlbaum. 715-737.

Die Individualisierung des Lernens unter den Bedingungen der Institution Schule

Georg Breidenstein

Es gibt in der grundschulpädagogischen Diskussion einen weitreichenden Konsens darüber, die „Öffnung" des Unterrichts und die „Individualisierung" des Lernens als programmatisch einzuschlagende Richtung zu bezeichnen. Unter diesen Schlagworten wird zwar im Einzelnen höchst Unterschiedliches verstanden, aber insbesondere die „Individualisierung des Unterrichts" gilt als wichtigster Lösungsansatz für Schwierigkeiten des Unterrichtens, die sich aus der Heterogenität der Schülerschaft ergeben. Die Lernvoraussetzungen und -möglichkeiten der Schülerinnen und Schüler vor allem am Schulbeginn seien so unterschiedlich (geworden), dass die Idee eines gleichschrittigen Unterrichts für die ganze Schulklasse nicht (mehr) funktioniere (z.B. Prengel 2010, Bartnitzky/Hecker/Lassek 2012). Der Unterricht sei stattdessen so zu organisieren, dass jedes Kind an seine spezifischen Voraussetzungen anknüpfend und seinem eigenen Tempo gemäß lernen könne. Hier ist sicher auch an das alte didaktische Prinzip der „Differenzierung" des Unterrichts zu denken und an die Forderung nach der „Adaptivität" der Lerngelegenheiten, aber die Idee der „Individualisierung" des Unterrichts radikalisiert diese Prinzipien und sucht vor allem nach Möglichkeiten der Umsetzung auf der Ebene der Unterrichtsorganisation.

Das viel diskutierte Programm einer Individualisierung des Grundschulunterrichts kann hier als bekannt vorausgesetzt werden. Insbesondere die neue (flexible) Schuleingangsstufe, die wohl weitreichendste Schulreform der letzten 20 Jahre in Deutschland, kann als Versuch angesehen werden, den individualisierten Unterricht auf der Ebene der Schulorganisation zu etablieren: Der Heterogenität der Lernvoraussetzungen am Schulanfang soll mit einer flexibilisierten Verweildauer von ein bis drei Jahren in der Schuleingangsstufe entsprochen werden; jahrgangsübergreifende Lerngruppen sollen die unterschiedliche Verweildauer bruchlos, ohne Verlassen der Stammgruppe, ermöglichen und zugleich die gesteigerte Heterogenität der Schülerschaft produktiv für die Möglichkeit des Voneinander-Lernens der Schülerinnen und Schüler nutzen. Die Individualisierung des Unterrichts wird in der jahrgangsgemischten Lerngruppe der Schuleingangsstufe zur gleichermaßen unhintergehbaren wie angestrebten Voraussetzung.

Nun ist allerdings festzustellen, dass der Stand des empirischen Wissens kaum der Popularität der Forderung nach einer Individualisierung des Unterrichts entspricht. Es dominieren Praxisberichte über gelingende Prozesse der Öffnung und Individualisierung des Unterrichts in konkreten Schulen oder Klassen und Hinweise auf entsprechende Arbeitsmaterialien oder didaktische Settings. Systematische und distanzierte empirische Forschung findet sich seltener. Bilanzierungen der Lehr-Lern-Forschung zum „offenen Unterricht" (Klieme/Warwas 2011, Bohl/Batzel/Richey 2012) oder auch zum jahrgangsübergreifenden Unterricht (Hanke 2007) sind meist durch den Vergleich zwischen geschlossenerem und offenerem oder zwischen jahrgangshomogenem und jahrgangsübergreifendem Unterricht motiviert und versuchen entsprechende Wirkungen im Sinne eines Besser/Schlechter zu bestimmen. Dabei zeigt sich allerdings, dass die Unterschiede zwischen einzelnen Klassen innerhalb der großen Rubrik des offenen Unterrichts in vielen Untersuchungen größer sind als die zwischen geöffnetem und geschlossenem Unterricht. So ist wohl zu konstatieren, dass die standardisierte Unterrichtsforschung an deutliche Grenzen stößt angesichts der Heterogenität der Realisierungsformen von „Individualisierung".

Um differenziertes und differenzielles Wissen über geöffneten Unterricht zu generieren, werden zunehmend Beobachtungsstudien gefordert (Lipowsky 2002, Klieme/Warwas 2011, Bohl et al. 2012). Dabei ist zunächst festzuhalten, dass durchaus schon einige Fallstudien zur Beobachtung und praxeologischen Analyse des Vollzugs individualisierten Unterrichts vorliegen, an die dieser Beitrag anknüpfen kann (z.B. Wiesemann 2000, Naujok 2000, Huf 2006, Huf 2010, Kucharz/Wagener 2007, Reh/Labede 2009, Rabenstein 2010, Wagener, 2010, Reh 2011). An einer übergreifenden, systematischen Untersuchung der Struktur- und Handlungsprobleme individualisierten Unterrichts fehlt es aber noch. Diesem Anliegen ist ein laufendes DFG-Projekt zur ethnographischen Untersuchung individualisierten Unterrichts in der Grundschule verpflichtet, aus dessen Arbeit hier einige erste Überlegungen zur Diskussion gestellt werden sollen. Wir fragen anhand der Beobachtung des praktischen Vollzugs individualisierten Unterrichts nach den zugrunde liegenden Handlungs- und Strukturproblemen. Diese Frage zielt nicht auf Bewertung oder auf ein Besser/Schlechter im Vergleich zu lehrerzentriertem Unterricht, sondern auf eine Analyse, die die Reflexion immanenter Handlungsprobleme der Individualisierung des Unterrichts ermöglicht.[1]

Der folgende Beitrag stellt zunächst das DFG-Projekt „Individualisierung und Kontrolle" kurz vor (1). Dann wendet er sich dem Strukturproblem der Verteilung der knappen Ressource Lehrkraft im individualisierten Unterricht zu (2). Vor diesem Hintergrund ist die Differenzierung unterschiedlicher Varianten der didaktischen Steuerung individualisierten Unterrichts zu untersuchen (3) und schließlich und übergreifend die Notwendigkeit kollektivierender Rahmungen individualisierten Unterrichts zu diskutieren, insofern dieser ja unter den Bedingungen der Institution Schule stattfindet (4).

---

1 Diese Klarstellung scheint notwendig gegenüber einem Diskurs, der von der Gegenüberstellung von „geschlossen" und „offen" oder „Instruktion" und „Selbständigkeit" und dem Versuch einer vergleichenden Bewertung beherrscht ist.

1 Das DFG-Projekt „Individualisierung und Kontrolle"[2]

Zugrunde liegen den folgenden Überlegungen die Bestimmung sozialer Praktiken als Untersuchungsgegenstand und ein Verständnis von schulischem Unterricht als einem Produkt ineinander verschränkter Praktiken, die durch spezifische Routinen und implizite Wissensbestände gekennzeichnet sind (vgl. Reckwitz 2000, 2003, Breidenstein 2006, 2008). Es geht aus dieser Perspektive also
nicht um einzelne Akteure und deren Motive oder Intentionen, sondern um die
aufeinander bezogenen Praktiken von Teilnehmerinnen und Teilnehmern. Diese
Praktiken, die z.t. aus winzigen Verhaltenselementen bestehen – kleinen Gesten
oder z.b. Pausen – sind den Akteuren nicht unbedingt bewusst, sondern gewissermaßen automatisiert. Zu entdecken sind sie nur in der handlungsentlasteten
Beobachtung oder in der rekonstruktiven Interpretation des Protokolls.

Im Sinne der Ethnomethodologie, die die alltägliche Praxis als situierte und
spezifische Lösung praktischer Probleme untersucht (vgl. Breidenstein/
Tyagunova 2012), frage ich im Folgenden danach, auf welche Handlungs- und
Strukturprobleme individualisierten Unterrichts die beobachtbaren Praktiken der
Teilnehmer schließen lassen.

Die zentrale Erhebungsmethode des Forschungsprojektes liegt in der teilnehmenden Beobachtung, die durch Audioaufzeichnungen unterstützt und in
ausführlichen Protokollen verschriftlicht wird.[3] Wir haben insgesamt gut 20
Wochen Feldforschung in drei verschiedenen Schulen und sieben verschiedenen
Lerngruppen durchgeführt. Die Untersuchungsanlage des Projektes ist von dem
Versuch gekennzeichnet, eine möglichst große Varianz an Realisierungsformen
der Individualisierung des Unterrichts zu beobachten. Insofern haben wir drei
deutlich kontrastierende Forschungsfelder gewählt: Wir waren in einer Montessorischule, in der die zentrale Form der Realisierung individualisierten Unter-
richts in der „Freiarbeit" und der Beschäftigung mit den Materialien Maria
Montessoris liegt. Eine Alternativschule in der Tradition der antiautoritären
Pädagogik, an der vieles flexibel und situativ ausgehandelt wird, bildet unser
zweites Forschungsfeld. Eine städtische Regelschule, die im Zuge der neuen
Schulanfangsphase auf jahrgangsübergreifenden Unterricht umstellt, bildet
schließlich unser drittes Feld der Untersuchung, wo die Individualisierung im
Wesentlichen als „Wochenplanunterricht" realisiert wird. In allen drei Schulen
war der Unterricht (zumindest zum Teil) jahrgangsübergreifend organisiert,
ansonsten fanden wir sehr unterschiedliche, deutlich kontrastierende Versionen

---

2 Das Projekt „Individualisierung und Kontrolle" wird von der DFG finanziert und unter der Leitung von Georg Breidenstein und Sandra Rademacher am Zentrum für Schul- und Bildungsforschung der Martin-Luther-Universität Halle-Wittenberg durchgeführt. Wissenschaftliche Mitar-
beiterinnen sind Sabine Dorow, Christin Menzel und Carolin Ziems.
3 Wir haben außerdem Interviews mit den Lehrkräften und Schülern geführt und Arbeitsergebnisse
von Schülern dokumentiert, aber diese Datensorten stehen in den vorliegenden Überlegungen
nicht im Mittelpunkt.

der „Individualisierung" des Unterrichts vor, wie sich in den folgenden Darstellungen zeigen wird.

2   Die Verteilung der knappen Ressource Lehrkraft im individualisierten Unterricht

Ein Grundproblem individualisierten Unterrichts lässt sich darin erkennen, dass einer Vielzahl individueller Arbeitsprozesse, Fragen und Problemlagen begrenzte Kapazitäten der Lehrkraft gegenüber stehen. Auch im lehrerzentrierten Unterricht steht nur eine Lehrperson für eine größere Gruppe von Schülerinnen und Schülern zur Verfügung, aber dort kann die Lehrperson einer ganzen Gruppe von Schülern (zumindest der Idee nach) etwas gleichzeitig und gemeinsam erklären. Wenn alle Mitglieder der Lerngruppe das Gleiche tun, haben sie es mit den gleichen (oder zumindest ähnlichen) Problemen zu tun, Hilfestellungen und Hinweise der Lehrerin gelten der ganzen Gruppe. Diese Konstellation stellt sich im individualisierten Unterricht grundlegend anders dar: Jede Schülerin und jeder Schüler arbeitet an etwas Anderem, die jeweiligen Probleme sind höchst unterschiedlicher Art, die Lehrerin muss sich allen Schülern, die ihrer Hinweise oder Erläuterungen bedürfen, *einzeln* zuwenden. Es geht also – in der Unterrichtspraxis – um das immanente Problem, wie die knappe Ressource Lehrkraft auf die Vielzahl der Schülerinnen und Schüler zu verteilen ist, die ihrer bedürfen.

In unseren verschiedenen Forschungsfeldern haben wir sehr unterschiedliche, allerdings zum Teil einander ergänzende Varianten der „Lösung" des skizzierten Problems beobachtet: Die Warteschlange, die Lehrperson als ‚mobiles Einsatzkommando', ein System des „Anklammerns" und Wartens sowie die Vervielfältigung der Helferinnen.

2.1 Die Warteschlange und das sequenzielle Abarbeiten der Probleme

Diese Variante beruht darauf, dass Schülerinnen und Schüler, die Fragen haben oder die Lehrerin anderweitig beanspruchen wollen (z.B. um Ergebnisse zu kontrollieren), sich bei dieser „anstellen". In einer der Lerngruppen der Montessorischule haben wir regelmäßig Warteschlangen von vier, fünf oder auch mehr Kindern an dem jeweiligen Platz der Lehrerin beobachtet (vgl. Dorow/ Breidenstein/Menzel/Rademacher 2012). Diese Schlangen folgen der Lehrerin sogar, wenn sie den Platz wechselt und visualisieren ein zumindest zeitweise entstehendes mobiles Zentrum innerhalb eines konstitutiv dezentrierten Unterrichts.

In der Schlange wartet man, bis man an der Reihe ist, und sein aktuelles Anliegen vorbringen kann. Die Lehrerin arbeitet sequenziell ein Problem nach dem anderen ab. Sie wendet sich dem Schüler, der an der Reihe ist, exklusiv zu, wobei die in der Schlange Stehenden das Publikum bilden.

In dieser Variante, die Verteilung der Ressource Lehrkraft zu organisieren, steht der jeweils aktuelle Hilfebedarf sichtbar und körperlich im Raum. Die Lehrerin hat ständig vor Augen, wer auf sie wartet, und kann ihre Hilfestellungen vielleicht auch entsprechend dosieren. Die Lösung des Gerechtigkeitsproblems bei der Verteilung einer knappen Ressource liegt hier in der Sequenzialität: Es gibt eine Reihenfolge. Die Schüler erwerben sich durch das Warten einen individuellen *Anspruch* auf Hilfe: Wer an der Reihe ist, kann die Lehrkraft exklusiv für sich beanspruchen.

2.2 Die Lehrperson als „mobiles Einsatzkommando"

Eine ganz andere Lösung des gleichen Strukturproblems praktiziert die Lehrerin in der jahrgangsübergreifenden Eingangsklasse einer Regelschule. Es gibt hier zwar auch kleinere Schlangen wartender Schüler, wenn die Lehrerin an ihrem Pult sitzt, um dort z.B. Arbeitshefte zu kontrollieren. Das wesentliche Prinzip der Verteilung der Ressource Lehrkraft besteht in diesem Unterricht aber darin, dass die Lehrerin von Schüler zu Schüler eilt. Sie bewegt sich zwischen den Gruppentischen hin und her und versucht, dem Hilfebedarf, der sich (etwa durch Aufzeigen) artikuliert, zu entsprechen und überall möglichst kurzfristig und effektiv Probleme zu beheben.

Es handelt sich in dieser Variante um Lehrer-Schüler-Interaktionen von kurzer Dauer, die oft nur wenige Sekunden, maximal wenige Minuten dauern. Andere Kinder, die ebenfalls Fragen haben, vertröstet die Lehrerin auf „gleich" und sucht sie dann in der Regel an ihrem Platz auf.

Diese Art der pädagogischen Interaktion kann kamera-ethnographisch als „mobiler Körperraum" beschrieben werden (vgl. Mohn/Breidenstein 2013).[4]

Die Lehrerin bleibt hinter der Schülerin stehen und baut einen abgrenzenden und individualisierenden Raum, indem sie sich über die Schülerin beugt und mit einem Arm oder zwei Armen auf dem Tisch der Schülerin abstützt. Ihr Blick ist auf das Arbeitsheft der Schülerin gerichtet, und sie kann auch im Arbeitsheft der Schülerin unmittelbar agieren (Korrekturen anbringen oder auch etwas vorschreiben). Diese Konstellation der Körper grenzt einen exklusiven Raum der Zweier-Interaktion vom Rest des Geschehens ab. Die Schülerin hat hier allerdings keinen Bewegungsraum und kann die Lehrerin auch kaum anschauen. Die Lehrerin nimmt ihrerseits eine Haltung ein, die nur von kurzer Dauer sein kann und erkennbar nicht auf längerfristig stabile Interaktion angelegt ist.

---

4 Ich beziehe mich hier und im Folgenden auf eine kamera-ethnographische Studie „Arbeitswelten in der Grundschule", die als DVD veröffentlicht wurde (Mohn/Breidenstein 2013) und die mit dem Mittel der videographischen Beobachtung ähnliche analytische Fragestellungen verfolgt wie das DFG-Projekt „Individualisierung und Kontrolle".

Abbildung 1: mobiler Körperraum (Standbild aus Mohn/Breidenstein 2013)

Abbildung 2: mobiler Körperraum (Standbild aus Mohn/Breidenstein 2013)

2.3 Das System des „Anklammerns"

Mit dem Modell der schnellen und mobilen Hilfe kontrastiert ein anderer Modus
der Verteilung der Ressource Lehrkraft, der auf Lehrer-Schüler-Interaktionen
von etwas längerer Dauer angelegt ist. Diese Konstellation kann kamera-
ethnographisch als „stabiler Körperraum" beschrieben werden. Hier sucht die
Lehrerin für sich selbst einen Sitzplatz neben dem Schüler, dem sie sich zuwen-

det. Falls dort kein Platz für sie ist, bittet sie den Schüler an einen anderen Tisch, der es erlaubt, dass sie nebeneinander sitzen.

Abbildung 3: stabiler Körperraum (Standbild aus Mohn/Breidenstein 2013)

In diesem Unterricht dauern Interaktionen zwischen der Lehrerin und einzelnen Schülern durchaus manchmal zehn Minuten oder sogar länger. Die Exklusivität der Interaktion wird geschützt, indem die Lehrerin währenddessen andere Schüler mit deren Anliegen abweist. Die Schüler, die ihrer bedürfen, werden auf die Praxis des „Anklammerns" verwiesen. Jede Schülerin und jeder Schüler dieser Lerngruppe verfügt über eine Wäscheklammer mit dem eigenen Namen, mittels derer man sich an einem Band „anklammern" und dadurch seinen Hilfebedarf signalisieren kann.

So hängen meist mehrere Namensklammern an dem Band, das die Lehrerin sukzessive abarbeitet, indem sie sich zum jeweils nächsten Schüler begibt. Das Eintreffen der Hilfe ist zeitlich ungewiss, insofern sich die Lehrerin auf intensivere und auch anhaltendere Eins-zu-Eins-Situationen einlässt, die einige Zeit in Anspruch nehmen können. Es ist also keineswegs sicher, dass sie am Ende der Stunde alle Klammern abgearbeitet hat, auf manchen per Klammer signalisierten Hilfebedarf kommt sie erst geraume Zeit später (z.B. in der nächsten Stunde) zurück. Hier ist also das Verteilungsproblem, ähnlich wie bei der Warteschlange, durch das Prinzip der Sequenzialität gelöst. Aber, anders als in der Warteschlange, verbringen die Schüler die Wartezeit an ihrem Platz. Dabei sind sie aufgefordert, sich anderweitig zu beschäftigen, während sie auf das Eintreffen der Lehrerin warten.[5]

---

5 Wenn die Warteschlange an den Postschalter erinnert, dann ähnelt das Anklammer-System dem Ziehen von Nummern, wobei man versuchen kann anhand des Abstandes zwischen der gerade behandelten Nummer und der eigenen abzuschätzen, wie lange es wohl dauern wird, bis man dran kommt und ob man noch schnell etwas erledigen kann.

2.4 Die Vervielfältigung der Helfer und Helferinnen

Eine weitere Strategie mit der Knappheit der Ressource Lehrkraft umzugehen ist schließlich in dem Versuch der Ausweitung zu sehen, indem über die Lehrperson hinaus auch Schülerinnen und Schüler in die Funktionen des Helfens, Erläuterns oder Kontrollierens einbezogen werden. Durch die Rekrutierung weiterer Helferinnen wird die Ressource Lehrkraft ausgeweitet.

Diese Strategie konnten wir in allen Untersuchungsfeldern in unterschiedlicher Ausprägung beobachten: So gab es bisweilen zusätzliche pädagogische Kräfte, wie etwa Erzieherinnen, Integrationshelferinnen oder auch weitere Fachlehrerinnen, die zumindest phasenweise der Klassenlehrerin assistieren und sich an der Abarbeitung von Schülerfragen beteiligen. Wir konnten z.B. auch beobachten, wie ältere Schüler, die aus einer weiterführenden Schule an die Grundschule geschickt worden waren, sich als so genannte „Lernhelfer" am Wochenplanunterricht beteiligten. Für diese älteren Schüler war der Aufenthalt an der Grundschule als eine Art Sozialpraktikum gedacht, einige der Schulanfänger nahmen deren Hilfe gerne in Anspruch.

Aber jenseits dieser Zusatzkräfte gilt als eine der Grundideen des jahrgangsübergreifenden Unterrichts, dass die Mitglieder der Lerngruppe sich wechselseitig helfen (vgl. Kucharz/Wagener 2007). Die Älteren helfen den Jüngeren, wobei die Älteren sich ihres Wissens selbst noch einmal vergewissern und Kinder Erklärungen von anderen Kindern manchmal besser verstehen als von Erwachsenen – so lautet eine auf den ersten Blick überzeugende Maxime des jahrgangsübergreifenden, individualisierten Unterrichts. Diese Maxime findet durchaus auch Eingang in die Praxis des individualisierten Unterrichts: Wir konnten zusammenarbeitende Schüler beobachten und auch immer wieder Schülerinnen, die gerne in die Rolle der Lehrerin schlüpften und anderen Schülerinnen erklärten, was sie zu tun hätten oder wie sie etwas zu tun hätten. In einer der Lerngruppen existierte sogar die Regel, dass man zunächst drei Kinder zu fragen hat, bevor man sich an die Lehrerin wenden darf.

Der umstandslose Verweis auf die gegenseitige Hilfe der Schüler untereinander verkennt aber vermutlich, wie voraussetzungsvoll und komplex die Praxis des Helfens ist. Einerseits muss interaktiv geklärt werden, auf welcher Basis die Asymmetrie zwischen Helferin und Geholfenem etabliert und gehandhabt werden kann, was durchaus nicht ohne Weiteres gelingen muss (vgl. Bennewitz/Breidenstein 2004). Andererseits scheint, ersten Beobachtungen zur Folge, oft auch die didaktische Qualität der „Hilfe" durchaus fragwürdig.[6] Die didaktische Qualität dieser Schüler-Schüler-Interaktionen kann nach unserem Eindruck nicht einfach vorausgesetzt werden, sondern müsste erst am Detail des Vollzugs untersucht werden.

---

6 Ein hilfreiches Scaffolding würde ja ein präzises Erfassen des spezifischen Problems erfordern und dann den Entwurf darauf abgestimmter Hinweise – eine Anforderung, die oft genug auch durch das Handeln professioneller Lehrkräfte nicht erfüllt wird.

Über die verschiedenen Varianten der Gestaltung von Lehrer-Schüler-Interaktionen hinweg lässt sich bilanzieren, dass man es in der einen oder anderen Form immer mit dem Problem der Knappheit der Ressource Lehrkraft zu tun hat. Auch bei einer Ausweitung der Ressource durch zusätzliche Helferinnen und Helfer kommt es zu Wartezeiten für Schüler, die ein Anliegen haben, und es sind Verteilungsprobleme zu lösen.

Ganz praktisch geht es um die Etablierung und Abschirmung exklusiver Eins-zu-Eins-Situationen inmitten eines vielfältigen und wechselvollen Geschehens.[7] Die Lehrkraft (oder Helferin) muss sich zunächst ein Bild von dem spezifischen, individuellen Problem machen, um die passende Antwort oder eine adäquate Hilfestellung geben zu können. Wie sie die pädagogische Interaktion konkret gestaltet, wie viel Zeit sie sich dafür nimmt, wie groß der Anteil kontrollierender Praktiken dabei ist – all das scheint mit dem Gesamtentwurf von individualisiertem Unterricht und seiner Steuerung zu variieren. Die einzelnen Varianten werden daraufhin noch genauer zu analysieren und voneinander zu unterscheiden sein. Dem Zusammenhang zwischen pädagogischer Interaktion und dem Problem der didaktischen Steuerung individualisierten Unterrichts können wir uns aber auch von einer anderen Seite aus noch einmal nähern, indem wir uns einige Varianten didaktischer Steuerung vor Augen führen.

3   Das Problem der didaktischen Steuerung individualisierten Unterrichts

Auch der geöffnete und individualisierte Unterricht hat es mit Fragen der Planung, der Steuerung und der Kontrolle zu tun. Zwar werden den Schülerinnen und Schülern Mitentscheidungsmöglichkeiten hinsichtlich ihrer eigenen Tätigkeiten eingeräumt, aber zumindest in den von uns beobachteten Varianten sind die Entscheidungsoptionen der Schüler mehr oder weniger deutlich vorgegeben. Es handelt sich um *Wahlen* aus einem vorstrukturierten Spektrum an Möglichkeiten: Zuerst Mathe oder zuerst Deutsch? Möchtest du mit dieser Aufgabe oder mit jener anfangen? Willst du dich diesem Material zuwenden oder lieber einem anderen? Der individualisierte Unterricht folgt in allen drei Versionen, die wir beobachten konnten, einem mehr oder weniger expliziten Curriculum: es gibt eine zu bearbeitende Reihe an Aufgaben oder Arbeitsmaterialien, und auch die Montessori-Materialien bilden einen zu absolvierenden Kanon an „Arbeiten". Es variiert die Art und Offenheit des Curriculums und es variiert auch deutlich die Art und Offenheit der Steuerung innerhalb dieses Curriculums. Übergreifend betrachtet scheint man es aber in den verschiedenen Varianten immer wieder mit dem Problem zu tun zu haben, wie die individuellen, selbsttätigen Prozesse in dem kollektiven Rahmen einer Schulklasse zu organisieren sind. Unter der diskutierten Bedingung einer relativ knappen Ressource Lehrkraft müssen die

---

7 Wir haben allerdings auch im Rahmen individualisierten Unterrichts beobachtet, wie für kürzere Zeiträume kleinere Gruppen von Schülern gebildet wurden, denen etwas gemeinsam erklärt wurde oder die gemeinsam in ihrem Tun überwacht wurden – auch das scheint eine Variante zu sein, um die Effizienz der Ressource Lehrkraft zu steigern.

individuellen Arbeitsprozesse zudem so angelegt sein, dass sie möglichst *selbst-läufig* funktionieren: Ein permanentes Nachfragen und eine zu häufige Ange-wiesenheit auf Erklärungen durch die Lehrperson müssen vermieden werden.

Beobachtet haben wir drei markant differente Formen, die Probleme der Steuerung der Selbsttätigkeit von Schülern im individualisierten Unterricht zu handhaben: Den (mehr oder weniger differenzierten) „Wochenplan", das (impli-zite) Curriculum des Montessori-Materials, das die „Freiarbeit" strukturiert, und die individuelle und situative Zuweisung von Arbeiten als komplexer Gegen-stand von Verhandlung, wie sie an der Alternativschule zu beobachten war.

3.1 Steuerung durch den Wochenplan

In der von uns beobachteten Version in der Berliner Stadtteilschule stellt sich der Wochenplan als wenig differenziert dar. Es gibt jede Woche zwei verschie-dene Pläne: Einen für die Jüngeren (die „Erstklässler") und einen für die Älteren (die „Zweitklässler"). Jeder Wochenplan enthält ein festes Pensum für alle und Zusatzaufgaben für die „Schnellen". Im Wesentlichen bezeichnet die Liste der Aufgaben im Wochenplan bestimmte Seiten im Deutsch- oder im Mathematik-Arbeitsheft, die zu bearbeiten sind. Rechts neben der Liste der Aufgaben ist eine Spalte, in der anzukreuzen ist, welche Aufgaben erledigt sind. In dieser Spalte kommt die Logik des Abarbeitens eines Pensums von Aufgaben sehr deutlich zum Ausdruck. Der ganze Plan drängt auf seine Erledigung – zumal nicht erle-digte Pflichtaufgaben dann am Schluss als Hausarbeiten fungieren.

Rechts neben der Spalte, in der die erledigten Aufgaben abzukreuzen sind, ist eine weitere Spalte in dem Plan eingetragen, die mit „L." überschrieben ist. Diese Spalte ist der Lehrerin vorbehalten und ermöglicht und erfordert die Kon-trolle der Selbstkontrolle der Schüler durch die Lehrerin (vgl. auch Men-zel/Rademacher 2012). Das Formular des Wochenplans ist so aufgebaut, dass die Lehrerin nicht nur die Abarbeitung aller Aufgaben, sondern eben auch die korrekte Verbuchung dieses Abarbeitens durch den Schüler überwacht.

Der „Wochenplan" stellt vermutlich eines der populärsten Instrumente der „Öffnung" des Grundschulunterrichts dar, wohl weil er (mehr oder weniger) direkte und strukturierte Vorgaben durch die Lehrkraft ermöglicht. Die Gefahr der Verselbständigung einer Eigenlogik des Abarbeitens und der Planerfüllung sind für den Wochenplanunterricht allerdings in empirischen Beobachtungen auch schon relativ deutlich herausgearbeitet (vgl. Huf 2006, Huf/Breidenstein 2009) und etwa auf den Begriff der „Wochenplanbürokratie" (Wiesemann 2008) gebracht worden. Auch in dem von uns beobachteten Wochenplan-Unterricht ist die Dominanz der Logik des Abhakens und Erledigens unübersehbar.

3.2 Steuerung durch das „Material"

Ganz anders scheint sich die didaktische Steuerung des individualisierten Unter-richts im Rahmen der „Freiarbeit" in der Montessori-Schule darzustellen. Dort

gibt es zwar auch gelegentlich Arbeitsblätter, aber das primäre Lehr- und Lern-
mittel bilden Montessori-Materialien, die in den Regalen zur Verfügung stehen.
Die Montessori-Materialien beziehen sich auf unterschiedliche Lernbereiche
und beinhalten verschiedene Schwierigkeitsgrade, die in ihrer Abfolge gewissermaßen das Curriculum des individualisierten Unterrichts repräsentieren. Die
Möglichkeit der Kontrolle des Ergebnisses ist hier oft in das Material eingebaut
und als „Selbstkontrolle" realisiert.

Insgesamt ist die materialorientierte „Freiarbeit" in ihrem Vollzug und in ihren Effekten bislang noch weniger untersucht als der Wochenplanunterricht. Die
Beobachtungen aus der Feldforschung und erste Analysen lassen allerdings auch
hier eine Tendenz zur Verselbständigung vermuten: Das konkrete Hantieren mit
dem Material scheint gegenüber Lerninhalten bzw. –prozessen dominant zu
werden. Was damit gemeint ist, kann vielleicht das folgende Fallbeispiel verdeutlichen:

Arbeit mit der „Apotheke"

Vincent stellt drei grüne Männchen an den oberen Rand des Brettes und teilt
von nun an Perlen in Dreierabteilungen, d.h. er legt sie in Dreierreihen unter
die Männchen. Wenn ein Rest bleibt, muss dieser „eingetauscht" werden
gegen die nächste Farbe. Zwischendurch notiert Vincent Zahlen (Zwischen-
ergebnisse) in seinem Heft. Das Ganze wirkt sehr routiniert, Vincent han-
tiert mit den Röhrchen, Schalen und Perlen und zögert an keiner Stelle.
Nach einiger Zeit und mancher Perlenreihe meint Vincent zu mir ge-
wandt: „Das ist eigentlich Zeitverschwendung, das kann ich auch im Kopf".
Er nimmt sich vor: „Die nächste Aufgabe mach ich im Kopf – das ist viel zu
aufwändig mit den Perlen". Außerdem erklärt Vincent: „Das ist immer richtig, das ist langweilig". Und tatsächlich, er hat inzwischen die nächste Aufgabe angefangen, allerdings wieder mit Perlen, als er bemerkt: „Oh, ich hab
die letzte Aufgabe noch nicht kontrolliert!" Er nimmt noch einmal das Kärt-
chen mit der letzten Aufgabe hervor, dreht es um und schaut auf das Ergebnis – es entspricht offenbar dem, was er auch heraus bekommen hat. (Protokoll: Georg Breidenstein)

Vincent arbeitet mit einem sehr komplexen und aufwändigen Material, das in
Teilnehmerkreisen „Apotheke" genannt wird,[8] obwohl er den konkreten Re-
chenvorgang (die Division großer Zahlen) auch ohne dieses Material lösen
könnte. Langweilig ist die Arbeit mit der Apotheke für Vincent offenbar, weil
sie ihn vor keine kognitiven Herausforderungen stellt – Mathematik ist zur reinen Handarbeit geworden, es handelt sich um die manuelle und automatisierte
Produktion von Rechenergebnissen. Für Vincent ist noch nicht einmal die Kor-

---

8 Der Name spielt wohl auf die Glasröhrchen an, in denen die Perlen aufbewahrt werden und die
Reagenzgläsern ähneln.

rektheit des Ergebnisses eine Frage oder gar spannend – er vergisst zu kontrollieren! Die „Apotheke" wird zu einer Maschine, die bei korrekter Handhabung
richtige Ergebnisse hervorbringt, fast wie ein Taschenrechner (dessen Ergebnisse man ja auch nicht kontrollieren würde). Auch ohne diese Szene hier in allen
Details zu interpretieren, drängen sich Fragen auf: Was ist dann der *didaktische*
Sinn dieses Tuns? Muss man hier von einem Primat des Tätig-Seins (Beschäf-
tigt-Seins) gegenüber der Organisation von Lernprozessen sprechen?

3.3 Situative Aushandlung des Arbeitsauftrages

Diese dritte Variante der Steuerung individualisierten Unterrichts ist vermutlich
die am wenigsten etablierte und wurde von uns vor allem in der Alternativschule beobachtet. Schüler haben hier in einem definierten Rahmen die Möglichkeit,
selbst Arbeiten zu wählen oder vorzuschlagen. Das bedarf aber der Bestätigung
und Legitimierung durch die Lehrperson (und manchmal auch durch Mitschü-
ler). Der Rahmen kann z.b. in der auf dem Tagesplan ausgewiesenen Benennung der „Arbeitszeit" als „Deutsch" oder „Mathe" bestehen. Die so genannte
„Wunscharbeitszeit" lässt das Fach offen. In der relativ verhandlungsoffenen
Szenerie dieses Unterrichts haben die Lehrkräfte Aufträge für einige Schüler,
die sie am Anfang der Arbeitszeit bekannt geben, bei anderen genehmigen sie
deren eigene Vorhaben. Die Komplexität, die die Regulierung der Schülertätigkeit in diesem Setting auszeichnen kann, mag die folgende Szene veranschauli-
chen.

Sepp, der gerade neben Malte sitzt, malt ein Bild. Matti fragt ihn, warum er
denn jetzt in der Arbeitszeit ein Bild malt. Sepp erklärt ihm, dass man in der
Wunscharbeitszeit auch malen darf.
    Matti stellt daraufhin seinen Stehsammler wieder ins Regal und geht an
den Tisch zu Paula, um ebenso auf den dort noch liegenden weißen Blättern
zu malen. Am Tisch angekommen, wird er sofort von Paula gefragt, warum
er denn immer noch nicht arbeite. Matti schaut nun verwirrt – ich bin es
ebenso – und geht wieder zu seinem Regalfach, dort nimmt er jetzt zum
zweiten Mal den Stehsammler heraus und geht damit zu Sepp. Dieser erklärt ihm noch einmal, dass man in der Wunscharbeitszeit auch malen darf.
    Erleichtert stellt er sein Material wieder ins Regal, geht mit einem zügi-
gen Schritt auf Paula zu und bevor sie ihm etwas entgegnen kann, sagt Matti
bestimmt: „Sepp hat gesagt, ich darf malen!" Paula schaut ihn mit gerunzel-
ter Stirn an, schüttelt den Kopf und schaut wieder auf ihr Arbeitsblatt. Matti
beginnt mit seiner Zeichnung. (Protokoll: Christin Menzel)

Diese kleine Beobachtung zeigt, wie komplex und teilweise strittig in dieser
Lerngruppe das Verständnis davon ist, welche Tätigkeiten während der
(„Wunsch-)Arbeitszeit" legitim sind. Sie zeigt auch, wie stark die Schüler und
Schülerinnen selbst in die wechselseitige Überwachung und Ermahnung invol-

viert sind. Letztlich wird aber auch deutlich, wie formal und abstrakt die Regulierungen gegenüber den konkreten und individuellen Prozessen bleiben: Der Disput dreht sich ja im Kern um die Frage, ob malen auch „arbeiten" ist. Auch diese Form der Steuerung scheint nicht frei von Tendenzen der Verselbständigung zu sein: Abstrakte Definitionen dessen, was als „arbeiten" zählen soll, bilden den Gradmesser für die Legitimität von Schülertätigkeiten im individualisierten Unterricht.[9]

Über die sehr unterschiedlichen Varianten hinweg lässt sich zusammenfassend festhalten: Gerade ein Unterricht, der auf die Selbsttätigkeit und Selbstständigkeit von Schülern setzt, hat es offenbar in besonders ausgeprägter Weise mit Fragen der Steuerung und auch der Kontrolle zu tun. Dieser Unterricht beruht auf einer Fülle von Materialien, die die Selbsttätigkeit von Schülern ermöglichen und oft auch die Option der Selbstkontrolle enthalten. Dieser Unterricht hat auch eine Reihe von Instrumenten hervor gebracht, die die Schülertätigkeit in vorgegebene oder situativ zu bestimmende Bahnen lenkt. Davon ist der Wochenplan nur das auffälligste und verbreitetste Instrument. Pensenbücher, Materiallisten oder anderweitig beschriebene Abfolgen von Lehrmaterialien erfüllen vermutlich eine ähnliche Funktion. Empirisch deutet sich der Befund an, dass diese Instrumente allesamt, in zwar unterschiedlicher aber doch vergleichbarer Weise, in der Gefahr stehen, sich zu verselbständigen. In Bezug auf den Wochenplan ist die Eigenlogik des Abarbeitens und „Erledigens" bereits relativ deutlich herausgearbeitet worden, hinsichtlich des Freiarbeits-Materials von Maria Montessori ist die Eigenlogik des Arbeitens erst in Ansätzen untersucht. Für die Praktiken des situativen Aushandelns von Tätigkeiten stellt sich die Situation noch einmal anders dar, aber auch diese ist keineswegs frei von Tendenzen der Verselbständigung: Verhandelt wird über ein „Arbeiten", das inhaltlich gar nicht mehr näher bestimmt ist.

Die hier, allerdings erst in groben Zügen, umrissene Tendenz der Verselbständigung von Instrumenten und Praktiken der Steuerung und Kontrolle individualisierten Unterrichts ist vermutlich darauf zurückzuführen, dass dieser unter einigen strukturellen Bedingungen stattfindet, die durch die Institution Schule gesetzt sind und die vor allem die Notwendigkeit betreffen, einige Rahmungen auch des individualisierten Unterrichts *kollektiv* zu organisieren. Diese Überlegung soll abschließend noch kurz ausgeführt werden.

4 Fazit: Die kollektivierende Rahmung individualisierten Unterrichts

Die Organisation von Lernprozessen im Rahmen der Institution Schule kann auf kollektive Normen und Vorgaben nicht verzichten. Auch individualisierter Unterricht hat es mit Bedingungen zu tun, die aus seiner Organisation im Rahmen der Institution Schule resultieren. Auch der individualisierte und dezentrierte

---

9 Wie in diesem Geschehen „Lernprozesse" identifiziert werden können und welcher Art diese sind, scheint mir auf einem ganz anderen Blatt zu stehen (vgl. Wiesemann 2000).

Unterricht ist von kollektiven und kollektivierenden Vorgaben gekennzeichnet, die seine räumliche und zeitliche Strukturierung betreffen. So gibt individualisierter Unterricht zwar die Idee (oder besser: die Fiktion) synchronisierter Lernprozesse auf, aber: Solange dieser innerhalb der Institution Schule stattfindet, ist er auf die Koordinierung der individuellen Prozesse und die Einpassung in ein *kollektives* zeitliches Gerüst angewiesen. Anhand von Uhrzeiten werden die Anfangs- und Endzeitpunkte von „Wochenplan"- oder „Freiarbeitsphasen" bestimmt. Diese bleiben jedoch gegenüber den konkreten, individualisierten Prozessen notwendigerweise abstrakt und diesen äußerlich, insofern die individuellen Prozesse ja von ganz unterschiedlicher Dauer sind (vgl. Breidenstein/Rademacher 2013).

Die Organisation von Lernprozessen im Rahmen der Institution Schule bringt auch die Bedingung hervor, dass einer Vielzahl von Schülerinnen und Schülern eine begrenzte Anzahl von Lehrkräften gegenüber steht. Dieser Bedingung wird im herkömmlichen, lehrerzentrierten Unterricht dadurch entsprochen, dass die Lernprozesse einer ganzen Gruppe von Schülern, einer Schulklasse, parallelisiert und von einer Lehrperson zentral angeleitet werden. Eine Anweisung oder Erläuterung der Lehrperson ist immer für eine Vielzahl von Schülerinnen und Schülern gleichzeitig gedacht. Das „Unterrichtsgespräch" zeichnet sich gerade dadurch aus, dass ein Problem zwar im Dialog mit einzelnen Schülern erörtert wird, diese aber exemplarisch für eine Gruppe von Schülern stehen, die ebenfalls anhand dieses klassenöffentlichen Gespräches lernen sollen – wiederum nicht unbedingt der Realität, aber der Idee nach. Wenn die Parallelität von Lernprozessen im individualisierten Unterricht nicht mehr gegeben ist, hat es die einzelne Lehrperson mit einer Vielzahl höchst unterschiedlicher Lerngegenstände, Anliegen und Problemstellungen zu tun und eben oft auch mit einer Vielzahl von Schülerinnen und Schülern, die sie um ihre Hilfe bitten.

Oben ist von verschiedenen Varianten berichtet worden, das Problem der Verteilung der knappen Ressource Lehrkraft zu lösen: der Warteschlange, der Lehrperson als mobiles Einsatzkommando, dem System des „Anklammerns" und der Vervielfältigung der Helfer. Diese Varianten haben unterschiedliche Vor- und Nachteile, aber eines gemeinsam: das didaktische Handeln ist immer improvisiert. Die Lehrerin (oder die Mitschülerin als Helferin) muss in der Situation erfassen, wo der Hilfebedarf liegt, worin das Problem besteht und ad hoc entscheiden, was eine geeignete Hilfestellung oder Erläuterung sein könnte. In der Variante einer intensiveren Zuwendung zu einzelnen Schülern (um den Preis, dass die anderen warten müssen) hat die Lehrerin etwas mehr Gelegenheit, zunächst das Problem zu erfassen, bevor sie agiert, aber auch hier steht sie, wie in allen Varianten, unter Zeit- und Handlungsdruck. Bearbeitbar ist die Diskrepanz zwischen der Kapazität der Lehrperson und der Vielzahl der Schüleranfragen im individualisierten Unterricht nur, so deutet sich an, durch eine gewisse Standardisierung der Schülertätigkeiten und damit der Problemstellungen. Indem die Schülerinnen und Schüler alle in den gleichen Arbeitsheften (nur nicht an der gleichen Stelle) oder an den gleichen Materialien arbeiten (nur nicht zur gleichen Zeit), werden die Probleme für die Lehrkräfte vorhersehbar und die Hilfestellungen routinisierbar. Zumindest im Rahmen der Institution Schule, so scheint es, lässt sich die Individualisierung des Unterrichts nicht einfach als dessen „Öffnung" beschreiben. Zwar gehen die Schüler tatsächlich unterschiedlichen Tätigkeiten nach und das Unterrichtsgeschehen wird tatsächlich dezentriert, insofern kein gemeinsames Zentrum der Aufmerksamkeit vorliegt, aber mit diesen Öffnungen gehen auch (neue) Schließungen einher: Praktiken der Steuerung und Kontrolle sorgen dafür, dass alle Schülerinnen und Schüler immer etwas „zu tun" haben; Regulierungen des Dran-Kommens sorgen für eine gerechte Verteilung der Ressource Lehrkraft; und Standardisierungen der Unterrichtsinhalte sorgen dafür, dass Hilfestellungen nicht zu komplex werden.

Diese ersten Analysen und Überlegungen sind in manchen Punkten sicher noch zu präzisieren und zu differenzieren. Außerdem bleiben bedeutsame Fragen offen: Wie zwingend folgen die beschriebenen Standardisierungen und Schließungen aus der Organisation individualisierten Unterrichts im Rahmen der Institution Schule? Welche „Spielräume" lassen sich für die Individualisierung des Unterrichts *empirisch* beobachten? Ich hoffe gezeigt zu haben, dass wir die empirische Beobachtung des tatsächlichen Vollzugs der Individualisierung des Unterrichts brauchen, um genauer über die konkreten Handlungsprobleme nachdenken zu können, die sich daraus ergeben.

Literatur

Bartnitzky, H./Hecker, U./Lassek, M. (Hg.) (2012): Individuell fördern – Kompetenzen stärken (Kl. 1 und 2). Frankfurt a.M.: Gundschulverband.

Bennewitz, H./Breidenstein, G. (2004): Wenn Schülerinnen und Schüler einander helfen. Probleme des Helfens im Rahmen der Peer Kultur. In: PÄDAGOGIK. 56. Jg., H. 7-8. 26-30.

Bohl, T./Batze, A./Richey, P. (2012): Öffnung – Differenzierung – Individualisierung – Adaptivität. In: Bohl, T. u.a. (Hg.): Binnendifferenzierung: Teil 1: Didaktische Grundlagen und Forschungsergebnisse zur Binnendifferenzierung im Unterricht. Immenhausen: Prolog Verlag. 40-69.

Breidenstein, G. (2006): Teilnahme am Unterricht. Ethnographische Studien zum Schülerjob. Wiesbaden: VS Verlag für Sozialwissenschaften.

Breidenstein, G. (2008): Allgemeine Didaktik und praxeologische Unterrichtsforschung. In: Meyer, Meinert, A./Prenzel, Manfred/Hellekams, S. (Hg.): Sonderband der Zeitschrift für Erziehungswissenschaft: Neue Perspektiven der Didaktik. Wiesbaden: VS Verlag für Sozialwissenschaften. 201-218.

Breidenstein, G./Tyagunova, T. (2012): Ethnomethodologie und Konversationsanalyse. In: Bauer, U./Bittlingmayer, U./Scherr, A. (Hg.): Handbuch Bildungs- und Erziehungssoziologie. Wiesbaden: VS Verlag für Sozialwissenschaften. 387-404.

Breidenstein, G./Rademacher, S. (2013): Vom Nutzen der Zeit. Beobachtungen und Analysen zum individualisierten Unterricht. In: ZfPäd. 59.Jg., H. 3. 336-356.

Dorow, S./Breidenstein, G./Menzel, C./Rademacher, S. (2012): Anstellen statt melden – die Warteschlange im individualisierten Unterricht. In: Hellmich, F./Förster, S./ Hoya, F. (Hg.): Bedingungen des Lehrens und Lernens in der Grundschule. Wiesbaden: VS Verlag für Sozialwissenschaften. 77-80.

Hanke, P. (2007): Jahrgangsübergreifender Unterricht in der Grundschule. Konzepte, Befunde und Forschungsperspektiven. In: de Boer, H./ Burk, K./ Heinzel, F. (Hg.): Lehren und Lernen in jahrgangsgemischten Klassen. Frankfurt a.M.: Grundschulverband. 259-376.

Huf, C. (2006): Didaktische Arrangements aus der Perspektive von SchulanfängerInnen. Bad Heilbrunn: Klinkhardt.

Huf, C. (2010): Kooperationspraktiken von SchulanfängerInnen in leistungshomogenen und leistungsheterogenen Schülergruppen. In: Zeitschrift für Grundschulforschung. Bildung im Elementarbereich, Heft 1/2010: Heterogenität in den Lernentwicklungen. 114-127.

Huf, C./Breidenstein, G. (2009): Schülerinnen und Schüler bei der Wochenplanarbeit. Beobachtungen zur Eigenlogik der >Planerfüllung<. In: Pädagogik 4. 20-23.

Klieme, E./Warwas, J. (2011): Konzepte der Individuellen Förderung. In: Zeitschrift für Pädagogik. 57.Jg., H. 6. 805-818.

Kucharz, D./Wagener, M. (2007): Jahrgangsübergreifendes Lernen. Eine empirische Studie zu Lernen, Leistung und Interaktion von Kindern in der Schuleingangsphase. Baltmannsweiler: Schneider Verlag.

Lipowsky, F. (2002): Zur Qualität offener Lernsituationen im Spiegel empirischer Forschung – auf die Mikroebene kommt es an. In: Drews, U./Wallrabenstein, W. (Hg.): Freiarbeit in der Grundschule. Frankfurt: Grundschulverband. 126-159.

Menzel, C./Rademacher, S. (2012): Die „sanfte Tour". Analysen von Schülerselbsteinschätzungen zum Zusammenhang von Individualisierung und Kontrolle. In: sozialersinn 1. 79-100.

Mohn, B.E./Breidenstein, G. (2013): Arbeitswelten in der Grundschule. Praktiken der Individualisierung des Unterrichts. DVD. Göttingen.

Naujok, N. (2000): Schülerkooperation im Rahmen von Wochenplanunterricht. Analyse von Unterrichtsausschnitten aus der Grundschule. Weinheim: Deutscher Studien Verlag.

Prengel, A. (2010): Heterogenität als Theorem der Grundschulpädagogik. In: Götz, M./Fölling-Albers, M./Heinzel, F./Kammermeyer, G./Müller, K./Petillon, H. (Hg.): Zeitschrift für Grundschulforschung. Bildung im Elementarbereich, Heft 1: Heterogenität in den Lernentwicklungen. 7-17.

Rabenstein, K. (2010): Förderpraktiken im Wochenplanunterricht: Subjektivationsprozesse von Schülern zwischen Selbstständigkeitsanforderungen und Hilfebedürftigkeit. In: sozialersinn. 11.Jg., H. 1. 53-77.

Reckwitz, A. (2000): Die Transformation der Kulturtheorien. Zur Entwicklung eines Theorieprogramms. Weilerswist: Velbrück Wissenschaft.

Reckwitz, A. (2003): Grundelemente einer Theorie sozialer Praktiken. Eine sozialtheoretische Perspektive. In: Zeitschrift für Soziologie. 4.Jg., H. 32. 282-301.

Reh, S./Labede, J. (2009): Soziale Ordnung im Wochenplanunterricht. In: de Boer, H./Deckert-Peaceman, H. (Hg.): Kinder in der Schule. Zwischen Gleichaltrigenkultur und schulischer Ordnung. Wiesbaden: VS Verlag für Sozialwissenschaften. 159-176.

Reh, S. (2011): Individualisierung und Öffentlichkeit. Lern-Räume und Subjektivationsprozesse im geöffneten Grundschulunterricht. In: Amos, S. K./Meseth, W./Proske, M. (Hg.): Öffentliche Erziehung revisited. Erziehung, Politik und Gesellschaft im Diskurs. Wiesbaden: VS Verlag für Sozialwissenschaften. 33-52.

Wagener, U. (2010) (Hg.): Young children and self-regulated learning. A qualitative classroom study. Beiträge zur Didaktischen Rekonstruktion, Bd. 34. Oldenburg: Didaktisches Zentrum Carl von Ossietzky Universität Oldenburg.

Wiesemann, J. (2000): Lernen als Alltagspraxis. Lernformen von Kindern an einer Freien Schule. Bad Heilbrunn: Klinkhardt Verlag.

Wiesemann, J. (2008): Was ist schulisches Lernen? In: Breidenstein, G./Schütze, F. (Hg.): Paradoxien in der Reform der Schule. Ergebnisse qualitativer Schulforschung. Wiesbaden: VS Verlag für Sozialwissenschaften.161-178.

Wiesemann, J. (2008): Was ist schulisches Lernen? In: Breidenstein, G./Schütze, F. (Hg.): Paradoxien in der Reform der Schule. Ergebnisse qualitativer Schulforschung. Wiesbaden: VS Verlag für Sozialwissenschaften.161-178.

Wirksamkeit von Sprachförderung

Diemut Kucharz, Gisela Kammermeyer, Christine Beckerle, Katja Mackowiak, Katja Koch, Ann-Kathrin Jüttner, Sarah Sauer, Ilonca Hardy, Henrik Saalbach, Birgit Lütje-Klose, Ulrich Mehlem & Magdalena Spaude

1 Einleitung und Verortung der Projekte

Diemut Kucharz

Weil die Bedeutung einer guten Sprachkompetenz aller Kinder inzwischen im allgemeinen Bewusstsein verankert ist, werden in allen Bundesländern derzeit Sprachfördermaßnahmen initiiert oder unterstützt. Über die Wirksamkeit derselben und die Bedingungen für die Wirksamkeit gibt es dagegen noch wenig übereinstimmende Erkenntnis: Bisher wurden viele kosten- und zeitintensive Maßnahmen realisiert, die sich entweder als wenig wirksam erwiesen (Gasteiger-Klicpera/Knapp/Kucharz 2010; Roos/Poloczek/Schöler 2010) oder deren Wirksamkeit bislang nicht überprüft wurde (Lisker 2011; Redder/Schwippert/Hasselhorn/Forschner/Fickermann/Ehlich 2010). Im Folgenden werden vier Forschungsprojekte vorgestellt, die sich in ganz unterschiedlicher Weise der Frage nach der Wirksamkeit von Sprachförderung stellen. Es handelt sich um

1. die Evaluation der durchgängigen Sprachförderung in Kindergarten und Grundschule in der Stadt Fellbach (Fellbach-Projekt) (Beckerle/Mackowiak/Kucharz)
7. eine Teilstudie aus der Evaluation unterschiedlicher Sprachförderprogramme in niedersächsischen Kindertagesstätten (EvaniK), (Koch/Jüttner)
8. Sprachförderung von Vorschulkindern im Kontext frühen naturwissenschaftlichen Lernens am Beispiel Magnetismus (Sauer/Hardy/Saalbach)
9. die Evaluation des Projekts MitSprache der Stadt Bielefeld zur Sprachförderung in der Schuleingangsphase (LisFör) (Lütje-Klose/Mehlem/Spaude).

Die vier Projekte sind der didaktischen Entwicklungsforschung zuzuordnen (Einsiedler 2010), unterscheiden sich aber in verschiedener Hinsicht: Die Studie „Magnetismus" ist als Laborstudie zu bezeichnen und verfolgt eher eine theoretische Fragestellung, während die anderen drei als Feldstudien eher Fragen aus der Praxis bearbeiten. Im Fellbach-Projekt, bei LisFör und beim Magnetismus handelt es sich um Interventionsstudien im Prä-Post-Design mit Vergleichs- oder Kontrollgruppen. Die Studien EvaniK und Magnetismus sind im Kindergarten, LisFör in der Grundschule und das Fellbach-Projekt in Kindergarten und Grundschule angesiedelt. Versuchspersonen sind im Projekt Magnetismus Vorschulkinder, bei LisFör Grundschulkinder, bei EvaniK und im Fellbach-Projekt die Pädagoginnen, teils Leitungskräfte, teils Erzieherinnen und Lehrerinnen. Gemeinsam ist den vier Projekten, dass alle mit qualitativen und quantitativen Daten sowie Videoanalysen arbeiten und damit ein anspruchsvolles Design haben. Alle vier Projekte überprüfen die Wirksamkeit von Interventionen. Die Ergebnisse fallen dabei unterschiedlich aus, wie im Kap. 3 für die einzelnen Projekte dargestellt wird.

2 Theoretische Überlegungen

Gisela Kammermeyer

Der Begriff „Sprachförderung" wird derzeit in vielfältigen Zusammenhängen verwendet, auch alle vier im Folgenden dargestellten Projekte haben den Begriff „Sprachförderung" im Titel. Es wird jedoch nicht immer das gleiche darunter verstanden. Als weiterführend wird der Vorschlag der Expertise „Bildung durch Sprache und Schrift" (Schneider et al. 2012) angesehen, für die vier vorgestellten Projekte ist vor allem die Unterscheidung zwischen Sprachbildung und Sprachförderung bedeutsam:

Sprachliche Bildung ist Aufgabe der Bildungsinstitutionen für alle Kinder. Sie erfolgt alltagsintegriert, aber nicht beiläufig, sondern gezielt. Sprachliche Bildung bezeichnet alle durch das Bildungssystem systematisch angeregten Sprachentwicklungsprozesse und ist allgemeine Aufgabe im Elementarbereich und des Unterrichts in allen Fächern. Die Erzieherin oder Lehrperson greift geeignete Situationen auf, plant und gestaltet sprachlich bildende Kontexte und integriert sprachliche Förderstrategien in das Sprachangebot für alle Kinder.

Sprachförderung bezeichnet in Abgrenzung zur sprachlichen Bildung gezielte Fördermaßnahmen, die sich insbesondere an Kinder mit besonderen Schwierigkeiten richten, die diagnostisch ermittelt wurden. Die Maßnahmen können in der Schule unterrichtsintegriert oder additiv erfolgen. Sprachförderung ist häufig ausgerichtet auf bestimmte Adressatengruppen und basiert auf spezifischen sprachdidaktischen Konzepten und Ansätzen, die den besonderen Förderbedarf berücksichtigen, Sprachförderung erfolgt oftmals in der Kleingruppe, aber nicht zwingend, und hat kompensatorische Ziele. Dabei bezeichnet Sprachförderung in Abgrenzung zur Lese- und Schreibförderung die Förderung der allgemeinen sprachlichen Fähigkeiten, etwa des Wortschatzes oder der Grammatik. Diese Fähigkeiten werden sowohl im Mündlichen als auch im Schriftlichen benötigt.

Nach dieser Begriffsklärung würde es sich bei der Evaluation der „durchgängigen Sprachförderung" der Stadt Fellbach (Beckerle et al.) und beim Projekt „Sprachförderung für Migrantenkinder" (Koch et al.) um Sprachbildung handeln.

Die Wirksamkeit von Sprachförder- bzw. Sprachbildungsmaßnahmen hängt mit hoher Wahrscheinlichkeit von vielfältigen Faktoren ab. In jeder Untersuchung besteht eine große Herausforderung darin, zentrale Einflussvariablen auszuwählen, mit deren Hilfe die Entwicklungsunterschiede erklärt werden können. Herangezogen werden einerseits strukturelle Variablen wie Gruppengröße und Lehrermerkmale wie z.b. die Qualifikation der Sprachförderkraft, andererseits zunehmend auch die Interaktion zwischen Kind und Sprachförderkraft. Weshalb diese derzeit so große Aufmerksamkeit erfährt, bleibt in den Projekten zum Teil offen. Die Rückbindung an eine informationshaltige Theorie ist jedoch notwendig, um die Auswahl der zu untersuchenden Variablen und die Auswertungsmethoden zu begründen. Ein Modell, das sich dafür sehr gut eignet, ist das Progress-Person-Context-Time-Model („PPCT-Modell") von Bronfenbrenner und Morris (2006), in dem die Erwachsenen-Kind-Interaktion eine zentrale Rolle spielt. Lernen wird demnach nicht mehr als eine direkte Wirkung von Lehrperson, Gruppenkontext- und Interaktionsqualitätsmerkmalen angesehen, stattdessen wird zwischen direkten und indirekten Einflussfaktoren unterschieden. Den größten Einfluss auf die Entwicklung haben demnach direkte Faktoren und das sind Merkmale der Interaktionsqualität, genauer die aktive Teilnahme an immer komplexer werdenden direkten reziproken Interaktionen mit Menschen, Dingen und Symbolen in der unmittelbaren Umwelt. Damit diese wirksam werden, ist es notwendig, dass diese Interaktionen häufig und über einen längeren Zeitraum relativ regelmäßig stattfinden. Solche Interaktionen mit der unmittelbaren Umwelt sind der Hauptmotor von Entwicklung. In diesem allgemeinen Entwicklungsmodell werden darüber hinaus sowohl indirekte Wirkungen von Merkmalen der Lehrperson (z. B. Qualifikation) und Kontextmerkmalen (z. B. Klassengröße, Art des Programms) als auch moderierende Wirkungen von Personenmerkmalen (z. B. Alter des Kindes) auf die Entwicklung des Kindes angenommen. Es wird explizit darauf hingewiesen, dass auch die Besonderheiten der unterschiedlichen Entwicklungsphasen im Lebenslauf (z. B. der frühen Kindheit) und des Entwicklungsbereichs (z. B. Sprachentwicklung) zu berücksichtigen sind.

Wenn die Schwerpunkte der im Folgenden dargestellten Projekte im theoretischen Modell von Bronfenbrenner und Morris (2006) verortet werden, dann geht es im EvaniK-Projekt (Koch et al.) in erster Linie um Strukturmerkmale, im Fellbach-Projekt (Beckerle et al.) um die Qualifikation von Lehrpersonen, im „Magnetismus"-Projekt (Sauer et al.) wird die Qualität der Interaktionen variiert und im LisFöR-Projekt (Lütje-Klose et al.) geht es um den Zusammenhang von Sprachstand und Schriftspracherwerb.

3   Vorstellung der Forschungsprojekte

3.1 »Durchgängige Sprachförderung in Kindergarten und Grundschule in der Stadt Fellbach«

Christine Beckerle, Katja Mackowiak & Diemut Kucharz

3.1.1 Projektbeschreibung

Das Kooperationsprojekt »Durchgängige Sprachförderung in Kindergarten und Grundschule« der Stadt Fellbach, der Pädagogischen Hochschule Weingarten, der Goethe-Universität Frankfurt und der Leibniz Universität Hannover (Leitung: Diemut Kucharz und Katja Mackowiak) hatte die Entwicklung, Durchführung und Evaluation eines Sprachförderkonzeptes zum Ziel.

Das entwickelte »Fellbach-Konzept« (Kucharz & Mackowiak 2011) basiert auf einer Sprachförderung im Alltag für alle Kinder in Kindergarten und Grundschule. Es beinhaltet eine Weiterqualifizierung der pädagogischen Fachkräfte in Form von Fortbildungen und Coaching, zur Verbesserung der Sprachförderkompetenzen, damit eine individuelle Passung zwischen Kind und Sprachfördermaßnahme möglich wird (Fried 2010; Knapp/Kucharz/Gasteiger-Klicpera 2010; Lisker 2011; Sachse/Jooss/Simon/Buschmann 2011). Zentrale Themen sind u.a. förderdiagnostische Instrumente, Erst- und Zweitspracherwerb sowie Sprachfördertechniken wie Modellieren, Stimulieren und positives korrektives Feedback. Letztere beruhen auf Erkenntnissen der Sprachentwicklungsforschung (für einen Überblick Szagun 2010) und werden auch in der Sprachheilpädagogik genutzt (Dannenbauer 1984).

3.1.2 Forschungsdesign und Methoden

Zur Bestimmung möglicher Wirksamkeitsindikatoren wurden folgende Auswertungsaspekte in den Blick genommen: Die Sprachförderkompetenzen der Erzieherinnen (n=12) und Grundschullehrerinnen (n=8) (Modellgruppe: n=14; Kontrollgruppe: n=6) wurden sowohl auf der Ebene des Handelns mittels Videoaufnahmen als auch auf der Ebene des Wissens und der Einstellungen mittels Interviews untersucht; die sprachlichen Leistungen der Kinder (n=174) wurden durch Sprachtests (Esser/Wyschkon 2010) erhoben. In diesem Beitrag werden ausgewählte Befunde zu den Videoanalysen und den sprachlichen Leistungen der Kinder vorgestellt:
-   Bei der Videoauswertung (je eine Stunde Freispiel bzw. Schulunterricht vor und nach der Intervention) wurden mit einem deduktiv entwickelten und induktiv ergänzten Kategoriensystem die Sprachfördertechniken der PädagogInnen identifiziert, um mögliche Zuwächse in den Sprachförderkompetenzen der Modellgruppe im Vergleich zur Kontrollgruppe zu prüfen.
-   Bei der Auswertung der Sprachtests wurden die Leistungen der Kinder der Modell- und Kontrollgruppe zum ersten und zweiten Messzeitpunkt vergli-

chen, um mögliche Effekte der Sprachförderung durch die pädagogischen Fachkräfte herauszufinden.

3.1.3 Ergebnisse

Beim Vergleich, wie viele und welche Sprachfördertechniken zum ersten und zweiten Messzeitpunkt in der Modell- und in der Kontrollgruppe genutzt wurden, zeigten sich in den Varianzanalysen erwartungsgemäß vor der Maßnahme keine signifikanten Unterschiede (vgl. Abbildung 1)[1]. Nach der Maßnahme konnten dagegen signifikante Differenzen nachgewiesen werden: Die Pädagoginnen der Modellgruppe nutzten insgesamt signifikant mehr Sprachfördertechniken ($F(1;18)=12.650$; $p<0.002$); insbesondere die korrektiven ($F(1;18)=5.234$; $p<0.034$) und modellierenden Sprachfördertechniken ($F(1;18)=18.318$; $p<0.001$) wurden mehr angewandt. Lediglich bei den stimulierenden Sprachfördertechniken zeigte sich kein signifikanter Unterschied ($F(1;18)=1.273$; n.s.).

Zur Klärung der Frage, ob das verbesserte Sprachförderverhalten der pädagogischen Fachkräfte der Modellgruppe sich auch in den sprachlichen Leistungen der Kinder widerspiegelt, wurden die Testergebnisse der Kinder beider Gruppen (Modell- vs. Kontrollgruppe) vor und nach der Weiterqualifizierung miteinander verglichen. Während sich die beiden Gruppen zum ersten Messzeitpunkt nicht voneinander unterschieden ($F(1;170)=0.056$; n.s.), zeigte sich zum zweiten Messzeitpunkt eine Tendenz in die erwartete Richtung: Die Kinder der Modellgruppe verbesserten ihre sprachlichen Leistungen tendenziell mehr als die Kinder der Kontrollgruppe ($F(1;151)=2.778$; $p<0.098$). Wird zudem die Ausgangsleistung der Kinder zum ersten Messzeitpunkt als Kovariate berücksichtigt, so ergibt sich ein signifikanter Unterschied in den Testleistungen der beiden Gruppen zum zweiten Messzeitpunkt (Kovariate: $F(1;151)=327.92$; $p<0.001$; Gruppe: $F(1;151)=5.331$; $p<0.022$).

3.1.4 Diskussion

Die durchweg erfreulichen Ergebnisse sind vorsichtig zu interpretieren, da es sich um eine kleine Stichprobe handelt. Dennoch geben sie Hinweise darauf, dass das Konzept mit einer Kombination aus intensiver Fortbildung und Coaching sowie dem Ansatz der Alltagsförderung in die richtige Richtung geht. Aussagen darüber, worauf genau der Erfolg zurück zu führen ist und wie nachhaltig er sich zeigt, können derzeit keine gemacht werden. Es konnte aber gezeigt werden, dass es gelungen ist, die sprachfördernde Qualität in der Interaktion zwischen Pädagogin und Kind in einem alltagsintegrierten Setting so zu verbessern, dass sie im Sinne eines Scaffoldings sprachwirksam werden (Hormann/Koch 2011; Fried 2010).

---

1 Aufgrund der kleinen Stichprobe können die Ergebnisse lediglich als erste Hinweise interpretiert werden. Diese wurden zusätzlich non-parametrisch geprüft und nur im Falle eines auch hier signifikanten Ergebnisses dargestellt und diskutiert.

3.2 Vorstellungen gelingender Sprachförderung von Kita-Leiterinnen-Ergebnisse aus der Interviewstudie des ‚EvaniK'-Projekts

Katja Koch & Ann-Kathrin Jüttner

3.2.1 Implementation von Sprachfördermaßnahmen – Steuerungshandeln von Kita-Leitungskräften

In diesem Beitrag wird der Blick auf die Leitungskraft und deren Rolle bei der Implementation von Sprachfördermaßnahmen in Kindertagesstätten gerichtet.
Die Studie basiert auf leitfadengestützten Experteninterviews mit zehn Kita-Leiterinnen aus dem Datenpool des Projektes „Sprachförderung im Kindergarten – Evaluation unterschiedlicher Sprachförderprogramme in niedersächsischen Kindertagesstätten" (EvaniK). Das Projekt besteht aus insgesamt vier Teilstudien. Die Daten einer ersten Strukturanalyse von 915 niedersächsischen Kindertagesstätten verdeutlichen, dass sich in den untersuchten Einrichtungen die Struktur einer programmorientierten oder einer alltagsintegrierten Förderung abbildet. In einer weiteren Teilstudie wurden über qualitative Analysen in 14 ausgewählten Institutionen Faktoren identifiziert, die den Sprachlernprozess von Kindern mit Deutsch als Zweitsprache besonders stützen. Anhand sprachdiagnostischer Verfahren wird in der dritten Teilstudie seit 2009 die sprachliche Entwicklung der Kinder in der Zweitsprache Deutsch im Verlauf eines Kindergartenjahres in diesen Einrichtungen dokumentiert und in Beziehung gesetzt zu den jeweiligen sprachbezogenen Unterstützungsleistungen. Ziel ist es, Settings und Interaktionsmuster im Kita-Alltag näher zu beschreiben und zu identifizieren, die den Spracherwerb begünstigen oder behindern. In der vierten Teilstudie werden über Videographien die Strukturen sprachlicher Interaktionsprozesse genauer fokussiert (näheres siehe Hormann/Koch 2011). Für den hier berichteten Teil der EvaniK-Studie wurden im Rahmen des Dissertationsprojekts von Ann-Kathrin Jüttner mit dem Titel ‚*Educational Governance im Elementarbereich – die Rolle von Leitungskräften bei der sprachbezogenen Qualitätsentwicklung in Kitas*' am Beispiel derzeit virulenter Maßnahmen zur Verbesserung der sprachbezogenen Bildungsqualität im Elementarbereich untersucht, welche Rolle speziell die Leitungskraft einer Kindertagesstätte bei der Organisation, Durchsetzung und Sicherung dieser Maßnahmen spielt, und ob sich ein Einfluss auf die sprachbezogene Qualitätsentwicklung in den Einrichtungen nachweisen lässt. Methodisch gründet das Vorgehen auf einer inhaltsanalytischen Kategorienbildung sowie fortführend auf einer minimalen und maximalen Kontrastierung auf Ebene der Profession und der Institution zur Generierung von Typen (Kelle/Kluge 2010). Als theoretisch analytische Perspektive wird der Educational Governance Ansatz gewählt, da hiermit

„alle Formen und Mechanismen der Koordinierung zwischen mehr oder weniger autonomen Akteuren, deren Handlungen sich wechselseitig beeinträchtigen oder unterstützen [können]" (Benz/Lütz/Schimank/Simonis et al. 2007, 9)

eingeschlossen sind. Für die Einführung von Sprachfördermaßnahmen im Elementarbereich war zu erwarten, dass der Erfolg von Reformen stärker als in schulischen Kontexten deutlich von den jeweiligen Aushandlungsstrategien der Akteure abhängig ist, da Reformansinnen der Makroebene hier nur dann Wirkung zeigen, wenn die entsprechenden Akteure auf der Mesoebene, also die Trägerverbände, diese als für ihre Einrichtungen sinnvoll erachten, und zum Beispiel vermehrt Gelder für Sprachförderung bereitstellen. Letztlich müssen mit Blick auf die Mikroebene die pädagogischen Fachkräfte über die entsprechende Bereitschaft verfügen, diese Angebote anzunehmen und umzusetzen. Die leitenden Forschungsfragen lauten daher: (1) *Lassen sich Kita-Leitungsmerkmale und entsprechende Koordinationsmuster zwischen den Akteuren und Ebenen identifizieren, die die Implementation sprachbezogener Maßnahmen begünstigen bzw. behindern?* und (2) *Können Kita-Leitungstypen auf der Basis unterschiedlichen Steuerungshandelns benannt werden?* Im Folgenden wird die zweite Fragestellung näher ausgeführt.

3.2.2 Vorstellungen gelingender Sprachförderung von Kita-Leiterinnen – Ergebnisse aus der Interviewstudie

Für die Studie ausgewählt wurden zehn Leiterinnen von Kindertagesstätten, die heterogen hinsichtlich ihres Alters, ihrer Zeit als Leiterin in der Kindertagesstätte, aber weniger in Bezug auf ihre Berufsbiografie sind. Zu Beginn der Studie standen sie alle u.a. vor der Herausforderung, Sprachförderkonzepte in ihrer Einrichtung zu implementieren und den Einsatz des Personals zu koordinieren. Die Sprachförderung von Kindern mit Deutsch als Zweitsprache war in Niedersachsen knapp zehn Jahre an Sprachförderprogrammen orientiert und wurde von einer Sprachförderkraft durchgeführt, die meist nicht zum Team gehörte, sondern zur Förderung der Kinder in die Kita kam. Im Rahmen der Interviews ließen sich bei der Implementation von Sprachfördermaßnahmen folgende Probleme identifizieren: (1) *mangelhafte strukturelle Rahmenbedingungen*, (2) *Probleme und Unsicherheit bei der Wahl eines passgenauen Sprachförderkonzepts* und (3) *unterschiedlich begründete Kommunikationsprobleme mit Träger und Mitarbeiterteam*. In der Analyse zeigt sich, dass alle interviewten Leitungskräfte um die auch in der wissenschaftlichen Diskussion als bedeutend definierten Elemente einer gelingenden Sprachförderarbeit (u. a. Hopp/Thoma/Tracy 2010) wissen. Darüber hinaus bevorzugen nahezu alle Kita-Leiterinnen eine alltagsintegrierte Sprachförderung. Entsprechend scheint eine programmorientierte Sprachförderung durch eine Sprachförderkraft für viele einen zu starken Unterrichtscharakter zu haben. So wird der Erfolg bezweifelt, da die vorgesehene Einzel- oder auch Kleingruppenförderung als eher schwer mit dem Kita-Alltag vereinbar empfunden wird. Wenn die Kita-Leiterinnen sich der Bedeutung gelingender Sprachförderung und -bildung bewusst sind, warum verläuft die Förderung dann nicht in allen Kitas gleich oder zumindest ähnlich erfolgreich? Auf der Basis der Interviews ließen sich drei Leitungstypen identifizieren, die mit der Ausgangsproblemlage unterschiedlich umgingen: die *Moderatorin*, die *Managerin* und die *entmachtete Matriarchin*. Die *,Moderatorin'* initiiert die Implementation von Sprachfördermaßnahmen als Teil und innerhalb des Teams über eine stark persönliche Ebene. Sie hat vage Vorstellungen über das einzusetzende Sprachförderkonzept und der entsprechenden Arbeit in der Kita. Entscheidungen über die Organisation der Sprachförderung werden transparent und hierarchisch flach getroffen. Mehr Distanz stellt die *,Managerin'* her, die das Sprachförderkonzept über das Delegieren von Aufgaben an das Team installiert, welches zunächst informiert und durch gezielte Qualifikationsmaßnahmen aktiviert wird. Die Managerin hat eine elaborierte Vorstellung von der Gestaltung des Konzepts in ihrer Einrichtung und setzt diese Vorstellung im Team durch. Sie sieht sich eine Stufe über dem Team stehend, legt dabei aber viel Wert auf Transparenz bei Entscheidungsprozessen. Die *,entmachtete Matriarchin'* versucht das Sprachförderkonzept über das Delegieren von entsprechenden Aufgaben an das Team durchzusetzen, dies scheitert aber aufgrund von Kommunikationsproblemen mit dem Team. Eine fehlende professionelle Distanz und Transparenz bei Entscheidungsprozessen innerhalb des Teams sind Ursache und Folge zugleich. Die Hierarchieebenen haben sich so verschoben, dass die Leiterin ihre Akzeptanz und hohe Position verloren hat. Sie hat normative Idealvorstellungen von der Ausgestaltung eines Sprachförderkonzepts in ihrer Kita, sie sieht aber nicht, dass dies unter den gegebenen personellen Bedingungen nicht möglich ist. Ihr fehlen schlicht der Zugang und der Einblick in die Praxis der Gruppenarbeit. In ihrer Rolle als Leitungskraft scheint sie stark verunsichert und überfordert. Die Implementation von Sprachfördermaßnahmen wird als zusätzliche Belastung und nicht als Chance betrachtet. Während es den ersten beiden Typen gelingt, ihre subjektiven Vorstellungen von gelingender Sprachförderung organisatorisch und inhaltlich in die Praxis zu implementieren, geschieht dies in den Einrichtungen, die von *,Entmachtenden Matriarchinnen'* geführt werden, nicht.

Im bisherigen Verlauf des Projektes steht noch aus, zu prüfen, ob die Form der Steuerung von Sprachfördermaßnahmen und deren Installation durch Kita-Leiterinnen in der Praxis ausschlaggebend für den Spracherfolg der Kinder sind.

3.3 Sprachförderung von Vorschulkindern im Kontext frühen naturwissenschaftlichen Lernens

Sarah Sauer, Ilonca Hardy & Henrik Saalbach

3.3.1 Sprachförderung im naturwissenschaftlichen Kontext?

In der Sprachförderpraxis sind neben expliziten Sprachförderansätzen zunehmend alltagsintegrierte Modelle vorzufinden; diese weisen jedoch selten deutliche thematische Bezüge zu Rahmen- oder Bildungsplänen bzw. eine Einbettung in fachliche Inhalte auf. Gerade eine solche bedeutungsfokussierte Einbettung bietet jedoch ein besonderes Potenzial der Sprachförderung, da sich hier sprachliche Elemente kontextuell einbinden lassen und Bedingungen für einen hochwertigen sprachlichen Austausch im Sinne der Cognitive Academic Language Proficiency (CALP, vgl. Cummins 1980) geschaffen werden können. So untersucht beispielsweise das BeFo-Projekt (u. a. Darsow/Paetsch/Stanat/Felbrich 2012) in einer Studie in dritten Klassen über ein Schuljahr hinweg die Effekte einer fachbezogenen Sprachförderung (bedeutungsfokussiert) im Vergleich zu einer sprachsystematischen Förderung (formfokussiert) auf sprachliche sowie fachliche Leistungen in Mathematik und im Sachunterricht.

Lernaktivitäten im naturwissenschaftlichen Kontext bieten eine Vielzahl an Sprachlerngelegenheiten, von denen auch Kinder mit niedrigem Sprachstand profitieren können. Wird Sprache nach Vygotsky (1978) als mentales Werkzeug verstanden, so dient sie der Aushandlung von Bedeutungen, welche im wechselseitigen Austausch mit Sprachmodellen und unter Einbezug kontextueller Hinweise konstruiert werden. Die im Bereich der naturwissenschaftlichen Kompetenz übliche Unterscheidung von inhaltsbezogenen und prozessbezogenen Kompetenzen (vgl. Duit/Gropengießer/Stäudel 2004; Hardy et al. 2010) lässt sich heranziehen, um den Bezug zwischen konzeptueller Entwicklung und Sprache zu verdeutlichen. So sind im Bereich der prozessbezogenen Kompetenzen sprachliche Bezeichnungen und Redemittel häufig eine Voraussetzung dafür, Objekte differenziert zu beschreiben, Ergebnisse von Experimenten bzw. beobachtete Zustände genau darzustellen, Vermutungen oder Begründungen zu formulieren sowie Vergleiche zwischen unterschiedlichen Bedingungen anzustellen. Insbesondere das wissenschaftliche Begründen stellt hohe Anforderungen an eine präzise Verwendung von Sprache, welche häufig mit einer komplexeren Syntax einhergeht, beispielsweise in Formulierungen wie „ich vermute, dass….; das ist passiert, weil….". Auch im Bereich der inhaltsbezogenen Kompetenzen besteht ein enger Bezug zwischen sprachlichen Formulierungen und dem konzeptuellen Verständnis. So drücken Begriffe wie „mehr", „größer", „schwerer", „anders als", „genauso wie" oder „am meisten" Beziehungen zwischen Objekten und Zuständen aus; das Erkennen von Gemeinsamkeiten und Unterschieden bei einer Anzahl von Einzelbeobachtungen ist wiederum eine Voraussetzung dafür, dass Lernende zusammenfassende Konzepte und Kategorien bilden und strukturelle Zusammenhänge erkennen. Insbesondere im Elementar- und Primarbereich wird ein konzeptuelles Wissen in Form dieses Zusammenhangswissens angestrebt, das durch Formulierungen wie „wenn…, dann…"/"je…, desto…" ausgedrückt werden kann (vgl. Röhner/Blümer/Hopf/ Li/Hövelbrinks 2009). Im Primar- und Sekundarstufenbereich wird dieses Zusammenhangswissen auf zunehmend verallgemeinertem Niveau ausgedrückt und spezifisches Fachvokabular sowie Formeln verwendet, um strukturelle Zusammenhänge zu beschreiben (siehe auch Vollmer 2010).

3.3.2 Merkmale von Förderbedingungen

Sprachliche Unterstützungsmaßnahmen kommen implizit in vielen Studien vor (z. B. Hopf 2011; Henrichs/Leseman/Broekhof/Cohen de Lara 2011), sie werden jedoch selten explizit getestet. Röhner et al. (2009) führten naturwissenschaftlich-technische Lernangebote im Elementar- und Primarbereich durch und fanden u. a. einen Zuwachs an bildungssprachlichen Elementen, wie Komposita, Präfigierungen, komplexe Satzgefüge und Konjunktionen bei den geförderten Kindern. Wie jedoch sollten Förderbedingungen für Sprachentwicklung im naturwissenschaftlichen Kontext aussehen, wie Lerngelegenheiten gestaltet sein, um ihre enge Verknüpfung mit Sprache möglichst gut nutzbar zu machen? Hong und Diamond (2012) zeigten im Inhaltsgebiet Schwimmen und Sinken bei Kindern im Vorschulalter, dass sich neben naturwissenschaftlicher Kompetenz auch der themenbezogene Wortschatz v. a. durch explizites Einführen und Verwenden relevanter Begriffe und Konzepte sowie durch kognitiv aktivierende Fragen im Sinne des Scaffolding (z. B. Gibbons 2002) fördern lässt.

3.3.3 Eigene Studie

In unserer Arbeitsgruppe wird derzeit in einer ähnlich angelegten, jedoch stärker zwischen sprachlichen Begriffen und Konzepten differenzierenden Interventionsstudie mit Messwiederholungsdesign im Inhaltsgebiet Magnetismus untersucht, welchen Einfluss sprachliche Unterstützung auf die Entwicklung inhalts- und prozessbezogener Kompetenzen bei Vorschulkindern hat. In einer Pilotstudie mit acht Kindern, die sich im sprachlichen Förderbedarf unterschieden und anhand von umfangreichen Prätests zum aktiven und passiven themenbezogenen Wortschatz sowie Vorwissen zum Inhaltsbereich ausgewählt wurden, fand König (2012) einen Anstieg des produktiven und rezeptiven themenbezogenen Wortschatzes. In der Experimentalgruppe wurden in insgesamt drei Förderstunden elementare sprachliche Redemittel und (Fach)Wortschatz mit Hilfe von Modellierungs-, Fokussierungs- und Korrekturtechniken nach dem Prinzip des Scaffolding eingebracht. Dies beinhaltete neben Bedeutungsklärungen u. a. das wiederholte und funktional eingebettete Verwenden, Erweitern und Korrigieren relevanter Begriffe und Strukturen und stellt eine Erweiterung der bereits von Hong und Diamond (2012) verwendeten Strategien dar; die Kontrollgruppe erhielt statt der sprachlichen Unterstützung verstärkt Gelegenheit zum handlungsorientierten Experimentieren. Der Aufbau der Lerneinheiten zum Magnetismus orientierte sich an Steffensky und Hardy (in Vorb.). Die Ergebnisse der Pilotierung weisen darauf hin, dass naturwissenschaftliche Lernumgebungen wie erwartet Möglichkeiten zur Förderung sprachlicher Kompetenzen für Kinder im Vorschulalter bieten; die spezifische Funktion des Sprachinputs für die konzeptuelle Entwicklung soll in der Haupterhebung differenzierter erfasst und u. a. mittels Videoanalysen ausgewertet werden.

3.4 Literalität und Interaktion in der Sprachförderung. Evaluation des Projekts MitSprache der Stadt Bielefeld zur Sprachförderung in der Schuleingangsphase

Birgit Lütje-Klose, Ulrich Mehlem & Magdalena Spaude

3.4.1 Hintergrund und Projektdesign

Im Anschluss an ein Sprachförderprojekt der Stadt Bielefeld in den letzten beiden Jahren vor der Einschulung (Demirkaya/Gültekin/Riemer 2010) begann im Schuljahr 2009/10 an vier ausgewählten Grundschulen mit besonders hohem Migrantenanteil das Pilotprojekt MitSprache: zusätzlich zu den Lehrkräften führen seither 16 Honorarkräfte im Umfang von fünf Stunden pro Woche (sowie einer weiteren Stunde für Elternarbeit) die Sprachförderung des Elementarbereichs in integrierter und additiver Form weiter. Die Honorarkräfte (ErzieherInnen, Studierende und LogopädInnen) verfügen über Erfahrungen mit Sprachförderung in der Kita und erhielten zusätzlich eine 20stündige Fortbildung, einschließlich eines gemeinsamen Termins mit den LehrerInnen.

Das von KollegInnen der Sprachdidaktik, der Erziehungswissenschaft und des Faches Deutsch als Fremdsprache der Universität Bielefeld ins Leben gerufene Projekt LISFör (2010-2012)[2] verfolgte das Ziel, eine im Rahmen von MitSprache geförderte Gruppe von ca. 57 mehrsprachigen Kindern über zwei Schuljahre zu begleiten und ihre Entwicklung in den Bereichen Sprache und Rechtschreibung mit unterschiedlichen quantitativen und qualitativen Fragestellungen zu erforschen.

Das quantitative Teilprojekt erhob in einem Prä-Post-Design die Entwicklung des Sprachstandes und der orthographischen Fähigkeiten an drei Messzeitpunkten: in der Mitte und am Ende des ersten sowie am Ende des zweiten Schuljahres. Nach der ersten Erhebung wurde eine mit den Kindern des Pilotprojekts in Bezug auf Alter, Geschlecht, Sprachstand und Erstsprache vergleichbare Kontrollgruppe gebildet. In der zweiten und dritten Erhebung wurden dann die Leistungen der beiden Gruppen, also beim ‚Outcome Kind' im Sinne des PPCT-Modells, unter zwei Fragestellungen untersucht:

(1) Gibt es einen Unterschied zwischen der geförderten und der nicht geförderten Gruppe hinsichtlich des Sprachstands und der Orthographie?

(2) Welchen Einfluss hat der Sprachstand auf die orthographische Kompetenz?

Zu den Erhebungsinstrumenten des quantitativen Teilprojekts gehörteder neu entwickelte Sprachstandstest SET 5-10 (Petermann 2010), der als bisher einziger für die gesamte Grundschulzeit normiert ist. Aus diesem Test wurden die Teiltests zum Wortschatz (Bilder benennen), zur Kategorienbildung (Oberbegriffe nennen), zur Pluralbildung, zum Satzverstehen (Nachspielen von Hand-

---

2 Mitglieder der Projektgruppe waren Susanne Horstmann, Beate Lingnau, Birgit Lütje-Klose, Ulrich Mehlem, Maria Mochalova, Udo Ohm, Ingwer Paul, Karola Pitsch, Said Sahel, Julia Settinieri und Magdalena Spaude. Unser Dank gilt der Bielefeld School of Education (BiSED) und der Stadt Bielefeld, die das Projekt 2011 resp. 2012 gefördert haben.

lungssequenzen), zur Beurteilung von Sätzen (nur Klasse 1), zur Satzproduktion mithilfe eins Wortimpulses und zum Nachsprechen von Kunstwörtern (nur Klasse 1) ausgewählt. Die narrative Kompetenz wurde getrennt davon mit dem Verfahren HAVAS 5 (vgl. Reich/Roth 2004) erhoben, auch unter Einbeziehung der Herkunftssprachen Türkisch, Kurdisch, Russisch und Polnisch. In der zweiten Erhebungsphase wurde außerdem eine eigene Bildergeschichte zur Ermittlung morphologischer Kompetenzen (Nominalflexion) verwendet.

Die orthographische Kompetenz wurde jeweils am Ende der Klasse 1 und 2 mithilfe der Hamburger Schreibprobe (May 2002) erhoben. Ergänzt wurde dieser Test von einer Schreibaufgabe (HAVAS 5 schriftlich), wiederum unter Einbeziehung der Herkunftssprachen.

Beim qualitativen Teilprojekt stand die Qualität der Sprachförderinteraktionen im Sinne des PPCT-Modells im Mittelpunkt. Hierfür wurde aus dem Sample der Pilotgruppe eine Teilgruppe von zehn Kindern gebildet, die in zwei unterschiedlichen Formen der Schuleingangsstufe, einer jahrgangsübergreifenden und einer Jahrgangsklasse, unterrichtet wurden. Zu denselben drei Erhebungszeitpunkten wie im quantitativen Projekt wurden jeweils fünf Sprachfördereinheiten, fünf Stunden Deutsch- und drei Stunden Mathematikunterricht videographiert. Dem qualitativen Teilprojekt lagen Fragen nach den begünstigenden Faktoren einer aktiven Unterrichtsinteraktion, der Wirkung additiver und integrativer Förderangebote und dem Zusammenhang von Unterrichtsbeteiligung, Lernarrangements und Schreibpraktiken der FallschülerInnen zugrunde.

3.4.2 Erste Ergebnisse des Projekts

Im quantitativen Teilprojekt wurden bisher der SET 5-10 und die HSP ausgewertet. Die Ergebnisse stehen daher noch unter Vorbehalt. Beim Sprachstand ergibt sich ein signifikanter Zuwachs in beiden Gruppen (t-Test für verbundene Stichproben: $t(101)=-16.2$, $p<.001$), der von einem durchschnittlichen T-Wert unterhalb des Normbereichs (T-Wert = 34) in Mitte Klasse 1 zu einem Ergebnis beider Gruppen im Normbereich (T-Wert = 45) Ende Klasse 2 führt. Die Unterschiede zwischen den beiden Gruppen (Treatment (T) = 48, Kontroll (K) = 54) sind zu keinem Messzeitpunkt signifikant (Mitte 1. Klasse: M_T =33,9, M_K =34,2, $t(112)=-,35$, $p=.73$; Ende 2. Klasse: M_T =44,0,; M_K=46,0, $t(100)=-.94$, $p=.35$).. Bei den fünf Teiltests des SET 5-10 zeigen sich in beiden Gruppen die schwächsten Werte im Wortschatz (a) (T-Wert$_T$=30,4, T-Wert$_K$=32,2), in der Satzbildung (b) (T-Wert$_T$ =35,3, T-Wert$_K$=36,4) und im Nachspielen von Handlungssequenzen (c) (T-Wert$_T$ =36,2, T-Wert$_K$ =37,7). Dagegen liegt die Kategorienbildung (d) (T-Wert$_T$ =39,5, T-Wert$_K$=40,3) nur noch knapp unter und die Pluralbildung (e) (T-Wert$_T$=42,7, T-Wert$_K$=45,7) schon deutlich im Normbereich. Wiederum sind die Unterschiede zwischen beiden Gruppen in keinem Teiltest signifikant (t-Tests für unabhängige Stichproben (a) $t(100)=-1.10$, $p=.27$; (b): $t(100)=-.52$, $p=.60$; (c) $t(100)=-.71$, $p=.48$; (d) $t(100)=-.39$, $p=.70$; (e) $t(100)=-1.29$, $p=.20$).

Bei der Hamburger Schreibprobe liegen beide Gruppen bei den Graphemtreffern am Ende der Klasse 1 mit einem T-Wert von 44 im Normbereich. Ein Jahr später erreicht die Kontrollgruppe einen T-Wert von 45 und die Treatmentgruppe einen von 43. Auch hier ergeben sich keine signifikanten Unterschiede ($t(102)=.01$, $p=.99$; $t(100)=-1.1$, $p=.30$).

Bei der zweiten Forschungsfrage ergeben sich signifikante Zusammenhänge zwischen Sprachstand und Schriftspracherwerb sowohl synchron am Ende des zweiten Schuljahrs ($r=.57$, $p<.001$) als auch diachron zwischen erstem (Sprachstand) und drittem Erhebungszeitpunkt (Orthographie) ($r=.44$, $p<.001$).

Die bisher vorliegenden Ergebnisse deuten also darauf hin, dass die zusätzliche Sprachförderung der Pilotschulen in der Schuleingangsphase zu keinen signifikanten Unterschieden in den ausgewählten Indikatoren des Sprachstands und der Rechtschreibkompetenz gegenüber der Vergleichsgruppe führt. Allerdings ist zu berücksichtigen, dass bei der Ermittlung der Kontrollgruppe einige Variablen wie das Einkommen und der sozioökonomische Status der Eltern und der Anteil der Kinder mit Migrationshintergrund in der Klasse nicht direkt, sondern über die Schulwahl, berücksichtigt werden konnten. Aufgrund der besonderen Bedingungen in der Zusammensetzung der Schülerschaft der Pilotschulen wäre die Bildung einer genau passenden Kontrollgruppe zumindest in Bielefeld nur schwer realisierbar gewesen.

Andererseits wurde im Unterschied zum Fellbach-Projekt auf die Gestaltung der Sprachförderung kein direkter Einfluss genommen. Über die unterschiedlichen Praktiken der Sprachförderung liegen daher nur in den zwei Klassen Informationen vor, in denen die Videostudie durchgeführt wurde.

Im qualitativen Teilprojekt wurden bisher erst ca. 10 Unterrichts- bzw. Sprachfördereinheiten ausgewertet. Hierbei stand zunächst die Entwicklung von Kategorien im Vordergrund, die zur Beschreibung interaktionsförderlicher Aktivitäten der Lehrerin, der Sprachförderkraft und der Peers sowie für die Schreibpraktiken der Kinder benötigt werden. (Lingnau/Mehlem 2012, Mehlem/Lingnau 2012).

4 Diskussion und Ausblick

Gisela Kammermeyer

Zur Beantwortung der Frage nach der Wirksamkeit von Sprachförderung gehen die vier dargestellten Projekte zwar unterschiedliche Wege, sie weisen jedoch auch eine ganze Reihe von inhaltlichen und methodischen Gemeinsamkeiten auf. Auffällig ist, dass es sich um sehr komplexe Studien mit zum Teil mehreren Teilstudien handelt. Dies wird in den Kurzdarstellungen allerdings nicht so deutlich. Eine künftige Herausforderung wird sein, die bereits für sich komplexen Teilstudien zusammenzuführen.

Im Hinblick auf den konkreten Forschungsgegenstand ist festzuhalten, dass es in allen vier Projekten nicht um die in den meisten Bundesländern zusätzlich geförderte additive Sprachförderung, sondern um die Analyse von alltagsintegrierter Sprachbildung geht, die bisher vernachlässigt wurde. Die Forschungs-projekte sind nicht produkt-, sondern prozessorientiert. Ziel der Studien ist es herauszufinden, wie Erzieherinnen Sprachentwicklungsprozesse anregen, wie Sprachbildung gelingen kann. Der Fokus wird dabei vor allem auf die Erziehe-rin-Kind-Interaktion gelegt. Auch wenn die dargestellten Projekte nicht auf der Grundlage von Bronfenbrenner und Morris (2006) entwickelt wurden, ist fest-zustellen, dass sie recht gut zu diesem aus meiner Sicht weiterführenden theore-tischen Modell passen.

Auch methodisch gibt es Übereinstimmungen zwischen den dargestellten Projekten, die auch für künftige Studien wichtig erscheinen. Zur Beantwortung der Fragen kommen Prä-Post-Designs zur Anwendung. Hier ist vor allem auf die Bedeutung einer vergleichbaren Kontrollgruppe zu verweisen, ohne die die Ergebnisse nur eine sehr begrenzte Aussagekraft haben.

Die AutorInnen sind sich auch einig, dass Videoanalysen ein viel verspre-chender Weg sind, um die konkrete Realisierung der Sprachbildung im Alltag zu erfassen. Wenn die für Sprachbildung so bedeutsamen Erzieherin-Kind-Interaktionen untersucht werden, sind solche Studien zweifellos notwendig. Sie sind von der methodischen Anlage und von den verwendeten Auswertungsme-thoden her gesehen jedoch sehr anspruchsvoll, außerdem aufwändig und teuer. Diese Analysen waren jedoch nicht Gegenstand der Vorträge, die Auswertungen sind noch nicht abgeschlossen. Wir dürfen gespannt sein, welche methodischen Wege hierbei gegangen werden und welche Erkenntnisse diese bringen.

Mit der Frage nach der Wirkung von Sprachförderung stellen die AutorIn-nen der Studien eine der schwierigsten Fragen der empirisch pädagogischen Forschung. Um belastbare Ursache-Wirkungs-Aussagen machen zu können, sind sehr anspruchsvolle Designs notwendig (Rost 2007). Aufgrund der Kürze der Zeit beim Symposium und aufgrund des begrenzten Umfangs dieses Ta-gungsbeitrags konnten und können nicht alle zur Beurteilung notwendigen me-thodischen Details genannt werden. Zentral erscheint die Frage nach der Ver-gleichbarkeit von Treatment- und Kontrollgruppe. Vor allem, wenn – wie in den meisten Fällen – eine zufällige Zuweisung der Einrichtungen bzw. der Erzieher-rinnen auf die Treatment- und Kontrollgruppe nicht möglich ist, ist die Frage nach weiteren Einflussfaktoren, auf die die Unterschiede zurückgeführt werden können, zentral. Eine wichtige Einflussvariable ist vermutlich die Qualität der Einrichtung insgesamt bzw. die Anregungsqualität in der Gruppe. Um die Be-deutung für einen Transfer in die Praxis abschätzen zu können, sind letztendlich dann auch noch genauere Informationen zum Treatment und zu dessen Imple-mentation notwendig. Das Interesse daran ist hoffentlich geweckt.

Literatur

Benz, A./Lütz, S./Schimank, U./Simonis, G. (2007): Handbuch Governance. Theoretische Grundla-gen und empirische Anwendungsfelder. Wiesbaden: VS Verlag für Sozialwissenschaften.
Bronfenbrenner, U./Morris, P. A. (2006): The bioecological model of human development. In: Lerner, R. M. (Ed.): Theoretical models of human development. Volume 1 of Handbook of

Child Psychology (6th ed.). Editors-in-chief: W. Damon/R. M. Lerner. Hoboken, NJ: Wiley. 793-828.

Cummins, J. (2008): BICS and CALP: Empirical and Theoretical Status of the Distinction. In: Street, B./Hornberger, N. H. (Hg.): Encyclopedia of language and education, Bd. 2. Literacy. 2. Auflage. New York: Springer. 71-84.

Dannenbauer, F.M. (1984): Techniken des Modellierens in einer entwicklungsproximalen Therapie für dysgrammatisch sprechende Vorschulkinder. In: Der Sprachheilpädagoge. 16. Jg., 35-49.

Darsow, A./Paetsch, J./Stanat, P./Felbrich, A. (2012): Ansätze der Zweitsprachförderung: Eine Systematisierung. In: Unterrichtswissenschaft. 40. Jg., H. 1. 64-82.

Demirkaya, S./Gültekin-Karakoç, N./Riemer, C. (2010): MiKi – Wissenschaftliche Begleitforschung der vorschulischen Sprachförderung für Kinder mit Migrationshintergrund in Bielefeld. Unter: http://www.uni-bielefeld.de/lili/studium/faecher/daf/miki/ Abschlussbericht.pdf [abgerufen am 24.01.2013]

Duit, R./Gropengießer, H./Stäudel, L. (Hg.) (2004): Naturwissenschaftliches Arbeiten. Unterricht und Material 5-10. Seelze: Friedrich Verlag.

Einsiedler, W. (2010): Was ist didaktische Entwicklungsforschung? Unter: http://www.wolfgang-einsiedler.de/pdf/einsiedler_didaktische-entwicklungsforschung_2010.pdf [abgerufen am 10.01.2012]

Elbers, E./de Haan, M. (2005): The construction of word meaning in a multicultural classroom. Mediational tools in peer collaboration during mathematics lessons. In: European Journal of Psychology of Education. 20. Jg., H. 1. 45-59.

Esser, G./Wyschkon, A. (2010): P-ITPA. Potsdam-Illinois Test für Psycholinguistische Fähigkeiten. Göttingen: Hogrefe. Grimm, H. (2001): SETK 3-5. Sprachenwicklungstest für drei- bis fünf-jährige Kinder. Göttingen: Hogrefe. Schöler, H./Brunner, M. (2008): HASE. Heidelberger Auditives Screening in der Einschulungsuntersuchung. 2. Auflage. Wertingen: Westra.

Fried, L. (2010): Wie steht es um die Sprachförderkompetenz von deutschen Kindergartenerziehe-rinnen? Ausgewählte Ergebnisse einer empirischen Studie. In: Fischer, H.-J./Gansen, P./Michalik, K. (Hg.): Sachunterricht und frühe Bildung. Forschungen zur Didaktik des Sach-unterrichts, 9. Bad Heilbrunn: Klinkhardt. 205-218.

Gasteiger-Klicpera, B./Knapp, W./Kucharz, D. (2010): Abschlussbericht der Wissenschaftlichen Begleitung des Programms »Sag· mal was – Sprachförderung für Vorschulkinder«. Unter http://www.sagmalwas-bw.de/media/WiBe%201/pdf/PH-Weingarten_Abschluss be-richt_2010.pdf [abgerufen am 27.09.2012]

Gibbons, P. (2002): Scaffolding language, scaffolding learning: Teaching second language learners in the mainstream classroom. Portsmouth: Heinemann.

Hardy, I./Kleickmann, T./Koerber, S./Mayer, D./Möller, K./Pollmeier, J./Schwippert, K./Sodian, B. (2010): Die Modellierung naturwissenschaftlicher Kompetenz im Grundschulalter. In: Zeit-schrift für Pädagogik, 56. Beiheft. 115-125.

Henrichs, L. F./Leseman, P. P. M./Broekhof, K./Cohen de Lara, H. (2011): Kindergarten talk about science and technology. The situation preceding a teacher-directed intervention. In: De Vries, M. J./Van Keulen, H./Peters, S./Walma van der Molen, J. (Hg.). Professional development for primary teachers in science and technology. The dutch VTB-pro project in an international per-spective. Rotterdam: Sense Publishers. 217-227.

Hong, S. Y./Diamond, K. E. (2012): Two approaches to teaching young children science concepts, vocabulary, and scientific problem-solving skills. In: Early Childhood Research Quarterly. 27. JG., 295-305.

Hopf, M. (2011): Sustained Shared Thinking in der frühpädagogischen Praxis des naturwissen-schaftlich-technischen Lernens. In: Zeitschrift für Grundschulforschung. 4. Jg., H. 1. 73-85.

Hopp, H./Thoma, D./Tracy, R. (2010): Sprachförderkompetenz pädagogischer Fachkräfte. Ein sprachwissenschaftliches Modell. In: Zeitschrift für Erziehungswissenschaft. 13. Jg., H. 4. 609-629.

Hormann, O./Koch, K. (2011): Elementare Sprachförderung in quantitativer und qualitativer (Mehr-ebenen-)Perspektive: Ergebnisse aus dem Projekt „Sprachförderung für Migrantenkinder- Eva-luation unterschiedlicher Sprachförderkonzepte in niedersächsischen Kindertagesstätten". In: Empirische Pädagogik. 25. Jg., H. 4. 406-422.

66

Diemut Kucharz et al.

Kelle, U./Kluge, S. (2010): Vom Einzelfall zum Typus: Fallvergleich und Fallkontrastierung in der qualitativen Sozialforschung. 2., überarbeitete Auflage. Wiesbaden: VS Verlag für Sozialwissenschaften.

Knapp, W./Kucharz, D./Gasteiger-Klicpera, B (2010): Sprache fördern im Kindergarten. Umsetzung wissenschaftlicher Erkenntnisse in die Praxis. Weinheim: Beltz.

König, M. (2012): Zur Bedeutung der Sprache beim frühen naturwissenschaftlichen Lernen – Eine empirische Studie am Beispiel des Themas ‚Magnetismus'. Unveröffentlichte Examensarbeit. Frankfurt: Goethe-Universität.

Kucharz, D./Mackowiak, K. (2011): Sprachförderung als Aufgabe der Grundschule. In: Grundschulzeitschrift, Heft 242/243. 26-27.

Lingnau, B./Mehlem, U. (2012): Interaktive Entstehung von Wortschreibungen mehrsprachiger Kinder im ersten Schuljahr. In: Grießhaber, W./Kalkavan, Z. (Hg.): Orthographie- und Schriftspracherwerb bei mehrsprachigen Kindern. Freiburg im Breisgau: Fillibach. 143-169.

Lisker, A. (2011): Additive Maßnahmen zur vorschulischen Sprachförderung in den Bundesländern. München: Deutsches Jugendinstitut.

May, P. (2002): Diagnose orthographischer Kompetenz. Zur Erfassung der grundlegenden Rechtschreibstrategien mit der Hamburger Schreibprobe. Hamburg.

Mehlem, U./Lingnau, B. (2012): „Ah da kommt ein ÄH." – Vermittlung basaler Schreibkompetenzen in der Zweitsprache Deutsch im Unterricht der Schuleingangsstufe. In: Ahrenholz, B./Knapp, W. (Hg.): Sprachstand erheben – Spracherwerb erforschen. Stuttgart: Fillibach bei Klett. 131-154.

Petermann, F. (2010): Sprachstandserhebungstest für Fünf- bis Zehnjährige (SET 5-10). Göttingen: Hogrefe.

Redder, A./Schwippert, K./Hasselhorn, M./Forschner, S./Fickermann, D./Ehlich, K. (2010): ZUSE-Diskussionspapier 1. Grundzüge eines nationalen Bildungsprogramms zu Sprachdiagnostik und Sprachförderung. Hamburg: ZUSE.

Reich, H. H. /Roth, H.-J. (2004): Hamburger Verfahren zur Analyse des Sprachstands Fünfjähriger – HAVAS 5. Landesinstitut für Lehrerbildung und Schulentwicklung Hamburg.

Röhner, Ch./Blümer, H./Hopf, M./Li, M./Hövelbrinks, B. (2009): Abschlussbericht zum Projekt „Sprachförderung von Migrantenkindern im Kontext frühen naturwissenschaftlich-technischen Lernens im Elementar- und Primarbereich". Bergische Universität Wuppertal.

Roos, J./Poloczek, S./Schöler, H. (2010): EVAS Evaluationsstudie zur Sprachförderung von Vorschulkindern. Abschlussbericht der Wissenschaftlichen Begleitung der Sprachfördermaßnahmen im Programm »Sag' mal was – Sprachförderung für Vorschulkinder«. Unter: http://www.sagmalwas-bw.de/media/WiBe%201/pdf/EVAS_ Abschlussbericht_Januar2010.pdf [abgerufen am 27.09.2012]

Rost, D.H. (2007). Interpretation und Bewertung pädagogisch-psychologischer Studien. Weinheim, Basel: Beltz UTB.

Sachse, S./Jooss, B./Simon, S./Buschmann, A. (2011): Wie gelingt es, Sprache in der Kita effektiv zu fördern? In: Kita BY 4. 98-100.

Schneider, W./Baumert, J./Becker-Mrotzek, M./Hasselhorn, M./Kammermeyer, G./Rauschenbach, T./Roßbach, H.-G./Roth, H.-J./Rothweiler, M./Stanat, P. (2012): Expertise „Bildung durch Sprache und Schrift (BISS)". Bund-Länder-Initiative zur Sprachförderung, Sprachdiagnostik und Leseförderung. Unter: http://www.bmbf.de/pubRD/BISS_Expertise.pdf [abgerufen am 11.01.2013]

Steffensky, M./Hardy, I. (in Vorb.): Spiralcurriculum Magnetismus: Kindergarten – Naturwissenschaftliches Denken und Arbeiten lernen.

Szagun, G. (2006): Sprachentwicklung beim Kind. Weinheim: Beltz.

Vollmer, H. J. (2010): Items for a description of linguistic competence in the language of schooling necessary for teaching/learning of science. Strasbourg: Council of Europe.

Vygotsky, L.S. (1978): Mind in society – The development of higher psychological processes. Cambridge, MA: Harvard University Press.

Forschendes Lernen und Studieren in der neuen Grundschullehrerausbildung. Konzepte und Projekte aus NRW

Charlotte Röhner, Petra Büker, Nicola Bunte, Susanne Miller, Katrin Velten & Jutta Wiesemann

1 Forschendes Lernen und Studieren im neuen Grundschullehramt NRW

Das neue Lehrerausbildungsgesetz (LABG NRW) setzt bundesweit Maßstäbe für die Professionalisierung des Lehrerberufs (Röhner/Miller/Büker et al. 2012). Das Grundschullehramt ist als eigenständiger Studiengang (wieder)eingeführt und erstmals in der Ausbildungsdauer und dem akademischen Anforderungsprofil den anderen lehramtsbezogenen Studiengängen gleichgestellt. Die Landesgruppe Grundschulpädagogik NRW befasst sich aktuell mit Konzepten einer forschungsbasierten grundschulpädagogischen Ausbildung im Master of Education sowie der konkreten Gestaltung von Praxisphasen. Es geht darum, das ehrgeizige Projekt des forschenden Lernens und Studierens im Masterstudiengang für das Lehramt an Grundschulen systematisch zu verankern. Im vorliegenden Beitrag wird zunächst ein grundlegender professionstheoretischer Überblick über Modelle forschenden Lernens in der Lehrerbildung gegeben. Auf dieser Grundlage werden im zweiten Teil universitäre Ausbildungskonzepte vorgestellt, wie sie in der neuen Grundschullehrerausbildung in NRW an den Standorten Bielefeld, Paderborn und Siegen realisiert werden.

2 Professionelle Kompetenz von Lehrkräften und Professionswissen

Die Entwicklung der professionellen Kompetenz von Lehrkräften hat in der aktuellen Bildungsreformdiskussion eine hohe Bedeutung, da Merkmale des Lehrerwissens und -handelns als Prädiktoren des Lernerfolgs von Schülerinnen und Schülern (Wayne/Youngs 2006; Lipowsky 2006) gelten und Lehrerkompetenz und Schülerleistungen in einem Wirkungszusammenhang stehen, der jedoch noch wenig erforscht ist. Der zeitgleichen Einführung von Bildungsstandards für Schülerinnen und Schüler und Standards für die Lehrerbildung als qualitätssichernde Maßnahme zur Verbesserung schulischer Leistungen liegt die Hypothese zugrunde, dass über die Verbesserung der professionellen Kompetenzen von Lehrkräften die Schülerleistungen gesteigert werden können.

Die Diskussion über Grundlagen, Struktur und Genese professioneller Handlungskompetenz von Lehrkräften verläuft in Deutschland entlang zweier kontroverser Diskurslinien, die von divergenten Annahmen ausgehen und zu unterschiedlichen Folgerungen für die Lehreraus- und -fortbildung führen (Baumert/

Kunter 2006, 469). Während das strukturtheoretische Modell des Lehrerhandelns ausgehend von den Antinomien des Lehrerhandelns die Lehrer-Schüler-Interaktion in ihren Widersprüchen, Begrenzungen und Dilemmata analysiert (Oevermann 1996; Helsper 1996, 2002, 2004; Radtke 2004; Kolbe 2004), fußt das standardbasierte Modell der Lehrerbildung auf der international geführten Diskussion über professionelle Standards im Lehrerberuf, die in den USA bereits seit den 1980er Jahren geführt wird und zur Entwicklung, Einführung und Evaluation nationaler Standards in der Lehrerbildung führte (Criblez 1998; Cochran-Smith/Zeichner 2005; Darling-Hammond/Bransford 2005). Die in der bundesrepublikanischen Debatte über die Kultusministerkonferenz eingeführten Standards für die Lehrerbildung beruhen auf einem pragmatischen common sense; eine theoretische und empirische Absicherung der Standards steht noch aus. Während die strukturtheoretische Professionsforschung vom Technologiedefizit der Pädagogik (Luhmann/Schorr 1979, 1982) ausgehend das Fallverstehen als Kern pädagogischer Kompetenz definiert und die Arbeit am professionellen Selbst als wesentliche Aufgabe der Lehrerausbildung versteht, rückt die standardbasierte Professionsforschung ihren Fokus auf das Unterrichtshandeln als Kern der Lehrertätigkeit. Theoretisch stützt sie sich auf die Topologie professioneller Wissensdomänen nach Shulman (1986), die allgemeines pädagogisches Wissen (general pedagogical knowledge), Fachwissen (subject-matter-knowledge), Wissen über das Fachcurriculum (curriculum knowledge), fachdidaktisches Wissen (pedagogical content knowledge), psychologisches Wissen (knowledge of learners) und Organisationswissen (knowledge of educational context) als die zentralen Kompetenzbereiche des Lehrerhandelns definiert.

Um zu untersuchen, wie diese Wissensdomänen in der ersten Phase der Lehrerbildung angeeignet und in praktisches Lehrerhandeln übersetzt werden, greift die Lehrerprofessionsforschung auf die Befunde der Expertiseforschung zurück. Diese unterscheidet nach formal-theoretischem und praktischem Wissen (formal vs. practical knowledge) (Fenstermacher 1994) und ist in ihren Annahmen und Befunden für die Lehrerprofessionsforschung unmittelbar relevant. Danach stützt sich die Lehrerexpertise auf theoretisch-formales Wissen in den unterschiedlichen Wissensdomänen (Shulman 1991), während das professionelle Lehrerhandeln in actu auf praktischem Wissen und Können (knowledge in action) beruht. Nach den Befunden der Novizen-Expertenforschung im Bereich der Lehrerbildung verbinden sich Fachinhaltswissen und pädagogisches Wissen sukzessiv zu pedagogical content knowledge (ebd.). In welcher Reihenfolge fachbezogenes, allgemein pädagogisches und psychologisches Wissen erworben werden, ist jedoch weitgehend unbekannt. Nach der wissenspsychologischen Theorie basiert Lehrerhandeln auf „kognitiv repräsentiertem eigenen Können, dessen Basis in erfahrungsgestützten Mustern liegt „ (Koch-Priewe 2002, 3). Wie theoretisches Wissen in professionelles Handlungswissen transferiert wird, ist in der Professionalisierungsdebatte umstritten. Während die Differenzthese davon ausgeht, dass kein Transfer zwischen den disparaten Wissensformen des wissenschaftlichen Wissens und des Praktikerwissens (u.a. Radtke 1996) besteht, da die Wissensformen der Disziplinen und der Profession unterschiedlichen Referenzsystemen angehören (und daher für eine Trennung der ersten und der zweiten Phase der Lehrerausbildung optiert wird), geht die Integrationsthese davon aus, dass der Aufbau von professioneller Handlungskompetenz bereits vor Eintritt in Berufstätigkeit in der ersten Phase der Lehrerausbildung in Modellen praxisintegrierender Ausbildung erfolgen kann.

Die Reform der Lehrerbildung in Nordrhein-Westfalen stützt sich auf die Integrationsthese. So wurde als Ausbildungsinnovation das Praxissemester eingeführt, um die vielfach akklamierte Praxisferne des universitären Lehrerstudiums (Oelkers 1998, 2001) zu überwinden und die pädagogische Professionalisierung im Sinne einer Überführung von Theorie- in Handlungswissen bereits in der ersten Phase zu initiieren. Studien wie die von Nölle (2002) können unter Beweis stellen, dass die Anschlussfähigkeit disziplinärer und professioneller Wissensformen bereits in der ersten Phase der Lehrerausbildung angebahnt werden kann, vorausgesetzt der Wissensaufbau erfolgt auf der Höhe des disziplinären Niveaus und kann mit episodischem praktischen Wissen und Können angereichert werden. Der Hinweis auf die Bedeutsamkeit des theoretisch fundierten Wissens, die in dieser Studie analysiert ist, lenkt den Blick auf die zentrale Aufgabe der universitären Phase der Lehrerbildung, die der Wissenschaftsrat (2001, 34) in einem genuin forschenden Habitus als Modus einer akademischen Lehrerausbildung verankert: „Hochschulausbildung soll die Haltung forschenden Lernens einüben und fördern, um die zukünftigen Lehrer zu befähigen, ihr Theoriewissen für die Analyse und die Gestaltung des Berufsfeldes nutzbar zu machen und auf diese Weise ihre Lehrtätigkeit nicht wissenschaftsfern, sondern in einer forschenden Grundhaltung auszuüben".

Forschendes Lernen und Studieren kann in diesem Verständnis als systematische, methodengeleitete Analyse von Situationen und Bedingungen der Schul- und Unterrichtspraxis verstanden werden. Unter dieser allgemeinen Definition und Form sind die unterschiedlichen Diskurslinien in der Professionalisierungsforschung zum Lehrerberuf vereinbar und können in ihrem spezifischen disziplinären Ansatz verfolgt und in der Lehrerausbildung fruchtbar gemacht werden. Die Lehrerausbildung wird sich künftig gezielter auf die Bewältigung komplexer, vielgestaltiger und sich rasch wandelnder Lebens-, Bildungs- und Arbeitswelten vorbereiten müssen. Im Hinblick auf die Reform und Weiterentwicklung von Schule ist die Verbesserung der Schul- und Unterrichtsqualität also nicht nur eine Frage, über welche fachlichen Wissensstandards Lehrkräfte am Ende ihres Studiums verfügen, sondern ob sie diese im Sinne eines lebenslangen forschenden Lernens weiterverfolgen und ihr Handlungspotential im Berufsfeld auf wissenschaftlich gesicherter Basis erweitern können (Bastian/Combe et al. 2003, 152 f.).

3   Modelle forschenden Lernens und Studierens in der Lehrerausbildung

Modelle forschenden Lernens in der Lehrerausbildung stellen kein Novum dar, sondern können auf entwickelte Ansätze und Formen zurückgreifen. In Referenz zur Aktionsforschung in der Stenhouse-Elliot-Tradition (Stenhouse 1975, 1985) legten Altrichter/Posch (1998) ein Modell der Lehrerforschung vor, das auf die Verbesserung des Unterrichts und der professionellen Kompetenzen von Lehrkräften in der Praxis zielt. Eine Variation dieses Ansatzes für die erste Phase der Lehrerausbildung stellt das Oldenburger Teamforschungsmodell dar, in dem Studierende, Referendare und in der Praxis tätige Lehrkräfte gemeinsam im Kooperationsverbund Schule-Seminar-Universität Theorie- und Praxiswissen verknüpfen und professionelle Handlungskompetenz (weiter-) entwickeln. Die Entwicklung eines „forschenden Habitus" bzw. eines „professionellen Haltungskerns" (Schütze 1994) im Sinne des Modells des „reflective practitioner" (Schön 1983) stehen dabei im Mittelpunkt des professionellen Kompetenzerwerbs der beteiligten Gruppen in den unterschiedlichen Phasen der Lehreraus- und fortbildung (Obolenski/Meyer 2003).

Das Hamburger Modell einer praxisnahen universitären Lehramtsausbildung verfolgt vergleichbare Zielsetzungen und akzentuiert in der „Forschungswerkstatt Schulentwicklung" auch die Ausbildung einer professionellen Organisationsentwicklungskompetenz, die unter methodischer Anleitung erfolgt und forschendes Lernen als das (Er)lernen *von* Forschung und Lernen *durch* Forschung (Bastian/Combe et al. 2003, 152) versteht. Das Entwicklungspotential forschenden Lernens wird in der forschenden Auseinandersetzung mit dem Theorie- und Wissensbestand der Disziplinen, dem zukünftigen Berufsfeld und der individuellen Rolle in diesem ebenso gesehen wie im Erwerb von Reflexivität als Voraussetzung für die professionelle Gestaltung von Schul- und Unterrichtspraxis. Kompetenzentwicklung, Habitusentwicklung sowie Schulentwicklung (ebd., 162 f.) bilden in diesem Konzept zentrale Professionalisierungsbereiche.

4   Forschendes Lernen und forschungsmethodische Qualifizierung im Master of Education

Das forschende Lernen hat im Kontext des Kompetenzentwicklungs- und Professionalisierungsprozesses zukünftiger Grundschullehrerinnen und -lehrer (aber auch aller anderer Lehramtsstudierender) sowohl in den theoretischen als auch praktischen Phasen der Lehrerbildung ein großes Gewicht. Unter den Leitprinzipien der Entwicklung zu „forschend reflektierenden Praktikerinnen und Praktikern" und der Ermöglichung „forschenden Lernens in Schule und Unterricht" soll der Professionalisierungsprozess der zukünftigen Grundschul-lehrerinnen und -lehrer durch die Ausbildung einer forschenden Grundhaltung, der Betonung der Reflexivität als grundlegende Kompetenz sowie der produkti-ven Verbindung von Wissen und Können innerhalb des schulpraktischen und des Schulforschungsteils nachhaltig angeregt werden.

Forschungsprojekte in den neuen Studiengängen sind eng auf das Handlungsfeld von Schule und Unterricht ausgerichtet und sollen zu einer wissenschaftlichen Auseinandersetzung mit grundlegenden Fragestellungen des Berufsfeldes befähigen. Die Studierenden sollen erziehungswissenschaftliche und didaktische Forschungsfragen oder -hypothesen bezogen auf ein konkretes Themengebiet formulieren und in der Lage sein, ein umgrenztes Forschungsprojekt zu planen. Dazu sollen sie adäquate Methoden und Verfahren zur Bearbeitung eigener erziehungswissenschaftlicher und didaktischer Forschungsfragen auswählen und anwenden und die Ergebnisse eigener Forschungsarbeiten vor dem Hintergrund einschlägiger Theorien und Befunde interpretieren können.

Eine besondere Herausforderung für die Betreuung der studentischen Forschungsprojekte ist die jeweilige methodische Qualifizierung, die in Begleitseminaren zum Forschungsprojekt vermittelt werden müssen. Im Folgenden stellen wir unterschiedliche Ansätze forschenden Lernens und Studierens in den neuen Studiengängen für das Lehramt an Grundschulen in NRW vor.

4.1 Forschendes Lernen im Fallstudienkonzept der Universität Bielefeld: Sozial-emotionale Kompetenzen im Elementar- und Primarbereich

Im Sinn der Entwicklung eines forschenden Habitus als leitendes Prinzip bildet das forschende Lernen im künftigen Bielefelder Praxissemester ein übergreifendes Dach, unter dem eine konstruktive Verbindungsmöglichkeit zwischen schulpraktischem und Schulforschungsteil geschaffen wird. An der Universität Bielefeld sollen die Studierenden in den universitär verantworteten Studienprojekten des Bielefelder Praxissemesters ausgewählte Aspekte der schulischen Praxis erforschen. Ein Schwerpunkt wird dabei auf der Umsetzungsvariante „Einzelarbeit zu Diagnose und Förderung" liegen. Hierzu kann bei der Planung und Konzeption auf das im Bielefelder Studienmodell von 2002 sehr prominent verankerte Fallstudienkonzept zurückgegriffen werden, in dem das forschende Lernen in zahlreichen Theorie-Praxisprojekten bereits seit zehn Jahren erfolgreich erprobt und reflektiert wurde. Beispielhaft soll nachfolgend das Kooperationsprojekt „Sozial-emotionale Kompetenzen im Elementar- und Primarbereich: Beobachten, begleiten und unterstützen" beschrieben werden, in dem ein Teil der Studierenden die Gelegenheit erhält, ihre Fallstudie im Praxisfeld Kita und Grundschule anzufertigen. Inhaltlich sind diese Fallstudien im Studienprofil „Umgang mit Heterogenität" verortet. Konzeptionell fokussiert das Kooperationsprojekt den in vielen Bereichen durch eine institutionelle und strukturelle Trennung gekennzeichneten Übergang vom Elementar- in den Primarbereich und versucht elementarpädagogische Inhalte curricular in der zukünftigen Grundschullehrerbildung zu verankern (vgl. LABG 2009). Dabei steht die Beobachtung, Begleitung und Unterstützung der sozialen und emotionalen Kompetenzen der Kinder (vgl. Miller 2009) unter einer individuell entwickelten konkreten Fragestellung im Zentrum der theoriegeleiteten Einzelfallarbeit. Methodisch werden im Projekt unstrukturierte und strukturierte Beobachtungen der sozialen und emotionalen Kompetenzen der Kinder auf der Grundlage der Bildungs- und Lerngeschichten (Leu et al. 2011) bzw. des PERIK (Positive Entwicklung und Resilienz im Kindergartenalltag) (Mayr/Ulich 2006) durchgeführt. Während die unstrukturierten Beobachtungen auf Grundlage der Bildungs- und Lerngeschichten das Potential eines Kindes ganzheitlich in einzelnen alltäglichen Situationen erfassen, fokussieren die strukturierten Beobachtungen auf Grundlage des PERIK gezielt einzelne sozial-emotionale Kompetenzen eines Kindes in unterschiedlichen Kontexten. Anknüpfend daran stellen sowohl die Bildungs- und Lerngeschichten als auch der PERIK handlungsorientierte Anknüpfungspunkte zur weiteren Begleitung und Unterstützung auf der Basis beobachteter Stärken heraus. Beide Instrumente ermöglichen es den Studierenden, ihre Beobachtungs-kompetenz unter der Leitfrage „Welche Stärken kann ich im sozial-emotionalen Bereich bei dem Kind beobachten?" zu entfalten und zu reflektieren. Hierdurch soll eine Grundlage für professionelles Lehrerhandeln im Sinn forschenden Lernens geschaffen werden. Im Rahmen des Kooperationsprojekts wird in der Zusammenarbeit mit den beteiligten Kindertageseinrichtungen und Grundschulen gewährleistet, dass die Kinder über einen längeren Zeitraum im Übergangsprozess die stärkende Unterstützung von Studierenden erfahren können. Deshalb ist eine enge Verzahnung zweier thematisch ähnlicher Fallstudienseminare notwendig, die jeweils eine kompetenzorientierte, resilienzfördernde Wahrnehmung und Begleitung von Kindern im Übergang thematisieren. Eines der Seminare realisiert seine Praxisphase im letzten Besuchsjahr der Kindertageseinrichtung und eines im Anfangsunterricht der Grundschule. Das bedeutet, dass das Kind zwar über die Institutionen hinweg, nicht aber von ein und derselben Person begleitet wird. Aus organisatorischen Gründen (Workloads der Studierenden) ist ein personeller Wechsel unvermeidbar. Damit trotzdem eine möglichst kontinuierliche Unterstützung für die Kinder stattfinden kann, wird ein universitär begleiteter Austausch zwischen den Studierenden der beiden Seminare organisiert. Konkret findet also eine Übergabe zwischen den Studierenden der beiden Seminare statt. Im Sinn einer produktiven Verbindung von Theorie- und Reflexionswissen wird die theoriegeleitete und selbstreflexive Auseinandersetzung mit dem Fall im abschließenden Bericht vorgenommen, wobei die Beobachtungen systematisch dargestellt und theoriegeleitet interpretiert werden. Insbesondere die Respektierung der Kinder in ihrer Persönlichkeit ist im Fallstudienprojekt während der Seminar- und Praxisphasen als auch beim Verfassen des Fallstudienberichts durchgängiges Handlungsprinzip und Ziel.

Die Einzelfallarbeit im Fallstudienprojekt zur Transition von der Kindertageseinrichtung in die Grundschule unter besonderer Berücksichtigung der sozialen und emotionalen Entwicklung der Kinder rückt das Fallverstehen als Kern professioneller Kompetenz in den Fokus der theoretischen und praktischen Phasen der Lehrerbildung. Als eine Umsetzungsvariante des Prinzips des forschenden Lernens trägt es sowohl konzeptionell als auch inhaltlich wie methodisch zur Ermöglichung einer auf Wissenschaftlichkeit ausgerichteten Grundhaltung im

Hinblick auf die zukünftige berufspraktische Tätigkeit als Grundschullehrerinnen und -lehrer bei.

4.2 Kinder-, Unterrichts- und Professionsforschung im grundschulpädagogischen Forschungslabor der Universität Paderborn: ein Pilotprojekt zum forschenden Lernen

Seit Herbst 2009 wird den Paderborner Lehramtsstudierenden mit dem im Arbeitsbereich Grundschulpädagogik und Frühe Bildung angesiedelten Grundschulpädagogischen Forschungslabor (G-Lab) das Angebot eröffnet, Kindern, Unterricht und der Lehrerprofession unter fachkundiger Begleitung und Beratung aus forschender Perspektive zu begegnen. Das G-Lab richtet sich ferner an Nachwuchswissenschaftler/innen sowie an forschungsinteressierte Lehrkräfte und pädagogische Fachkräfte aus der Praxis. Für diese Zielgruppen wird ein spezialisiertes Beratungs- und Unterstützungsangebot bei der Realisierung kleinerer und größerer Forschungsvorhaben bereitgehalten sowie ein Ort des kommunikativen Austauschs und der Vernetzung von Akteuren und Projekten geboten. Das G-Lab versteht sich als professioneller Partner für forschungs- und diagnoseorientierte sowie praktikumsvorbereitende Lehrveranstaltungen, für Seminar- Abschluss- und Qualifikationsarbeiten sowie für laufende (Praxis-) Forschungsprojekte im Elementar- und Grundschulbereich. Eine wissenschaftliche und eine studentische Mitarbeiterin bieten an vier Öffnungstagen pro Woche individuelle Sprechstunden und Forschergruppenberatung, Forschungskolloquien, spezielle Workshops zu Methoden der Kinder- und Unterrichtsforschung, Kick-Off-Veranstaltungen für empirische Arbeiten und bei Bedarf auch die Begleitung ins Feld an. Einen besonderen Schwerpunkt bilden das videobasierte Forschen und die videobasierte Unterrichtsreflexion. Hier wird fachlicher und technischer Support bei der Planung, Produktion und Aufbereitung von Videomitschnitten und Unterstützung bei der evaluativen und reflexiven Auseinandersetzung mit multimedialem Datenmaterial geboten. Ein Videoarchiv sowie eine Präsenzbibliothek stehen allen Nutzern zur Verfügung. Wo sinnvoll und möglich, werden Studierende mit eigenen umgrenzten Teilstudien als Praxisforscher in Forschungsprojekte, insbesondere in das Modellprojekt „Kinderbildungshaus" (vgl. Büker/Kordulla/Bunte 2012) eingebunden und unter Mitwirkung des G-Labs im kommunikativen Austausch mit den beteiligten Wissenschaftler/innen sowie Lehrkräften und Erzieher/innen unterstützt. Beim G-Lab handelt es sich zur Zeit um ein prototypisches Konzept, in dessen Entwicklungskontext die theoretische Fundierung einschließlich einer begrifflichen und konzeptionellen Bestimmung der diffusen (und mittlerweile geradezu inflationär gebrauchten) Zielvorstellung des „Erwerbs professioneller Forschungskompetenz" erfolgt, ein darauf abgestimmtes Angebot geschaffen und begleitend evaluiert wird. Die hier gewonnenen Erfahrungen und Erkenntnisse fließen ein in die Konzeption eines Zentrums für Kinder-, Unterrichts- und Professionsforschung, das spätestens bei Eintritt der ersten Paderborner Studierenden in die Masterphase des neuen konsekutiven Lehramtsstudienganges als qualitätssichernde Dauermaßnahme zur Professionalisierung forschenden Lernens etabliert sein soll. Insbesondere soll das Zentrum die forschungsorientierten Begleitveranstaltungen zum Praxissemester unterstützen. Vor dem Hintergrund dieser Zielstellung werden in der derzeitigen Erprobungsphase die Angebotsnutzung sowie die Kompetenzentwicklung der Studierenden evaluiert. Auf diese Weise sollen transferierbare Gelingensbedingungen identifiziert werden.

Forschendes Lernen verbindet Strukturelemente von Forschung mit dem Ziel der Initiierung von Lernprozessen (Feindt 2007). In diesem Schnittfeld der Wissenstransformation (Wildt 2009) sind nicht allein Potenziale für den Kompetenzgewinn von Studierenden enthalten, vielmehr lernen im Idealfall alle am Prozess Beteiligen. Die Konzeption des G-Lab setzt hier auf Synergieeffekte: Wenn Studierende beispielsweise systematisch die Aushandelungsprozesse von Kindern in kooperativen Lernsituationen erfassen, evaluieren und rückmelden, sind die Ergebnisse nicht nur für die Studierenden, sondern auch für die Lehrkräfte vor Ort, die beforschten Kinder selbst und im besten Falle auch für die Grundlagenforschung von Relevanz. Die mit forschendem Lernen intendierte Zunahme einer wissenschaftlich fundierten, forschungsmethodisch kontrollierten Reflexivität bildet damit eine zentrale Zielsetzung für alle, die sich im „Arbeitsbündnis" (Meyer 2003) befinden. Im Rekurs auf eine humanistisch-bildungstheoretische, heuristische Forschungstradition (Altrichter/Posch; Oldenburger Teamforschung) geht es auch im Paderborner G-Lab im Kern darum, dass Studierende als Praxisforscher in das pädagogische Feld eintauchen und versuchen, es unter Anwendung wissenschaftlicher Methoden und Gütekriterien in seiner Komplexität und Eigengesetzlichkeit zu beschreiben, theoriegeleitet zu deuten, möglichst differenziert zu verstehen und ggf. zu verändern (Büker/Kordulla/Bunte 2012). Parallel dazu wird ein auf den Erwerb von Skills bezogener, standardbasierter und kompetenzorientierter Ansatz verfolgt. Vor dem Hintergrund, dass in der pädagogischen Praxis von Kita und Grundschule zunehmend professionelle Kompetenzen im Bereich der (früh-)kindlichen Beobachtung, der fachspezifischen und pädagogischen Diagnostik und der summativen und formativen Maßnahmenevaluation benötigt werden, nimmt der Erwerb forschungsbezogener Spezialkenntnisse in der Grundschullehrerbildung eine bedeutende Rolle ein. Aus diesem Grunde zielt das G-Lab mit seinen Angeboten auch auf die Ausbildung empirischer Expertise zur Anwendung in pädagogischen Alltagskontexten. Das G-Lab verfolgt einen doppelten Akteursansatz, indem es Studierende zum einen im konstruktivistischen Sinne als Akteure begreift, die über erfahrungsbasiertes „Learning by doing" in ko-konstruktiven Settings ihre Forschungskompetenz entwickeln. Gemäß Paderborner Masterbestimmungen (2011) erwerben sie hier als selbstständige Lerner in einem begleiteten Prozess „... die Fähigkeit, ein begrenztes eigenes Vorhaben unter Zuhilfenahme empirischer bzw. hermeneutischer Methoden zu entwickeln, durchzuführen und auszuwerten" (ebd.). Zum zweiten wird die Annäherung an die Akteure im Praxisfeld unterstützt, indem Studierende sich durch das „Aufsetzen der Forscherbrille" der Perspektive der Kinder (im Sinne von Honig/Leu/Lange 1999; Heinzel 2010) und der pädagogisch Professionellen nähern und auf diese Weise Unterricht bzw. Bildungssituationen allgemein als etwas von diesen Akteuren Gestaltetes und Gestaltbares, Inszeniertes und Inszenierbares, Konstruiertes und Konstruierbares wahrnehmen lernen. Vor diesem Hintergrund erfolgt eine Spezialisierung des G-Lab auf *qualitative* Kinder-, Professions- und Unterrichtsforschung, durch welche ein forschender Habitus, forschungsmethodologische Kompetenz und ein souveräner Umgang mit Theorie-Empirie-Praxistransformationen entwickelt werden sollen. Erste Interviews mit beteiligten Studierenden und Lehrkräften (Büker/ Kordulla /Bunte 2012) verweisen auf „sensible Bereiche", die es bei einem Transfer auf das Praxissemester zu berücksichtigen gilt. Diese beziehen sich auf den Rollen- und Perspektivenmix (Parallelität von neuer Lehrer-, Forscher-, Beobachter- und Lernerrolle und damit einhergehendes Spannungsverhältnis von hoher Praxisinvolviertheit und wissenschaftsbestimmter Distanz), auf den Erwerb von forschungsspezifischer Kommunikationskompetenz (Souveränität und Sensibilität in der Interaktion mit Praktikern bei der Generierung von Forschungsfragen und der Rückmeldung von Ergebnissen), auf die Entwicklung tragfähiger Netzwerke und klar definierter Rollen und Aufgaben bei der Gestaltung von Arbeitsbündnissen zwischen Studierenden, Wissenschaftler/innen und Praktikern, und – last but not least – auf professionelle individuelle Begleitung der Studierenden als hoch relevante Gelingensbedingung zur Umsetzung der anspruchsvollen Zielsetzung im Bereich des forschenden Lernens in der Masterphase des Lehramtsstudiums.

4.3 Das Konzept „Didaktische Schlüsselsituationen beobachten und analysieren" in der Vor- und Grundschulpädagogik an der Universität Siegen

Der forschende Zugang zu Schule, Unterricht und Lernen folgt in diesem Konzept dem *situationistischen Ansatz* in der Unterrichts- und Lernforschung (Wiesemann/ Amann 2002). Anders als in der Fallarbeit werden reale schulische Situationen zum Ausgangspunkt gemacht. Anstatt auf die Subjektivität der Protagonisten von „Fällen" zielen diese Situationsbeobachtungen auf die Analyse der sozialen Ordnung von Unterrichts- und Lernprozessen (Heinzel/ Wiesemann 2005). Sie öffnen den Blick auf eine alltägliche schulische Praxis, in der Lehrer- und Schülerhandeln konkret aufeinander bezogen ist. Dabei geht es um die gezielte Einübung eines „fremden Blicks" auf die Akteure und das Geschehen. Wir beobachten Lernsituationen als Forschende im Selbstverständnis einer „Pädagogischen Ethnographie" (Zinnecker 1995). Die Schule wird methodisch von einem allzu vertrauten Ort zu einem Handlungszusammenhang, dessen Geordnetheit aus dem Zustand des Selbstverständlichen in den des Fremden, des zu Analysierenden gebracht wird. Die Praktikantinnen und Praktikanten erforschen die schulischen Handlungsmuster und alltäglichen Routinen, szenischen Interaktionen und Bewältigungsstrategien. Der *methodisch angeleitete Perspektivwechsel* vom geplanten zum stattfindenden Unterricht, vom Lehren zum Lernen gilt in diesem Konzept als Basis von Professionalisierungsprozessen.

Die systematische Beobachtung *didaktischer Schlüsselsituationen* fokussiert den forschenden Blick in der gegebenen Vielfalt des Geschehens im Klassenzimmer. Als *didaktische Schlüsselsituationen* verstehen wir jenes verdichtete Unterrichtsgeschehen, in dem die übergreifende Lernkultur einer Schulklasse erkennbar wird. Dies wären z.b. der Unterrichtsbeginn, der Morgenkreis, die Präsentation von Aufgabenstellungen, Unterrichtsgespräche oder Gruppenarbeit. Deren Beobachtung durch die Studierenden zielt insbesondere auf die Perspektive der Schülerinnen und Schüler, um deren Mitwirkung und Deutungen solcher Arrangements zu erforschen. In der empirischen Analyse didaktischer Schlüsselsituationen zeigen sich zudem die meist nicht thematisierten Entscheidungen, die ihnen jeweils zu Grunde liegen. Ob nun zum Beispiel ein Unterricht so beginnt:

Die Schüler sind schon im Klassenzimmer. Einige sitzen am Computer und spielen ein Spiel, das sie vor dem Unterricht begonnen haben. Einige anderen spielen ein Brettspiel, frühstücken oder sitzen auf ihrem Platz. Frau Schmidt kommt mit einem Stapel von Arbeitsblättern in die Klasse. Sie begrüßt die Schüler und entschuldigt sich, dass sie zu spät gekommen ist. Sie geht zu ihrem Pult, wo sie ihre Sachen ablegt und kündigt an, dass in zwei Minuten alle auf ihren Plätzen sitzen müssen, da sie dann mit dem Unterricht beginnen wolle. Nachdem sie ihre Arbeitsblätter sortiert hat, stellt sie sich vor die Klasse und wartet darauf, dass die Schüler zur Ruhe kommen, damit sie den Arbeitsauftrag erklären kann.

oder so:

Die Kinder laufen auf dem Flur und im Klassensaal herum, einige haben sich schon auf ihren Platz gesetzt und holen ihre Mäppchen heraus. Da ich zum zweiten Mal in der Klasse bin, werde ich schon freundlich begrüßt. Als der Gong ertönt, begeben sich die Kinder recht schnell auf ihre Plätze. Die Klassenlehrerin kommt herein und die Kinder sind schon verhältnismäßig still. Die Klassenlehrerin begrüßt die Kinder; diese antworten ihr im Chor. Die Klassenlehrerin legt die Sitzgruppe fest, die beginnen soll, in den Stuhlkreis zu gehen. Die Bildung des Stuhlkreises erfolgt sehr ruhig, ohne großes Rennen und in der festgelegten Reihenfolge. Der Stuhlkreis ist fest aufgebaut; die Kinder müssen keine Stühle bewegen.

… hat unmittelbare Folgen für das weitere Geschehen in den Klassenzimmern. Die Studierenden entdecken durch die Beobachtung und Analyse alltäglichen Unterrichts didaktische Entscheidungsmuster und Entscheidungsspielräume, die sie mit den Konzepten und Modellen des Grundschulunterrichts vergleichen und so kritisch befragen können.

Teilnehmende Beobachtung und dichte Beschreibung sind die methodischen Handwerkszeuge zur Erfassung von Lern- und Unterrichtsprozessen der ethnographischen Forschung (vgl. Wiesemann 2011). Die Studierenden lernen diese mit Hilfe von Videobeispielen kennen und erproben „Teilnehmende Beobachtung" in schulfremden Settings (zum Beispiel: Die soziale Ordnung des Busfahrens beobachten und beschreiben). Sie üben die notwendige „Befremdung der eigenen Kultur" (Amann/ Hirschauer 1997) Es geht darum zu erfahren, dass die beobachteten Akteure (Kinder und Erwachsene – Busfahrer und Passagiere) wissen, wie ihr „Geschäft" läuft (Unterricht und Lernen – Einsteigen und Aussteigen), dass sie Regeln gebrauchen um ihr Miteinander zu organisieren. In einer forschenden Haltung zur alltäglichen Praxis lernen sie diese kennen, indem sie als beobachtende Teilnehmer „dabei" sind. Das Dabeisein konzentriert sich darauf, die Aktivitäten der Akteure zu beobachten, zu beschreiben und schrittweise zu verstehen.

Am Beispiel der Gliederung eines möglichen *Forschungsberichtes* soll abschließend der Verlauf von Beobachtung, Beschreibung und Analyse in der gebotenen Kürze anschaulich werden:

Struktur des Forschungsberichts

Einleitung in das didaktische Thema (Bezug zur Fachliteratur)
Das methodische Vorgehen
Reflexion:
- Meine Rolle im Feld
- Reaktionen des „Feldes" auf meine Anwesenheit

Beschreibung der Lernkultur der Klasse xy
Ausgewählte (dichte) Beschreibungen systematisiert in Kategorien
Analytische Dimensionierung: Die Perspektive der Akteure
Fazit: Rückkopplung
- Handlungs- und Entscheidungsoptionen beschreiben („Worauf möchten Sie achten?")
- Theoretisches Wissen („Wo würden Sie weiter forschen?")

---

5   Fazit

Die neue Lehrerausbildung in NRW reagiert auf ein unterstelltes Praxisdefizit der Lehrerbildung. Sie setzt den Fokus universitärer Lehrerbildung, so kann konstatiert werden, auf die *Aus*bildung zum Lehrerberuf. Der Schulstufenbezug der Studiengänge wird deutlich profiliert und *die Praxis* zu einem Teil universitärer Verantwortung. Die Abschaffung der getrennten Zuständigkeiten für Theorie und Praxis hat weitreichende Konsequenzen für alle Akteure der Lehrerbildung. Für die Universitäten bedeutet dies: Ihr Zugriff auf Praxis soll und kann zunächst im Format der Forschung stattfinden. „Forschendes Lernen" ist so zu einem schillernden Label der NRW Lehrerbildung geworden. Dies mit konkreten Vorstellungen, Konzepten und Programmen zu füllen ist die Aufgabe der Akteure in Schulen, Zentren für schulpraktische Studien und Universitäten.

Die in diesem Beitrag vorgestellten Standortlösungen verweisen auf das Spektrum der Möglichkeiten der Umsetzung forschenden Lernens in der Masterphase.

Allen gemeinsam ist die Verortung im Schnittfeld von Hochschule und Praxis. Dieses wird jedoch nicht aus einer im Handlungsdruck involvierten, sondern aus einer distanzierten Position heraus erkundet – als Beobachter, als Forscher, als „Be-Fremdeter". Dies setzt Irritationen frei, konfrontiert mit einem als sicher geglaubten Wissen über Kinder, Unterricht und den Lehrerberuf. Analyse, Interpretation und Reflexion sind keine Selbstläufer, vielmehr bedürfen diese Wissenstransformationsprozesse professioneller Begleitung und damit personeller Ressourcen sowie deren strukturelle Verankerung. Die Art und Weise der Begleitung durch die Hochschule gilt es im Einzelnen noch zu bestimmen. Hier müssen landesweit Qualitätsstandards vereinbart werden. Mehr als ein positiver Begleiteffekt forschenden Lernens ist die Interessenbildung Studierender und die damit verknüpfte Chance auf die Gewinnung des für die Grundschulpädagogik dringend benötigten wissenschaftlichen Nachwuchses.

Literatur

Amann, K./Hirschauer, S. (1997): Die Befremdung der eigenen Kultur. Ein Programm. In: Hirschauer, S./Amann, K. (Hg.): Die Befremdung der eigenen Kultur. Zur ethnografischen Herausforderung soziologischer Empirie. Frankfurt a. M.: Suhrkamp. 7-52.

Altrichter, H./Posch, P. (1998): Lehrer erforschen ihren Unterricht. 3. Auflage. Bad Heilbrunn: Klinkhardt.

Bastian, J./Combe, A./Hellmer, J./Hellrung, M./Merzinger, P. (2003): Forschungswerkstatt Schulentwicklung. Das Hamburger Modell. In: Obolenski, A./Meyer, H. (Hg.): Forschendes Lernen. Theorie und Praxis einer professionellen LehrerInnenausbildung. Bad Heilbrunn: Klinkhardt. 131-164.

Baumert, J./Kunter, M. (2006): Stichwort: Professionelle Kompetenz von Lehrkräften. In: Zeitschrift für Erziehungswissenschaft. 9. Jg., H. 4. 469-520.

Boelhauve, U. (2005): Forschendes Lernen – Perspektiven für erziehungswissenschaftliche Praxisstudien. In: Hilligus, A.; Rinkens, H.-U. (Hg.) (2005): Zentren für Lehrerbildung – Neue Wege im Bereich der Praxisphasen. Münster: LIT Verlag. 103-159.

Büker, P./ Kordulla, A. / Bunte, N. (2012): Lernen in multiprofessionellen Teams – Integrierte Praxisforschung im Paderborner Modellprojekt „Kinderbildungshaus". In: Freitag, Christine et al (Hg.): „Praxisforschung in der Lehrerbildung". Tagungsband zur Jahrestagung des Nordverbunds Schulbegleitforschung an der Universität Paderborn. Münster: LIT-Verlag (Paderborner Beiträge zur Unterrichtsforschung und Lehrerbildung). 145-155.

Cochran-Smith, M./Zeichner, K. (Eds.) (2005): Studying Teacher Education: The report of the AERA Panel on Research and Teacher Education. Mahwah.

Criblez, L. (1998): Die Reform der Lehrerbildung in England und Amerika. In: Zeitschrift für Pädagogik. 44. Jg., H. 4. 41-60.

Darling-Hammond, L./Bransford, J. (Eds.) (2005): Preparing Teachers for a Changing World. What Teacher should learn and be able to do. San Francisco.

Feindt, A. (2007): Studentische Forschung im Lehramtsstudium. Eine fallrekonstruktive Untersuchung studienbiografischer Verläufe und studentischer Forschungspraxen. Opladen und Famington Hills.

Fenstermacher, G. (1994): The knower and the known. The nature of knowledge in research of teaching. In: Darling-Hammond, L. (Ed.): Review of Research in Education. Vol. 20. Washington. 3-56.

Heinzel, F./ Wiesemann, J. (2005): Den Schulalltag beobachten. In: Dauber, H./Krause-Vilmar, D. (Hg.): Schulpraktikum vorbereiten. Pädagogische Perspektiven für die Lehrerbildung. Bad Heilbrunn: Klinkhardt. 207-222.

Heinzel, F. (2010): Zugänge zur kindlichen Perspektive – Methoden der Kindheitsforschung. In: Friebertshäuser, B. et al (Hg.): Handbuch qualitativer Forschungsmethoden in der Erziehungswissenschaft. 2. Auflage. Weinheim und München: Juventa. 707-722.

Helsper, W. (1996): Antinomien des Lehrerhandelns in modernisierten pädagogischen Kulturen. Paradoxe Verwendungsweisen von Autonomie und Selbstverantwortlichkeit. In: Combe, A./Helsper, W. (Hg.): Pädagogische Professionalität. Frankfurt/M., 521-569.

Helsper, W. (2002): Wissen, Können, Nicht-Wissen-Können. Wissensformen des Lehrens und Konsequenzen für die Lehrerbildung. In: Zentrum für Schulforschung und Fragen der Lehrerbildung (Hg.): Die Lehrerbildung der Zukunft. Eine Streitschrift. Opladen. 67-86.

Helsper, W. (2004): Antinomien, Widersprüche, Paradoxien: Lehrerarbeit – ein unmögliches Geschäft? Eine strukturtheoretisch-rekonstruktive Perspektive auf das Lehrerhandeln. In: Koch-Priewe, B./Kolbe, F.-U./Wildt, J. (Hg.): Grundlagenforschung und mikrodidaktische Reformansätze zur Lehrerbildung. Bad Heilbrunn: Klinkhardt. 49-98.

Honig, S./Leu, H.-R./Lange, A. (1999): Aus der Perspektive von Kindern? Zur Methodologie der Kindheitsforschung. Weinheim, München: Juventa.

Koch-Priewe, B. (2002): Grundlagenforschung der Lehrerinnenbildung. Einführung in den Thementeil. In: Zeitschrift für Pädagogik. 48 Jg., H. 1. 1-9.

Kolbe, F.-U. (2004): Verhältnis von Wissen und Handeln. In: Blömeke, S./Reinhold, P./Tulodziecki, G./Wildt, J. (Hg.): Handbuch Lehrerbildung. Bad Heilbrunn: Klinkhardt. 206-232.

Leu, H. R. et al. (2011): Bildungs- und Lerngeschichten. 4. Auflage. Weimar/ Berlin: Verlag das Netz.

Lipowsky, F. (2006): Auf den Lehrer kommt es an. Empirische Evidenzen für Zusammenhänge zwischen Lehrerkompetenzen, Lehrerhandeln und dem Lernen der Schüler. In: Zeitschrift für Pädagogik. 51. Jg., Beiheft. 47-70.

Luhmann, N./Schorr, K.E. (1979): Reflexionsprobleme im Erziehungssystem. Stuttgart: Klett-Cotta.

Luhmann, N./Schorr, K. E. (1982): Zwischen Technologie und Selbstreferenz. Frankfurt/M.: Suhrkamp.

Mayr, T./Ulich, M. (2006): PERIK. Positive Entwicklung und Resilienz im Kindergartenalltag. Freiburg: Herder.

Meyer, H. (2003): Skizze eines Stufenmodells zur Analyse von Forschungskompetenz. In: Obolenski, A./Meyer, H. (Hg.): Forschendes Lernen. Theorie und Praxis einer professionellen LehrerInnenausbildung. Bad Heilbrunn: Klinkhardt. 99-116.

Miller, S. (2009): Stärkung von Kindern – Resilienzförderung im Kindergarten. In: Knauf, H. (Hg.): Frühe Kindheit gestalten. Stuttgart: Kohlhammer. 105-121.

Ministerium für Schule und Weiterbildung des Landes NRW (2009): Lehrerausbildungsgesetz. Unter: http://www.schulministerium.nrw.de/BP/Schulrecht/Lehrerausbildung/LABG__Fassung_01_07_2012.pdf [abgerufen am 14.12.2012]

Nölle, K. (2002): Probleme der Form und des Erwerbs unterrichtsrelevanten Wissens. In: Zeitschrift für Pädagogik. 48. Jg., H. 1. S. 48-67.

Obolenski, H./ Meyer, A. (Hrsg.) (2003): Forschendes Lernen. Theorie und Praxis einer professionellen LehrerInnenbildung. Bad Heilbrunn: Verlag Julius Klinkhardt.

Oelkers, J. (1998): Lehrerbildung – ein ungelöstes Problem. In: Zeitschrift für Pädagogik. 44. Jg., H. 4. 3-6.

Oelkers, J. (2001): Welche Zukunft hat die Lehrerbildung. In:. Zeitschrift für Pädagogik, 43. Beiheft. 151-166.

Oevermann, U. (1996): Theoretische Skizze einer revidierten Theorie professionalisierten Handelns. In: Combe, A./Helsper, W. (Hg.): Pädagogische Professionalität. Frankfurt/M.: Suhrkamp. 70-82.

Radtke, O. (1996): Wissen und Können. Grundlagen der wissenschaftlichen Lehrerbildung. Opladen: Leske und Budrich.

Radtke, O. (2004): Der Eigensinn pädagogischer Professionalität jenseits von Innovationshoffnungen und Effizienzerwartungen. Übergangene Einsichten aus der Wissensverwendungsfor-

80   C. Röhner, P. Büker, N. Bunte, S. Miller, K. Velten & J. Wiesemann

schung für die Organisation der universitären Lehrerbildung. In: Koch-Priewe, B./Kolbe, F.-U./Wildt, J. (Hg.): Grundlagenforschung und mikrodidaktische Reformansätze zur Lehrerbildung. Bad Heilbrunn: Klinkhardt. 99-149.

Röhner, Ch./ Miller, S./ Büker, P. / Wittag, C. / Radhoff, M. / Kottmann, B. / Wiesemann, J. / Lobpreis, H. / Berning, H. (2012): Neues Grundschullehramt in NRW. In: Hellmich, F. / Förster, S. / Hoya, F. (Hrsg.): Bedingungen des Lehrens und Lernens in der Grundschule. Bilanz und Perspektiven. Wiesbaden: Springer VS. 177-184.

Schön, D. A. (1983): The Reflective Practitioner. New York: Basic Books.

Schütze, F. (1994): Ethnographie und sozialwissenschaftliche Methoden der Feldforschung. Eine mögliche methodische Orientierung in der Ausbildung und Praxis der Sozialen Arbeit? In: Groddeck, N./Schumann, M. (Hg.): Modernisierung Sozialer Arbeit durch Methodenentwicklung und -reflexion. Freiburg. 189-297.

Shulman, L.S. (1986): Those who understand: Knowledge growth in teaching. In: Educational Researcher. Vol. 15, No.2. 4-14.

Shulman, L. S. (1991): Von einer Sache etwas verstehen: Wissensentwicklung bei Lehrern. In: Terhart, E. (Hg.): Unterrichten als Beruf. Neuere amerikanische und englische Arbeiten zur Berufskultur und Berufsbiographie von Lehrerinnen und Lehrern. Köln: Böhlau. 145-160.

Stenhouse, L. (1975): An introduction to curriculum research and developement. London: Heinemann.

Stenhouse, L. (1985): Research as a Basic for Teaching. London: Heinemann.

Universität Bielefeld/ZfsL Minden/ZfsL Bielefeld/ZfsL Paderborn (2011): Leitkonzept zur standortspezifischen Ausgestaltung des Bielefelder Praxissemesters. Erprobungsfassung. Unter: http://www.bised.uni-bielefeld.de/praxissemester/kooperation/leitkonzept.pdf [abgerufen am 14.12.2012]

Universität Paderborn: Besondere Bestimmungen der Prüfungsordnung für den Masterstudiengang Lehramt an Grundschulen für das bildungswissenschaftliche Studium an der Universität Paderborn. September 2011. Unveröffentlichte Entwurfsfassung.

Wayne, A.-J./ Youngs, P. (2006): Die Art der Ausbildung von Lehrern und die Lerngewinne ihrer Schüler. Eine Übersicht über aktuelle empirische Forschung. In: Zeitschrift für Pädagogik, 51. Beiheft. 71-96.

Wiesemann, J./ Amann, K. (2002): Situationistische Unterrichtsforschung. In: Breidenstein, G./Combe, A./Helsper, W./Stelmaszyk, B. (Hg.): Qualitative Schulforschung. 2. Interpretative Unterrichts- und Schulbegleitforschung. Opladen: Leske + Budrich. 133-158.

Wiesemann, J. (2011): Ethnographische Forschung im Kontext der Schule. In: Moser, H. (Hg.): Forschung in der Lehrerbildung. (Grunder, H.U./ Kansteiner-Schänzlin, K./ Moser, H. (Hg.): Professionswissen für Lehrerinnen und Lehrer, Band 10). Hohengehren: Schneider Verlag. 167-185.

Wildt, J. (2009): Forschendes Lernen – Lernen im Format der Forschung. In: Journal Hochschuldidaktik (2009), H. 2. 4-7.

Wissenschaftsrat (2001): Empfehlungen zur zukünftigen Struktur der Lehrerbildung. Berlin: Typoskript.

Zinnecker, J. (1995): Pädagogische Ethnographie. Ein Plädoyer. In: Behnken, I./Jaumann, O. (Hg.): Kindheit und Schule. Kinderleben im Blick von Grundschulpädagogik und Kindheitsforschung. Weinheim/München: Juventa. 21-38.

Schulwissen für und über Kinder – Historische Rekonstruktionen

Michaela Vogt, Katrin Stöcker & Margarete Götz

Seit ihrer Entstehung ist die Schule und damit auch die Grundschule der zentrale gesellschaftliche Ort, in dem kulturell aufbewahrtes Wissen an die Kinder als nachwachsende Generation vermittelt und unter Einschluss von Transformationen tradiert werden soll. Zur Bewältigung dieser Aufgabe ist die Schule wiederum selbst auf gesellschaftlich erzeugte Wissensbestände angewiesen, die sich im Zuge der Verberuflichung der schulischen Vermittlungsaufgabe in Abgrenzung zu naturwüchsigen Laienkenntnissen allmählich als Professionswissen herausgebildet und etabliert haben. Zu seinen Bestandteilen gehört auch das Wissen über Kinder als notwendige Voraussetzung für ein kompetentes berufliches Handeln.

Da das Wissen für und über Kinder im direkten Bezug zu den Bedingungen institutionalisierten Lehrens und Lernens steht, wird es für den hier anstehenden Zusammenhang zusammenfassend als Schulwissen bezeichnet. Damit sollen die Unterschiede zwischen beiden Wissensarealen, etwa was die Herkunft ihrer Bestandteile, ihre Form, ihre Thematik, ihre Nutzungsarten und Wirkungserwartungen betrifft, keineswegs ignoriert werden. Es soll lediglich zunächst eine Grenze markiert werden zu kindbezogenem Wissen, das nicht unmittelbar für schulische Zwecke beansprucht wird, wie etwa das kursierende Wissen zur Pflege und Erziehung von Kleinkindern.

Folgt man der Bestimmung von Oelkers & Tenorth (1991), so handelt es sich bei dem hier interessierenden Schulwissen um eine Spielart des pädagogischen Wissens. Es ist in seiner Erzeugung und Anwendung auf ein klar begrenzbares pädagogisches Handlungsfeld bezogen. Wenn es hier aus historischer Distanz betrachtet wird, so erstreckt sich dies nicht auf die gesamte Bandbreite des für Schul- und Unterrichtszwecke überlieferten kindbezogenen Wissens. Sein historisch ausgeprägtes Spektrum wird in zeitlicher Begrenzung und mit institutioneller Fokussierung auf die erste Schulstufe untersucht.

Auf das in der Vergangenheit erzeugte Schulwissen für und über Kinder konzentriert sich ein laufendes bildungshistorisches Forschungsvorhaben, aus dem hier zwei Teilprojekte vorgestellt werden[1]. Auch wenn diese von der Untersuchungsanlage her different sind, referenzieren sie auf die gleichen metatheoretischen Grundlagen, die nachfolgend kurz skizziert werden.

---

1 Auf die Darstellung eines dritten Teilprojektes(Stürmer 2012) wird aus Platzgründen verzichtet.

1 Metatheoretische Einordnung

In ihrer *wissenschaftstheoretischen* Ausrichtung beruhen die hier vorgestellten
Forschungsarbeiten auf den Annahmen des Sozialkonstruktivismus, näher hin
auf seiner wissenssoziologischen Variante im Anschluss an Berger & Luckmann
(1970) und deren Generalthese von der gesellschaftlichen Konstruktion der
Wirklichkeit. Danach stellt Wissen einschließlich des Alltagswissens eine mittels Sprache gespeicherte soziale Konstruktion dar. Auf diese Weise entsteht ein
in semantischen Feldern geordnetes gesellschaftliches Wissensdepot. Es enthält
in Analogie zur arbeitsteiligen Ausdifferenzierung der Gesellschaft auch spezia-
lisierte Wissensbestände, die nur für bestimmte Personen oder Personengruppen
relevant und zugänglich sind.

Unter diesen Vorzeichen betrachtet, handelt es sich bei dem hier interessierenden Schulwissen um ein Spezialwissen, das sich historisch im Zuge der Etablierung, Verbreitung und Ausdifferenzierung des Bildungssystems vom „All-
tagswelt-Wissen" (ibid., 46) abgesondert hat, einer institutionellen Tätigkeit
zugeteilt und damit auf Dauer sichergestellt und tradiert wurde. Demnach repräsentieren die in den Forschungsarbeiten gewählten Texte und Bilder ein Analy-
sematerial, in dem Formen und Inhalte des Schulwissens für und über Kinder
aus der schulischen Vergangenheit eingelagert und überliefert sind.

In *forschungsmethodologischer* Hinsicht orientieren sich die Forschungsvorhaben innerhalb der Geschichtswissenschaft an der von Quentin Skinner
(1980) und John Pocock (1987) begründeten „Intellectual History" der
Cambridge School, deren Denkansatz mit zeitlicher Verzögerung zwischenzeitlich in der bildungshistorischen Forschung aber auch darüber hinaus breit rezipiert wird (Raphael/Tenorth 2006). Anders als die ältere stellt die neue Ideengeschichte eine Verbindung zwischen Symbolischem und Sozialem her, indem sie
tradierte Texte und Bilder nicht mehr als zeitenthobene Überlieferungen begreift, sondern kontextualisiert. Je nach Fragestellung und in Abhängigkeit von
den untersuchten Text- und Bildmaterialen erstreckt sich die Kontextualisierung
in diachronen und synchronen Analysen auf den Einbezug biographischer Daten, auf die soziale Zugehörigkeit wie die sozialen Beziehungen der Autoren
und Adressaten, weiterhin auf den Einbezug des zeitgenössischen intellektuel-
len, politischen und ökonomischen Umfeldes wie auch auf ereignisgeschichtli-
che Vorkommnisse. Über die Kontextualisierung hinaus wurde mit der Erneue-
rung der Ideengeschichte auch eine Erweiterung der Quellenbasis vollzogen, die
sich nunmehr jenseits der Klassikerexegese den überlieferten „Durchschnitts-
produkten" widmet (Raphael 2006, 13).

Diesen Produkten sind aufgrund ihres Verbreitungsgrades wie auch ihrer konti-
nuierlichen Publikation die Quellen zurechenbar, die zur Erforschung des
Schulwissens in den beiden Forschungsprojekten ausgewertet werden. Dabei
handelt sich in einem Fall um eine Lehrerzeitschrift im anderen Fall um Schulwandbilder. Ihre Untersuchung wird sich nicht allein darauf beschränken text-
oder bildimmanent das Schulwissen in seiner inhaltlichen wie zeitlichen Be-

ständigkeit, Modifikation oder Veränderung zu identifizieren. Zudem bedarf es in Entsprechung zur Position der „Intellectual History" der Kontextualisierung. Mit ihrer Durchführung im diachronen und synchronen Verlauf gewinnt man über das im jeweiligen Quellenkorpus auffindbare Schulwissen hinaus Informationen u.a. über die zeitgenössischen institutionellen, personellen und materiellen Bedingungen der Produktion und Trägerschaft des Schulwissens, über seine geographische und soziale Verbreitung, weiterhin über die für das Schulwissen beanspruchten personellen und institutionellen Beglaubigungsinstanzen wie auch über den Zusammenhang seiner Themen mit zeittypischen außerschulischen Wissenskulturen etwa aus Wissenschaft, Religion, Kunst oder Politik. Durch den Abgleich von Text- und Kontextdaten im diachronen und synchronen Verlauf lassen sich erklärungskräftige Erkenntnisse über die gesellschaftlich nachweisbaren historischen Konstitutionsbedingungen für das im jeweiligen Quellenkorpus aufgefundene, kindbezogene Schulwissen gewinnen. Ebenso erhält man Auskunft über die gegenseitigen Wechselwirkungen zwischen quelleninternen und Kontextdaten, sowohl bezogen auf das Themenspektrum, die Formgestalt als auch auf das Anspruchsniveau des Schulwissens.

Das erste der nachfolgend skizzierten Forschungsprojekte erstreckt sich auf das Wissen, das als vermittlungsbedürftig und -würdig zur Weitergabe an die Kinder der ersten Schulstufe ausgezeichnet wurde und dadurch eine pädagogische Qualität als Lehr-, Lern- und Bildungsinhalt erhielt. Dieses Wissen *für* Kinder ist in aller Regel in Lehrplänen und Curricula sowie in materialisierter Form in Lehrmitteln überliefert. Zu letzteren gehören auch die als Quellenkorpus gewählten Schulwandbilder, die in visualisierter Form curricular aufbewahrtes Schulwissen präsentieren. Mit dessen Untersuchung wird ein Beitrag zur historischen Lehrmittelforschung geleistet, die trotz des zu verzeichnenden Aufschwungs speziell der historischen Schulbuchforschung zu den vernachlässigten Feldern der historischen Schulforschung gehört (Matthes 2011).

Die zweite Forschungsarbeit konzentriert sich auf das Wissen *über* Kinder, das für die erfolgversprechende Ausübung der unterrichtlichen Vermittlungsaufgabe an die Lehrer adressiert war und einen Bestandteil ihres Berufs- bzw. Professionswissens bildete. Dessen publizistische Überlieferung in Form einer Lehrerzeitschrift repräsentiert das Quellenmaterial, das in diesem Forschungsvorhaben ausgewertet wird (Götz/Vogt/Stürmer 2010; Vogt 2012). Mit seiner Durchführung wird eine Lücke geschlossen, die forschungsthematisch an der Schnittstelle zwischen historischer Schulforschung und historisch-sozialwissenschaftlicher Kindheitsforschung liegt (u.a. Honig 1999; Helsper/Böhme 2004).

2   Schulwissen für Kinder auf schulischen Wandbildern

2.1 Forschungsinteresse, methodisches Vorgehen und Quellenkorpus

Das Forschungsprojekt unter dem Arbeitstitel „Lern- und Lehrwissen auf
Wandbildern des ersten Anschauungsunterrichts zur Zeit des deutschen Kaiser-
reichs"[2] befasst sich vornehmlich mit dem visualisierten Schulwissen *für* Kinder. Es konzentriert sich auf die Untersuchung des Schulwandbildes als Wis-
sensmedium, das sich durch die Verwendung im institutionellen Lehr-
Lernkontext auszeichnet und für Vermittlungszwecke konzipiert wurde (Höhne
2003). Es wird zwischen Lern- und Lehrwissen unterschieden. Während Lernwissen die „curricularen Gehalte der Lehrmittel" (Tröhler/Oelkers 2005, 98)
umfasst, verweist Lehrwissen „auf die Strategien des Unterrichtens, die die
Lehrmittel nahelegen" (ibid.). Das lern- und lehrbar gemachte Wissen präsentiert sich auf den großformatigen Lithographien, die zur gemeinsamen Betrachtung in der Klasse produziert wurden, in visueller Form. Bildproduzent und -
herausgeber mussten im Vorfeld eine Auswahl treffen, *was* sie unter Berücksichtigung der besonderen Materialität der Schulwandbilder, der Vermittlungssitua-
tion und der Spezifika der Lerngruppe *wie* darstellen wollen. Sie hatten neben
künstlerischen Kriterien und ministeriellen Vorgaben vor allem pädagogischen
und didaktischen Ansprüchen zu genügen (u.a. Piltz 1903; dazu auch Uphoff
2006). Damit kann die eingangs vorgenommene Bestimmung des Wissens *über*
Kinder Bestandteil des Lehrwissens sein, vor allem aber stellt es die zentrale
Referenzebene innerhalb des analysierten zeitgenössisch-schulpädagogischen
Kontextes dar.

Folgende Fragestellungen sind für das Projekt forschungsleitend: Zunächst
soll die Auswahl des *Lernwissens* auf Schulwandbildern des Anschauungsunterrichts[3] und seine semantische Konkretisierung im Detail untersucht werden.
Daneben werden zur Rekonstruktion des *bildinternen Lehrwissens* die Strategien der Visualisierung analysiert, um die „Logik didaktischer Bilder" (Müller
2011, 161) zu erfassen. Noch deutlicher präsentiert sich *Lehrwissen* allerdings in
den Kommentaren, Materialien und Stoffsammlungen, die zu den betreffenden
Schulwandbildserien veröffentlicht wurden (Tröhler/Oelkers 2005). Hier wird
Lehrwissen bzgl. des Stellenwerts der Bilder im Anschauungsunterricht, ihrer
Handhabung und unterrichtlichen Einsetzbarkeit erzeugt, sodass die Analyse
auch diese Begleittexte und die Bild-Text-Interaktion mit einschließt. Im diachronen und synchronen Analysedurchgang sollen über die einzelnen Bildserien

---

2 Das sich in den Anfängen befindende Forschungsvorhaben wird am Lehrstuhl für Grundschulpädagogik und -didaktik der Universität Würzburg von Katrin Stöcker bearbeitet.
3 Im Forschungsprojekt soll der Fokus auf die Untersuchung der Wandbilder für den (ersten)
   Anschauungsunterricht liegen. Darunter ist in groben Zügen der Unterricht zu verstehen, der die
   Schulanfänger in den ersten Schuljahren bei der „Ausbildung der Anschauung" (Luz 1871, 15)
   anleiten sollte.

hinweg Gemeinsamkeiten, Modifikationen und Unterschiede hinsichtlich des Lern- und Lehrwissens identifiziert werden. Dabei wird eine Beschränkung auf den Untersuchungszeitraum 1872-1918 vorgenommen, denn im letzten Drittel des 19. Jahrhunderts verbreitete und etablierte sich das schulische Wandbild als eines der bedeutsamsten Unterrichtsmedien des Volksschulunterrichts, was sich bspw. durch die Ersterscheinungsjahre der Bildserien belegen lässt. Zudem fällt in diesen Zeitabschnitt als eine historisch bedeutsame Veränderung die „,ästhetische Wende' in der Wandbildproduktion" (Uphoff 2003, 49).

Für die Bearbeitung der Forschungsfragen sind kontrollierte Analyseschritte von Nöten, die gleichzeitig „Offenheit für aus dem Material entstehende Herausforderungen" (Mietzner 2012, 242) bieten. Methodologische Ansatzpunkte finden sich für das Forschungsvorhaben in hermeneutischen Zugängen aus Kunstgeschichte und Wissenssoziologie (Raab 2008). Wechselseitig werden Ergebnisse aus der Analyse des Bild- und Textmaterials auf Ebene des Einzelbildes, der Bildserien und des Kontextes miteinander in Beziehung gesetzt. Zum historischen Kontext zählen hierbei etwa curriculare Vorgaben und das Lehrwissen der Zeit z.b. didaktischer, methodischer sowie lern- oder entwicklungspsychologischer Art (u.a. Höhne 2004). Der methodische Zugang zum Einzelbild erfolgt mittels qualitativer Bildinterpretation. In der erziehungswissenschaftlichen Forschung bestimmen hierfür kunsthistorisch orientierte Vorgehensweisen das methodische Feld, die adaptiert werden (u.a. Bohnsack 2003). Für die Einzelbildanalyse wird in Anlehnung an Panofsky (2006) und im Anschluss an Imdahls (2010) Weiterführung zwischen ikonographischer, ikonischer und ikonologischer Interpretation unterschieden. Allerdings werden diese Analyseschritte an die erziehungswissenschaftliche Ausrichtung des Forschungsvorhabens angepasst.

Den Quellenkorpus bilden die Bildserien[4], die seit ihrem Erscheinen in zeitgenössischen Handbüchern zum Anschauungsunterricht (u.a. Harder 1885) konstant genannt werden, nämlich die Wandbilder aus den Verlagen Winckelmann, Meinhold, Hölzel, Straßburger, Kafemann, Wachsmuth und Hirt sowie Wilkes Bildertafeln (s. u.a. Schröder 1904)[5]. Diese Auswahl umfasst die damals gängigen Schulwandbildserien verschiedener Verlage für den ersten Anschauungsunterricht vom Typus „Gruppenbild" (Bernhauser 1979, 70). Zum Quellenmaterial zählen über die Bilddaten hinaus auch die zu den Bildern publizierten Begleittexte. Die kontextuelle Analyse basiert u.a. auf innerhalb des Untersuchungszeitraums veröffentlichter Fachliteratur zum Anschauungs- und Volksschulunterricht, Curricula zum Volksschulunterricht und relevanten behördlichen Mitteilungen und Verordnungen.

---

4 Die Verlage produzierten disziplin- oder themenbezogene Bildserien bzw. -reihen mit einer variierenden Anzahl an Einzelbildern.
5 Aufgrund des begrenzten Seitenumfangs muss auf genauere Angaben zu den Wandbildserien verzichtet werden.

2.2 Exemplarische Einzelbildanalyse

Im Folgenden soll in groben Auszügen eine Einzelbildanalyse die vorangestellten Ausführungen konkretisieren, bei der sich der Fokus besonders auf das bildinterne Lehrwissen und seine Korrespondenz mit dem in den zugehörigen Kommentaren erzeugten Lehrwissen richtet.

Abbildung 1: Der Sommer (Erster Wiener Lehrerverein, Hölzel Verlag, ca. 1885)

Das Bild „Der Sommer" gehört zur Serie „Wandbilder für den Anschauungs- und Sprachunterricht", die ca. 1885 im Verlag Eduard Hölzel erschien.[6] Die motivischen Schwerpunkte Ernte und Badefreuden treten deutlich hervor. Damit greift das Schulwandbild Lernwissen aus dem inhaltlichen Kanon des Anschauungsunterrichts in visualisierter Form auf.[7] Der Blick des Betrachters wird durch bildnerische Mittel geführt. Weil sich die Gruppe der Schnitter und Schnitterinnen zentriert im Vordergrund befindet, steht sie im Zentrum des Interesses. Die Kommentare von Winter (1904) und Jordan (1886) stützen diese Annahme zur Bildwahrnehmung, denn die durch den Lehrer angeleiteten Besprechungen richten das Augenmerk ebenfalls zuerst auf die Gruppe der Erntenden (Winter 1904, 33; Jordan 1886, 1). Sie, der Weg und in der Fortführung die alte Eiche

---

6 Es hat mit 140 x 92 cm (Carl 1892, 25) eher ein größeres Format und wurde von den Schwestern Marie und Sophie Görlich gestaltet (vgl. Spezialdatenbank PICxl der Würzburger Forschungsstelle). Das Wandbild besteht aus vier rückseitig aneinandergehefteten Teilen. Neben den Wandbildern existieren auch eine kleinformatigere Handausgabe und „Hölzel's Bilderbuch für Schule und Haus" (Carl 1892, 25).
7 Der thematische Abgleich von Lehrordnungen mit Bildern des ersten Anschauungsunterrichts ergibt eine klare Übereinstimmung (s. z.B. Oberbayern 1913, 55f.), wie auch mit zeitgenössischen Annahmen zum Anschauungskreis der Kinder (vgl. in Kurzform Harder 1885, 7).

teilen das Bild weiterhin in zwei Hälften. Durch diese Bildkomposition wird die thematische Gliederung unterstützt, denn in der linken Bildhälfte rahmt das gelbe Feld die Ernteszenerie, während sich die badenden und ruhenden Kinder im grünen rechten Bildteil aufhalten.

Die szenische Choreographie verweist auf voneinander unabhängige Gruppen, die einzelne thematische Einheiten bilden. Mit Bezug zum Gesamtbild und in systematisierender Absicht werden laut Kommentar zunächst Einzelerscheinungen benannt (Jordan 1886, 1-5; Winter 1904, 33-34), die anschließend in Einzelbesprechungen genauer thematisiert werden (Jordan 1886; s. dazu auch Harder 1885, 107), sodass Lehrwissen und Bildanlage übereinstimmen. Die Personen setzen sich durch feine, aber deutliche Umrisslinien klar vom farbigen Grund ab. Farbakzente wie das Rot der Weste des Sense schärfenden Schnitters im Bildvordergrund lenken die Aufmerksamkeit auf einzelne Akteure. Dort verweilt der Betrachter, denn durch die detaillierte Darstellung individueller Physiognomie kann er sich mit den Protagonisten identifizieren. Ihre Mimik lässt die Interpretation zu, dass Erntearbeit als gemeinschaftliche und freudvolle Verrichtung positiv konnotiert ist (s. Dröge 1988, 64; zur Gesinnungsbildung Bernhauser 1979, 142-150). Ein Gedicht, das den Lehrenden als Memorierstoff zur Verfügung steht, greift diese atmosphärische Prägung auf: „Der Schnitter lauter Jubelsang, Des Herzens stiller Preis und Dank" (Jordan 1886, 8). Im Verlauf der erst begonnenen Analyse wird sich erweisen, ob die hier aufgefundenen Konkretisierungen des Lern- und Lehrwissens lediglich bildspezifische Einzelphänomene oder generelle Strategien der Visualisierung darstellen.

3   Professionswissen über Kinder in der Lehrerzeitschrift „Die Unterstufe"

3.1 Forschungsinteresse, methodisches Vorgehen und Quellenkorpus

Das DFG-geförderte Projekt[8] befasst sich mit der Analyse von sozialkonstruktivistisch vermitteltem Wissen über Schulkinder innerhalb der Lehrerzeitschrift „Die Unterstufe", die für Unterstufenlehrer der Jahrgangsstufen 1 bis 4 in der DDR herausgegeben wurde. Folglich bezieht sich die Erhebung auf Schulwissen *über* Kinder, das explizit an die Profession der Unterstufenlehrer gerichtet war.

Forschungsleitend innerhalb des Projektes ist einerseits die Frage nach dem über Schulkinder in den ausgewählten Artikeln der Lehrerzeitschrift „Die Unterstufe" vermittelten Wissen und andererseits die Frage nach Zusammenhängen zwischen diesem Wissen und kontextualen Ereignissen und Bedingungen, die in der Zeitschrift im gewählten Untersuchungszeitraum benannt werden.

Auf der Basis des methodologischen Ansatzes Saussures (1967) mit seiner Erweiterung durch Pocock (1987) wurde zur Erkenntnisgewinnung eine histo-

---

8 Bei der Deutschen Forschungsgemeinschaft läuft das Projekt unter dem Titel „Kinderbilder im schulischen Kontext der DDR. Analyse der Lehrerzeitschrift ‚Die Unterstufe' und wird unter Leitung von Frau Prof.'in Margarete Götz von Michaela Vogt bearbeitet (u.a. Vogt 2012).

risch-kontextualisierende Inhaltsanalyse eingesetzt, die in Orientierung am zentralen Forschungsinteresse auf der Kombination zweier diametral strukturierter Kategoriensysteme und einer ergänzenden Kontextanalyse fußt. Mit dem ersten Kategoriensystem wurden mit Hilfe der QDA-Software Atlas.ti die pro Zeitschriftenartikel benannten Vorstellungen über Schulkinder induktiv gewonnenen Kindergruppen (z.b. „alle Schüler der Unterstufe im Generellen" oder „einzelne Unterstufenklasse") zugeordnet. Das zweite Kategoriensystem ermöglichte daraufhin mit seiner Orientierung an Dimensionen der kindlichen Persönlichkeit (z.B. „kognitiv" oder „emotional-volitiv") eine diachrone Erschließung der Wandlungsprozesse innerhalb der Zuschreibungen zu den einzelnen Kindergruppen. Darüber hinaus erfolgten synchrone Vergleiche zwischen den einzelnen Gruppen wie auch eine zusammenfassende Gegenüberstellung der Interpretationsergebnisse mit zeitschriftenintern genannten, kontextualen Ereignissen und Literaturreferenzen. Den wissenschaftstheoretischen Hintergrund dieser Dateninterpretation liefern hierbei Berger & Luckmann (1970) unter Hinzunahme einer neo-institutionalistischen Erweiterung für die Kontextualisierung des erhobenen Wissens über Unterstufenkinder (Koch 2009).

Innerhalb des aufgrund seines Monopolstatus und seiner Periodizität ausgewählten Textkorpus liegt der Analysefokus auf dem Untersuchungszeitraum zwischen der Gründung der Zeitschrift „Die Unterstufe" 1954 bis zur Phase der Umstrukturierung des kompletten Schulsystems ab 1965 und konzentriert sich zudem auf Artikel, die sich allgemein auf die sozialistische Bildung und Erziehung beziehen.

3.2 Ausgewählte Analyseergebnisse

Aus Platzgründen kann hier nur exemplarisch[9] ein grober Überblick über Entwicklungen innerhalb des generell über Unterstufenschüler vermittelten Wissens im Sinne einer zeitschrifteninternen Periodisierung[10] erfolgen wie auch kontextual relevante Ereignisse als Erklärungsansätze für die aufgefundenen Veränderungen lediglich aufgelistet werden.

Die ersten vier Jahrgänge der Zeitschrift „Die Unterstufe" zwischen 1954 und 1957 weisen zwar durchaus unterschiedliche Schwerpunktsetzungen auf, sehen die Unterstufenkinder jedoch konstant primär in ihrer Rolle als Schüler, die bestimmte Lernvoraussetzungen mitbringen und in ihrem Lernverhalten beeinflussbar sind, sofern ihre (noch) eingeschränkten Denk- bzw. Verhaltensweisen im Unterricht Berücksichtigung finden (u.a. o.A. 1954). Meist agieren sie dementsprechend unterrichtsintern, jedoch aus Gründen der geforderten Heimatliebe auch in der nahen Heimat außerhalb des unterrichtlichen Rahmens

---

9 Die angesprochene Exemplarizität betrifft sowohl die ausschnitthafte Darstellung von Wandlungsprozessen innerhalb des generell vermittelten Wissens über Unterstufenkinder als auch die aufgeführte Literaturbelegung.

10 Die Darstellungen vernachlässigen Analyseergebnisse aus den anderen, mit dem ersten Kategoriensystem ebenfalls erhobenen Schülergruppen, die in der Zeitschrift parallel zu den hier aufgeführten generellen Zuschreibungen zu den Unterstufenkindern vorkommen.

(u.a. o.A. 1955a). Kennzeichnend ist für diese Jahrgänge neben der Konzentration auf die Rolle der Kinder als Schüler eine prinzipielle thematische Offenheit und Variabilität in den Zuschreibungen, die im Rahmen des zeitschriftenintern aufgegriffenen Kontextes mit einer eher seltenen Benennung politischer Schlüsselereignisse korrespondiert. Wiederholt erwähnt werden lediglich pädagogische Veranstaltungen wie der V. Pädagogische Kongress 1956 und die Ostertagungen in Eisenach mit Teilnahme (west- und ost-)deutscher Pädagogen[11] (u.a. o.A. 1955b; Rettke 1956)[12].

In den nächsten beiden Jahrgängen von 1958 bis 1959 ist für zwei Jahre eine starke Vereinheitlichung und damit auch thematische Umorientierung innerhalb der generellen die Unterstufenkinder betreffenden Zuschreibungen zu erkennen. Schwerpunkt ist nun nicht mehr die Rolle der Kinder als unterrichtsintern Agierende, sondern als gegenwärtige und zukünftige Mitglieder der sozialistischen Gesellschaft und damit sozialistische Persönlichkeiten, die beim Aufbau des Sozialismus helfen sollen (u.a. Drefenstedt 1958). So wird die prinzipiell weiterhin betonte kindliche Beeinflussbarkeit nun mit den frequentiert geforderten Zielen der Ausbildung eines dialektisch-materialistischen Weltbildes mit polytechnischem Gesichtskreis, einer sozialistischen Moral und der Fähigkeit zur gesellschaftlich-nützlichen Arbeit verknüpft (u.a. o.A. 1958). Auch ist der Blick auf die kindlichen Voraussetzungen positiver und weniger mängelbehaftet, als in den Vorjahren, sodass die geschilderten Entwicklungsziele leicht erreichbar erscheinen. Erklärt werden kann dieser abrupte Kurswechsel ab dem Jahr 1958 durch wichtige, kontextuale Schlüsselereignisse wie v.a. die Güstrower Landschulkonferenz, die Schulkonferenz der SED und der V. Parteitag mit der dortigen Verkündigung der ‚10 Gebote der sozialistischen Moral‘, die in der Zeitschrift häufig als Referenz dienen (u.a. Red. d. Zeitschrift „Die Unterstufe" 1958; Hagemann 1958).

Zwar tauchen die in den Jahren 1958/59 stark betonten, gesellschaftsbezogenen Kerninhalte auch in den Jahren 1960 und 1961 in der Zeitschrift auf, jedoch weitaus weniger redundant und wie in den ersten Jahrgängen der Zeitschrift mit einer erneuten Rückbesinnung auf die Rolle der Kinder als Schüler. Diese Rolle wird erneut mit einer eher mängelbehafteten Ausgangslage kombiniert, insbesondere mit Bezug auf die Beherrschung der Kulturtechniken (u.a. Lüdtke 1961). Daneben findet durch die neu hinzukommenden Inhalte der erwünschten Selbsttätigkeit und Selbstständigkeit, Mitverantwortung und kollektiven Verhaltensweisen aber weiterhin eine Verortung des kindlichen Aktionsradius zwischen unterrichtsin- und -externem Bereich statt, sodass ihre gesellschaftlichen Pflichten ebenfalls von Relevanz bleiben, wenn auch auf stark zurückgenommenem Niveau (u.a. Blassek 1961). Die Rückbesinnung auf die

---

11 Diese Tagung kann ebenfalls als Indiz einer noch vorhandenen Offenheit gegenüber unterschiedlichen pädagogischen Strömungen gewertet werden.

12 Andere – schulpädagogisch und -politisch – ebenfalls relevante Ereignisse finden hingegen keinen Niederschlag in der Zeitschrift (wie bspw. die 3. Parteikonferenz der SED; o.A. 1956).

schulische Rolle des Kindes zusammen mit der nun hervorgehobenen heimatkundlichen Anschauung als Form einer den kindlichen Lernprozessen entgegen-
kommenden Unterrichtung lassen sich im Rahmen der zeitschrifteninternen
Nennungen v.a. durch curriculare und schulstrukturelle Ereignisse wie dem
1959 neu erschienenen Lehrplanwerk und dem begonnenen Aufbau der zehn-
klassigen, polytechnischen Oberschule, aber auch der neu veröffentlichten
Schulordnung erklären (u.a. Blassek 1960; Gutjahr 1960).

Die letzte Phase des Untersuchungszeitraumes zwischen 1962 und 1964
greift die Idealvorstellung des sozialistischen Menschen, inklusive der
1960/1961 hinzugekommenen Elemente der Mitverantwortung, Selbsttätigkeit
und Kollektivität, erneut intensiviert auf und damit auch die Auseinandersetzung
mit der gesellschaftsbezogenen gegenwärtigen und zukünftigen Rolle der Schüler als Bürger der DDR. Dies geschieht nun im Vergleich zu den Jahren 1958
und 1959 unter der ausführlichen Berücksichtigung der als unbefriedigend de-
klarierten Lernausgangslage der Schüler, die sie an der Erfüllung ihrer gesellschaftlichen Aufgaben hindert und deren Ursache im Gegensatz zu früheren
Darstellungen in fehlgelaufenen, unterrichtlichen Prozessen zu suchen ist (u.a.
Rauscher 1962). Zur Behebung dieser ungünstigen Ausgangsbedingungen sollen
die Schüler sich 1962 v.a. Lerntechniken aneignen und 1963 daran anknüpfend
im Unterricht ihr Lernen an den für sie typischen Prozessen des Einprägens
orientieren (u.a. Hagemann 1962; Schäfer 1963). Anspruch an den sozialistischen Menschen ist nun auch der Erwerb einer „allseitige[n] Bildung" (Lüdtke
1963, 2), wodurch die unterrichtsinterne Aneignung der Kulturtechniken eine
zunehmende Bedeutung erhält. Die Rolle der Kinder als Schüler wird zu ihrer
Rolle als aktuelle und zukünftige Bürger in ein greifbares Verhältnis gebracht.
Wichtige kontextuale Einflussfaktoren, die in dieser Phase benannt werden, sind
neben dem VI. Pädagogischen Kongress im Juni 1961, dem 14. Plenum des ZK
der SED im November 1961 und dem VI. Parteitag der SED auch sowjetische
Ereignisse wie der Allrussische Lehrerkongress in Moskau und der XII. Parteitag der kommunistischen Partei der Sowjetunion mit ihrem Programm (u.a. o.A.
1961). Diese Ereignisse erklären zusammen mit einer steigenden, zeitschrifteninternen Adaption entwicklungspsychologischer Werke die Entwicklungen in
dieser zeitschrifteninternen Periode.

Resümierend verdeutlicht bereits der dargestellte Abriss über Wandlungsprozesse der allgemeinen Zuschreibungen zu den Unterstufenkindern v.a. zwei
Aspekte: Zum einen treten starke Korrespondenzen zwischen kontextual aufgegriffenen Ereignissen und Veränderungen innerhalb der aufgeführten Zuschreibungen auf, was die Schlussfolgerung zulässt, dass das Wissen über das Unterstufenkind in der Zeitschrift „Die Unterstufe" einem ständigen, kontextual be-
einflussten Wandel unterlag. Zum anderen ist eine phasenweise Gewichtungs-
verschiebung zwischen dem Unterstufenkind im unterrichtsinternen, lernbezogenen Kontext und seiner wünschenswerten Rolle als aktives Mitglied der sozialistischen Gesellschaft zu verzeichnen, wobei eine notwendig werdende Ver-

hältnisbestimmung und Inbeziehungsetzung dieser beiden Grundideen erst im weiteren Fortgang des Forschungsprojektes erfolgt.

Quellen

Blassek, G. (1960): Der Hort – ein fester Bestandteil unserer sozialistischen Schule. In: Die Unterstufe. 7. Jg., H. 4. 3-5.

Blassek, G. (1961): Lesermeinungen zum VI. Pädagogischen Kongress. In: Die Unterstufe. 8. Jg., H. 5. 4-7.

Carl, R. (wahrscheinlich 1892): Müller's erster deutscher Universal-Lehrmittelkatalog. Nach den neuesten und direktesten Quellen zusammengestellt von Dr. phil. R. Carl. Dresden-A.: Verlag von A. Müller-Fröbelhaus.

Der Sommer. Aus: Erster Wiener Lehrerverein (Hg.) (ca. 1885): Hölzels Wandbilder für den Anschauungs- und Sprachunterricht. Serie 1. Blatt 2. Wien: Ed. Hölzel. Original in der Sammlung der AU Library, Campus Emdrup (DPB).

Drefenstedt, E. (1958): Die sozialistische Erziehung erfordert eine neue Lehrplankonzeption. In: Die Unterstufe. 5. Jg., H.8. 2-5.

Gutjahr, H. (1960): Bemerkungen zur polytechnischen und heimatkundlichen Bildung und Erziehung. In: Die Unterstufe. 7. Jg., H. 11. 3-4.

Hagemann, W. (1958): Zu einigen Fragen der weltanschaulichen Erziehung auf der Unterstufe. In: Die Unterstufe. 5. Jg., H. 9. 2-6.

Hagemann, W. (1962): Zur Situation im Unterstufenunterricht. Stellungnahme des Deutschen Pädagogischen Zentralinstituts. In: Die Unterstufe. 9. Jg., H. 9. 1-6.

Harder, F. (1885): Handbuch für den Anschauungsunterricht. Mit besonderer Berücksichtigung des Elementarunterrichts in den Realien. 9., verbesserte und vermehrte Auflage. Bearbeitet von J. F. Hüttmann. Hannover: Norddeutsche Verlagsanstalt O. Goedel.

Jordan, E. (1886): Materialien für den Anschauungsunterricht in der Elementarclasse. Mit Rücksicht auf die Hölzel'schen Anschauungsbilder, II. Heft: Der Sommer. Wien: Ed. Hölzel.

Lüdtke, H. (1961): Für die Vermittlung fester Kenntnisse in der Unterstufe. In: Die Unterstufe. 8. Jg., H. 8. 1-2, 19.

Lüdtke, H. (1963): Unser Beitrag zum VI. Parteitag. In: Die Unterstufe. 10. Jg., H. 1. 1-3.

Luz, G. (1871): Der Anschauungsunterricht für die untern und mittlern Klassen der Volksschule. Wiesensteig: Druck und Verlag der Schmid'schen Buchhandlung.

Luz, G. (1954): Die Ministerratsverordnung vom 4. März 1954 – ein Programm für unsere Schularbeit. In: Die Unterstufe. 1. Jg., H. 4. 1-3.

Luz, G. (1955a): „Geschickte Hände". Beiträge zur Diskussion. In: Die Unterstufe. 2. Jg., H. 3. 17-18.

Luz, G. (1955b): Ostertagung deutscher Pädagogen in Eisenach. In: Die Unterstufe. 2. Jg., H. 5. 1-2.

Luz, G. (1958): Gedanken zur sozialistischen Erziehung. In: Die Unterstufe. 5. Jg., H. 1. 2-5.

Luz, G. (1961): Künstler und Pädagogen bei gemeinsamer musischer Erziehung unserer Schuljugend. Wie ein Freundschaftsvertrag heranreifte. In: Die Unterstufe. 8. Jg., H. 7. 3-5.

Piltz, E. (1903): Bilder. In: Rein, W. (Hg.): Encyklopädisches Handbuch der Pädagogik. 2. Auflage. Langensalza: Beyer. 617-621.

Rauscher, H. (1962): Sozialistisch bilden und erziehen – intensiv lernen. In: Die Unterstufe. 9. Jg., H. 12. 1-3.

Red. d. Zeitschrift „Die Unterstufe" (1958): Helft mit bei der sozialistischen Umgestaltung der Schule! In: Die Unterstufe. 5. Jg., H. 9. 1-2.

Rettke, H. (1956): Vorschläge für die Durchführung des gemeinsamen Unterrichts in Vierstufenklassen der Unterstufe. In: Die Unterstufe. 3. Jg., H. 8. 2-4.

Schäfer, R. (1963): Die „Welt des Kindes" im Spiegel der Fibel. In: Die Unterstufe. 10. Jg., H. 3. 5-9.

Schröder, C. (Hg.) (1904): Führer durch die Lehrmittel Deutschlands unter Mitwirkung von Schul-
männern herausgegeben von Conrad Schröder, II. Band: Religion, Anschauungsunterricht,
Deutsche Sprache. Magdeburg: Verlag von Friese & Fuhrmann.
Schul- und Lehrordnung für die Volksschulen des Kgl. Bayer. Regierungsbezirkes Oberbayern mit
Ausnahme der Kgl. Haupt- und Residenzstadt München. Amtliche Ausgabe. München 1913.
Druck und Verlag von R. Oldenbourg [zit. als Oberbayern 1913].
Winter, A. (1904): Hölzels Wandbilder für den Anschauungs-Unterricht in ihrer praktischen Ver-
wendung beim Sprachunterrichte. 3., verbesserte und vermehrte Auflage. Wien: Ed. Hölzel.

Literatur

Berger, P. L./Luckmann, T. (1970): Die gesellschaftliche Konstruktion der Wirklichkeit. Eine Theo-
rie der Wissenssoziologie. Frankfurt am Main: Fischer.
Bernhauser, J. (1979): Wandbilder im Anschauungsunterricht. Studien zur Theorie und Praxis der
Medien in der Volksschule des 19. Jahrhunderts. Frankfurt am Main u.a.: Peter Lang.
Bohnsack, R. (2003): Qualitative Methoden der Bildinterpretation. In: Zeitschrift für Erziehungs-
wissenschaft. 6. Jg., H. 2. 239-256.
Dröge, K. (1988): Landleben auf Schulwandbildern. Münster-Hiltrup: Landwirtschaftsverlag.
Götz, M./Vogt, M./Stürmer, V. (2010): Das Kind in der primarschulpädagogischen Reflexion zwi-
schen 1945 und 1990. In: Arnold, K.-H./Hauenschild, K./Schmidt, B./Ziegenmeyer, B. (Hg.):
Zwischen Fachdidaktik und Stufendidaktik. Perspektiven für die Grundschulforschung. Jahr-
buch Grundschulforschung, Bd. 14. Wiesbaden: VS-Verlag. 243-256.
Helsper, W./Böhme, J. (2004): Handbuch der Schulforschung. Wiesbaden: VS Verlag für Sozialwis-
senschaften.
Höhne, T. (2003): Schulbuchwissen. Umrisse einer Wissens- und Medientheorie des Schulbuches.
Frankfurt am Main: Johann Wolfgang Goethe-Universität.
Höhne, T. (2004): Pädagogik und das Wissen der Gesellschaft. Erziehungswissenschaftliche Per-
spektiven auf Wissen. Gießen: Publikationen der eb.giessen. Unter: http://geb.uni-
giessen.de/geb/volltexte/2004/ 1830/pdf/thomashoehne_paedagogikundwissen.pdf [abgerufen
am: 22.10.2012]
Honig, M.-S. (1999): Entwurf einer Theorie der Kindheit. Frankfurt am Main: Suhrkamp.
Imdahl, M. (2010): Ikonik oder Strukturanalyse. In: Poeschel, S. (Hg.): Ikonographie. Neue Wege
der Forschung. Darmstadt: Wissenschaftliche Buchgesellschaft. 100-116.
Koch, S. (2009): Die Bausteine neo-institutionalistischer Organisationstheorie – Begriffe und Kon-
zepte im Lauf der Zeit. In: Koch, S./Schemmann, M. (Hg.): Neo-Institutionalismus in der Er-
ziehungswissenschaft. Grundlegende Texte und empirische Studien. Wiesbaden: VS Verlag für
Sozialwissenschaften. 110-131.
Matthes, E. (2011): Lehrmittel und Lehrmittelforschung in Europa. Einleitung in das Thema. In:
Matthes, E./Miller-Kipp, G. (Hg.): Lehrmittel und Lehrmittelforschung in Europa. Bildung und
Erziehung. 64. Jg., H. 1. 1-5.
Mietzner, U. (2012): Transparenz eines nichttransparenten Mediums. In: IJHE Bildungsgeschichte:
International Journal for the Historiography of Education. 2. Jg., H. 2. 239-243.
Müller, W. (2011): Formen der Ikonisierung des Schulwissens. In: Herchert, G./Löwenstein, S.
(Hg.): Von der Säkularisierung zur Sakralisierung. Spielarten und Gegenspieler von Vernunft in
der Moderne. Festschrift für Karl Helmer zum 75. Geburtstag. Berlin: Wissenschaftlicher Ver-
lag Berlin. 159-184.
Müller, W. (1956): Protokoll der Verhandlungen der 3. Parteikonferenz der Sozialistischen Einheits-
partei Deutschlands. 24. März bis 30. März 1956 in der Werner-Seelenbinder-Halle zu Berlin. 2
Bände. Berlin: Dietz.
Oelkers, J./Tenorth, H.-E. (1991): Pädagogisches Wissen als Orientierung und als Problem. In:
Oelkers, J./Tenorth, H.-E. (Hg.): Pädagogisches Wissen. Zeitschrift für Pädagogik, 27. Beiheft.
Weinheim/ Basel: Beltz. 13-35.
Panofsky, E. (2006): Ikonographie und Ikonologie. Bildinterpretation nach dem Dreistufenmodell.
Köln: DuMont.

Pocock, J. G. A. (1987): Texts as Events: Reflections on the History of Political Thought. In: Shape, K./Zwicker, S. (Hg.): Politics of Discourse. The Literature and History of Seventeenth-Century England. Los Angeles: University of California Press. 21-34.

Raab, J. (2008): Visuelle Wissenssoziologie. Theoretische Konzeption und materiale Analysen. Konstanz: UVK Verlagsgesellschaft.

Raphael, L. (2006): „Ideen als gesellschaftliche Gestaltungskraft im Europa der Neuzeit": Bemerkungen zur Bilanz eines DFG-Schwerpunktprogrammes. In: Raphael, L./Tenorth, H.E. (Hg.): Ideen als gesellschaftliche Gestaltungskraft im Europa der Neuzeit. München: Oldenburg. 11-27.

Raphael, L./Tenorth, H.E. (Hg.) (2006): Ideen als gesellschaftliche Gestaltungskraft im Europa der Neuzeit. München: Oldenburg.

Saussure, F. (1967): Grundfragen der allgemeinen Sprachwissenschaft. Berlin: de Gruyter.

Skinner, Q. (1980): Language and Social Change. In: Michaels, L./Ricks, C. (Hg.): The State of the Langugage. Berkley: Univ. of California Press. 562-578.

Stach, R. (1986): Familie im schulischen Wandbild. Ein Beitrag zur Zeitgeistforschung. In: Kanz, H. (Hg.): Bildungsgeschichte als Sozialgeschichte. Festschrift zum 60. Geburtstag von Franz Pöggeler. Frankfurt am Main u.a.: Peter Lang. 291-312.

Stürmer, V. (2012): Erstlesefibeln in der SBZ/DDR. Produktionsbedingungen und Ideologisierungsabsichten. In: Götz, M./Ritzi, C./Wiegmann, U./ Einsiedler, W. (Hg.): Grundschule im historischen Prozess. Zur Entwicklung von Bildungsprogramm, Institution und Disziplin. Bad Heilbrunn: Klinkhardt. 259-303.

Tröhler, D./Oelkers, J. (2005): Historische Lehrmittelforschung und Steuerung des Schulsystems. In: Matthes, E./Heinze, C. (Hg.): Das Schulbuch zwischen Lehrplan und Unterrichtspraxis. Bad Heilbrunn: Klinkhardt. 95-107.

Uphoff, I. K. (2003): Der künstlerische Schulwandschmuck im Spannungsfeld von Kunst und Pädagogik. Eine Rekonstruktion und kritische Analyse der deutschen Bilderschmuckbewegung Anfang des 20. Jahrhunderts. Berlin: Logos-Verlag.

Uphoff, I. K. (2006): Wider Chaos und Zerfahrenheit. Die didaktische Präparation der Welt im Schulwandbild. In: Zeitschrift für pädagogische Historiographie. 12. Jg., H. 2. 127-136.

Vogt, M. (2012): Kinderbilder im Kontext der Unterstufe in der DDR. Analyse der Lehrerzeitschrift „Die Unterstufe". In: Götz, M./Ritzi, C./Wiegmann, U./ Einsiedler, W. (Hg.): Grundschule im historischen Prozess. Zur Entwicklung von Bildungsprogramm, Institution und Disziplin. Bad Heilbrunn: Klinkhardt. 217-257.

Förderdiagnostische Arbeit im Schriftspracherwerb der Grundschule – auch eine Frage von Überzeugungen?

Susanne Gebauer, Maria Fölling-Albers, Andreas Hartinger & Astrid Rank

1 Theoretischer Kontext

1.1 Förderdiagnostik im Schriftspracherwerb

Jede Klasse ist durch vielfältigste Lernentwicklungen ihrer Schüler/innen ge-kennzeichnet. Förderdiagnostisches Handeln kann als ein geeigneter Weg be-trachtet werden, Kindern mit ihren individuellen Stärken und Schwächen ge-recht zu werden (vgl. Braun/Schmischke 2008). Von daher ist es auch plausibel, dass Diagnose und Förderung laut KMK-Standards für die Lehrerbildung (2004) zentrale Lehrerkompetenzen darstellen. Im Schriftspracherwerb kommt förder-diagnostischer Arbeit besondere Bedeutung zu, stellt doch der Erwerb der Schriftsprache eine Grundvoraussetzung für eine erfolgreiche weitere Schul-laufbahn dar. Dementsprechend sollten Erstklasslehrkräfte über differenzierte diagnose- sowie förderbezogene Kompetenzen verfügen. Allerdings werden förderdiagnostische Inhalte erst in jüngerer Zeit verstärkt in die Lehrerausbil-dung integriert. Daraus ableitend stellt sich grundsätzlich die Frage, welche Stellung förderdiagnostische Arbeit im täglichen Schriftspracherwerbsunterricht bisher einnimmt. Vor diesem Hintergrund muss gleichzeitig in Betracht gezogen werden, dass Lehrerhandeln immer auch von Überzeugungen mitbestimmt wird.

1.2 Berufsbezogene Überzeugungen

Überzeugungen bilden neben dem Professionswissen, motivationalen Orientie-rungen und selbstregulativen Fähigkeiten eine eigenständige Komponente im Modell professioneller Handlungskompetenz von Lehrkräften (Baumert/Kunter 2006). Bis dato hat sich in der Forschung allerdings keine terminologisch und inhaltlich einheitliche Basis etabliert. Für die folgenden Ausführungen sind deshalb mit berufsbezogenen Überzeugungen (teachers' beliefs) gemäß Reusser, Pauli und Elmer (2011, 478) „jene Facetten der Handlungskompetenz von Lehr-personen, welche über das deklarative und prozedurale, pädagogisch-psycho-logische und disziplinär-fachliche Wissen hinausgehen" gemeint. Gleichzeitig werden berufsbezogene Überzeugungen verstanden als „affektiv aufgeladene, eine Bewertungskomponente beinhaltende Vorstellungen" (ibid.) über Lehr-Lernprozesse, die Rolle von Lehrern und Schülern sowie den Erziehungs- und Bildungskontext. Überzeugungen zeigen sich als sehr vielfältig und können unterschiedlich starr bzw. flexibel sein. Tatsächlich wurde bisher mehrfach belegt, dass Überzeugungen auf unterrichtliches Agieren Einfluss nehmen können (vgl. z. B. Thompson 1992).

2 Fragestellung

Mit Blick auf den handlungsleitenden Charakter von berufsbezogenen Überzeugungen soll der Frage nachgegangen werden, mit welchen spezifischen Überzeugungen Lehrkräfte ihrer förderdiagnostischen Arbeit im Schriftspracherwerb begegnen. Dabei steht vor allem die Frage nach dem Stellenwert von Diagnose und Förderung in Verbindung mit der Frage nach dem förderdiagnostischen Selbstverständnis der Lehrkräfte im Vordergrund.

3 Methodischer Kontext

Grundlage der Ausführungen sind Daten, die im Rahmen des DFG-Projektes *Aufbau und Anwendung förderdiagnostischer Kompetenzen durch situiertes Lernen in der Lehrerfortbildung* erhoben wurden. Dabei wurden im Kontext einer Fortbildungsstudie zu zentralen Inhalten des Schriftspracherwerbs (z. B. linguistische Grundlagen) Fortbildungsformate mit unterschiedlicher Situierungsqualität evaluiert (Rank/Gebauer/Fölling-Albers/Hartinger 2011; Rank/Gebauer/Hartinger/Fölling-Albers 2012). Für die hier dargestellten Befunde wurden die Daten fortbildungsgruppenübergreifend ausgewertet. Dazu wurden quantitative Daten aus einem Fragebogen ($n=67$) und qualitative Daten aus zwei leitfadengestützten Interviews ($n=10$) herangezogen. Die Fragebogendaten entstammen dem Pretest, beziehen sich also auf den förderdiagnostischen Kenntnisstand der Lehrkräfte vor Beginn der Fortbildung. In offenen und halboffenen Fragen zu einem Fallbeispiel sollten die Lehrkräfte die Leseproblematik des Schülers ursächlich erklären und diagnose- und förderbezogene Ansätze aufzeigen. Aus den Interviews – inhaltlich auf den Unterricht der Lehrkräfte bezogen – wurden mittels einer qualitativen Inhaltsanalyse nach Mayring (2008) förderdiagnostisch relevante Kategorien gebildet, so dass hieraus Aussagen über die förderdiagnostische Unterrichtspraxis und Einstellungen der Lehrkräfte gemacht werden können.

4 Ergebnisse

4.1 Fragebogen

Die Pretest-Ergebnisse bei der Bearbeitung des Fallbeispiels weisen auf eine eher wenig differenzierte und systematische förderdiagnostische Herangehensweise hin. Die im Fallbeispiel vorliegende offensichtliche Leseproblematik wird weniger fachdidaktisch explizit, als vielmehr allgemein diagnostiziert. Nur 7% der Lehrkräfte nennen ein angemessenes konkretes Diagnoseverfahren. Ein Drittel der Lehrkräfte geht davon aus, dass möglicherweise auch das reine Zugestehen von „Entwicklungszeit" die Leseprobleme lösen könnte. Gleichzeitig würden 28% sicherheitshalber Experten einschalten. Interessant ist zudem die unterschiedlich empfundene Relevanz von Diagnose und Förderung: Während 84% der Lehrkräfte zu einer individuellen Förderung raten, erachten nur 52% eine spezifische Diagnose für das leseschwache Kind als wichtig. Von den genannten Fördervorschlägen wiederum können nur 33% als spezifisch auf die Leseproblematik abgestimmt betrachtet werden; hier herrschen überwiegend allgemein formulierte Fördermaßnahmen vor.

4.2 Interviews

Auch die Interviewaussagen der befragten Lehrkräfte deuten darauf hin, dass eine *systematische Diagnostik* von Lernständen keinen zentralen Stellenwert im Unterricht einzunehmen scheint. Kenntnisse über die zur Verfügung stehenden standardisierten Diagnoseverfahren sind gering; folglich kommen den Angaben zufolge diagnostische Instrumente wenig zum Einsatz. Eine wesentliche Form der Lernstandsdiagnose ist die traditionelle Lernzielkontrolle. Darüber hinaus findet im Unterrichtalltag gemäß den Lehrkräften eine Schülereinschätzung „nach Augenschein" oder „aus dem Bauch heraus" statt. Als Maßstab für den individuellen Entwicklungsstand dient die soziale Bezugsnorm oder auch die bisherige persönliche unterrichtliche Erfahrung. Die vielfältigen diagnostischen Situationen, in denen sich Lehrkräfte zwangsläufig täglich befinden, bleiben unbewusst. Dies verdeutlicht sich dadurch, dass das eigene informelle Diagnostizieren scheinbar nicht als solches erkannt wird. „Richtige" Diagnosen werden mit fachlichen Experten, wie z. B. Schulpsychologen, in Verbindung gebracht. Die eigenen diagnostischen Kompetenzen werden offensichtlich gering eingeschätzt, was möglicherweise mit der Tendenz zusammenhängt, bei Problemen eine diagnostische Beratungsinstanz einzuschalten. Einige Lehrkräfte äußern konkret, dass sie sich für Diagnostik nicht zuständig fühlen. Im Bereich der *Förderung* lassen die Interviewaussagen den Schluss zu, dass Förderung tendenziell eher unterrichtsextern, also im Rahmen von separaten Förderstunden bzw. Förderunterricht, interpretiert wird. Hier beklagen die Lehrkräfte vor allem, dass sie sich im Sinne einer zusätzlichen Aufgabe zeitlich überfordert fühlen.

5   Diskussion

Die hier dargestellten Ergebnisse zeigen, dass die unverzichtbare Förderdiagnostik im Schriftspracherwerb in der alltäglichen Praxis nicht vorausgesetzt werden kann. Vielmehr scheinen Diagnose und Förderung einen eher geringen unterrichtlichen Stellenwert einzunehmen. Relevanz erhalten in diesem Zusammenhang entsprechende mangelnde förderdiagnostische Lehrerüberzeugungen. Die von uns befragten Lehrkräfte lassen v. a. dem Bereich Diagnose gegenüber eine distanzierte Einstellung erkennen. Ein geringes diagnostisches Kompetenzempfinden, ein enger Diagnosebegriff und mangelndes Wissen um die Verfügbarkeit von diagnostischen Instrumenten tragen wohl dazu bei, dass Lehrkräfte sich selbst als wenig zuständig erachten, mehr unbewusste als systematische

Diagnostik durchführen und dazu tendieren, diagnostische Aufgaben an Beratungsinstanzen abzugeben. Um die förderdiagnostische Eigeninitiative von Lehrkräften zu steigern, dürfte deshalb zentral sein, auf zwei Ebenen anzusetzen: Einerseits müsste die Ebene der Überzeugungen, d. h. konkret das förderdiagnostische Selbstverständnis der Lehrkräfte berücksichtigt werden, indem das Bewusstsein gefördert wird, dass Diagnostik durch die Lehrkraft eine essentielle unterrichtliche Aufgabe ist, dabei aber über die Augenschein-Diagnostik hinaus geht und ein breites Spektrum von praxisnahen systematischen Beobachtungen bis hin zum Einsatz von standardisierten Verfahren umfassen kann. Andererseits aber geht es auch darum, die Ebene der förderdiagnostischen Kenntnisse der Lehrkräfte miteinzubeziehen, um ihr förderdiagnostisches Kompetenzempfinden zu stärken (z. B. durch das Vertrautmachen im Umgang mit den vielfältigen, für die Lehrerhand verfügbaren Diagnoseinstrumenten). Die Fragebogenergebnisse zum Fallbeispiel im Posttest, also nach der förderdiagnostisch orientierten Fortbildungsreihe, zeigen u.a. die Tendenz auf, dass die Lehrkräfte nun gezielter förderdiagnostische Instrumente einsetzen und weniger unmittelbar Experten zu Rate ziehen würden – dies kann als möglicher Hinweis darauf gesehen werden, dass sich eine förderdiagnostische Expertise und ein entsprechendes Zuständigkeitsgefühl wechselseitig bedingen können.

Literatur

Baumert, J./Kunter, M. (2006): Stichwort: Professionelle Kompetenz von Lehrkräften. In: Zeitschrift für Erziehungswissenschaft 9, H. 4. 469-520.

Braun, D./Schmischke, J. (2008): Kinder individuell fördern. Berlin: Cornelsen Scriptor.

Kultusministerkonferenz (KMK) (2004): Standards für die Lehrerbildung: Bildungswissenschaften. Beschluss der Kultusministerkonferenz vom 16.12.2004.

Mayring, P. (2007): Qualitative Inhaltsanalyse. Grundlagen und Techniken. Weinheim: Beltz.

Rank, A./Gebauer, S./Fölling-Albers, M./Hartinger, A. (2011): Vom Wissen zum Handeln in Diagnose und Förderung – Bedingungen des erfolgreichen Transfers einer situierten Lehrerfortbildung in die Praxis. In: Zeitschrift für Grundschulforschung, 2/2011. 70-82.

Rank, A./Gebauer, S./Hartinger, A./Fölling-Albers, M. (2012): Situiertes Lernen in der Lehrerfortbildung. Lehrerbildung auf dem Prüfstand, 5(2). 180-199.

Reusser, K./Pauli, C./Elmer, A. (2011): Berufsbezogene Überzeugungen von Lehrerinnen und Lehrern. In: Terhart, E./Bennewitz, H./Rothland, M. (Hg.): Handbuch der Forschung zum Lehrberuf. Münster: Waxmann. 478-495.

Thompson, A. G. (1992): Teachers' beliefs and conceptions: A synthesis of the research. In: Grouws, D.A. (Ed.): Handbook of research on mathematics teaching and learning. New York: Macmillan. 127-146.

Heterogene Lernvoraussetzungen im Übergang – Ausprägung, Erfassung und Einschätzung

Sonja Dollinger

1 Einleitung

Im Übergang vom Elementar- zum Primarbereich, der als ko-konstruktiver Prozess und demnach als gemeinsame Aufgabe von Eltern, Erzieher/inne/n und Lehrer/inne/n gesehen wird (vgl. Griebel/Niesel 2011), haben die Pädagog/inn/en die Aufgabe, den Kindern Lernangebote zur Verfügung zu stellen, die einerseits anschlussfähig sind und andererseits auch Entwicklungsimpulse enthalten.

Um den Kindern jedoch adaptive Lerngelegenheiten zur Verfügung stellen zu können, ist es erforderlich, dass die Pädagog/inn/en aus Kindergarten und Grundschule über die Lernausgangslagen der Kinder informiert sind, sie diese also entweder systematisch erfassen oder exakt einschätzen.

Im Rahmen der Studie „Diagnosegenauigkeit von Erziehern und Lehrern in der Übergangsphase" wurde neben der Exaktheit der Einschätzungen der Lernvoraussetzungen der Kinder in kognitiven wie in sozialen Kompetenzbereichen durch Elementar- und Primarpädagog/inn/en auch die Heterogenität in den Lernausgangslagen ungefähr ein halbes Jahr vor Eintritt in die Grundschule und ca. zweieinhalb Monate nach Schuleintritt erhoben sowie untersucht, wie die Pädagog/inn/en diese in ihrem Alltag erfassen. Hierbei wurden die Kinder mit einem computerbasierten, adaptiven Testverfahren (FIPS; Bäuerlein u. a. 2012) auf ihre Lernvoraussetzungen in kognitiven Kompetenzbereichen getestet und von den Pädagog/inn/en – anhand eines Einschätzbogens – diesbezüglich eingeschätzt. Mittels eines Fragebogens wurden von den Erzieher/inne/n und Lehrer/inne/n sowohl Angaben zu ihrer Person als auch zur pädagogischen Praxis und dem Kindergarten- bzw. Schulalltag erhoben.

Im Folgenden werden zunächst wesentliche (ausgewählte) Ergebnisse der Studie dargestellt, bevor abschließend auf die sich daraus ergebenden Konsequenzen eingegangen wird.

2 Lernausgangslagen im Umfeld des Schuleintritts

Die kognitiven Lernausgangslagen und die Einschätzungen derselben durch die Pädagog/inn/en wurden in vier verschiedenen Kompetenzbereichen – Wortschatz (WS), Lesen (L), Lautbewusstheit (LB) und Mathematik (MA) – erfasst.

2.1 Heterogenität in den Lernvoraussetzungen

In allen untersuchten Bereichen verbessern sich die Kinder vom Kindergarten (KiGa; N = 175) in die Grundschule (GS; N = 424) signifikant. Dies trifft für Jungen ebenso wie für Mädchen als auch für Kinder mit und ohne Migrationshintergrund zu. Im Bereich des Wortschatzes wird beim ersten Messzeitpunkt die gesamte Punktskala (M = 7,17; SD = 4,19) ausgeschöpft, was bei der zweiten Erhebung, aufgrund der relativ leichten Items in diesem Bereich, nicht mehr der Fall ist; die Kompetenzen sind zu diesem Zeitpunkt dennoch sehr unterschiedlich ausgeprägt (M = 9,84; SD = 3,34). Im Bereich des Lesens sind die Lernvoraussetzungen der Kinder zu Beginn der ersten Klasse, wie in der Abbildung ersichtlich, wesentlich heterogener (M = 68,72; SD = 44,40) als ein halbes Jahr vor Schuleintritt (M = 19,09; SD = 25,20), wenngleich es auch zu diesem Zeitpunkt bereits Kinder gibt, die lesen können. In der Lautbewusstheit und der Mathematik (vgl. Abb.) erhöht sich zwar das Niveau, die Spannbreite an unterschiedlichen Voraussetzungen bleibt jedoch auf einem ähnlichen Niveau (Lautbewusstheit: KiGa: M = 13,42; SD = 5,12; GS: M = 17,66; SD = 4,52; Mathematik: KiGa: M = 22,85; SD = 7,25; GS: M = 31,83; SD = 6,81).

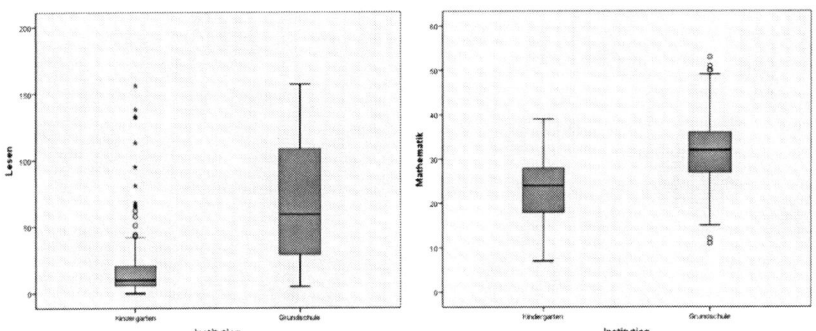

Abbildung 1:   Heterogenität der Lernausgangslagen in den Bereichen Lesen und Mathematik im Kindergarten und der Grundschule.

Im Kindergarten ergeben sich bezüglich der vorhandenen Kompetenzen der Kinder in keinem der Bereiche bemerkenswerte Unterschiede hinsichtlich des Geschlechts. In der Grundschule nur in einem Bereich; hier weisen die Jungen in Mathematik signifikant höhere Kompetenzen auf als die Mädchen (t(417) = -4.576; p = < .001). Im Kindergarten ist die Tendenz hierzu gegeben (t(173) = -1.886; p = .061).

In den Bereichen Wortschatz, Lautbewusstheit und Mathematik verfügen Kinder ohne Migrationshintergrund im Vergleich zu Kindern mit Migrationshintergrund zu beiden Messzeitpunkten über signifikant bessere Ergebnisse (Kindergarten (L): t(126) = -.367; p = .714; (WS): t(112) = 6,147; p < .001; (LB): t(126) = 2,607; p = .01; (MA): t(117) = 2,927; p = .004; Grundschule (L): t(342)

= .882; p = .378; (WS): $t(186)$ = 4,769; p < .001; (LB) = $t(342)$ = 2,217; p = .027; (MA): $t(342)$ = 2,519; p = .012).

2.2 Erfassung der Lernvoraussetzungen

Sowohl im Kindergarten wie auch in der Grundschule erfassen die Pädagog/inn/en die Kompetenzen der Kinder. Alle Erzieher/innen setzen die in Bayern zur Erfassung des Sprachstandes und der Persönlichkeitsentwicklung verpflichtenden Beobachtungsbögen ein (SISMIK, SELDAK, PERIK). 88,4% der befragten Erzieher/innen (N = 43) greifen auf weitere informelle Beobachtungen zurück und ein knappes Drittel (30,2%) führt zudem Portfolios oder Lerntagebücher. Einzelne (2,3%) setzen darüber hinaus standardisierte Testverfahren ein.

Bei den Lehrpersonen (N = 35) geben knapp über 60% an, dass sie die Lernausgangslagen der Kinder in den Bereichen Deutsch und Mathematik zu Beginn der ersten Klasse erfassen. Allerdings kommen auch hier keine standardisierten Verfahren zum Einsatz. Die Kenntnisse über die Kompetenzen der Kinder beziehen sich auf eigene Beobachtungen, informelle Testverfahren oder eingesetzte Arbeitsblätter.

Geht man davon aus, dass die Pädagog/inn/en den Kindern adaptive Lernangebote zur Verfügung stellen sollen, so ist es erforderlich, dass sie gut über die Kompetenzen der Kinder informiert sind. Ob die Beobachtungen und informellen Erhebungen der Erzieher/innen und Lehrer/innen ausreichen, exakte Aussagen über die Lernausgangslagen der Kinder treffen zu können, zeigen die Ergebnisse bezüglich der Diagnosegenauigkeit.

3 Diagnosegenauigkeit von Erzieher/inne/n und Lehrer/inne/n[1]

Die Diagnosegenauigkeit der Pädagog/inn/en kann insgesamt als nicht sehr gut ausgeprägt bezeichnet werden, wie die folgenden Ergebnisse zeigen.[2]

Erzieher/innen (E) wie auch Lehrer/innen (L) unterschätzen die Kinder hinsichtlich ihres Lernstandes in den Bereichen Lesen (E: I = -.04, t = -5.164; L: I = -.14, t = -7.091) und Mathematik (E: I = -.10, t = -5.566; L: I = -.12, t = -6.094) und überschätzen die Kompetenzen in der phonologischen Bewusstheit (E: I = .11, t = 4.698; L: I = .07, t = 3.038) und auch (tendenziell) im Bereich des Wortschatzes (E: I = .16, t = 5.585; L: I = .02, t = .634). Im Hinblick auf die Rangordnungskomponenten, also wie gut die Pädagog/inn/en zwischen den Fähigkeiten der Kinder ihrer Gruppe oder Klasse in den untersuchten Kompetenzbereichen differenzieren können, sind die Einschätzungen in den einzelnen Bereichen – abgesehen vom Bereich des Wortschatzes (E: b = .31, t = 6.390; L: b = .30, t = 4.793) – in etwa gleich exakt (Lesen: E: b = .45, t = 4.662; L: b = .61, t =

---

1 basiert auf Dollinger (2013), 169ff.
2 Den Ergebnissen liegt eine mehrebenenanalytische Auswertung mit der Statistiksoftware R zugrunde. Aussagen zu Über- bzw. Unterschätzungen basieren dabei auf dem Intercept (I). Angaben zur Rangordnungskomponente, also der Einschätzung der relativen Leistungsposition, basieren auf dem Slope (b), dem b-Regressionsgewicht.

11.430; Lautbewusstheit: E: b = .47, t = 6.199; L: b = .56, t = 9.256; Mathematik: E: b = .36, t = 6.146; L: b = .58, t = 9.493). Die Lehrer/innen differenzieren dabei (außer im Wortschatz) signifikant genauer als die Erzieher/innen. Zudem schätzen sie das Niveau in Mathematik und der phonologischen Bewusstheit signifikant exakter ein.

Während das Geschlecht und der Migrationsstatus der Kinder die Exaktheit der Einschätzungen teilweise beeinflussen, ist diese von Merkmalen auf Seiten der Pädagog/inn/en, insbesondere der Berufserfahrung, unabhängig.

4 Ausblick

Die extrem ausgeprägte Heterogenität in den Lernvoraussetzungen in den untersuchten Bereichen um den Schulanfang verlangt im Grunde von Beginn an differenzierte, adaptive Lernangebote. Doch es stellt sich die Frage, wie diese Forderung erfüllt werden kann, wenn die Diagnosegenauigkeit der Erzieher/innen und Lehrer/innen nicht sehr gut ausgeprägt ist und kaum standardisierte Verfahren zur Erfassung der Lernausgangslagen eingesetzt werden.

Konsequenter Weise ist es also erforderlich, die Pädagog/inn/en im Rahmen von Aus- und Fortbildungen für die Notwendigkeit einer präzisen Diagnose angesichts der zu erwartenden Heterogenität zu sensibilisieren. Zudem sollte über eine gemeinsame Lernstandserfassung im Rahmen der Einschulung durch Erzieher/innen und Lehrer/innen unter Einbezug der Eltern nachgedacht werden. So könnten die Lernausgangslagen der Kinder effektiv und auch mehrperspektivisch erfasst und sowohl im letzten Kindergartenhalbjahr als auch zu Beginn der ersten Klasse als Grundlage adaptiver Lernangebote genutzt werden.

Welche Auswirkungen die verbesserungswürdige Diagnosegenauigkeit vor allem auf die Kompetenzen der Kinder bzw. Lernprozesse und deren Entwicklung sowie auf das Selbstkonzept hat, sollte Gegenstand weiterer Untersuchungen sein. Ebenso ist weiter nach den Ursachen der geringen Exaktheit in den Einschätzungen zu suchen, ob diese beispielsweise eher durch subjektive Theorien beeinflusst wird als durch Merkmale wie Berufserfahrung, Stereotype etc.

Literatur

Bäuerlein, K. u.a. (2012): Hasselhorn, M. u.a. (Hg.): FIPS: Fähigkeitsindikatoren Primarschule. Ein computerbasiertes Diagnoseinstrument zur Erfassung der Lernausgangslagen und der Lernentwicklung von Schulanfängern. Göttingen: Hogrefe Schultests.

Dollinger, S. (2013): Diagnosegenauigkeit von ErzieherInnen und LehrerInnen. Einschätzung schulrelevanter Kompetenzen in der Übergangsphase. Wiesbaden: Springer VS.

Faust, G. (2010): Kindergarten oder Schule? Der Blick der Grundschule. In: Diller, A. u. a. (Hg.): Wie viel Schule verträgt der Kindergarten? Annäherung zweier Lernwelten. München: Verlag Deutsches Jugendinstitut. 43–62.

Griebel, W./Niesel, R. (2011): Übergänge verstehen und begleiten. Transitionen in der Bildungslaufbahnbahn von Kindern. Berlin: Cornelsen.

Speck-Hamdan, A. (2009): Übergänge und Anschlüsse. In: Bartnitzky, H. u.a. (Hg.): Kursbuch Grundschule. Grundschulverband. Kap. 3. 76–109.

Die Entwicklung von Lehrerüberzeugungen und von Unterrichtsqualität im Modellprojekt „Bildungshaus 3 – 10"

Doris Drexl

1 Forschungskontext „Bildungshaus 3 – 10"

Ziel des durch das Kultusministerium Baden-Württemberg initiierten Modellprojekts „Bildungshaus 3 – 10" ist die Förderung der kindlichen Bildung, welche Kindern u. a. durch eine bruchlose Bildungsbiographie ermöglicht werden soll. Grundschullehrpersonen kooperieren in dem Projekt eng mit Erzieherinnen aus dem Kindergarten. Gemeinsam bereiten sie Bildungsangebote für Kinder aus Kindergarten und Grundschule vor und führen sie in der Regel einmal wöchentlich gemeinsam durch. Dabei werden neue pädagogische Konzepte entwickelt, die durch eine enge Prozessbegleitung unterstützt werden. Im Rahmen der wissenschaftlichen Begleitung[1] wird in der hier dargestellten Studie untersucht, inwieweit sich durch diese enge Zusammenarbeit mit Erzieherinnen und die Arbeit mit altersgemischten Gruppen die Lehrerüberzeugungen hinsichtlich ihres Unterrichts und die Unterrichtsgestaltung der Lehrpersonen im Projektverlauf ändern.

2 Theoretischer Hintergrund

Durch den Fokus auf individuelle Förderung und altersübergreifendes Lehren und Lernen im „Bildungshaus 3 – 10" können sich neue Lehrformen entwickeln, die das Lernen als aktiven und eigenständigen Prozess erkennen, ähnlich der konstruktivistischen Unterrichtstheorie (Voß, 2002). Basis von veränderten Handlungsprozessen bei Lehrpersonen im Unterricht ist dabei eine Änderung unterschiedlicher Wissensfacetten bei Lehrpersonen und ihren Überzeugungen (Kunter, Baumert, Blum, Klusmann, Krauss, Neubrand, 2011). Das unterrichtliche Handeln wird in der Forschung zur Unterrichtsqualität durch mehrere Qualitätsmerkmale des Unterrichts definiert. Um Entwicklungen der Unterrichtsgestaltung bei Lehrpersonen überprüfen zu können, wird in dieser Studie für die Beobachtung des Unterrichts zum einen auf Merkmale wie die Strukturierung des Unterrichts, die effiziente Klassenführung, das Unterrichtsklima und die kognitive Aktivierung (Helmke, 2009; Klieme, Lipowsky, Rakoczy, Ratzka, 2006) fokussiert, zum anderen werden Merkmale berücksichtigt, die sich aus

---

1 Durchgeführt vom ZNL TransferZentrum für Neurowissenschaften und Lernen, gefördert vom Bundesministerium für Bildung und Forschung (BMBF) und aus Mitteln des Europäischen Sozialfonds der Europäischen Union (ESF).

der Arbeit im „Bildungshaus 3 – 10" entwickeln, wie Differenzierung, selbständiges Lernen oder individuelle Unterstützung.

3   Fragestellung

Im Rahmen des Modellprojekts „Bildungshaus 3 – 10" wird danach gefragt, ob und wie sich die enge Zusammenarbeit mit Erzieherinnen und die damit verbundene Entwicklung neuer pädagogischer Konzepte auf die Überzeugungen daran teilnehmender Lehrpersonen zu Unterricht und auf deren Unterrichtsgestaltung auswirkt.

4   Forschungsdesign und –methode

Zur Überprüfung der Lehrerüberzeugungen wurden 2009 mit 16 am Modellprojekt teilnehmenden Lehrpersonen leitfadenzentrierte Interviews durchgeführt. Um eine Entwicklung abbilden zu können, wurden 10 Lehrpersonen davon 2011 nochmals befragt. Im Fokus standen deren Überzeugungen hinsichtlich des Unterrichts, der Lehr-Lernformen, der Differenzierung und des selbständigen Lernens. Ebenfalls interessierte, ob und wie sich aus ihrer Sicht ihre Unterrichtsvorbereitung, -gestaltung und -reflexion durch das „Bildungshaus 3 – 10" geändert hat. Die Interviews wurden inhaltsanalytisch ausgewertet.

Die Qualität der Unterrichtsgestaltung und deren Entwicklung wurden durch hoch-inferente Unterrichtsbeobachtung in vivo in den ersten Klassen aller 32 Modell- und 27 Vergleichsschulen[2] mittels eines eigens dafür entwickelten Unterrichtsbeobachtungsbogens (UBB) durchgeführt. Der Unterricht von jeweils einer Klasse pro Schule wurde dabei mindestens für drei Unterrichtsstunden besucht. Die Beobachtung fand zu drei Erhebungszeitpunkten jeweils gegen Ende eines Schuljahres 2009, 2010 und 2011 statt.

5   Ergebnisse

Die 10 doppelt befragten Lehrpersonen aus den Modellstandorten sehen insgesamt für sich einen Lernprozess auf Grund ihrer Arbeit im Modellprojekt „Bildungshaus 3 – 10", der sich bei neun Lehrpersonen ihrer Ansicht nach auf ihre Unterrichtsgestaltung auswirkt. Hinsichtlich der Differenzierung im Unterricht nennen sie einen reflektierteren Umgang mit Heterogenität. So konzipieren sechs Lehrpersonen nicht mehr nur Wahl- und Pflichtaufgaben, sondern auch solche Aufgaben, die am individuellen Entwicklungsstand der Kinder anknüpfen oder ihnen ein breiteres Handlungsfeld ermöglichen. Die Anwendung des selbständigen Lernens im Unterricht wird zu beiden Interviewzeitpunkten befürwortet, allerdings eher im Sinne eines selbständigen Bearbeitens von Aufgaben als eines eigenständigen Erarbeitens eines Themas durch die Kinder. Für eine Anleitung durch die Lehrperson sprechen sich dabei die Hälfte der 10 befragten Lehrpersonen aus. Für das selbständige Lernen sehen vier Lehrpersonen nun

---

2 Die Studie ist im Experimental-Kontroll-Design mit Versuchs- und Kontrollgruppe angelegt.

offenere Arbeitsformen im Unterricht vor, die den Kindern einen größeren Freiraum für ihren Lernprozess geben. Die Perspektive auf das Kind hat sich durch
die Arbeit im „Bildungshaus 3 – 10" erweitert. Vier Lehrpersonen geben an,
jetzt eher einen Blick auf die ganze Persönlichkeit des Kindes entwickelt zu
haben, was zu einer gezielteren individuellen Unterstützung führen kann. Es
werden Impulse aus der Elementarpädagogik übernommen, die zu didaktischen
Änderungen führen. Dies zeigt sich bei vier Lehrpersonen in Formen des spielerischen und handlungsorientierten Lernens. Im Unterricht rückt für die befragten
Lehrpersonen die Aktivität des Kindes nun stärker in den Vordergrund, während
sich die Rolle der Lehrperson für drei der befragten Lehrpersonen im Sinne
einer Lernbegleitung wandelt: „indem man eben mehr die Kinder mit einbezieht
[…], indem man mehr sagt ‚Nein stopp, nehme Dich zurück'‚" (8). Die Änderungen in den Überzeugungen der Lehrpersonen drücken sich nach der zweiten
Befragung bei allen befragten Lehrpersonen auch durch tiefere Reflexionsprozesse und in der Anwendung neuerer Dokumentationsformen aus: „Ich habe
schon reflektiert, aber ich finde, es hat sich verstärkt und es geht auch in eine
andere Richtung" (2).

Schlagen sich die von den Lehrpersonen genannten Änderungen auch in den
Ergebnissen der Unterrichtsbeobachtung und damit in ihrer Unterrichtsgestaltung nieder? Insgesamt erhalten dort die klassischen Qualitätsmerkmale des
UBB wie die Strukturierung des Unterrichts, die Klassenführung oder das Unterrichtsklima zu allen drei Erhebungszeitpunkten hohe und höhere Werte, als
die eher einem konstruktivistischen Lernverständnis entsprechenden Merkmale
des UBB (kognitive Aktivierung, Differenzierung sowie selbständiges und kooperatives Lernen). Auf der Einschätzskala von 0 (trifft überhaupt nicht zu) bis
5 (trifft vollständig zu) erreicht die Klassenführung einen maximalen Mittelwert
von 4,4 (SD=0,7) (2010) für die Modellschulen. Die kognitive Aktivierung wird
2009 noch mit einem Mittelwert von 2,3 (SD=1,4) für die Modellschulen bewertet, der Wert steigt bis 2011 aber auf einen Mittelwert von 2,8 (SD=1,3) an. Das
Schülerengagement und die individuelle Unterstützung erhalten dagegen mittle-
re Werte. Die Qualität des Unterrichts hat sich insgesamt in allen acht Merkmalen des Unterrichtsbeobachtungsbogens (UBB) von 2009 bis 2011 verbessert (p
$\leq$ .010; $\eta_p^2 \geq 0.08$ für alle Merkmale). Dabei kann eine stärkere Entwicklung
von 2009 auf 2010 beobachtet werden, von 2010 auf 2011 konnten alle Modell-
und Vergleichsschulen ihr höheres Niveau halten. In insgesamt fünf Merkmalen
(Klassenführung, selbständiges und kooperatives Lernen, kognitive Aktivierung,
individuelle Unterstützung und Unterrichtsklima) erhalten die Modellschulen im
Erhebungszeitraum höhere Werte als die Vergleichsschulen ($p \leq$ .039; $\eta_p^2 \geq 0.07$
für diese fünf Merkmale). Da sich aber auch die Unterrichtsqualität der Vergleichsschulen insgesamt verbesserte, zeigen die Ergebnisse keinen Interakti-
onseffekt, Modell- und Vergleichsschulen entwickeln sich also nicht unterschiedlich ($p \geq$ .076; $\eta_p^2 . \leq 0.04$ für alle Merkmale).

Auf inhaltlicher Ebene kann von einer Kohärenz zwischen den Lehrerüberzeugungen und der tatsächlichen Entwicklung ihres unterrichtlichen Handelns

ausgegangen werden. Es wird eine Tendenz der Unterrichtsgestaltung entsprechend einem konstruktivistischen Lernverständnis deutlich. Das Merkmal der Differenzierung wird reflektierter gesehen und verbessert sich auch (UBB-Mittelwert in Modellschulen 2009 = 2,6 (SD=1,4) und 2011 = 3,3 (SD=1,4). Die Merkmale der Klassenführung und Strukturierung besitzen dabei weiterhin einen hohen Stellenwert bei den Lehrpersonen für ihren Unterricht.

6 Diskussion

Insgesamt scheinen die neueren pädagogischen Konzepte im Modellprojekt „Bildungshaus 3 – 10" eine Lernumgebung für Lehrpersonen geschaffen zu haben, die wohl zu einer Entwicklung der Lehrerüberzeugungen und deren Unterrichtsgestaltung entsprechend eines konstruktivistischen Lernverständnisses führt. Zumindest weist ein immerhin deskriptiver Unterschied in der Entwicklung bei Modell- und Vergleichsschulen in den Merkmalen kognitive Aktivierung und individuelle Unterstützung von 2010 bis 2011 darauf hin. Erzieherinnen lassen auf Grund ihres pädagogischen Verständnisses den Kindern häufig größeren Freiraum in ihrem Lernprozess, der weniger zielorientiert nach einem Curriculum ausgerichtet ist. Lernen darf als eigenständiger und aktiver Prozess, beispielsweise durch das freie Experimentieren vollzogen werden. Lehrpersonen scheinen gewissermaßen implizit, ohne spezifische Fortbildungsmaßnahmen zur Unterrichtsentwicklung, in der Zusammenarbeit davon zu profitieren. Dies zeigen zumindest die verbesserten Werte des UBB in den Modellschulen. Dass sich allerdings auch Vergleichsschulen im Projektverlauf verbesserten, mag an Formen der Rückmeldung im Rahmen der wissenschaftlichen Begleitung liegen.

Literatur

Helmke, A. (2009): Unterrichtsqualität und Lehrerprofessionalität. Diagnose, Evaluation und Verbesserung des Unterrichts. 2., aktual. Auflage. Seelze: Kallmeyer.

Klieme, E./Lipowsky, F./Rakoczy, K./Ratzka, N. (2006): Qualitätsdimensionen und Wirksamkeit von Mathematikunterricht. Theoretische Grundlagen und ausgewählte Ergebnisse des Projekts „Pythagoras". In: Prenzel, M./Allolio-Näcke, L. (Hg.): Untersuchungen zur Bildungsqualität von Schule. Abschlussbericht des DFG-Schwerpunktprogramms. München [u.a.]: Waxmann. 127-146.

Kunter, M./Baumert, J./Blum, W./Klusmann, U./Krauss S./Neubrand, M. (Hg.) (2011): Professionelle Kompetenz von Lehrkräften: Ergebnisse des Forschungsprogramms COACTIV. Münster [u.a.] : Waxmann.

Voß, R. (2002): Unterricht ohne Belehrung – Kontextsteuerung, individuelle Lernbegleitung, Perspektivenwechsel. In: Voß, R. (Hg.): Unterricht aus konstruktivistischer Sicht. Die Welten in den Köpfen der Kinder. Neuwied: Luchterhand. 40-62.

Bildungsdokumentationen im Übergang von der Kindertageseinrichtung in die Grundschule aus der Perspektive von Erzieherinnen, Erziehern und Grundschullehrkräften – Ergebnisse aus dem Projekt „WirKt"

Johanna Backhaus, Andrea Bogatz & Petra Hanke

1 Problemaufriss und theoretischer Hintergrund

Vor dem Hintergrund aktueller Erkenntnisse der Bildungsforschung (u.a. Griebel/Niesel 2011; Tietze et al. 2012) und der in dem Zuge ausgelösten Debatte um die Qualität des deutschen Bildungssystems wird der Stellenwert der frühen Bildung hervorgehoben. In dem Zusammenhang schärfte sich eine neue Sicht auf Kinder als kompetente Akteure ihrer Entwicklung und Bildung. Pädagogisch handelnde Akteure werden dabei als Entwicklungs- und Bildungsbegleiter angesehen, die aufmerksam sind, einfühlsam auf die Kinder eingehen und die Bildung der Kinder unterstützen (vgl. u.a. Becker-Stoll/Niesel/Wertfein 2012). In Kindertageseinrichtungen rücken neben der Betreuung und Erziehung die Bildungsprozesse von Kindern mit den dafür notwendigen Bedingungen und Angeboten in den Blickpunkt.

Um die Entwicklungs- und Bildungsprozesse der Kinder nachvollziehen zu können, gehört es zum professionellen Handeln der Fachkräfte, jedes Kind regelmäßig zu beobachten, die Beobachtungen festzuhalten, zu erweitern und zu reflektieren. Auf Grundlage der Beobachtung und Dokumentation können sie nächste Schritte entwickeln, um die Kinder individuell bestmöglich zu unterstützen. Eine Bildungsdokumentation, die am Ende der Kita-Zeit den Kindern und Eltern ausgehändigt wird, ist eine „gezielt aufbereitete Darstellung von Beobachtungen und Materialien" (Leu et al. 2010, S. 140) für Kinder, PädagogInnen und Eltern und kann in verschiedenen Formen, beispielsweise als Dokument oder Portfolio, angelegt sein.

Kindertageseinrichtungen werden heute wie Grundschulen als Bildungsorte angesehen. Im Zuge des in einzelnen Bundesländern inzwischen auch bildungsprogrammatisch verankerten gemeinsamen Bildungsauftrags von Kindertageseinrichtung und Grundschule sind beide Institutionen dazu angehalten, die Kontinuität in der Bildungsbiografie der Kinder zu sichern und bildungsstufenübergreifend zusammenzuarbeiten. Eine Kooperation bei der Bildungsdokumentation und deren Weitergabe über Institutionsgrenzen hinweg erscheinen vor diesem Hintergrund und aus Sicht des Transitionsansatzes (Griebel/Niesel 2011) sinnvoll. Die in den Bildungsdokumentationen enthaltenen Informationen über die Kinder können wertvoll sein, um deren Entwicklung nachvollziehen und eine individuell anschlussfähige Förderung ermöglichen zu können.

2 Aktueller Forschungsstand

Inwiefern bei der Bildungsdokumentation kooperiert wird, ob und wie häufig Bildungsdokumentationen an Grundschulen weitergegeben werden und wie akzeptiert Bildungsdokumentationen aus Kindertageseinrichtungen in Grundschulen sind, ist bisher nur vereinzelt untersucht worden. Im Rahmen der wissenschaftlichen Begleitforschung zur Erprobung der Grundsätze zur Bildungsförderung von Kindern von 0-10 Jahren in NRW konnte gezeigt werden, dass die Lehrpersonen von weniger als einem Drittel der Schüler eine Bildungsdokumentation zu Schulanfang erhalten (vgl. Jasmund et al. 2011). Eine Untersuchung aus Finnland weist darauf hin, dass die Weitergabe von Informationen zwischen Kita und Grundschule großes Potenzial haben kann: In dieser Studie wurde untersucht, ob bestimmte Kooperationsformen zwischen Kita und Grundschule Einfluss auf die späteren Schulleistungen der Kinder haben. Es zeigte sich, dass eine Weitergabe schriftlicher Informationen über die Schulanfänger zwischen Elementar- und Primarbereich einen hohen Vorhersagewert für deren spätere Schulleistungen hatte (vgl. Ahtola/Silinskasb/Poikonenc/Kontoniemid/Niemia/Nurmib 2011). Um derartige Untersuchungsergebnisse weiter zu stützen, ist vermehrte Forschung notwendig.

3 Forschungsprojekt WirKt

Das Projekt WirKt[1] („Wirkungen von Formen und Niveaus der Kooperation von Kita und Grundschule auf Erzieher/innen, Grundschullehrkräfte, Eltern und Kinder") ist thematisch in zwei Teilprojekte untergliedert: Zielstellung des Teilprojekts I ist die Untersuchung von (eingeschätzten) Wirkungen der Kooperation auf das Handeln der in den Einrichtungen tätigen Akteure sowie auf die Übergangsbewältigung von Kindern und Eltern. Das Teilprojekt II verfolgt das Ziel einer Bestandsaufnahme von Bildungsdokumentationen in Kindertageseinrichtungen und im Übergang zur Grundschule. Kriterien, Methoden, Verfahren sowie die Art und Weise der Umsetzung von Bildungsdokumentationen sollen hierbei ebenso erfasst werden wie die Akzeptanz und Nutzung von Bildungsdokumentation in der Phase des Übergangs von der Kita in die Grundschule bei den ErzieherInnen und Grundschullehrkräften, Eltern und Kindern. Das Projekt beinhaltet fünf Erhebungszeitpunkte (2011-2013) und ist sowohl quantitativ als auch qualitativ angelegt. Eingesetzt werden schriftliche Befragungen, Erhebungsverfahren mit Kindern zu sozial-emotionalen Erfahrungen sowie leitfa-

1 Das diesem Bericht zugrunde liegende Vorhaben wird mit Mitteln des Bundesministeriums für Bildung und Forschung und des Europäischen Sozialfonds der Europäischen Union unter dem Förderkennzeichen 01NV1021/1022 gefördert. Die Verantwortung für den Inhalt dieser Veröffentlichung liegt bei den Autorinnen.

dengestützte Interviews mit Erzieherinnen und Erziehern, Lehrpersonen, Kindern und Eltern. Die folgenden Ergebnisse stammen aus den Fragebogenerhebungen mit Erzieherinnen, Erziehern (N=98) und Lehrpersonen (N=91).

4 Ausgewählte Ergebnisse der Fragebogenerhebungen mit Erzieherinnen, Erziehern und Grundschullehrkräften

4.1 Inwiefern findet eine Kooperation bei der Bildungsdokumentation zwischen Kita und Grundschule statt?

Die Bildungsdokumentation ist aus Sicht von mehr als der Hälfte der Grundschullehrkräfte Thema der Kooperation (58,7%). Dennoch findet eine enge Kooperation, insbesondere gemeinsame Treffen zwischen Kita, Grundschule und den Eltern im Zusammenhang mit Bildungsdokumentationen kaum statt. Von den durchschnittlich fünf (M=4,9; SD=2,0) Kindertageseinrichtungen, aus denen Kinder in die Klassen der Lehrpersonen wechseln, erhalten die Grundschulen nur durchschnittlich aus zwei Einrichtungen Informationen über deren Bildungsdokumentationsverfahren. Auch von den Lehrpersonen erfolgen eher selten Rückmeldungen zu den Bildungsdokumentationen der Kitas (27,0%)[2] an die Erzieherinnen.

4.2 Inwiefern sind die Bildungsdokumentationen der Kitas bildungsstufenübergreifend angelegt?

Ansätze einer bildungsstufenübergreifenden Anlage sind nach Ansicht der Fach- und Lehrkräfte in den Bildungsdokumentationen vorhanden. Dass darin konkrete weiterführbare Fördermöglichkeiten sichtbar werden, geben 66,7% der Kita-Fachkräfte mit Bezug auf ihr Verfahren und 62,9% der Grundschullehrkräfte hinsichtlich der erhaltenen Bildungsdokumentationen in der Grundschule an. Diejenigen Aspekte, die den Auf- und Ausbau einer Kooperation zur Bildungsdokumentation begünstigen können, wie die gemeinsame Entwicklung einer Bildungsdokumentation, verbindliche Regelungen oder einheitliche Verfahren in der Region, sind nur selten vorhanden (in ca. 20% der Fälle).

4.3 Wie akzeptiert sind Bildungsdokumentationen in der Grundschule?

Die Lehrpersonen im Schuljahr 2011/2012 haben im Durchschnitt 22,9% der Eltern eine Bildungsdokumentation zur Einsicht oder Informationen daraus (22,0%) erhalten. Reichen die Eltern sie an die Lehrpersonen weiter, werden zumeist die Bildungsdokumentationen aller Kindern genutzt (71,4%). Einige Lehrkräfte geben an, sich schwerpunktmäßig die Dokumentationen von Kindern

---

2 Hier und im Folgenden liegt für die Lehrpersonen ein reduzierter Datensatz vor, da ca. 43% noch nie eine Bildungsdokumentation ihrer Schüler erhalten haben und somit zu diesbezüglichen Fragen keine Aussagen treffen konnten.

mit besonderen Problemen (40,0%), sonderpädagogischem Förderbedarf (32,5%) oder mit besonderen Fähigkeiten (30,0%) anzusehen, ebenso von Kindern, deren Eltern (25,0%) oder deren Fachkräfte der Kita (20,0%) dies wünschen. Keine Lehrperson der Stichprobe gibt an, sich schwerpunktmäßig die Bildungsdokumentationen einer bestimmten Kita anzusehen. Die Lehrpersonen geben an, dass ihnen von den Bildungsdokumentationen im Durchschnitt 55,6% nützlich sind. Wenn die Lehrkräfte keinen oder nur einen eingeschränkten Nutzen in der Bildungsdokumentation sehen, begründen sie das damit, dass sie unvoreingenommen an die Kinder herantreten und sich ein eigenes Bild von ihnen machen möchten (62,9%). Ein Drittel derjenigen Lehrpersonen, die wenig Nutzen darin sehen, findet die Inhalte für sich persönlich und ihren Unterricht wenig informativ (30,3%). Ebenso viele Lehrkräfte geben an, keine zeitlichen Ressourcen für die Lektüre der Bildungsdokumentationen zu haben (29,0%).

5 Fazit

Schlussfolgernd lassen sich folgende vorhandene Bedingungen bezüglich der Bildungsdokumentationen im Übergang festhalten: Sie sind aus Sicht der Fachkräfte in Grundzügen bildungsstufenübergreifend angelegt, da Fördermöglichkeiten aufgezeigt werden, die in der Grundschule weitergeführt werden können. Die meisten Lehrpersonen sehen einen Nutzen der Bildungsdokumentationen aus der Kindertageseinrichtung. Gleichzeitig scheint bezüglich der Bildungsdokumentation im Übergang vom Kindergarten in die Grundschule noch Entwicklungspotenzial zu bestehen, insbesondere hinsichtlich der Zusammenarbeit zwischen den Bildungseinrichtungen und mit den Eltern sowie bezüglich einer Abstimmung, Kommunikation und Weitergabe der Bildungsdokumentation.

Literatur

Ahtola, A./Silinskasb, G./Poikonene, P.-L./Kontoniemid, M./Niemia, P./Nurmib, J.-E. (2011): Transition to formal schooling: Do transition practices matter for academic performance? In: Early Childhood Research Quarterly 26. 295-302.

Becker-Stoll, F./Niesel, R./Wertfein, M. (2012): Handbuch Kinder in den ersten drei Lebensjahren. Theorie und Praxis für die Tagesbetreuung. Freiburg: Herder Verlag.

Griebel, W./Niesel, R. (2011): Übergange verstehen und begleiten. Transitionen in der Bildungslaufbahn von Kindern. Berlin: Cornelsen Verlag.

Leu, H.R./Flämig, K./Frankenstein, Y./Koch, S./Pack, I./ Schneider, K./Schweiger, M. (2010): Bildungs- und Lerngeschichten. Bildungsprozesse in früher Kindheit beobachten, dokumentieren und unterstützen. Weimar, Berlin: Verlag das Netz.

Jasmund, C./Krus, A./Siems, S./Fischer, C./Böllert, K./Berg-Winkels, D./Pitsch, M. (2011): Auftaktbericht zur Strukturabfrage. Wissenschaftliche Begleitung der Erprobung der Grundsätze zur Bildungsförderung für Kinder von 0 bis 10 Jahren in Kindertageseinrichtungen und Schulen im Primarbereich in NRW. Unter: http://www.bildungsgrundsaetze.nrw.de/fileadmin/dateien/PDF/150911_Auftaktbericht.pdf [abgerufen am: 17.09.2012]

Tietze, W./Becker-Stoll, F./Bensel, J./Eckhardt, A.G./Haug-Schnabel, G./Kalicki, B./Keller, H./Leyendecker, B. (Hg.) (2012): NUBBEK. Nationale Untersuchung zur Bildung, Betreuung und Erziehung in der frühen Kindheit. Fragestellungen und Ergebnisse im Überblick. Unter: http://www.nubbek.de/media/pdf/NUBBEK%20Broschuere.pdf [abgerufen am: 07.12.2012]

Sichtweisen von Erzieherinnen und Grundschullehrkräften auf die Entwicklung einer gemeinsamen Bildungsdokumentation – qualitative Befunde aus dem Paderborner Modellprojekt „Kinderbildungshaus"

Petra Büker

1 Übergangsbegleitende Bildungsdokumentation

Die Dokumentation, Interpretation und Rückmeldung kindlicher Lern-, Entwicklungs- und Bildungsprozesse werden in der internationalen und nationalen Früh- und Grundschulpädagogik konsensuell als Instrumente zur Qualitätssicherung und Professionalisierung des Überganges verstanden. Im deutschen Sprachraum haben Orientierungs-, Bildungs- und Lehrpläne die Bildungsdokumentation als Rahmenvorgabe aufgenommen, diese jedoch häufig inhaltlich noch nicht konkretisiert. Der Elementarbereich kann zwischenzeitlich auf eine etablierte Praxis der Beobachtung, Dokumentation und Rückmeldung verweisen. Insbesondere qualitativ orientierte Instrumente wie die aus Neuseeland adaptierten „Bildungs- und Lerngeschichten" (Leu et al. 2007) führten in den letzten Jahren zu einer differenzierten und an den kindlichen Ressourcen orientierten Beobachtungspraxis, auf deren Grundlage gezielt individuell zugeschnittene Bildungsangebote entwickelt werden können. Im Zusammenhang breit ausgebauter „Frühwarnsysteme" haben sich im Elementarbereich zudem vielfältige Testinstrumente zur Erfassung kindlicher Entwicklungsstände etabliert. Für die Grundschule, die das Feststellen von Schülerleistungen und deren Rückmeldung traditionell in Form von Noten oder Verbalbeurteilungen realisiert, ist ein umfassendes Verständnis einer Bildungsdokumentation hingegen neu. Es tauchte speziell im Nach-PISA-Diskurs um Bildungsqualität in einer „neuen Lernkultur" bzw. im Rahmen einer „pädagogischen Leistungskultur" (Bartnitzky/ Hecker 2006) sowie im Kontext einer bildungsstufenübergreifenden Kooperation auf. So nehmen viele aktuelle Grundschulrichtlinien Bezug auf die Empfehlung des Grundschulverbandes und sehen den Einsatz von Instrumenten zur Erfassung der individuellen Kompetenzen der Kinder über einen längeren Zeitraum vor, welche sowohl den Prozess als auch das Ergebnis der Lernentwicklungen dokumentieren. Dies sei für die Planung individueller Fördermaßnahmen sowie für die Unterrichtsreflexion und –optimierung grundlegend. Insbesondere seien die Kinder daran zu beteiligen, indem sie befähigt werden, ihre eigenen Lernprozesse metareflexiv selbst zu beobachten, zu dokumentieren, zu bewerten und zu steuern: ein hoher Anspruch an die Grundschulpädagogik und –didaktik (vgl. dazu auch Büker 2009). Vor dem Hintergrund der hier skizzierten Ausgangslage stellt die Entwicklung einer gemeinsamen Bildungsdokumentation, wie sie etwa in den neuen übergreifenden Bildungsplänen für 0-10jährige im Zusammenhang der engeren Verzahnung von Kita und Grundschule am Übergang vorgesehen ist, eine ganz besondere Herausforderung für die beteiligten Akteure dar. In der Forschung ist die Thematik bislang wenig systematisiert, der in Bildungsplänen angenommene „Mehrwert" ist bei weitem noch nicht in der erforderlichen Breite empirisch erfasst; Ergebnisse aus aktuellen Studien stehen derzeit noch aus (beispielsweise ILEA-T (Liebers/Geiling/Prengel), WIrKt (Hanke), BIDOS (Kammermeyer et al.), Thüringer Bestandsaufnahme (Lutz/ Rißmann/Schulze), Bildungsdokumentation in inklusiven Settings (Cloos et al.). Auch wenn mittlerweile einige Konzepte und Erfahrungsberichte für die Bildungsdokumentation in der Grundschule vorliegen (Graf 2008 und 2010, Frankenstein/Kleeberger/Leu 2009) und ein zunehmendes Angebot an Praxishilfen für den Übergang festgestellt werden kann, ist doch von einer fehlenden Anschlussfähigkeit im Bereich der Bildungsdokumentation zwischen Kita und Grundschule auszugehen (vgl. Hanke et al in diesem Band). Im ersten nordrheinwestfälischen „Kinderbildungshaus", in welchem die Kooperation zwischen zwei Paderborner Kindertagesstätten (Kitas) und einer Grundschule seit 2010 modellhaft erprobt und durch die Universität Paderborn wissenschaftlich begleitet wird, bildet deshalb die Entwicklung einer institutionenübergreifenden Bildungsdokumentation parallel zur Etablierung altersübergreifender Lernwerkstätten einen besonderen Schwerpunkt (vgl. Kordulla 2013 in diesem Band; Büker/Kordulla/Pollmann 2011). Damit bewegen sich die Akteure des Kinderbildungshauses in einem großen und noch weitestgehend offenen Entwicklungs- und Gestaltungsfeld. Deshalb wurden zunächst zu mehreren Messzeitpunkten die Sichtweisen von Erzieherinnen und Lehrkräften auf die Option einer gemeinsamen Bildungsdokumentation erfasst.

2 Untersuchungsdesign und Ergebnisse

Ziel der Untersuchung war es, möglichst differenzierte Einblicke in den Entwicklungsprozess einer bildungsstufenübergreifenden Bildungsdokumentation aus der Sicht der Akteure des multiprofessionellen Teams zu erhalten, um dadurch Grundlagenwissen über Einflussfaktoren und Gelingensbedingungen einer institutionenübergreifenden Kooperation sowie Veränderungswissen als Basis für die Optimierung und Professionalisierung der pädagogischen Arbeit im Modellprojekt zu generieren. Dazu kam zu Projektbeginn im Sommer 2010 ein teilstandardisierter Fragebogen zum Einsatz, der die Sichtweisen auf die Thematik der Bildungsdokumentation von n=17 Akteuren (davon n=12 Personen aus den Kitas und n=5 Personen aus der Schule) erhob. Messzeitpunkt 2 (Frühjahr 2011) bestand aus einer Gruppendiskussion mit n=12 Personen (davon n=5 aus den Kitas und n=7 aus der Schule) über die Sichtweisen nach Entwicklung und Durchführung der beiden ersten Lernwerkstätten, in denen Kita- und Grundschulkinder an gemeinsamen Aufgaben lernen. Im Sommer 2012 wurde schließlich eine vertiefende qualitativ angelegte schriftliche Befragung über

Grundverständnisse, Chancen, Hürden und Gelingensfaktoren einer Bildungsdokumentation aus Sicht der Beteiligten (n=15 Akteure, davon n=9 aus den
Kitas, n=5 aus der Schule sowie einer Schulsozialarbeiterin) realisiert. Im Folgenden werden ausgewählte Ergebnisse aus allen drei Messzeitpunkten vorgestellt, die auf Grund der kleinen Fallzahl nicht in Zahl und Statistik ausgedrückt
werden. Vielmehr geht es um eine phänomenologische Betrachtung im Sinne
von Themen, die im inhaltsanalytischen und intersubjektiv kontrollierten Aus-
wertungsprozess gewonnen wurden.

So zeigen sich zu Projektbeginn zwar hohe Übereinstimmungen in der Be-
deutungszuschreibung der Anschlussfähigkeit von pädagogischen Konzepten
und der Entwicklung eines gemeinsamen Bildes vom Kind, allerdings akzentu-
ieren allein die Lehrkräfte die Relevanz einer Bildungsdokumentation für die
Effektivierung schulvorbereitender Maßnahmen. Bei der Beurteilung bislang
genutzter Dokumentationsverfahren betonen die Akteure aus der Kita im Rekurs
auf ihre Erfahrungen mit dem Ansatz der „Bildungs- und Lerngeschichten" die
Relevanz einer „Philosophie", die auf die stärkenorientierte, ganzheitliche
Sichtweise auf das Kind und die wertschätzende Kommunikation setzt. Die
Akteure aus der Schule heben hingegen die Bedeutung der Lehrplangemäßheit
und der Handhabbarkeit der bislang eingesetzten Dokumentationsverfahren
hervor. Beide Professionen halten es für wichtig, über die Bildungsdokumentation etwas über die Stärken, Interessen, Schwächen, die soziale Kompetenz und
die sozialen Kontakte der Kinder zu erfahren. Allerdings lassen sich ambivalen-
te Einschätzungen in Bezug auf die Weitergabe von Informationen über
„Schwächen" und die „Familiensituation" konstatieren. Einerseits wird eine
solche positiv im Kontext einer gezielten individuellen Förderung im Anfangsunterricht gedeutet. Andererseits wird die Gewährleistung von Unvoreinge-
nommenheit in Frage gestellt: „Die Lehrkräfte sollen vor der Einschulung nicht
über Defizite informiert werden, die dazu führen könnten, das Kind in eine
‚Schublade' zu stecken" (Erzieherin-I-5). Insbesondere die Lehrkräfte thematisieren mit Blick auf eine qualitativ orientierte Bildungsdokumentation fehlende
personelle und zeitliche Ressourcen. Die innovative Entwicklung einer neuen,
gemeinsamen Form der Dokumentation wird zum Kristallisationskern, in dem
historisch gewachsene, system- und professionsbedingte Unterschiede zwischen
Elementar- und Primarbereich aufeinandertreffen. Dies ist das Ergebnis der
Gruppendiskussion, in welcher differente Sichtweisen und Verständnisse in
Bezug auf die zentralen pädagogischen Themen „Bildung", „Spielen", „Lernen", „Leistung", „Schulfähigkeit" und „Basiskompetenzen" sichtbar werden.
Vor allem zeigt sich ein brisantes Spannungsfeld in der Auffassung von Spielen–
Lernen–Leisten. Insbesondere die Lehrkräfte halten die Klärung des Verhältnis-
ses von Bildungsdokumentation, pädagogischer Diagnostik und Zeugnis für
essenziell. Die Frage nach Unterschieden zwischen Bildungsdokumentation und
Verbal- sowie Ziffernzeugnis am dritten Messzeitpunkt ergibt ein von zahlreichen Dichotomien bestimmtes Bild (Stärken- vs. Defizit-/ Selektionsorientie-
rung, Prozessorientierung vs. Ergebnisorientierung, ganzheitliche vs. fächerbe-

zogene Ausrichtung, Feedback- vs. Bewertungsfunktion): „Eine Bildungsdokumentation stärkt das Kind positiv und in allen Bereichen seiner Entwicklung. Das Zeugnis bewertet nur die Leistung." (Erzieherin–III-3).

3   Perspektiven

Jenseits eines Anspruches auf Repräsentativität vermag die hier vorliegende qualitative Einzelfallstudie Einblicke in die Tiefenstrukturen der Zusammenarbeit in multiprofessionellen Teams zu geben, aus denen erste Gelingensbedingungen für die Entwicklung einer gemeinsamen Bildungsdokumentation gewonnen werden können. So lässt sich eine Bildungsdokumentation nicht losgelöst von der Arbeit an einem konsensfähigen Bildungsverständnis entwickeln. Auch bedarf der komplexe Begriff einer Operationalisierung und Strukturierung, muss als Metathema „greifbar" werden anhand konkreter gemeinsamer Praxisinhalte und -erfahrungen im Kooperationsfeld von Kita und Schule. Parallel dazu muss er in der Auseinandersetzung mit bestehenden Praxen beider Systeme fachlich-inhaltlich geklärt werden. Die Bildungsdokumentation ist damit offensichtlich mehr als ein innovatives, verändertes Instrument, vielmehr erscheint sie als Instrument der Veränderung im Sinne eines umfassenden Entwicklungsprozesses von Kita und Grundschule.

Literatur

Bartnitzky, H./Hecker, U.(2006): Pädagogische Leistungskultur. Materialien für Klasse 3 und 4. Frankfurt: Grundschulverband.

Büker, P. (2009): Leistungsbezogenes Feedback in der Grundschule. Referate vorbereiten, vortragen und bewerten. In: Praxis Deutsch 36, H. 214. 13-17.

Büker, P./Kordulla, A./Pollman, A. (2011): Eine Didaktik für den Übergang? Kita- und Grundschulkinder forschen gemeinsam. In: Die Grundschulzeitschrift, H. 248/249. 42-45.

Graf, U. (2008): Learning Stories im ersten Schuljahr. In: Daiber, B./Weiland, I.: Impulse der Elementardidaktik. Hohengehren/Baltmannsweiler: Schneider. 129-145.

Graf, U. (2010): Bildungs- und Lerngeschichten als anschlussfähiges und interinstitutionelles Bindeglied. In: Diller, A. et al: Wie viel Schule verträgt der Kindergarten? München: DJI.

Frankenstein, Y./Kleeberger, F./Leu, H. (2009): Bildungs- und Lerngeschichten am Übergang vom Kindergarten in die Grundschule. Weimar, Berlin: Das Netz.

Leu, H./Flämig, K./Frankenstein, Y./Koch, S./Pack, I./Schneider, K./Schweiger, M. (2007): Bildungs- und Lerngeschichten. Bildungsprozesse in früher Kindheit beobachten, dokumentieren und unterstützen. Weimar: Das Netz.

Lehrkompetenz und kompetenzorientierte Lernaufgaben im Sachunterricht

Andrea Becher & Eva Gläser

1 Lernaufgaben und Lehrkompetenz

Die Entwicklung und Förderung von Lehr-Lernprozessen ist auch im Zusammenhang mit den Kompetenzen von Lehrenden zu betrachten. Empirische Arbeiten zeigen die Verknüpfung eindeutig auf (vgl. Blömeke/Kaiser/Lehmann 2008; Helmke 2010). Oelkers betont zudem, dass für die Unterrichtsqualität neben der Kompetenz der Lehrkräfte ein zweites zentrales Parameter existiert, das „systematisch beeinflusst werden [kann], nämlich die Lehrmittel" (2010, 11). Die Erforschung von Lehrmitteln, insbesondere die Analyse von Schulbüchern wird seit Jahrzehnten durchgeführt (vgl. GEI 2012). Bislang wurde allerdings nur begrenzt eine domänenspezifische Analyse der Aufgaben in den Lehrmitteln bzw. eine Untersuchung einzelner (Lern-)Aufgaben für die Initiierung bzw. Sicherstellung von Unterrichtsqualität durchgeführt. Und dies, obwohl Aufgaben als immanenter Bestandteil von Lehrmitteln „Ziele und Inhalte von Unterricht" konkretisieren (Bohl/Kleinknecht/Bartzel 2012, 7). Ebenso sind sie für Lehrpersonen „zentrales Instrument zur Planung, Steuerung und Evaluation von [...] Lehr-Lernprozessen" (Maier/Kleinknecht/Metz/Schymalia/Bohl 2010, 5). Auch die Kultusministerkonferenz (KMK) greift diesen Komplex von Lehrkompetenz und Aufgabenkultur in ihren Standards für die Lehrerbildung auf und legt im Kompetenzbereich „Unterrichten" fest, dass Lehrer/innen für eine sach- und fachgerechte Unterrichtsplanung und -durchführung unterschiedliche Unterrichtsmethoden sowie Aufgabenformate kennen sollen, um diese anforderungs- und situationsgerecht einsetzen zu können (vgl. KMK 2004, 7). Kompetente Lehrpersonen müssen demnach über Instrumente zur Analyse und Klassifikation von Aufgaben verfügen – respektive von diesen wissen – und diese gebrauchen, um gemäß möglicher Anwendungssituationen das Potenzial von Aufgaben einordnen zu können.

2 Entwicklung von Analyseinstrumenten und Anlage der Untersuchung

Gegenwärtig wird vor allem aus der Perspektive der Schulpädagogik diskutiert, welche Potentiale fächerübergreifende Analyseraster hinsichtlich einer Unterstützung von Lehrenden zur Aufgabenentwicklung und -beurteilung besitzen könnten (vgl. Kiper/Schlump/Schmid/Peters 2010; Maier et al. 2010). Ebenso gibt es in vereinzelten Fachdidaktiken erste domänenspezifische Analyse- und Entwicklungsinstrumente, um Lernaufgaben bezüglich ihrer Potentiale und Grenzen einordnen und bewerten sowie zur Entwicklung kompetenzorientierter

Aufgaben nutzen zu können (vgl. Bohl et al. 2012). Für die Sachunterrichtsdidaktik kann eine solche Diskussion und Entwicklung noch nicht aufgezeigt werden. In unserem Forschungsprojekt zur kompetenzorientierten Analyse von Lernaufgaben wird daher bewusst ein Schwerpunkt auf Aufgaben aus Sachunterrichtsschulbüchern gelegt (vgl. Gläser/Becher 2012a; Gläser/Becher 2012b). Der Untersuchungsgegenstand ist auf Schulbücher begrenzt, da davon ausgegangen wird, dass Schulbücher und „die in ihnen enthaltenen Materialien und Aufgaben [...] eine Interpretation der Bildungsstandards und Kerncurricula darstellen" (Kiper et al. 2010, 156). Jedoch ist ungeklärt, ob durch die Lernaufgaben in Sachunterrichtsschulbüchern überhaupt eine Kompetenzorientierung initiiert werden könnte. Diese leitende Fragestellung untersuchten wir im Rahmen unserer Studie, in der wir eine Aufgabenanalyse, die sich dezidiert in der Debatte fachspezifischer Kompetenzorientierung und domänenspezifischer Kompetenzmodelle zur Identifizierung von „Grunddimensionen der Lernentwicklung in einem Gegenstandsbereich" (Klieme et al. 2007, 686) verortet, durchführten. Das grundlegende Ziel dieser Studie war, ein domänenspezifisches kompetenzorientiertes Analyseraster zu entwickeln, mit dem Lernaufgaben, u.a. auch für die historische Perspektive der Sachunterrichtsdidaktik, überprüft werden können.

Eine Teilstudie der Untersuchung befasste sich explizit mit der kompetenzorientierten Aufgabenanalyse schriftlicher Lernaufgaben zum historischen Lernen im Sachunterricht. Das Kompetenz-Strukturmodell zum historischen Denken der Forschergruppe FUER-Geschichtsbewusstsein und der aktuellen Diskussionsfassung des Perspektivrahmens Sachunterricht der Gesellschaft für Didaktik des Sachunterrichts (GDSU), der in der historischen Perspektive eine klare Orientierung am FUER-Modell aufweist, wurden zur fachdidaktischen Strukturierung verwendet. Beide Kompetenzmodelle unterscheiden vier Kompetenzbereiche, die historische Frage-, Orientierungs-, Sach- und Methodenkompetenz, die von der GDSU als Methoden-/Medienkompetenz bezeichnet wird (vgl. Schreiber et al. 2006; GDSU 2012, 38ff.). Für die historische Methodenkompetenz wurde ein deutlicher Widerspruch durch unsere Studie bereits sichtbar (vgl. Gläser/Becher 2012b): Einerseits wird die historische Methodenkompetenz für das Historische Lernen betont (vgl. GDSU 2012), andererseits zeigte die von uns durchgeführte Analyse von Lernaufgaben, dass historische Methodenkompetenz „in aktuellen Sachunterrichtsschulbüchern nur sehr bedingt vermittelt wird" (Gläser/Becher 2012b, 149).

3   Ergebnisse zur historischen Sachkompetenz

Folgend wird der Fokus auf die Analyse schriftlicher Lernaufgaben zur historischen Sachkompetenz mit ihren beiden Kernkompetenzen, der historischen Begriffs- und der Strukturierungskompetenz gelegt (vgl. Schöner 2007, 265ff.) gelegt. Die zwölf untersuchten Lehrwerke enthalten insgesamt 178 schriftliche Lernaufgaben, die in den Kontext der Initiierung und Förderung der Sachkompetenz eingeordnet werden können. Auf diese wurde deduktiv ein Raster zur Analyse von Aspekten der Förderung historischer Sachkompetenz durch Lernaufgaben angewandt, das in einem iterativen Prozess aus den genannten Kompetenzmodellen historischen Lernens in der Grundschule sowie induktiv aus dem Datenmaterial generiert wurde. Folgende fünf Teilbereiche sind demnach für die historische Sachkompetenz zu unterscheiden: 1. „Fakten und Fiktion", 2. „Fachbegriffe", 3. „Orientierung in der Zeit", 4. „Alterität und Identität" sowie 5. „Dauer und Wandel" (vgl. ibid.; GDSU 2012, 38ff.). Im Folgenden werden einige zentrale Ergebnisse für die letzten beiden Teilbereiche vorgestellt.

Der vierte Teilbereich „Alterität und Identität" beinhaltet zum einen die Auseinandersetzung mit den jeweiligen Rahmenbedingungen historischer Phänomene („Alterität und Identität I") und zum anderen das Nachvollziehen der Fremdheit bei der Beschäftigung mit historischen Personen und Phänomenen („Alterität und Identität II"). Ein Ziel ist somit die Fremdreflexion zu erweitern und die Selbstreflexion zu verändern. In den zwölf untersuchten Lehrwerken, die für die dritte und vierte Jahrgangsstufe in Niedersachsen zugelassen sind, konnten insgesamt 153 Aufgaben zu dem Teilbereich Alterität und Identität analysiert werden. Dabei dominierte „Alterität und Identität I (N = 60 Klasse 3; N= 64 Klasse 4) gegenüber Alterität und Identität II, die nur insgesamt 29 Aufgaben umfasste (N= 16 Klasse 3; N= 13 Klasse 4). Der fünfte Teilbereich „Dauer und Wandel" ist in zweifacher Hinsicht bedeutsam für historisches Denken: Zum einen umschreibt er die grundlegende Einsicht, dass (historische) Phänomene sich verändern (Wandel) bzw. unverändert bleiben können (Dauer) und bindet hierbei auch das Verständnis darüber mit ein, wie diese Veränderungen sich gestalten (Dauer und Wandel I) können. Zum anderen sind die Auswirkungen von Dauer bzw. Wandel für die Vergangenheit bzw. die Gegenwart zu rekonstruieren und ggf. auch auf das eigene Leben zu beziehen (Dauer und Wandel II). In den Lehrwerken konnten 126 Aufgaben zu diesem Teilbereich analysiert werden. Auffällig ist, dass eine große Differenz zwischen den beiden Anforderungen zu dem Teilbereich Dauer und Wandel besteht: Insgesamt 107 Lernaufgaben sollen dazu anleiten, dass und wie sich (historische) Phänomene verändern bzw. nicht verändern (Dauer und Wandel I). Die Auswirkungen werden allerdings nur in 19 Aufgaben behandelt (Dauer und Wandel II).

4 Fazit

Die Analyse der Lehrwerke ergab, dass nicht alle Teilbereiche der historischen Sachkompetenz in ausreichender Weise integriert sind. Lehrende müssen daher Lehrwerke hinsichtlich ihrer Kompetenzorientierung überprüfen können. Das für die Studie entwickelte Untersuchungsinstrument kann zur domänenspezifischen als auch fachlich übergreifenden Analyse und Bewertung von Aufgaben zum historischen Lernens im bzw. für den Sachunterricht verwendet werden. Es ist zudem ein Instrument, um im Sinne einer adaptiven Lehrkompetenz kriteriengeleitet kompetenzorientierte Lernaufgaben zu beurteilen bzw. zu entwickeln.

Lernsettings bzw. Lernaufgaben als Anteile von diesen können somit den Anforderungen der Lernenden gemäß angepasst werden.

Literatur

Blömeke, S./Kaiser, G./Lehmann, R. (Hg.) (2008): TEDS-M 2008: Professionelle Kompetenz und Lerngelegenheiten angehender Primarstufenlehrkräfte im internationalen Vergleich. Berlin: Waxmann

Bohl, T./Kleinknecht, M./Bartzel, A./Richey, P. (2012): Aufgabenkultur in der Schule. Eine vergleichende Analyse von Aufgaben und Lehrerhandeln im Hauptschul-, Realschul- und Gymnasialunterricht. Baltmannsweiler, Schneider.

Georg-Eckert-Institut für Internationale Schulbuchforschung (GEI) (2012): Studien zur Internationalen Schulbuchforschung. Unter: http://www.gei.de/publikationen/studien-zur-internationalen-schulbuchforschung.html [abgerufen am 12.03.2013]

Gesellschaft für Didaktik des Sachunterrichts (GDSU) (2012): Perspektivrahmen Sachunterricht. Diskussionsfassung (Stand 16. Februar 2012).

Gläser, E./Becher, A. (2012a): Kompetenzorientierung im Sachunterricht – eine Studie zu schriftlichen Lernaufgaben. In: Hellmich, F./Förster, S./Hoya, F. (Hg.) (2012): Bedingungen des Lehrens und Lernens in der Grundschule – Bilanz und Perspektiven. Wiesbaden: VS. 233-236.

Gläser, E./Becher, A. (2012b): Kompetenzorientierung im historischen Lernen – Eine Analyse schriftlicher Lernaufgaben in Schulbüchern. In: Giest, H./Heran-Dörr, E./Archie, C. (Hg.) (2012): Lernen und Lehren im Sachunterricht. Zum Verhältnis von Konstruktion und Instruktion. Bad Heilbrunn: Klinkhardt. 143-150.

Helmke, A. (2010): Unterrichtsqualität und Lehrerprofessionalität. Diagnose, Evaluation und Verbesserung des Unterrichts. 4., aktual. Auflage. Seelze: Kallmeyer.

Kiper, H./Schlump, S./Schmit, S./Peters, S. (2010): Ermöglichen Aufgaben in Schulbüchern Lernen? Ausgewählte Ergebnisse fachdidaktischer Analysen aus dem Projekt „Kompetenzerwerb durch Lernaufgaben (KLee)". In: Kiper, H./Meints, W./Peters, S./Schlump, S./Schmit, S. (Hg.): Lernaufgaben und Lernmaterialien im kompetenzorientierten Unterricht. Stuttgart: Kohlhammer. 155-187

Klieme, E./Avenarius, H./Blum, W./Döbrich, P./Gruber, H./Prenzel, M./Reiss, K./Riquarts, K./Rost, J./Tenorth, H.-E./Vollmer, H. (2007): Zur Entwicklung nationaler Bildungsstandards. Bonn, Berlin: BMBF.

KMK (2004): Standards für die Lehrerbildung Bildungswissenschaften (Beschluss der Kultusministerkonferenz vom 16.12.2004). Unter: http://www.kmk.org/fileadmin/veroeffentlichungen_beschluesse/2004/2004_12_16-Standards-Lehrerbildung.pdf [abgerufen am 12.03.2013]

Maier, U./Kleinknecht, M./Metz, K./Schymalia, M./Bohl, T. (2010): Entwicklung und Erprobung eines Kategoriensystems für fächerübergreifende Aufgabenanalyse. Nürnberg: Universität Nürnberg.

Oelkers, J. (2010): Einige Gelingensbedingungen für kompetenzorientierten Unterricht. Wiesbaden: Hessisches Kultusministerium, Institut für Qualitätsentwicklung.

Schöner, A. (2007): Kompetenzbereich Historische Sachkompetenz. In: Körber, A./Schreiber, W./Schöner, A. (Hg.) (2007): Kompetenzen historischen Denkens. Ein Strukturmodell als Beitrag zur Kompetenzorientierung in der Geschichtsdidaktik. Neuried: ars una. 265-314.

Schreiber, W./Körber, A./Borries, B. von/Krammer, R./Leutner-Ramme, S./Mebus, S./Schöner, A./Ziegler, B. (2006): Historisches Denken. Ein Kompetenz-Strukturmodell. 2. Auflage. Neuried: ars una.

Individuelle Lern-Entwicklungs-Analysen im Übergang von der Kita in die Grundschule aus Elternperspektive

Ute Geiling & Katrin Liebers

Vorgestellt werden ausgewählte Befunde einer schriftlichen Befragung, die auf die Einstellungen und Erwartungen der Eltern zum Tätigkeitsfeld der Diagnostik im Übergang gerichtet ist. Die Elternbefragung ist Teil der Evaluationsstudie, die im Rahmen des Forschungsprojekts ILEA T[1] realisiert wird.

1 Forschungsstand

Die Bewältigung des Übergangs, so Griebel und Niesel (2012, 251), „geschieht im günstigen Fall als *kokonstruktiver Prozess*" der beteiligten Akteure. Nicht allein das Kind muss die Herausforderung meistern, vielmehr sind die Kompetenzen der sozialen Systeme und ihre enge Zusammenarbeit, also – idealtypisch – die Zusammenarbeit von Familie, Kita und Grundschule mit Ausrichtung an der Bildungsbiografie des einzelnen Kindes gefragt, um Anschlussfähigkeit der Lernprozesse zu ermöglichen. Nationale und internationale Studien zur Kooperation von Kindergarten, Grundschule und Familie zeigen, dass entsprechende Aktivitäten nur wirksam sind, wenn sie sich auf die gemeinsame Konkretisierung der Curricula *und* auf die Weitergabe von Informationen zur Lernentwicklung der einzelnen Kinder beziehen (Faust 2012, 15 f.). Gerade die institutionsübergreifende Kommunikation zur Lernentwicklung einzelner Kinder scheint allerdings auch problematisch zu sein. So berichten Eckerth, Hanke und Hein (2012, 67), dass Bildungsdokumentationen nur von 38 % der Erzieherinnen der FiS –Stichprobe regelmäßig an die Schule weiter gegeben werden. Die Autorinnen vermuten, dass das im juristischen Sinne notwendige Einverständnis der Eltern die entscheidende Barriere für die Weitergabe darstelle. Die vermutete Barriere wirft die Frage auf, welche Funktionen Eltern den Lernentwicklungsanalysen und -dokumentationen zuschreiben bzw. welche Befürchtungen und Wünsche sie mit der Weitergabe diagnostischer Informationen verbinden.

---

1 Das diesem Artikel zugrundeliegende Vorhaben „ILEA T: Individuelle Lern-Entwicklungs-Analyse im Übergang/Transition – ein verbindendes Instrument zwischen frühpädagogischen Bildungsdokumentationen und individuellen Lernstandsanalysen im Anfangsunterricht" wurde mit Mitteln des Bundesministeriums für Bildung und Forschung und des Europäischen Sozialfonds der Europäischen Union unter dem Förderkennzeichen 01NV1015/1016 gefördert. Die Verantwortung für den Inhalt dieser Veröffentlichung liegt bei den Autorinnen.

2 Zum Kontext der Elternbefragung: Einbettung in das Projekt ILEA T

Das zentrale Ziel des Projekts ILEA T ist auf ein institutionenübergreifendes und transitionsorientiertes Assessment for Learning für den Übergang von der Kita in die Schule gerichtet (Geiling/Liebers/Prengel 2011, 2012). Im Zentrum der Materialentwicklung steht das ILEA T –Handbuch, das Anregungen für gezielte Beobachtungen, Analysen, Dokumentationen und pädagogische Angebote für vier Bereiche (bio-psycho-soziale Gesamtsituation, Themen und Interessen, Literacy, Numeracy) in alltäglichen und inszenierten Spiel- und Lernsituationen in Kita und Schule zur Verfügung stellt. Das Handbuch wird ergänzt durch ein diagnostisches Lesebuch (Heger/Liebers 2012) und ein diagnostisches Würfelspiel (Schubert/Geiling 2011). Die Validierungsstudie für die entwickelten Instrumente ist im Längsschnittdesign angelegt und umfasst mit drei Erhebungszeitpunkten die Zeitspanne vom Beginn des letzten Kindergartenjahres bis zur erfolgten Einschulung der Kinder (Geiling/Liebers/Prengel 2012). Parallel zur Validierung der standardisierten Instrumente werden Akteure (Eltern, ErzieherInnen, LehrerInnen) zur Akzeptanz des diagnostischen Konzepts und zur Praxistauglichkeit des Handbuchs und der standardisierten Instrumente befragt.

3 Elternbefragung

Die Elternbefragung wurde im Zusammenhang mit der 2. Erhebungswelle (03/12 bis 05/12) realisiert. Die Fragebatterien des Elternfragebogens beziehen sich auf die Einschätzung der Bedeutsamkeit von Übergängen, die elterlichen Einstellungen und *Erwartungen an Diagnostik in der Kita und im Übergang, Einstellung und Bereitschaft zur Weitergabe von Informationen von der Kita an die Schule,* die Akzeptanz von ILEA T, familiäre Praktiken in den Bereichen Literacy und Numeracy, Erwartungen an die interinstitutionelle Kooperation, familiäre Aktivitäten zur Vorbereitung der Kinder auf den Übergang sowie auf *Daten zur Abbildung der familiären Situation, des sozialen Indexes* und der Bildungsaspiration.

An dieser Stelle sollen ausgewählte Ergebnisse aus den kursiv gekennzeichneten Themenbereichen rein deskriptiv berichtet werden. Die Stichprobe (N=758) umfasst Eltern aus Sachsen-Anhalt (n=563), Brandenburg (n=127) und der Zentralschweiz (n=68). Insgesamt stehen 426 Fragebögen zur Auswertung zur Verfügung (Rücklaufquote: 56,2 %). 89,4 % der Fragebögen wurden von Müttern ausgefüllt, deren Alter durchschnittlich 36;4 Jahre beträgt (SD=5;6). Der Anteil der Familien mit Migrationshintergrund (ein Elternteil oder beide Elternteile) liegt bei 7,5 %. In 45,8 % der Familien der Stichprobe verfügt mindestens ein Elternteil über die Hochschulreife (Abitur bzw. Matura), Eltern mit geringeren Schulabschlüssen oder keinem Schulabschluss sind deutlich unterrepräsentiert. Bezogen auf die sozialökonomische Stellung der Familie wurde der HISEI-Indexwert (Ehmke/Jude 2010) errechnet. Die Berechnung ergibt für die deutsche Stichprobe 51,7 Punkte. Dieser Wert liegt über dem Durchschnittswert Deutschlands, der mit 48,9 Punkte angegeben wird (ebd. 235).

In Bezug auf den referierten Forschungstand ist die Frage nach der Positionierung der Eltern bezogen auf die Weitergabe von Informationen von der Kita in die Grundschule besonders interessant. Wie oben dargestellt, interpretieren Eckerth, Hanke und Hein (2012, 67) die geringe Häufigkeit der Weitergabe von Bildungsdokumentationen im Zusammenhang mit der Schwierigkeit des Erlangens der elterlichen Einverständniserklärung für diesen Vorgang. Damit steht die Hypothese im Raum, dass Eltern die interinstitutionelle Weitergabe von Informationen über das eigene Kind eher negativ konnotieren und deshalb eine derartige Handlungspraxis auch mehrheitlich ablehnen.

Diese Vermutungen können wir an Hand unserer Daten jedoch nicht bestätigen. Vielmehr schreiben 87,9 % der Befragten der Weitergabe von kindbezogenen Informationen von der Kita in die Grundschule in Bezug auf die Unterstützung kindlicher Lern- und Entwicklungsprozesse eine positive Bedeutung zu. Nach der Zustimmung befragt, befürworten 92,2 % der befragten Eltern explizit auch eine entsprechende Handlungspraxis.

Die Ergebnisse der Elternbefragung dokumentieren insgesamt eine hohe Aufgeschlossenheit bezogen auf Lern- und Entwicklungsanalysen in der Kita. Aus Elternsicht sollten die pädagogischen Fachkräfte der Kita zukünftige Lehrpersonen vor allem über den erreichten Sprachstand (77 % Zustimmung) und den körperlichen Entwicklungsstatus des Kindes (75,4 % Zustimmung) informieren. Rund zwei Drittel der Befragten geben an, dass auch Informationen zur sozialen Entwicklung sowie zu den mathematischen und schriftsprachlichen Kompetenzen des Kindes interinstitutionell kommuniziert werden sollten. Die Weitergabe von Entwicklungsdokumentationen (Portfolio u. ä.) befürworten immerhin 55,8 % der Eltern explizit.

Die Frage „Welche Erwartungen haben Sie an Lern- und Entwicklungsanalysen?" soll einen ersten Zugang zu subjektiv wahrgenommenen Funktionen diagnostischen Handelns in der Kita aus der Elternperspektive eröffnen. Vorgegeben waren Antwortkategorien, die unterschiedliche Funktionszuschreibungen ansprechen (Informationen zur Verfügung stellen, selektive Entscheidungen begründen, pädagogische Angebote begründen, Auswahl der „richtigen" Schule begründen, Ressourcensicherung, Sozialvergleich).

Die Befunde sind eindeutig: Eltern konnotieren Lern- und Entwicklungsanalysen mehrheitlich (fast zu 90 %) im Sinne eines Assessment for Learning (Black/Wiliam 2008) bzw. einer didaktischen Diagnostik (Geiling/Liebers/ Prengel 2011, 2012, Liebers/Geiling/Prengel 2012). Das heißt, diagnostisches Handeln in der Kita wird von den Eltern vor allem dann akzeptiert und positiv bewertet, wenn es zur Bereitstellung passender pädagogischer Angebote für das eigene Kind beiträgt. Eine große Bedeutung wird weiterhin der allgemeinen Informiertheit (77,2 % Zustimmung) beigemessen, während der soziale Vergleich oder die Ressourcenzuweisung nur eine untergeordnete Rolle spielen (3,2 % bzw. 3,5 % Zustimmung).

4 Diskussion

Die in ILEA T eingebettete Elternbefragung verweist auf eine unerwartet hohe Zustimmung zur Weitergabe von Informationen über den Lern- und Entwicklungsstand des Kindes von der Kita an die Grundschule. Diese Akzeptanz ist offensichtlich an ein Verständnis von pädagogischer Diagnostik gebunden, das passfähig ist zu der Philosophie von ILEA T (Geiling/Liebers/Prengel 2011, 2012, Liebers/Geiling/Prengel 2012), wobei über Wirkungszusammenhänge keine Aussagen getroffen werden können. Gleichwohl lassen die Ergebnisse unsere Studie vermuten, dass sich Eltern – bezogen auf den Lern- und Entwicklungsstand ihrer Kinder – gut vororientierte Lehrpersonen wünschen, damit diese das Wissen dann auch pädagogisch nutzen, um allen Kindern einen gelungenen Schulstart (Liebers 2008) zu ermöglichen.

Literatur

Black, P./Wiliam, D. (2008): Inside the Black Box: Raising Standards Through Classroom Assessment. London: King's College London School of Education. Unter: http://ww2.fcoe.org/uploads/cgreenlaw/blackbox.pdf [abgerufen am: 02.12.2011]

Eckerth, M./Hanke, P./Hein, A. K. (2012): Schutzfaktoren zur Unterstützung der Übergangsbewältigung von der Kindertageseinrichtung in die Grundschule – Ergebnisse aus dem FIS-Projekt. In: Pohlmann-Rother, S./Franz, U. (Hg.): Kooperation von Kita und Grundschule. Reihe Praxishilfen. Cronach: Carl Link. 57-71.

Ehmke, T./Jude, N. (2010): Soziale Herkunft und Kompetenzerwerb. In: Klieme, E. u.a. (Hg.): PISA 2009. Bilanz nach einem Jahrzehnt. Münster: Waxmann Verlag. 231-254.

Faust, G. (2012): Zur Bedeutung des Schuleintritts für Kinder – eine wirkungsvolle Kooperation von Kindergarten und Grundschule. In: Pohlmann-Rother, S./Franz, U. (Hg.): Kooperation von Kita und Grundschule. Reihe Praxishilfen. Cronach: Carl Link. 11-22.

Geiling, U./Liebers, K./Prengel, A. (Hg.) (2011): Handbuch ILEA T. Individuelle Lernentwicklungsanalyse im Übergang. Universität Halle-Wittenberg. Unter: http://ilea-t.reha.uni-halle.de [abgerufen am: 10.01.2013]

Geiling, U./Liebers, K./Prengel, A. (2012): ILEA T: Individuelle Lern-Entwicklungs-Analyse im Übergang/Transition – ein Beitrag für einen inklusionsorientierten Übergang von der Kita zur Grundschule? In: Hellmich, F./Förster, S./Hoya, F. (Hg.): Bedingungen des Lehrens und Lernens in der Grundschule – Bilanz und Perspektiven. Wiesbaden: VS-Verlag. 119-122.

Griebel, P./Niesel, R. (2012): Eltern im Prozess des Übergangs von der Kita in die Schule. Anregungen zur Zusammenarbeit von Eltern, Kita und Schule. In: Pohlmann-Rother, S./Franz, U. (Hrsg.): Kooperation von Kita und Grundschule. Reihe Praxishilfen. Cronach: Carl Link. 251-261.

Heger, B./Liebers, K. (2012): Dokumentation und Unterstützung von Bildungsprozessen im Kompetenzbereich Literacy im Übergang vom Kindergarten zur Grundschule. In: Hellmich, F./Förster, S./ Hoya, F. (Hg.): Bedingungen des Lehrens und Lernens in der Grundschule – Bilanz und Perspektiven. Wiesbaden: VS-Verlag. 123-126.

Liebers, K. (2008): Kinder in der flexiblen Schuleingangsphase. Wie gelingt der Schulanfang in der FLEX? Wiesbaden: VS-Verlag für Sozialwissenschaften.

Schubert, S./Geiling, U. (2011): Kinder entdecken die Welt der Zahlen. In: Geiling, U./Liebers, K./Prengel, A. (Hrsg.): Handbuch ILEA T. Individuelle Lernentwicklungsanalyse im Übergang. Universität Halle-Wittenberg. 86-144. Unter: http://ilea-t.reha.uni-halle.de [abgerufen am: 10.01.2013]

Individuelle Förderung und Lernen in der Gemeinschaft als Themen der Schulentwicklung

Heike de Boer

1 Einleitung

„Individuelle Förderung und Lernen in der Gemeinschaft" sind Themen, der sich jede Grundschule stellen muss und die zugleich über die Ebene des Unterrichts in der einzelnen Klasse hinausgehen und konzeptionelle Überlegungen umfassen. Im Rahmen einer Pilotuntersuchung des Koblenzer Netzwerks Campus, Schulen und Studienseminare, kurz „KONECS", wurden Schulleitungen und LehrerInnen 2011 zu ihren Schulentwicklungsprozessen befragt. Eine erste Zwischenbilanz zeigt, dass einerseits die unterrichtliche Arbeit im Umgang mit individueller Förderung und Lernen in der Gemeinschaft ein Netz von flankierenden Maßnahmen auf der Personal- und Organisationsentwicklungsebene erfordert; andererseits entsteht eine Fülle von neuen Aufgaben der internen und externen Kooperation, die räumlich, zeitlich und inhaltlich zu koordinieren sind. In diesem Beitrag wird zunächst das Tagungsthema im Kontext der aktuellen Systemreform und daraus resultierender neuer Steuerungsinstrumente vorgestellt und mündet in drei Thesen zur Schulentwicklung in der Grundschule. Es folgt die Darstellung des methodischen Vorgehens und die Dokumentation eines Fallbeispiels und mündet in ein abschließendes Fazit.

2 „Individuelle Förderung und Lernen in der Gemeinschaft" als Themen der Systemreform

Nach Bekanntwerden des relativ schlechten Abschneidens der deutschen SchülerInnen in der PISA-Studie 2000 entwickelte die Kultusministerkonferenz 2001 unter anderem Maßnahmen zur wirksamen Förderung bildungsbenachteiligter Kinder, zur Weiterentwicklung und Sicherung der Qualität von Unterricht sowie zur Verbesserung der Professionalität der Lehrertätigkeit, insbesondere im Hinblick auf diagnostische und methodische Konsequenzen als Bestandteil systematischer Schulentwicklung. Diese Maßnahmen zogen die Einführung nationaler Bildungsstandards, zentraler Vergleichsarbeiten und länderspezifischer Orientierungsrahmen zur Schulqualität nach sich, genauso wie die Einführung regelmäßiger Schulinspektionen (vgl. Feldhoff 2011, 12). Grundschulen sind heute gefordert, ihren Unterricht an den Bildungsstandards und am länderspezifischen Orientierungsrahmen zur Schulqualität auszurichten, Ergebnisse der Vergleichsarbeiten und Schulinspektionen für Unterrichtsentwicklungsprozesse zu nutzen und im Anschluss einer Schulinspektion Zielvereinbarungen mit der örtlichen Schulbehörde zu treffen.

Aktuelle Schulentwicklungsprozesse sind in diesem Sinne als Teil einer umfassenden Systemreform zu verstehen. Schulentwicklung, als Qualitätsentwicklung der Einzelschule, wird darüber hinaus vor allem durch das Zusammenwirken der Faktoren Personal-, Organisations-, und Unterrichtsentwicklung bestimmt und geht damit deutlich über die Ebene der reinen Unterrichtsgestaltung hinaus (Rolff 2010). Die skizzierten Ansprüche an schulische Entwicklungsarbeit führen zu folgenden Thesen:

- Schulintern wird die Einigung auf Schulentwicklungsschwerpunkte im Kollegium erforderlich, genauso wie die Fähigkeit in Konzeptionen zu denken und diese zu entwickeln; gefordert wird ein Paradigmenwechsel von „Ich und meine Klasse" zu „Wir und unsere Schule",
- Die neuen Aufgaben machen in einem hohen Maße die Rekontextualisierung neuer Verordnungen, Erlasse und Ergebnisse von Vergleichsarbeiten und Schulinspektionen und vielfältige Kooperationen und Anschlusskommunikationen nötig.
- Die Handlungskoordination einer Vielzahl von Akteurskonstellationen wird zur umfassenden Aufgabe und verändert das Aufgabenprofil von Grundschullehrenden.

3   Die Pilotuntersuchung: methodisches Vorgehen

Im Rahmen einer Untersuchung zu Grundschulentwicklungsprozessen in der Region Koblenz wurden insgesamt 40 leitfadengestützte Interviews mit Schulleitungen und LehrerInnen (je 20) an 20 Schulen (acht einzügige, acht zweizügige, drei drei- und eine vierzügige Grundschule) geführt. Es wurden Fragen zu den Standortbedingungen, den Schulentwicklungsschwerpunkten, Erfolgen und Schwierigkeiten sowie der Zusammenarbeit in der Schule gestellt. Die qualitativ-empirische inhaltsanalytische (Mayring 2012) Auswertung erfolgte computergestützt (mit MAXQDA) und wurde zur Sicherstellung der intersubjektiven Validierung in Zweierteams und in zwei Kodierungsdurchgängen durchgeführt. Die im ersten Kodierungsdurchgang deduktiv gewonnenen Kategorien wurden im zweiten Kodierungsdurchgang modifiziert und führten im Rahmen der zunehmenden Abstraktion u. a. zu den zwei Oberkategorien „Organisation" und „Inhalt" (und zahlreichen Unterkategorien, die hier nicht ausgeführt werden können). Erstaunlicherweise ließen sich 73 % der Kodierungen der Oberkategorie Organisation und nur 27% der Oberkategorie Inhalt zuordnen. Wie sich dies erklären lässt wird im Folgenden an einem Fallbeispiel ausgeführt.

4   Das Fallbeispiel Weinbergschule: „Wie werden wir unseren Kindern gerecht?"

Das Fallbeispiel wurde ausgewählt, weil die Auswertung der an der Weinbergschule geführten Interviews einerseits, ähnlich wie an 17 weiteren Schulen einen Schwerpunkt im Bereich der „Organisation" von Schule und Unterricht zeigt; andererseits widmet sich die Weinbergschule, als besonders große Schule mit einer sehr heterogenen Schülerschaft ihr Engagement besonders der Frage: „Wie werden wir unseren Kindern gerecht?" und sucht nach vielfältigen Ansätzen, um die individuelle Förderung und das Lernen in der Gemeinschaft zu ermöglichen. Wie macht sie das? Die vierzügige Weinbergschule ist nicht nur Ganztagsschule, sondern auch Schwerpunktschule und beschäftigt neben 23 Grundschullehrkräften auch drei FörderlehrerInnen und drei SozialpädagogInnen. Da 68 % der Kinder einen Migrationshintergrund haben, gehören zum Kollegium auch drei Muttersprachlehrkräfte, die türkisch, russisch und arabisch unterrichten. Die Lehramtsausbildung läuft an der Schule in Tandems mit LehramtsanwärterInnen für Förderschulen und erfordert die Zusammenarbeit mit der Nachbarförderschule. Um einen fließenden Übergang vom Kindergarten zur Grundschule zu gewährleisten, arbeitet das Kollegium mit sechs Kindergärten zusammen.

Auch für den offenen Ganztag gibt es eine Vielzahl von *externen Kooperationspartnern*, wie die Jugendhilfe, das Theater, Sportvereine, die Feuerwehr, die Musikschule, die Handwerkskammer, die städtische Bibliothek und noch einige mehr. Auch hier werden mit allen Partnern Kooperationsverträge geschlossen Zur Integration von sozial-emotional „auffälligen Kindern" gibt es außerdem die *Zusammenarbeit im „Netzwerk E"* in dem das Jugendamt, die katholische Beratungsstelle, Lehrende der Nachbarförderschule und der Weinbergschule zusammenkommen. Zugleich gibt es eine Vielzahl von Aktivitäten, um die Eltern zu motivieren, sich früh (möglichst vor der Einschulung) für die Schule zu interessieren. Für besonders unterstützungsbedürftige Kinder werden Sponsoren akquiriert, die Lern- und Lesepaten finanzieren und die Kosten für Ausflüge übernehmen.

Die Arbeit im Kollegium ist als multiprofessionelle Teamarbeit organisiert, die wöchentliche Teamsitzungen einschließt. Neben den Teamarbeitsgruppen gibt es weitere thematische Arbeitsgruppen, die an inhaltlichen Fragestellungen gemeinsam arbeiten. So spielt das Thema der internen und externen Kooperation und der interdisziplinären Zusammenarbeit an der Weinbergschule eine besonders große Rolle, dies spiegelt sich auch in der Kodierung der Interviewaussagen wieder. Ausführungen zu Themen, die die Organisation von Schule und Unterricht betreffen und unterrichtlich-inhaltlich ausgerichtete Themen, stehen in einem Verhältnis von 3:1. Zusammenfassend lässt sich feststellen, dass individuelle Förderung und Lernen in der Gemeinschaft für die Weinbergschule bedeutet, systemisch zu agieren durch die

- Zusammenarbeit von Kita und Schule
- Zusammenarbeit in multiprofessionellen Teams
- interdisziplinäre Zusammenarbeit mit externen Kooperationspartnern
- Akquise von Sponsoren
- Bildung von und Zusammenarbeit in Netzwerken
- frühe Beratung von Eltern

5   Fazit

Das intensive Bemühen der Weinbergschule um Fördermöglichkeiten und das gemeinsame Lernen äußert sich in vielfältigen Maßnahmen auf der organisationalen Ebene und erfordert ein hohes Maß an interner und externer Kommunikation und Kooperation, die die Handlungskoordination und –kooperation in verschiedenen Akteurskonstellationen notwendig macht. Dieses Ergebnis spiegelt sich auch in der Auswertung der 39 weiteren Interviews und hinterlässt den Eindruck, dass einerseits Fragen der Organisation in allen untersuchten Grundschulen Einzug gehalten haben, allerdings wenig Bezüge zu inhaltlich-konzeptionellen Überlegungen aufweisen. Wie ist das zu erklären? Die neuen länderspezifischen und bildungspolitischen Steuerungsmaßnahmen erweitern das Aufgabenprofil von Grundschullehrkräften einerseits enorm, besonders hinsichtlich interner und externer Kommunikations- und Kooperationsaufgaben, allerdings ohne dass an anderer Stelle Aufgaben reduziert wurden und ohne dass Schulleitungen und LehrerInnen für Fragen der schulischen Qualitätsentwicklung ausreichend ausgebildet worden sind. Dies provoziert besonders für Grundschulleitungen, die im Vergleich zu anderen Schulformen noch erstaunlich hohe Unterrichtsverpflichtungen haben (vgl. de Boer/Peters 2011, 12; de Boer 2012) die Schwierigkeit den vielfältigen und komplexen Herausforderungen nachzugehen. Zu fragen ist abschließend, welche neuen Arbeitszeitmodelle, welche Ausbildungsmodule zu Fragen der schulischen Qualitätsentwicklung, aber auch welche Unterstützungsangebote für die Entwicklung von Grundschulen notwendig sind, um Schulentwicklungsprozesse systematischer implementieren zu können.

Literatur

de Boer, H. (2012): Qualitätsentwicklung in der Grundschule. In: Košinár, J./Leineweber, S./ Hegemann-Fonger, H./Carle, U. (Hg.): Vielfalt und Anerkennung. Internationale Perspektiven auf die Entwicklung von Grundschule und Kindergarten. Baltmannsweiler: Schneider Hohengehren. 198-209.

de Boer, H./Peters, S. (2011): Grundschule entwickeln – Gestaltungsspielräume nutzen. Frankfurt am Main: Grundschulverband.

Feldhoff, T. (2011): Schule organisieren. Wiesbaden: Springer VS Verlag.

Mayring, Ph.(2012): Qualitative Inhaltsanalyse. In: Flick, U./Kardoff, E. von/Steinke, I. (Hg.): Qualitative Forschung. Ein Handbuch. 9. Auflage. Hamburg: Rowohlt-Taschenbuch-Verlag. 468-475.

Rolff, H.-G. (2010): Schulentwicklung als Trias von Organisations-, Unterrichts- und Personalentwicklung. In: Bohl, T.(Hg.): Handbuch Schulentwicklung. Theorie – Forschungsbefunde – Entwicklungsprozesse – Methodenrepertoire. Bad Heilbrunn: Klinkhardt. 29-37.

Grundschule in der lokalen Bildungslandschaft – Schulentwicklung im kommunalen Setting

Anke Spies

1 Die kommunale/lokale Bildungslandschaft – Verantwortung für Übergänge im Bildungssystem

Das jugend- und bildungspolitische Konzept der „kommunalen Bildungsland-schaft" geht auf den zwölften Kinder- und Jugendbericht (2005) zurück. Seit der Deutsche Städtetag (2007) in der „Aachener Erklärung" die Entwicklung von lokalen *Bildungslandschaften* zum *kommunalen* Anliegen erklärt hat, konzipie-ren immer mehr Kommunen zuvor getrennte Ressorts im Bildungs-, Jugend-, Gesundheits- und Sozialbereich als interinstitutionelle Kooperationen, die nicht länger in ‚Zuständigkeiten', sondern in gemeinsamen *Verantwortlichkeiten* agie-ren sollen. Die fachlichen und professionellen Konsequenzen dieser Struktur-veränderung sind allerdings noch offen. Es ist aber absehbar, dass die Entwick-lung von Bildungslandschaften auch den künftigen Diskurs um Schulentwick-lung in der Grundschule betreffen wird, denn auch die Forderung, SchülerInnen im Regelsystem zu belassen, also das Inklusionsparadigma umzusetzen, ist Teil des Anliegens. Dieser Beitrag wird das Konstrukt der kommunalen Bildungs-landschaft erläutern und exemplarische Herausforderungen und offene Fragen für den Schulentwicklungsdiskurs formulieren.

Der Wunsch, langfristige, wirtschaftlich begründete, kommunalpolitisch gewollte, planvoll kooperativ gestaltete, professionelle Netzwerke zum Thema Bildung zu etablieren, ist einerseits längst Programm und Praxis in der Grund-schule, wenn beispielsweise Schulsozialarbeit (Spies 2013) implementiert wird oder im Zuge von Ganztagsschulkonzepten formelle Bildungsorte und nicht-formelle Bildungsangebote kombiniert werden. Andererseits sind kommunale Jugendhilfeplanung und Schulentwicklung vor neue, *gemeinsame* strukturelle und pädagogische Herausforderungen gestellt: Analog zu Ganztagschuldiskurs und Schulsozialarbeit folgt die Idee der Bildungslandschaft der Einsicht, dass herkunftsbedingte Benachteiligungen hinsichtlich der individuellen Bildungs-chancen über strukturelle Maßnahmen zu entschärfen sind und dem lernenden Subjekt unter Bezug zu seinem Sozialraum förderliche Bedingungen für seine Bildungsbiografie (Bleckmann/Durdel 2009) vorgehalten werden müssen. So möchte man letztlich Fachkräftebedarfe und Wirtschaftsstandorte absichern und gesellschaftlichen Zusammenhalt stärken (Dt. Städtetag 2012). Nach fünf Jahren Strategieerfahrung mit dem bildungspolitischen Leitbild lokalisiert der Deutsche Städtetag (2012) in seiner „Münchner Erklärung" die zentralen Hemmnisse im Entwicklungsprozess in den Strukturen des Schulsystems. Er fordert für Kommunen die Gewährleistung aktiver Mitgestaltung bei der inneren Schulentwicklung und weitgehende Handlungsfreiheit hinsichtlich der Schulorganisation, damit eine verbindliche, thematisch vernetzte und sozialräumlich orientierte Bildungsinfrastruktur in kommunaler Verantwortung aufgebaut werden kann.

2   Kooperative Schulentwicklung im Sozialraum

Wenngleich sich der kommunale Prozess durchaus in Teilen mit Anliegen schulischer Qualitätssicherungsprozesse deckt, die beispielsweise über entsprechende Orientierungsrahmen und Bildungspläne eine systemische Perspektive für die Konzeption von Bildungssettings auf Länderebene befördern (de Boer/Peters 2011), sind für die grundlegenden Strukturveränderungen, die kommunale Bildungslandschaften von Schule verlangt, rechtliche, strukturelle und finanzielle Klärungen nötig, die nicht nur Bildungsmanagement und Bildungsmonitoring[1] betreffen, sondern auch eine veränderte Jugendhilfeplanung erfordern. Derzeit hebt der Städtetag allerdings vor allem den mit den demografischen und soziografischen Entwicklungen einhergehenden Bedarf eines integrierten Schulsystems hervor, dessen qualitative Anforderungen an inhaltliche Ausgestaltung und organisationale Handlungsfreiheit (noch) nicht innerhalb der bestehenden rechtlichen Rahmungen umzusetzen sind. Für Grundschulentwicklung und professionelle Praxisreflexion ergibt sich also weiterer Klärungsbedarf:

Da zur Bildungslandschaft auch die *frühkindliche Bildung* gehört, sind sämtliche Konzepte der Transitionsforschung und –praxis zum Übergang von der Kita/dem Vorschulalter in die Grundschule sowie der entsprechende Jugendhilfekontext in seiner Verantwortlichkeit gemäß SGB VIII betroffen. Neben institutionellen Kooperationspraxen und Übergangsmodellen stehen u.a. auch Professionalisierungsfragen und Planungskonzepte frühkindlicher Bildung zur Debatte (Dt. Städtetag 2012).

An die *inter*institutionell zu verantwortende Transition schließt sich die *Schuleingangsphase* an. Die Bildungslandschaft erfordert, pädagogische und didaktische Settings in Konzeption und Umsetzung ebenso wie unter Forschungsbedingungen sozialökologisch (Bronfenbrenner 1996) und im Sinne der Lebensweltorientierung (Thiersch 2005) zu betrachten: Inwiefern sind Bildungs- und Betreuungsangebote sozialräumlich (Schulsprengel) *abgestimmt* und welche offenen oder verdeckten Segregationseffekte lassen sich finden[2]? – Schließlich soll an deren Stelle ein nachhaltig *förderndes* Bildungssystem aufgebaut

---

1 So untersucht beispielsweise das Nürnberger Promotionskolleg „Bildung als Landschaft" die Verhältnisse von formalen und non-formalen Bildungsorten sowie formellem und informellem Lernen im Kindes- und Jugendalter (http://bildungslandschafterforschen.de).

2 Am Beispiel des komplett am Inklusionsparadigma ausgerichteten isländischen Bildungssystems haben Grundmann/Bittlingmayer/Dravenau/Groh-Samberg (2004) eine Analyse der Bedeutung lebensweltlicher und schulischer Faktoren bei der Reproduktion von Bildungsungleichheit vorgelegt und u. a. belegt, inwiefern *manche* Segregationseffekte *nicht* vom Schulsystem zu verantworten sind.

werden, das ressourcenorientiert *allen* Kindern und Jugendlichen deutlich mehr Annäherung an das Ideal der Chancengleichheit gewährleistet.

Das dafür nötige koordinierte Zusammenspiel aller Beteiligten bringt schul-, sozial- und sonderpädagogische Professionen wesentlich enger als bislang üblich zusammen. Die jeweils praktizierte Kooperation kann pyramidenartig auf einem von vier (nicht immer trennscharfen) Niveaus angesiedelt sein: Gegenseitige Information und Erfahrungsaustausch (z. B. Bedarfserhebung) sind Grundlage jeden weiteren Niveaus, auf die die gegenseitige Abstimmung von Aufgaben und Funktionen als zweite Ebene folgt (z. B. Installation der Angebote am Ort Schule). In Fällen *gegenseitiger* Beratung erreicht Kooperation eine dritte Ebene (z. B. multiprofessionelle Hilfe- und Förderangebote in schulischen Ablauf integrieren), die bei gemeinsamer Entwicklung und Umsetzung eines Konzeptes in ein viertes Niveau übergeht (z. B. grundsätzlicher Verzicht auf Exklusion bei optimaler individueller Förderung). Jeder Übergang in die nächsthöhere Ebene verlangt die erfolgreiche Umsetzung der vorherigen Kooperationsanliegen und steigert die Intensität der Zusammenarbeit (Spies/ Pötter 2011, 32).

Die komplexen Zielvorgaben der Bildungslandschaft streben die anspruchsvollste weil voraussetzungsvolle Kooperationsebene an. Für die Beurteilung und Entwicklung nachhaltiger Konzepte müssen die vorhergehenden Ebenen sowohl chronologisch als auch qualitativ und strukturell hinreichend Berücksichtigung finden. Die Differenzierung der Niveaus hat den Vorteil, dass Kooperationskonzepte als voranschreitende Prozesse verstanden und strukturiert werden können.

3 Konsequenzen für Grundschulforschung und den pädagogischen Alltag in der Elementar- und Primarbildung

Neben Schulformatfragen (Ganztag) fordert die kommunale Bildungslandschaft auch zur erweiterten Auseinandersetzung hinsichtlich des Zusammenspiels von Leistungs*beurteilung*spraxen und deren bildungsbiografischen Konsequenzen an der nächsten Transitionsschwelle (*Schullaufbahnempfehlungen* auf Basis der Leistung in der dritten und vierten Klasse) auf. Die Bildungslandschaft mag hilfreich sein, die interdisziplinäre Perspektive auf die Umsetzung des Inklusionsparadigmas im Blick zu halten und eine an Diversity- und Segregationsabbau orientierte Pädagogik zu entwickeln: Als Leitlinie und strukturelle Rahmung bietet sie die Chance, tragfähige Kontextualisierungen von Konzepten multiprofessioneller Diagnostik und Förderplanung für Grundschulkinder unter dem Verständnis für individuelle und strukturelle Risiken in Bildungsbiografien (z. B. Armut) zu etablieren und Anschlussfähigkeit als Maßstab zu setzen. Dafür sind *ausgleichende* Binnendifferenzierungen und Stabilisierungsmaßnahmen für individuell kritische Phasen (Ricking 2013) zu konzipieren. Es ist absehbar, dass kooperative Schulentwicklung in diesem Sinne ein langfristiger Strategieprozess ist.

Drei weiterführende Fragen scheinen für die derzeitige Prozessphase besonders dringlich zu sein: 1. Welche Steuerungs- und Kooperationsprozesse werden zur interdisziplinären Zusammenarbeit zwischen den Akteuren in unterschiedlichen pädagogischen Handlungsfeldern unter welchen Bedingungen in Gang gesetzt? 2. Wie sind die didaktischen Fragen der Gegenwart mit interdisziplinären Strukturkonzepten zu verknüpfen, die den Anspruch haben, intersektionale Differenzlinien wie beispielsweise Gender, ethnische Zugehörigkeit, soziale Herkunft und Gesundheit/Behinderung hinreichend zu berücksichtigen? 3. Welche pädagogischen und didaktischen Konzepte für Leistungs*förderung* statt segregationsbetonter Beurteilung haben sich stichhaltig bewährt?

Literatur

Bleckmann, P./ Durdel, A. (Hg.) (2009): Lokale Bildungslandschaften. Perspektiven für Ganztagsschulen und Kommunen. Wiesbaden: VS-Verlag.

Bronfenbrenner, U. (1996): Ökologische Sozialisationsforschung. In: Kruse, L./Graumann, C-F./Lantermann, E.-D. (Hg.): Ökologische Psychologie. Ein Handbuch in Schlüsselbegriffen. Studienausgabe. Weinheim: Beltz. 77-79.

Bundesministerium für Familie, Senioren, Frauen und Jugend (BMFSFJ) (Hg.) (2005): Zwölfter Kinder- und Jugendbericht. Unter: http://www.bmfsfj.de/doku/Publikationen/ kjb/data/download/kjb_060228_ak3.pdf [abgerufen am: 10.01.2013]

de Boer, H./Peters, S. (Hg.) (2011): Grundschule entwickeln – Gestaltungsspielräume nutzen. Frankfurt/M.: Grundschulverband.

Dt. Städtetag (Hg.) (2012): Bildung gemeinsam verantworten. Münchner Erklärung. Unter: http://www.staedtetag.de/imperia/md/content/dst/muenchner_erklaerung_2012_final [abgerufen am: 30.12.2012]

Dt. Städtetag (Hg.) (2007): Aachener Erklärung. Unter: http://ec.europa.eu/education/migration/ germany9_de.pdf [abgerufen am: 30.12.2012].

Grundmann, M./Bittlingmayer, U./Dravenau, D./Groh-Samberg, O. (2004): Die Umwandlung von Differenz in Hierarchie? Schule zwischen einfacher Reproduktion und eigenständiger Produktion sozialer Bildungsungleichheit. In: Zeitschrift für Soziologie der Erziehung und Sozialisation. 24. Jg., Heft 2. 124-145.

Ricking, H. (2013): Kooperative Förderung und interdisziplinäre Zusammenarbeit in Zeiten der Inklusion. In: Spies, A. (Hg.): Schulsozialarbeit in der Bildungslandschaft. Möglichkeiten und Grenzen des Reformpotenzials. Wiesbaden: VS-Verlag. 117-136.

Spies, A. (Hg.) (2013): Schulsozialarbeit in der Bildungslandschaft. Möglichkeiten und Grenzen des Reformpotenzials. Wiesbaden: VS-Verlag.

Spies, A./Pötter, N. (2011): Soziale Arbeit an Schulen. Einführung in das Handlungsfeld Schulsozialarbeit. Wiesbaden: VS-Verlag.

Thiersch, H. (2005): Lebensweltorientierte Soziale Arbeit. Aufgaben der Praxis im sozialen Wandel. 6. Auflage. Weinheim und München: Juventa Verlag.

Lernprozessbegleitung als Gestaltungselement der individuellen Förderung

Julia Steinfeld, Ingelore Mammes & Kathrin Racherbäumer

1 Abstract

Vor dem Hintergrund bildungspolitischer Neuerungen im Zuge des Diskurses um Individuelle Förderung, wird aus der erziehungswissenschaftlichen Perspektive vor allem die Bedeutsamkeit und Aktualität der vorhandenen Konzepte und Wirkmechanismen hervorgehoben. So kann das Ziel der individuellen Förderung, die konsequente Berücksichtigung unterschiedlicher Lernvoraussetzungen, durch eine lernbegleitende Diagnostik und Rückmeldung sowie eine adaptive Unterstützung auf der Interaktionsebene ermöglicht werden (Klieme/Warwas 2011). Wie sich diese Gestaltungselemente der Lernprozessbegleitung im Lehrerhandeln des Anfangsunterrichts niederschlagen ist Gegenstand der folgenden Vorstudie und weiterer geplanter Untersuchungen. Nach einer Darstellung des Forschungskontextes zur Lernprozessbegleitung werden erste deskriptive Ergebnisse zur Rückmeldepraxis kurz vorgestellt und diskutiert.

2 Forschungskontext

Aus einer prozessorientierten Perspektive der Lehr-Lernforschung auf die unterrichtlichen Aktivitäten erweist sich die Lernbegleitung als eine zentrale Komponente des Lehrerhandelns (Seidel 2011). In Lernarrangements, die auf selbstregulierte Lernprozesse ausgerichtet sind, hat die Lernbegleitung eine steuernde und anpassende Funktion, das Unterrichtsangebot an die Lernvoraussetzungen der Schüler abzustimmen. Lernbegleitung findet in Unterrichtsphasen der Zielsetzung und -orientierung, der Ausführung der Lernaktivitäten und der Evaluation statt (Bolhuis 2003, Seidel 2011). Entscheidend ist dabei die Adaptivität der Lernbegleitung, die sich positiv auf Lernprozesse auswirkt (van de Pol 2012, Rodgers 2004, Krammer 2009). Auf der Makroebene betrachtet, bezieht sich die Adaptivität auf das langfristig ausgerichtete Lernangebot in Form von Material, Medien, Methode, Inhalt, Sozialform und/oder Lernzeit. Auf der Mikroebene erfolgen die Adaptionen „on-the-fly" – auf der Ebene der Lehrer-Schüler-Interaktionen (Schrader 2012, Krammer 2009, Corno/Snow 1986). Für die Adaptivität und damit für die Qualität des Unterstützungshandelns wird die Diagnostik des Lernstandes als eine grundlegende Bedingung herausgestellt (Klug/Bruder/Keller/Schmitz 2012, Schrader 1989). Einschlägige Ergebnisse stützen die Bedeutung von informellen diagnostischen Strategien, die sich auf der Lehrer-Schüler-Interaktionsebene z.B. in Form von Nachfragen der Lehrperson realisieren (Van de Pol/Volman/Beishuizen 2011, Ruiz-Primo/Furtak

2006). Die daraus resultierende stärkere Beteiligung des Schülers und eine formative Rückmeldung der Lehrperson eröffnen die Möglichkeit zu mehr Transparenz und Einsicht in den Lernprozess für beide Interaktionspartner, sodass das Lernen nachhaltig beeinflusst werden kann. Die Vorzüge der formativen Diagnostik und Rückmeldung – „formative assessment" (z.B. Black/Wiliam 2009, Pryor/Crossouard 2008) – werden im deutschsprachigen Raum noch wenig rezipiert (Prengel/Riegler/Wannack 2009, Maier 2010). Bislang ist die formative Diagnostik überwiegend Gegenstand der Sonderpädagogik (z. B. Kretschmann 2003). Vor dem Hintergrund der Inklusion (Von der Groeben/Kaiser 2011), aber auch des vermehrten Einsatzes von offenen Unterrichtsarrangements im Grundschulunterricht (Hellmich 2010) und der in diesem Kontext nicht selten vernachlässigten adäquaten Überprüfung des Lernstandes (Rabenstein 2010, Lipowsky 2002), sind formative Diagnostik und Rückmeldung als wichtige Bedingungen gelingender Lehr-Lernprozesse besonders relevant. Wie sich die Praxis der Lehrpersonen diesbezüglich im Grundschulbereich realisiert, ist bislang wenig erforscht und wird in der folgenden Teiluntersuchung anvisiert.

3   Fragestellung und Methode

In einer standardisierten Fragebogenerhebung wurden von Januar bis April 2012 135 Lehrerinnen aus NRW, die nach 2006 eine erste Klasse als Klassenlehrerin unterrichtet haben, zu ihrer Unterrichtspraxis im Anfangsunterricht und u.a. zum prozessbegleitenden Lehrerhandeln befragt. Ein Ziel der Erhebung war es, die tatsächliche Umsetzung der Lernprozessbegleitung im Unterrichtsgeschehen des Anfangsunterrichts aus der Lehrersicht zu eruieren. Der hierbei verwendete Fragebogen enthielt u.a. Subskalen zur individuellen Unterstützung in der Schülerarbeitsphase, der kognitiven Aktivierung sowie zum formativen Feedbackverhalten der Lehrperson. Die Items zur Skala des Feedbackverhaltens wurden neu entwickelt (Cronbachs α = .85). Der Skala lag eine sechsstufige Skalierung vor (1 „trifft voll zu", 6 „trifft gar nicht zu"). Insgesamt ist die Reliabilität des Instruments als zufriedenstellend einzuschätzen (Cronbachs $\alpha \leq .70$).

4   Ergebnisse

Im Rahmen dieses Beitrags werden ausgewählte deskriptive Ergebnisse aus dem Bereich der Rückmeldepraxis skizziert. Im Durchschnitt waren die befragten Lehrkräfte 45 Jahre alt, zu 93% weiblich und 38% der Stichprobe unterrichteten jahrgangsübergreifend.
    Zur Erfassung der Rückmeldepraxis wurden die Lehrkräfte gefragt, ob sie Rückmeldungen im Lernprozess geben. Dabei stimmten 68% (kumulierte Prozentangaben: 1"stimme voll zu" und 2 „stimme zu") der Lehrkräfte zu, im Lernprozess fortwährend den jeweiligen Lernstand und Fortschritt an die Schüler zurückzumelden. Gleichzeitig stimmten 18% der Befragten zu, Rückmeldungen erst bei Lernergebnissen mitzuteilen. Inhaltlich ist eine Präferenz erkennbar, wonach stärker das soziale Verhalten der Schüler Gegenstand (87%)

der Rückmeldung ist. Klare Verbesserungsvorschläge (52%) und die Rückmeldung zur Entwicklung der Lernstrategien (43%) werden dagegen weniger thematisiert.

Tabelle 1:   Ausgewählte Items zur Rückmeldepraxis (1 „trifft voll zu", 6 „trifft gar nicht zu")

Items „Ich gebe Rückmeldung"	M	SD
… zum sozialen Verhalten	1,78	0,90
… im Lernprozess	2,24	1,17
… zum Lernfortschritt	2,25	1,04
… zur persönlichen Entwicklung	2,47	1,16
… zu konkreten Verbesserungsvorschlägen	2,58	1,13
… zu Lernstrategien	2,77	1,20
… erst bei Lernergebnissen	3,96	1,44

Der Selbsteinschätzung der Schüler werden weniger Möglichkeiten eingeräumt: Selbsteinschätzung der Stärken (M=2,67; SD=1,11), Schwächen (M=2,85; SD=1,18) und des Lernfortschritts (M=2,95; SD=1,13). Dagegen erweist sich die Rückmeldung an die Eltern mit Informationen über die Stärken (M=1,38; SD=0,80), die Schwächen (M=1,41; SD=0,88) und Unterstützungshinweisen (M=1,37; SD=0,82) als ein fester Bestandteil der Praxis.

Als Grundlage für die Diagnose und Rückmeldung greifen die Lehrkräfte im Sprachunterricht „immer" bis „oft" auf Lernverträge (29%) und Selbsteinschätzungsbögen (22%) zurück. Stärkere Berücksichtigung im Unterricht finden dagegen Beobachtungsbögen (58%), Förderpläne (63%) und Einzelgespräche (80%) mit den Schülern.

5   Fazit und Ausblick

Insgesamt lassen die Aussagen der befragten Lehrpersonen zum Rückmeldeverhalten im Anfangsunterricht eine formative Ausrichtung erkennen, die Partizipation der Schüler an diesem Prozess wird jedoch weniger berücksichtigt. Da es sich um eine Erfassung mittels eines Fragebogens und damit einer Selbstauskunft handelt, ist der formative Aspekt der Diagnostik und Rückmeldung im weiteren Untersuchungsschritt anhand von Videografien stärker zu beleuchten. Hierbei soll das Einzelgespräch, welches eine wichtige Grundlage in der Diagnostikpraxis der Lehrkräfte einnimmt, fokussiert werden, um im Weiteren Implikationen für die Aus-und Weiterbildung abzuleiten.

Literatur

Black, P./Wiliam, D. (2009): Developing the theory of formative assessment. Educational Assessment, Evaluation, and Accountability. 21. Jg., H. 1. 5-31.
Bolhuis, S. (2003): Towards process-oriented teaching for selfdirected lifelong learning: a multidimensional perspective. In: Learnung and Instruction. 13. Jg., H. 3. 327-347.
Corno, L./Snow, R. E. (1986): Adapting Teaching to individual differences among learners. In: Wittrock, M. C. (Hg.): Handbook of Research on Teaching. New York: Mac-Millan. 605-629.
Hellmich, F. (2010): Einführung in den Anfangsunterricht. Stuttgart: Kohlhammer.

Klieme, E./Warwas, J. (2011): Konzepte der Individuellen Förderung. In: Zeitschrift für Pädagogik. 57. Jg., H.6. 805-818.

Klug, J./Bruder, S./Keller, S./Schmitz, B. (2012): Hängen Diagnostische Kompetenz und Beratungskompetenz von Lehrkräften zusammen. In: Psychologische Rundschau. 63. Jg., H. 1. 3-10.

Kobarg, M./Seidel, T. (2007): Prozessorientierte Lernbegleitung – Videoanalysen im Physikunterricht der Sekundarstufe I. In: Unterrichtswissenschaft. 35. Jg., H. 2. 148-168.

Kretschmann, R. (2003): Prozessdiagnose des Lesens und Schreibens in den Schuljahren 1 und 2. In: Eberwein, H./Knauer, S. (Hg.): Handbuch Lernprozesse verstehen. Wege einer neuen (sonder-)pädagogischen Diagnostik. Weinheim und Basel: Beltz Verlag. 265-280.

Krammer, K. (2009): Individuelle Lernunterstützung in Schülerarbeitsphasen. Münster: Waxmann.

Lipowsky, F. (2002): Zur Qualität offener Lernsituationen im Spiegel empirischer Forschung – Auf die Mikroebene kommt es an. In: Drews, U./Wallrabenstein, W. (Hg.): Freiarbeit in der Grundschule: Offener Unterricht in Theorie, Forschung und Praxis. Frankfurt am Main: Arbeitskreis Grundschule. 126-159.

Maier, U. (2010): Formative Assessment – Ein erfolgsversprechendes Konzept zur Reform von Unterricht und Leistungsmessung? In: Zeitschrift für Erziehungswissenschaft, H. 13. 293-308.

Prengel, A./Riegler, S./Wannack, E. (2009): „Formative Assesment" als Re-Impuls für pädagogischdidaktisches Handeln. In: Röhner, C./Henrichwark, C./Hopf, M. (Hg.): Europäisierung der Bildung: Konsequenzen und Herausforderungen für die Grundschulpädagogik. Wiesbaden: VS Verlag. 253-257.

Pryor, J./Croussouard, B. (2008): A socio-cultural theorisation of formative assessment. In: Offord Review of Eduacation. 34. Jg., H.1. 1-20.

Rabenstein, K. (2010): Förderpraktiken im Wochenplanunterricht: Subjektivationsprozesse von Schülern zwischen Selbstständigkeitsanforderungen und Hilfebedürftigkeit. In: Sozialer Sinn, H.1. 53-77.

Rodgers, E. M. (2004): Interactions that scaffold reading performance. In: Journal of literacy research. 36. Jg., H. 4. 501-532.

Ruiz-Primo, M. A./ Furtak, E. M. (2006): Informal formative assessment and scientic inquiry: Exploring teachers' practices and student learning. In: Eduacational Assessment. 11. Jg., H. 3/4. 205-235.

Schrader, F.-W. (1989): Diagnostische Kompetenzen von Lehrern und die Bedeutung für die Gestaltung und Effektivität des Unterrichts. Frankfurt am Main: Peter Lang.

Schrader, F.-W. (2012): Was wissen wir über Diagnostizieren und Fördern durch Lehrer? In: Pädagogik, H. 6. 42-45.

Seidel, T. (2011): Lehrerhandeln im Unterricht. In: Terhart, E./Bennewitz, H./ Rothland, M. (Hg.): Handbuch der Forschung zum Lehrerberuf. Münster: Waxmann. 605–629.

Van de Pol, J./ Volman, M./ Beishuizen, J. (2011): Patterns of contingent teaching in teacher-student interaction. In: Learning and Instruction. 21 Jg., H. 1. 46-57.

Van de Pol, J. (2012): Scaffolding in teacher-student interaction: exploring, measuring, promoting and evaluating scaffolding. University of Amsterdam.

Von der Groeben, A./Kaiser, I. (2011): Individualisierung und Leistungsbewertung. Diagnostizieren und Beraten. In: Pädagogik, H.10. 42-47.

Diagnose und Förderung von Kindern im Rahmen von Wochenplanarbeit im Anfangsunterricht der Grundschule

Melanie Eckerth

1 Relevanz des Themas, theoretischer und empirischer Hintergrund

Befunde verschiedener Studien verweisen auf eine große Heterogenität der Lernvoraussetzungen von Kindern insbesondere zu Schulbeginn (u.a. Hanke/Hein 2008). Es zählt daher zu den zentralen Aufgaben der im Anfangsunterricht der Grundschule tätigen Lehrkräfte, die Fähigkeiten und Bedürfnisse ihrer Schülerinnen und Schüler zu diagnostizieren und individuell zu fördern (u.a. Terhart 2006). Grundlegend für ein pädagogisches Diagnose- und Förderverständnis ist eine ganzheitliche, ökosystemische, kompetenzorientierte Betrachtung der Lern- und Entwicklungsprozesse aller Kinder. Im Bereich der Diagnose ist es hierbei zentral, neben dem Lernstand, vor allem auch die Entwicklung von Kindern in den Blick zu nehmen. Hierbei sind nicht nur die Lernergebnisse, sondern auch die Denkwege, Strategien etc. zu berücksichtigen und vielfältige Formen der Diagnose zu kombinieren, z. B. Beobachtungen, Gespräche, die Analyse von Arbeitsprodukten sowie der Einsatz von Diagnoseverfahren (u.a. Ingenkamp/Lissmann 2006). Im Sinne eines förderdiagnostischen Verständnisses wird eine Diagnose wiederum als Grundlage für die Realisierung einer individuellen Förderung angesehen. Eine Kombination vielfältiger Formen der Förderung ist dabei von Bedeutung (u.a. Kunze 2010). Vonseiten der Lehrkraft ist auf einer prozessualen Ebene des Unterrichts z. B. die Umsetzung von Hilfestellungen oder Fördereinheiten denkbar. Auf methodisch-organisatorischer Ebene sind u.a. die fachdidaktische Gestaltung sowie eine Differenzierung des Unterrichts und der Einsatz bestimmter Unterrichtsformen zu nennen. Aus theoretischer Sicht werden die Potenziale geöffneter Unterrichtsformen, wie der Wochenplanarbeit, für die Gestaltung einer anschlussfähigen Lernumgebung hervorgehoben (u.a. Hanke 2007). Bezogen auf die Frage, inwiefern diese von Lehrkräften im Alltag realisiert werden, besteht allerdings Forschungsbedarf.

2 Untersuchungsdesign

Daher ist es Ziel einer Teilstudie des Promotionsprojektes der Autorin, welches in das FiS-Projekt integriert ist, die Diagnose- und Förderpraxis von im Anfangsunterricht tätigen Lehrkräften im Rahmen von Wochenplanarbeit näher in den Blick zu nehmen. Hierzu wurde zunächst in einer quantitativ angelegten Vorstudie mittels Fragebogen erfasst, in welchen Lerngruppen der FiS-Stichprobe ($N=49$) zum Zeitpunkt der Erhebung (Ende des 1. Schuljahres der

Projektkinder) mit Wochenplänen gearbeitet wurde (N=20). In acht Lerngruppen konnte Mitte des 2. Schuljahres eine qualitativ ausgerichtete Hauptstudie durchgeführt werden. In deren Mittelpunkt standen leitfadengestützte, problemzentrierte Interviews, die mit den Klassenlehrerinnen der Lerngruppen durchgeführt und mittels qualitativer Inhaltsananalyse ausgewertet wurden (inhaltliche Strukturierung; Mayring 2010). Im Beitrag werden ausgewählte Befunde zu der Frage berichtet, wie die teilnehmenden Lehrerinnen Wochenplanarbeit zur Diagnose und Förderung von Kindern nutzen. Diesbezüglich wird in den Blick genommen, was im *Fokus ihrer Diagnose* bzw. *Förderung* steht, welche *Formen der Diagnose* und *Förderung* im Rahmen ihrer Wochenplanarbeit zum Einsatz kommen und inwiefern sich in ihren Aussagen ein *förderdiagnostisches Handeln* widerspiegelt (für ausführliche Befunde der Studie vgl. Eckerth i.V.).

3   Untersuchungsergebnisse

Bezogen auf die *Diagnosepraxis* der acht befragten Lehrerinnen (L.) deuten die Ergebnisse der Interviewauswertung darauf hin, dass für sie vor allem die Analyse der Arbeitsprodukte der Kinder, die während der Wochenplanarbeit entstanden sind, als *Form der Diagnose* von Relevanz zu sein scheint (acht L.). Im Sinne einer Kombination vielfältiger Formen der Diagnose (vgl. 1.) berichten die Lehrerinnen ergänzend beispielsweise davon, gezielte Beobachtungen (drei L.) oder Gespräche mit Kindern während der Arbeitsphase durchzuführen (drei L.). Gezielte Diagnoseverfahren bzw. -aufgaben werden hingegen nur von einer Lehrerin in die Wochenplanarbeit integriert. Im *Fokus der Diagnose* der Lehrerinnen stehen die lernbereichsspezifischen, aber auch die arbeitsorganisatorischen Fähigkeiten der Kinder (sechs L.). Die Mehrheit der Lehrerinnen (fünf L.) weist ebenso explizit darauf hin, dass für sie das von den Kindern im Rahmen ihrer Wochenplanarbeit absolvierte Arbeitspensum von Interesse ist. Dies gibt erste Hinweise darauf, dass möglicherweise auch auf Seiten von Lehrkräften die Gefahr eines „Primats der Planerfüllung" bestehen könnte, so wie es von Huf und Breidenstein bereits für das Arbeitsverhalten von Schülerinnen und Schülern herausgearbeitet wurde (Huf/Breidenstein 2009). Entsprechendes wäre in weiterführenden Untersuchungen näher in den Blick zu nehmen. Viele der an der vorliegenden Studie beteiligten Lehrerinnen berichten allerdings auch davon, dass sie nicht nur produktbezogen schauen, wie viel die Kinder geschafft haben. Sie berücksichtigen vielmehr prozessbezogen ebenso, was ggf. dazu geführt haben könnte, dass sie ein Aufgabenpensum bewältigt oder nicht bewältigt haben, z. B. was die sozial-emotionalen Voraussetzungen der Kinder oder auch die Anschlussfähigkeit der Lernumgebung betrifft. Einige Lehrerinnen berichten darüber hinaus davon, Wochenplanarbeit zu nutzen, um etwas über die selbstreflexiven Fähigkeiten der Kinder (vier L.) oder auch ihre Interessen (zwei L.) zu erfahren. Hierzu wird häufig eine Form von Lerntagebucharbeit in die Wochenplanarbeit integriert (sieben L.). Die Aussagen vieler Lehrerinnen deuten somit auf eine ganzheitliche bzw. mehrperspektivische Betrachtung der Kinder hin, so wie es einer pädagogischen Auffassung entspricht (vgl. 1.). Entsprechend eines *förderdiagnostischen Verständnisses* (vgl. 1.), nutzen wiederum alle befragten Lehrerinnen ihre im Diagnoseprozess gewonnenen Einsichten nach eigener Auskunft dazu, die Wochenplanarbeit an die Lernvoraussetzungen, Bedürfnisse und Fähigkeiten der Kinder ihrer Lerngruppe anzupassen, z. B. durch eine individuelle Unterstützung der Kinder oder auch durch die Aufgabenauswahl bzw. Differenzierung der Wochenpläne.

Bezogen auf eine innere Differenzierung der Wochenplanarbeit, als eine *Form der Förderung,* lässt sich feststellen, dass in sechs der acht Lerngruppen individualisierte Wochenpläne für das einzelne Kind erstellt werden. In diesen Lerngruppen sind mehrere pädagogische Fachkräfte in einem Team tätig, sodass zumindest ein Teil des Unterrichts in Doppel- bzw. Mehrfachbesetzung stattfinden und die Erstellung und Betreuung der individualisierten Wochenpläne arbeitsteilig organisiert werden kann. In den beiden anderen Lerngruppen ist dies nicht möglich. Hier werden von den Lehrerinnen differenzierte Wochenpläne für Gruppen von Kindern erstellt. In der Lerngruppe von Frau A. geschieht dies nach einem „Dreierprinzip" (Frau A., Absatz 194 im Interviewtranskript), in der jahrgangsgemischten Lerngruppe (1-4) von Frau M. auf folgende Weise:

„Das ist also, die Pläne sind im Prinzip für die Jahrgangsgruppen identisch. Und, ehm, es ist auch so, eine Zeit lang hatte ich damit etwas ein schlechtes Gewissen, in Hinblick auf Differenzierung." (Frau M., Absatz 51 im Interviewtranskript)

Ähnliche Bedenken äußert auch Frau A. Diskrepanzen zwischen den Idealvorstellungen der Lehrerinnen und den Realisierungsmöglichkeiten werden auf diese Weise deutlich. Dies macht auf denkbare Belastungsfaktoren von Lehrkräften im Kontext von Förderung aufmerksam. In den an der Studie beteiligten Lerngruppen ist insgesamt aber eine relativ ausgeprägte Differenzierung der Wochenpläne festzustellen. So wird in fast allen Lerngruppen eine quantitative (sieben L.), häufig auch eine qualitative Differenzierung (fünf L.) der Wochenpläne vorgenommen. Aufgaben im Sinne einer natürlichen Differenzierung, wie freie Lese- und Schreibanlässe, zählen ebenfalls zu typischen Wochenplanaufgaben in den Lerngruppen (sieben L.). Zudem können die Kinder im Sinne einer methodisch-organisatorischen Öffnung zumeist z. B. über die Reihenfolge der Aufgabenbearbeitung bestimmen. Ebenso sind in allen Lerngruppen zwar Pflichtaufgaben in den Wochenplänen enthalten, ergänzt werden diese allerdings durch Wahlaufgaben (sieben L.) oder Wahlpflichtaufgaben (fünf L.), sodass auch eine inhaltliche Mitbestimmung durch die Kinder möglich wird. In vier Lerngruppen wird diesbezüglich der Grad der Öffnung variiert.

„Ich kann es ganz frei lassen oder ich kann den Inhalt vorgeben, aber den Umfang freilassen. [...] Ich kann es komplett vorgeben. So kann ich ja auch jedem Kind gerecht werden und es immer mehr auch in die Freiheit entlassen." (Frau Ka., Absatz 117)

Bezogen auf eine prozessuale Ebene der Förderung berichten alle Lehrerinnen davon, dass sie Kinder während der Arbeitsphase individuell unterstützen. Zudem zählen in allen Lerngruppen Unterrichtsgespräche mit der gesamten Lerngruppe zu festen Bestandteilen der Wochenplanarbeit, z. B. in Form von Reflexionsphasen. Fünf Lehrerinnen berichten darüber hinaus davon, dass sie während der Wochenplanarbeitsphase gezielt geplante Fördereinheiten mit kleineren Gruppen von Kindern durchführen. Als vorteilhaft für die Umsetzung dieser Form der Förderung, wird von ihnen u.a. das selbstständige Arbeiten der anderen Kinder, aber auch eine Doppelbesetzung des Unterrichts angesehen.

Im Sinne eines ganzheitlichen Ansatzes stehen für alle acht befragten Lehrerinnen sowohl die arbeitsorganisatorischen und selbstreflexiven als auch die lernbereichsspezifischen Fähigkeiten der Kinder im *Fokus der Förderung*. Diesbezüglich wird Wochenplanarbeit von vielen (sechs L.) als eine Möglichkeit angesehen, zentrale Lerninhalte zu gewährleisten. In sozial-emotionaler Hinsicht ist für einige Lehrerinnen beispielsweise die Förderung des persönlichen Wohlbefindens der Kinder (drei L.) sowie die Unterstützung der Entwicklung einer Atmosphäre der Akzeptanz von Verschiedenheit zentral (zwei L.).

Insgesamt lässt sich feststellen, dass sich in der von den Lehrerinnen berichteten Diagnose- und Förderpraxis vielfältige Merkmale eines pädagogischen Verständnisses widerspiegeln. Dies gibt erste Hinweise darauf, dass die aus theoretischer Sicht gesehenen Potenziale von Wochenplanarbeit durchaus in der Unterrichtspraxis Umsetzung finden, was in Zukunft weiter zu überprüfen wäre.

Literatur

Eckerth, M. (i.V.): Formen der Diagnose und Förderung von pädagogischen Fachkräften in der Grundschule. Eine mehrperspektivische Analyse der Diagnose- und Förderpraxis im schriftsprachlichen Anfangsunterricht. Bislang unveröffentlichte Inauguraldissertation zur Erlangung des Doktorgrades der Humanwissenschaftlichen Fakultät der Universität zu Köln.

Hanke, P. (2007): Anfangsunterricht. Leben und Lernen in der Schuleingangsphase. 2., erweiterte Auflage. Weinheim/Basel: Beltz Verlag.

Hanke, P./Hein, A. K. (2008): Heterogenität im Übergang in die Grundschule. In: Ramseger, J./Wagener, M. (Hg.): Chancenungleichheit in der Grundschule. Ursachen und Wege aus der Krise. Jahrbuch Grundschulforschung, Bd. 12. Wiesbaden: VS Verlag für Sozialwissenschaften. 287-290.

Huf, Ch./Breidenstein, G. (2009): Schülerinnen und Schüler bei der Wochenplanarbeit. Beobachtungen zur Eigenlogik der <Planerfüllung>. In: Pädagogik. 58 Jg., H. 4. 20-23.

Ingenkamp, K./Lissmann, U. (2008): Lehrbuch der Pädagogischen Diagnostik. 6., neu ausgestattete Auflage. Weinheim/Basel: Beltz Verlag.

Kunze, I. (2010): Begründungen und Problembereiche individueller Förderung in der Schule – Vorüberlegungen zu einer empirischen Untersuchung. In: Kunze, I./Solzbacher, C. (Hg.): Individuelle Förderung in der Sekundarstufe I und II. 3., unveränderte Auflage. Baltmannsweiler: Schneider Verlag Hohengehren. 13-26.

Mayring, Ph. (2010): Qualitative Inhaltsanalyse. Grundlagen und Techniken. 11., aktualisierte und überarbeitete Auflage. Weinheim/Basel: Beltz Verlag.

Terhart, E. (2006): Kompetenzen von Grundschullehrerinnen und -lehrern: Kontext, Entwicklung, Beurteilung. In: Hanke, P. (Hg.): Grundschule in Entwicklung. Herausforderungen und Perspektiven für die Grundschule heute. Münster: Waxmann Verlag. 232-248.

Lernentwicklungsgespräche – Gespräche über individuelle Lernprozesse?

Marina Bonanati

Mit dem Ziel individuelle und selbstbestimmte Lernprozesse zu fördern, sind Gespräche über das Lernen zum Bestandteil schulischer Praxis geworden. Den Gegenstand des vorliegenden Promotionsvorhabens bilden strukturell verankerte Lernentwicklungsgespräche (LEG) zwischen einer Schülerin oder einem Schüler, einer sorgeberechtigten Person und der Klassenlehrerin. Zentrale Gesprächsinhalte sind die Lernentwicklung sowie die Lernziele des Kindes. Unter der leitenden Fragestellung „Was passiert im Lernentwicklungsgespräch?" soll die Gesprächspraxis dieses schulischen Gesprächs näher bestimmt werden.

Zunächst erfolgt eine Klärung, welche theoretischen Bezüge für die Untersuchung relevant sind und welches methodische Vorgehen sich hieraus ergibt. Ein kurzer Gesprächsausschnitt soll anschließend einen Eindruck vermitteln, wie die Beteiligten im gewählten Gespräch interagieren und wie die Beurteilung individueller Lernprozesse im LEG ko-konstruiert wird.

1 Forschungsgegenstand Lernentwicklungsgespräch

LEG sind eine spezifische Gesprächsform schulisch institutioneller Interaktion. Aus unterschiedlichen Perspektiven wird seit Jahrzehnten insbesondere die Interaktion zwischen Lehrern und Schülern beforscht (vgl. z.B. Lüders 2011). Für die Untersuchung sind insbesondere Studien relevant, die sich der schulischen Ordnung aus der kindlichen Perspektive nähern und diese als kompetente soziale Akteure und Konstrukteure ihrer Welt verstehen (z.B. de Boer 2006). Analysen schulischer Interaktion zeigen wie sich die generationale Ordnung als Machtverhältnis Erwachsener gegenüber Kindern konstituiert und damit deren Autonomie einschränkt (de Boer/Deckert-Peaceman 2009, 320f).

Die Verankerung von LEG im Hamburger Bildungsplan und in der Ausbildungs- und Prüfungsordnung verweist auf den partizipativen Ansatz, Kinder und Eltern in der Lernprozessplanung und -beurteilung zu beteiligen. De Boer (2008b, 293ff) macht deutlich, dass die Institutionalisierung demokratischer Gremien nicht per se zu demokratischen Prozessen und Partizipation führt und der schulische Handlungsrahmen immer präsent bleibt. Die Rekonstruktion von Gesprächen im Klassenrat zeigen, dass es ein geteiltes Wissen über schulische Verhaltensnormen gibt, das zum Schutz der eigenen Person und für die Pflege

des Images[1] genutzt wird (vgl. de Boer 2008a; de Boer/Deckert-Peaceman 2009, 320f.).
Geteiltes Wissen ist auch für die Art und Weise, wie Lernprozesse im Gespräch thematisiert werden, relevant. Helga Kotthoff (2012) stellt bei der Analyse von Elternsprechtagen fest, dass diese zwar im Bezug auf ein Schulkind abgehalten werden, hier jedoch „[…] Lehrer und Eltern ihre eigenen Leistungen und ihre Ressourcen auf- und vorführen und ihre Perspektiven abgleichen" (Kotthoff 2012, 3). Entsprechend eines Verständnisses von Interaktion als sozialem Prozess der kollektiven Bedeutungsgenese (vgl. Krummheuer/Brandt 2001, 14f) zeigen sich die Gesprächsteilnehmer ihre Situationsdeutungen wechselseitig an und ko-produzieren so die reale Ordnung der sozialen Situation.

Aus den vorgestellten Perspektiven resultiert für die Erforschung und das Verstehen schulischer Interaktion (im LEG) die Verwendung eines empirisch-rekonstruktiven Verfahrens.

2 Methodisches Vorgehen

Das empirische Material wird an zwei Hamburger Grundschulen erhoben. Es handelt sich um insgesamt 40 Audioaufnahmen natürlicher Gespräche. Die Transkription erfolgt in Anlehnung an das „Gesprächsanalytische Transkriptionsystem 2" (Selting et al. 2009) und wird durch Informationen aus teilnehmenden Beobachtungen der Forscherin ergänzt. Für die Analyse der Daten wird vor allem auf das gesprächsanalytische Inventar nach Deppermann (vgl. Deppermann 2008) zurückgegriffen und es erfolgt eine Orientierung an Interaktionsanalysen, welche die Rekonstruktion von Aushandlungs-prozessen und der thematischen Entwicklung schulischer Interaktions-prozesse fokussiert (vgl. Krummheuer 2012). Zunächst erfolgt eine Erstellung von Gesprächsinventaren. Die Paraphrasierung der Inhalte erlaubt einen makroskopischen Blick auf die Struktur der Gespräche und hilft interaktional dichte und für die Fragestellung relevante Sequenzen zu identifizieren. Ziel der weiterführenden mikroskopischen Analyse ist die Rekonstruktion von Gesprächspraktiken der spezifischen schulisch institutionellen Gesprächsform LEG.

3 Exemplarische Interpretation einer Gesprächssequenz

Die ausgewählte Sequenz stammt aus einer frühen Gesprächsphase, in der drei Teilnehmer jeweils aus ihrer Perspektive berichten, was dem Kind gut gelungen sei. Dem folgenden Wortwechsel voran geht die Antwort der Schülerin Emma[2] auf die Frage der Lehrerin „Was hat gut geklappt im letzten Halbjahr?". Die Reaktion des Kindes scheint der Lehrerin zu knapp auszufallen, worauf sie das

---

1 In Anlehnung an Goffmann versteht de Boer (2008a, 134) „Image", als positiven Zielpunkt einer Verhaltensstrategie, „[…] mit dem eine einzelne Person in einer bestimmten Interaktion ein mit anerkannten Eigenschaften einhergehendes Selbstbild zu zeigen versucht.
2 Um ihre Anonymität zu wahren, wurde der Name des Kindes durch das Synonym Emma ersetzt.

Verbalisieren ihrer Fähigkeiten als Entwicklungsbereich für Emma (LEG_Emma_20120131[3]) benennt, bevor sie dem Vater das Wort gibt.

48	Lehrerin	aber vielleicht fällt dem Papa ja was ein;°hh ((sieht zum Vater))
50	Vater	ich bin völlig zufrieden; ((einsilbiger Lacher))
51	Lehrerin	((lacht)) mit was denn? °h ((blickt ihn lächelnd an))

Zuvor noch Emma adressierend, spricht die Lehrerin diesen mit „Papa" an. Ihre Formulierung markiert das „Zwischen", in welchem sich das Gespräch hier befindet: Bezogen auf die Themenentwicklung vollzieht sich ein Übergang von einer Phase in die nächste, in welcher jeweils die Eltern ihren Eindruck mitteilen sollen. Im Unterschied zu Gesprächsformen, in denen das Kind nicht anwesend ist, muss die Moderatorin hier den Wechsel ihrer Adressaten organisieren. Das Gespräch bewegt sich außerdem zwischen den Bezugskontexten Familie und Schule. Die Lehrerin bedient sich sprachlich eines Begriffs aus dem familiären Kontext und kennzeichnet damit die Beziehung ihrer Gesprächspartner. Inhaltlich folgt ihre Aufforderung einer schulischen Logik: Stellvertretend für Emma soll der Vater sagen, was sie gut gemacht hat. Dieser ist völlig zufrieden. Die kurze Antwort gepaart mit dem einsilbigen Lachen zeigen, dass ihm das Setting fremd und herausfordernd erscheint. Die spontane Antwort entspringt seiner alltäglich Wahrnehmung Emmas, muss im Kontext LEG jedoch ausdifferenziert werden. Die Lehrerin fragt nach, mit was er denn zufrieden sei. Im Wortwechsel zwischen der Lehrerin und Emmas Vater findet sich eine komplexe Variante des aus Unterrichtskommunikation bekannten I-R-F Musters[4]. Das Feedback der Lehrerin auf die von ihr initiierte Äußerung wird ersetzt durch eine Aufforderung zur Explikation. Es ist zu erwarten, dass auch die folgenden Reaktionen des Vaters von der Lehrerin evaluiert werden. Entsprechend ist der Vater darum bemüht der Situation gerecht zu werden. Die anschließende ko-konstruierte Bewertung Emmas entspricht schulischen Kategorien und wird von der Lehrerin mit Zustimmung versehen.

4   Resümee der exemplarischen Interpretation

Der Vater befindet sich in einer exponierten Situation, in der er um ein positives Image bemüht ist und in der die Rahmung der Situation LEG ausgelotet werden muss[5]: Seine Einschätzung Emmas findet nicht im informellen familiären Rahmen statt, sondern wird an schulischen Maßstäben gemessen. Er inszeniert sich als Lernbegleiter, dem die schulischen Erwartungen bekannt sind. Emma stellt er als Schülerin dar, die diese erfüllt und zeigt ihr gleichzeitig, dass er sie als

---

3 Für hörbares Einatmen wurde entsprechend der Dauer °h oder °hh notiert. In der Doppelklammer stehen nonverbale Äußerungen.
4 Eine Darstellung des vielfach zitierten „Initiation-Evaluaton-Replay"- Musters findet sich u.a. bei Lüders (2011).
5 Rahmen als Definition einer Situation: Werden Erfahrungen aus anderen Interaktionsrahmen in einen schulisch-institutionellen Kontext gebracht, müssen die Beteiligten mit einer Rahmendifferenz umgehen. De Boer (2008) zeigt einen strategischen Umgang der Kinder mit der wahrgenommenen Differenz am Beispiel der Rekonstruktion von Konflikten im Klassenrat.

Tochter wahrnimmt und schätzt. Der mikroanalytische Blick der vorliegenden
Analyse verdeutlicht, wie dies herbeigeführt wird: Die Teilnehmer reproduzieren ein unterrichtstypisches Interaktionsmuster, welches ein asymmetrisch
geprägtes Verhältnis der Gesprächsteilnehmer verfestigt. Dieses Verhältnis charakterisiert auch die ko-produzierte Darstellung der Lernentwicklung des Kindes, welche sich an schulische Normen und Bewertungskategorien orientiert.

5   Ausblick

Die interpretierte Sequenz zeigt exemplarisch wie eine Bühne konstruiert wird,
auf welcher der Lernprozess einer Schülerin verhandelt wird, wobei der Rahmen
klar von der Lehrerin abgesteckt wird. Weiterführend ist zu verfolgen, ob dieser
„Unterrichtscharakter" in den Gesprächen konsistent ist und wann das asymmet-
rische Verhältnis aufgebrochen wird. Ein besonderer Fokus wird auf Darstel-
lungspraktiken liegen, welche sich auf die Lernprozesse der Schüler beziehen
und darauf, inwieweit deren Impulse für die Produktion eines gemeinsamen
Verständnisses aufgegriffen werden.

Literatur

de Boer, H. (2008a): Der Klassenrat im Spannungsfeld schulischer Autorität und Handlungsautono-
mie. In: Breidenstein, G./Schütze, F. (Hg.): Paradoxien in der Reform der Schule. Ergebnisse
qualitativer Sozialforschung. Wiesbaden: VS Verlag für Sozialwissenschaften.
de Boer, H. (2008b): Wider die Instrumentalisierung interindividueller Konflikte für Prozesse des
Demokratielernens im Sachunterricht. In: Giest, H./Wiesemann, J. (Hg.): Kind und Wissenschaft. Welches Wissenschaftsverständnis hat der Sachunterricht? Bad Heilbrunn: Klinkhardt.
291–300.
de Boer, H./Deckert-Peaceman, H. (2009): Schulische Ordnung und Peerkultur. In: de Boer, H./
Deckert-Peaceman, H. (Hg.): Kinder in der Schule. Zwischen Gleichaltrigenkultur und schulischer Ordnung. Wiesbaden: VS Verlag für Sozialwissenschaften. 319-328.
Deppermann, A. (2008): Gespräche analysieren. Eine Einführung. 4. Auflage. Wiesbaden: VS Verlag
für Sozialwissenschaften.
Krummheuer, G./ Brandt, B. (2001): Paraphrase und Traduktion. Partizipationstheoretische Elemen-
te einer Interaktionstheorie des Mathematiklernens in der Grundschule. Weinheim, Basel:
Beltz.
Krummheuer, Götz (2012): Interaktionsanalyse. In: Heinzel, F. (Hg.): Methoden der Kindheitsfor-
schung. Ein Überblick über Forschungszugänge zur kindlichen Perspektive. Rev.
Ausg.,Weinheim, Bergstraße: Juventa. 234-247.
Kotthoff, H. (2012): „(Un)common ground" zwischen Lehrer(inne)n und Eltern in schulischen
Sprechstunden. Kulturelles Zusammenspiel in interinstitutionellen Gesprächen. (Freiburger
Arbeitspapiere zur germanistischen Linguistik (FRAGL)). Unter: http://portal.uni-freiburg.de/
sdd/fragl/kotthoff2012.2 [abgerufen am: 02.01.2013]
Lüders, M. (2011): Forschung zur Lehrer-Schüler-Interaktion/ Unterrichtskommunikation. In:
Terhart, E./ Bennewitz, H./ Rothland, M. (Hg.): Handbuch der Forschung zum Lehrerberuf.
Münster: Waxmann. 644–666.
Selting, M./Auer, P./ Barth-Weingarten, D./ Bergmann, J./Bergmann, P./ Birkner, K. et al. (2009):
Gesprächsanalytisches Transkriptionssystem 2 (GAT 2). (Gesprächsforschung – Online-
Zeitschrift zur verbalen Interaktion, 10). Unter: http://www.gespraechsforschung-ozs.de/
heft2009/px-gat2.pdf [abgerufen am 15.03.2013]

Frühe Förderung eines entwicklungsorientierten Schriftspracherwerbs – aktueller Forschungsstand, Forschungsfragen und Design der Studie

Susanne Geyer

In diesem Beitrag sollen zentrale Facetten der aktuellen BMBF-Längsschnittstudie „Förderung eines entwicklungsorientierten Schriftspracherwerbs im Kindergarten" dargestellt werden. Der Schwerpunkt des Beitrags liegt darauf, Befunde zu frühen Schriftsprachkompetenzen überblickshaft zusammenzufassen, Forschungsfragen herauszuarbeiten und das Interventionskonzept der Studie vorzustellen. Der Fokus liegt dabei auf den Erkenntnissen zu Entwicklungen im letzten Kindergartenjahr.

1 Stand der Forschung

1.1 Phonologische Bewusstheit und Buchstabe-Laut-Zusammenhang

Phonologische Bewusstheit als Fähigkeit, von der inhaltlichen auf die lautliche Ebene der Sprache zu wechseln, wurde in den letzten zwanzig Jahren international als zentrale auditive Verarbeitungskompetenz für einen gelingenden Schriftspracherwerb in der Grundschule identifiziert. Für vorschulische Trainingsmaßnahmen der Phonologischen Bewusstheit zeichneten sich dabei höhere Effekte ab als für Trainingsmaßnahmen mit Grundschulkindern (vgl. von Bus und van Ijzendoorn, 1991). Wurden Buchstaben in das Training einbezogen, so ergaben sich zudem fast doppelt so starke Effekte beim Transfer auf Lese- und Schreibleistungen (vgl. Metaanalyse von Ehri, 2001; Walter, 2002). Im deutschen Sprachraum wurde in den Würzburger Längsschnittstudien insbesondere für Kinder mit niedrigen metaphonologischen Kompetenzen Evidenz für ein vorschulisches Trainingsprogramm geliefert (Schneider, Roth & Ennemoser, 2000). Am meisten profitierten Kinder von einem kombinierten Training, das zusätzlich ein Buchstabe-Laut-Training integrierte (Roth 1999).

1.2 Erfahrungen mit Schriftsprache

Ergänzend zu einem Training der Phonologischen Bewusstheit zeigte Lenel (2005) für eine kleinere Stichprobe, dass eine schriftliche Umgebung im Vorschulalter entscheidend ist für die Entwicklung der Schrift. Die Ergebnisse ihrer Untersuchungen bestätigten ein sogenanntes Schrifterfahrungsmodell. Zentrale Rolle spielt die visuelle Schriftwahrnehmung, die zunächst als Ganzes, später in immer mehr Einzelheiten erlebt wird. Die lautliche Verarbeitung von Schrift ist dabei nicht nur ein Verbindungsstück zwischen Schrifterfahrung und Schriftkompetenz, sondern ein Produkt desselben, das die gleichzeitige Verarbeitung von semantischen, grammatikalischen und phonetischen Hinweisen durch die visuelle Wahrnehmung erfordert.

1.3 Schreib- und Leseanlässe im Rollenspiel („play and literacy")

Bereits in den neunziger Jahren belegte die amerikanische Forschung zu „play and literacy" (Überblick bei Roskos, Christie, Widman & Holding, 2010), dass sich Kindergartenkinder durch die Verbindung von Rollenspiel und Schriftsprache zu schriftsprachlichen Aktivitäten anregen lassen. Nach Kammermeyer (2010) hat das Rollenspiel in zweierlei Hinsicht einen positiven Effekt auf die Entwicklung der Lese- und Schreibkompetenz der Vorschulkinder: Erstens ermöglichen gespielte Lese- und Schreibaktivitäten den Kindern, die Vorläuferformen des Lesens und Schreibens sanktionsfrei zu praktizieren. Zweitens bewirken derartige Spielaktivitäten, dass Kinder ihr Verständnis über die Funktion von Schrift verfeinern. In Deutschland blieben diese Erkenntnisse lange unbeachtet. Molitor (2004) bestätigte erstmals in einer kleinen Beobachtungsstudie die amerikanischen Erkenntnisse in einer Rollenspielecke zum Thema „Post": Wurden im Rollenspiel schriftsprachliche Materialien – auch ohne Spielvorschläge der Erzieherin – eingeführt, so erhöhte sich die Anzahl der schriftsprachlichen Spielhandlungen um 27 %. In einer größer angelegten Evaluation wurde der frühe Schriftspracherwerb, unter anderem durch das Einrichten von Rollenspielecken, im Rahmen des Modellversuchs „Kindergarten der Zukunft in Bayern – KiDZ" bestätigt (Roßbach, Sechtig & Freund, 2010).

1.4 Die Anlauttabelle als Werkzeug im Spracherfahrungsansatz

Im Gegensatz zum deutschsprachigen Raum gibt es in den USA eine Reihe von Arbeiten, die versuchen, Effekte zwischen traditionell phonologisch-dekodierstrategisch ausgerichteten Vorschulprogrammen und Methoden, die unter dem Etikett „Spracherfahrungsansatz" zusammengefasst werden können, aufzudecken. Neuere vergleichende empirische Befunde sprechen für eine Kombination von sprachlich-kommunikativen Elementen und Sequenzen eines sprachstrukturell-systematischen Trainings von Graphem-Phonem-Korrespondenzen im vorschulischen Bereich. Connor, Morrison und Slominski (2006) kommen aufgrund ihrer Beobachtungen zu dem Ergebnis, dass explizites Lehren von Buchstaben, Lauten und phonologischem Dekodieren im Vorschulalter nur dann in Verbindung mit Spielen möglich ist, wenn es sich dabei um Aktivitäten handelt, bei denen Strategien der Phonem-Graphem-Zuordnung interaktiv und unterstützend zwischen Lehrperson und Kind ablaufen. Hier könnte eine Anlauttabelle eine Hilfe sein, um am individuellen Entwicklungsstand des Kindes anknüpfen zu können. Bisher existieren zum Umgang mit einer Anlauttabelle im deutschsprachigen Raum jedoch nur Befunde für das Grundschulalter. Sie deuten vor allem auf positive motivationale Effekte hin (Friedrich, 2010).

2   Das Projekt FeS

2.1 Forschungsfragen der eigenen Untersuchung

In Deutschland liegen bis dato lediglich für Risikokinder empirisch erprobte vorschulische Trainingsprogramme im Bereich der Phonologischen Bewusstheit vor. Auch wenn gerade diese Programme große Erfolge erzielten, so ist dennoch zu überlegen, wie sinnvoll es ist, im sog. „Gießkannenprinzip" alle Kinder gleichermaßen damit zu fördern. Es fehlen Erkenntnisse zur frühen schriftsprachlichen Förderung, die die Heterogenität aller Kinder angemessen berücksichtigt. Zudem stand bei den angeführten Studien im Vorschulbereich den Kindergartenkindern kein „Werkzeug" zum impliziten Lernen des Buchstabe-Anlaut-Zusammenhangs zur Verfügung, mit dessen Hilfe sie die im Alltag oder im Rollenspiel entstehenden Schreib- und Lesesituationen selbstständig bewältigen konnten. Offen sind daher folgende Forschungsfragen:

1. Unterscheiden sich die Leistungen von Vorschulkindern in einem alltagsintegrierten Schriftsprach-Setting im Vergleich zu einem strukturierten Sprachprogramm (Würzburger Trainingsprogramm 1)?

2. Verbessert das zusätzliche Angebot einer Anlauttabelle im alltagsintegrierten Schriftsprach-Setting die schriftsprachlichen Leistungen der Vorschulkinder?

3. Gibt es Unterschiede zwischen den Untersuchungsgruppen bezüglich Lernfreude und Fähigkeitsselbstkonzept im Schreiben und Lesen?

2.2 Design der Studie und Interventionskonzept

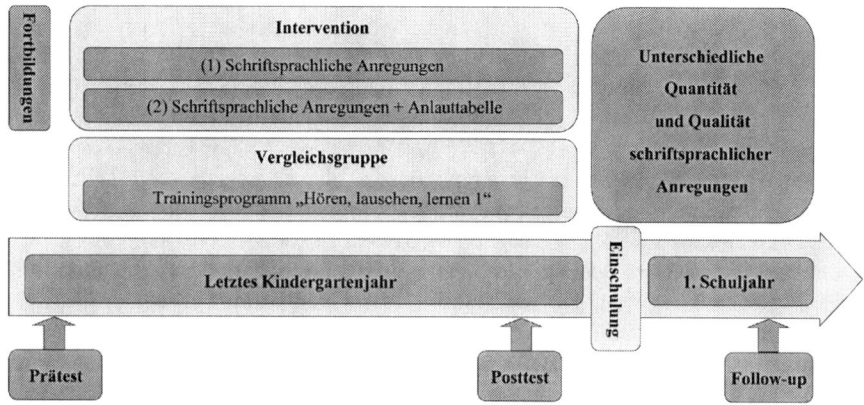

Abbildung 1: Untersuchungsplan

Kern aller Ansätze ist eine schriftsprachliche Förderung aller Vorschulkinder. Folgende Elemente der Schrifterfahrung werden in den beiden Interventionsgruppen im Alltag aufgegriffen:

- Übungen zur Phonologischen Bewusstheit werden unter Einbezug von Buchstabenzeichen in den Alltag integriert.
- Schrift ist in der Raumgestaltung präsent.
- Bücher und Schreibmaterialien sind frei zugänglich.
- In Rollenspielecken werden herausfordernde schriftsprachliche Situationen von Kindern und Erziehern gemeinsam vertieft.

In Intervention 2 erhalten die Vorschulkinder zusätzlich die Anlauttabelle angeboten. Durch deren Einführung und Anwendung soll über ein Anlautbild der Buchstabe-Anlaut-Zusammenhang implizit angeregt werden. Die Vergleichsgruppe arbeitet ohne den Einbezug von Buchstaben nach dem Würzburger Trainingsprogramm „Hören, lauschen, lernen 1".

Literatur

Bus, A.G./Ijzendoorn, M.H. van (1999): Phonological awareness and early reading: A meta-analysis of experimental training studies. Journal of Educational Psychology, 91. 403-414.

Connor, C.M./ Morrison, F. J./Slominiski, L. (2006): Preschool Instruction and Children's Emergent Literacy Growth. Journal of Educational Psychology, 98. 665–689.

Ehri, L.C./Nunes, S.R./Willows, D.M./Schuster, B.V./Yahhoub-Zadeh, Z./Shanahan, T. (2001): Phonemic awareness instruction helps children to read: Evidence from the national reading panel's meta-analysis. Reading Research Quarterly, 36. 250-287.

Friedrich, K. (2010): Unterrichtskonzept und Schriftspracherwerb. Zum Einfluss verschiedener pädagogisch-didaktischer Konzepte auf Lese- und Rechtschreibleistungen, soziale Kompetenzen und Leistungsmotivation. Dissertation. PH Heidelberg.

Kammermeyer, G. (2010): Förderung des frühen Schriftspracherwerbs im Rollenspiel. In: Spiel, C./Schober, B./Wagner, P./Reimann, R. (Hg.):Bildungspsychologie. Göttingen: Hogrefe. 70-74

Lenel, A. (2005): Schrifterwerb im Vorschulalter. Eine entwicklungspsychologische Längsschnittstudie. Weinheim: Beltz.

Molitor, M. (2004): Literacy Center – Ein Konzept zur frühen Lese- und Schreibförderung in Theorie und Praxis. Unveröffentlichte Diplomarbeit. Universität Koblenz-Landau.

Roskos, K. A./Christie, J. F./Widman, S./Holding, A. (2010): Three decades in: Priming for meta-analysis in play-literacy research. Journal of Early Childhood Literacy, 10. 55-96.

Roßbach, H. G./Sechtig, J./Freund, U. (2010): Empirische Evaluation des Modellversuchs „Kindergarten der Zukunft in Bayern – KiDZ". Ergebnisse der Kindergartenphase. Bamberg: University of Bamberg Press.

Roth, E. (1999): Prävention von Lese- und Rechtschreibschwierigkeiten. Evaluation einer vorschulischen Förderung der phonologischen Bewusstheit und der Buchstabenkenntnis. Bern u.a. Frankfurt, M.: Lang.

Schneider, W./Roth, E./Ennemoser, M. (2000): Training phonological skills and letter knowledge in children at risk for dyslexia: A comparison of three kindergarten intervention programs. Journal of Educational Psychology, 92. 284–295.

Walter, J. (2002): Differenzielle Effekte des Trainings des phonologischen Wissens auf das Lesen- und Schreibenlernen: Ergebnisse der international angelegten Meta-Analyse von Ehri et al. (2001). Heilpädagogische Forschung, 28. 38–49.

Förderung der Lesekompetenz von Grundschulkindern mit Migrationshintergrund im Rahmen der LERNEN[plus] Ferienlerncamps

Jule von der Haar

1 Ausgangssituation

In Deutschland lebende Kinder mit Migrationshintergrund weisen, Untersuchungen wie IGLU zufolge, deutlich schlechtere Leistungen im Bereich der Lesekompetenz auf als Kinder ohne Migrationshintergrund (Bos/Lankes/ Prenzel/Schwippert/Walter/Valtin 2003; Schründer-Lenzen/Merkens 2006, 29f.). Ergebnisse einer Untersuchung von Becker et al. deuten darüber hinaus darauf hin, dass sich diese Unterschiede in den Ferien noch verstärken (Becker/Stanat/ Baumert/Lehmann 2008). Somit steht zu befürchten, dass sich diese Schere – sofern keine Interventionen einsetzen – im Lebenslauf immer weiter öffnen wird und damit letztlich eine Bildungsbenachteiligung von Menschen mit Migrationshintergrund bewirken kann.

2 Forschungsstand

Dennoch liegen im deutschsprachigen Raum bislang nur wenige belastbare Erkenntnisse darüber vor, welche Bedingungsfaktoren im Hinblick auf die Förderung der Lesekompetenz bei Kindern mit Migrationshintergrund besonders bedeutsam sind und welche Fördermaßnahmen sich für diese Zielgruppe als wirksam erweisen. Es gibt jedoch einzelne Befunde, die Hinweise darauf geben, welche Faktoren auf die Lesekompetenzentwicklung dieser Schülergruppe Einfluss ausüben.

Gründe für schwächere Leseleistungen von Kindern mit Migrationshintergrund werden naheliegender Weise oftmals in mangelnden Sprachkenntnissen gesehen. So weisen Forschungsergebnisse von Durgonuglu, Koda und Verhoeven darauf hin, dass der Erwerb von Lesekompetenz durch einen eingeschränkten Wortschatz beeinträchtigt oder zumindest verlangsamt wird, wenn Kinder zum Zeitpunkt der Einschulung über nur geringe Kenntnisse in der Unterrichtssprache verfügen (vgl. Durgonuglu 1997; Koda 1994; Verhoeven 2000). In sprachsystematischen Ansätzen für den Unterricht in Deutsch als Zweitsprache wird überdies verdeutlicht, dass sich eine mangelnde Beherrschung der Instruktionssprache nicht nur über Wortschatzprobleme, sondern auch über eine geringe Vertrautheit mit linguistischen Strukturen der Zweitsprache auf den Erwerb von Lesekompetenz auswirkt (vgl. Rösch 2003). So betonen auch Lenhard und Artelt, dass Kinder mit Problemen in der Anwendung grammatikalischer Regeln und im Verstehen syntaktischer Strukturen die Syntax beim Lesen nicht zur Unterstützung bei Verständnisschwierigkeiten heranziehen können (Lenhard/Artelt 2009, 6f.).

Nach einer von Rühl vorgelegten Studie stellt auch die Dekodiergeschwindigkeit bei Kindern mit Migrationshintergrund einen wesentlich bedeutsameren Prädiktor für das Leseverständnis dar, als dies bei Kindern ohne Migrationshintergrund der Fall ist (Rühl 2006).

Interventionsmaßnahmen, die allein auf die Förderung der Lesekompetenz von Kindern mit Migrationshintergrund abzielen, sind im deutschsprachigen Raum bislang noch rar. Interessante Ansätze finden sich aber in der Forschung zur Zweitsprachförderung und insbesondere im Bereich der Ferienmaßnahmen. So hat z.b. das 2004 vom Max-Planck-Institut durchgeführte dreiwöchige Jacobs-Sommercamp aufgezeigt, dass es anhand von Interventionsmaßnahmen in den Ferien durchaus möglich ist, die sprachlichen und lesebezogenen Kompetenzen von angehenden Viertklässler(innen) mit Migrationsgeschichte durch Methoden expliziter sprachlicher Förderung zu verbessern (Stanat/Müller/ Baumert 2008). Diese Ergebnisse scheinen die Annahme zu bestätigen, dass das Wissen um grammatikalische Regeln und syntaktische Strukturen positiven Einfluss auf das Leseverständnis ausüben kann.

Bisher haben sich Maßnahmen zur Förderung der Lesekompetenz im Grundschulbereich maßgeblich auf angehende Viertklässler(innen) beschränkt. Ob sich Interventionen wie diese auch bei Kindern niedrigerer Jahrgangsstufen als wirksam erweisen, ist bisher noch weitgehend unerforscht. Da Unterschiede im Bereich des Lesens jedoch bereits am Ende der ersten Klasse nachgewiesen werden können (Schründer-Lenzen/Merkens 2006, 29f.), erscheint es durchaus sinnvoll, Maßnahmen zu entwickeln und zu untersuchen, in denen bereits die Anfänge des Lesenlernens wirksam unterstützt werden.

3   Fragestellung und Interventionsmaßnahme

Basierend auf dieser Forschungslage wurde ein Konzept zur Förderung der Lesekompetenz von Erst- bis Viertklässler(inne)n mit Migrationshintergrund entwickelt, welches in zwei Ferienlerncamps des Projektes LERNEN[plus] der InitiativGruppe Interkulturelle Begegnung und Bildung e.V. erprobt und auf seine Wirksamkeit hin überprüft wurde. Im Mittelpunkt des Vorhabens stand die Frage, in wie weit es gelingen kann, im Rahmen kurzfristiger Interventionen während der Ferien die Lesekompetenz von Erst- bis Viertklässler(inne)n mit Migrationshintergrund zu verbessern.

Das Leseförderkonzept wurde an 2 – 3 Stunden am Tag in Kleingruppen von Lehramtsstudierenden eingesetzt und umfasste in Anlehnung an Röschs Konzept zum Jacobs Sommercamp (Stanat et al. 2008) explizite sprachliche Förderung, einschließlich Wortschatz- und Grammatikarbeit, die Förderung hierarchieniedriger Lesefähigkeiten, wie der Dekodiergeschwindigkeit und

-genauigkeit[1] und ab der dritten Jahrgangsstufe zusätzlich die Förderung hierarchiehöherer Leseprozesse durch die Vermittlung und Einübung von Lesestrategien, in Anlehnung an die Trainingsprogramme „Wir werden Lesedetektive"
(Rühl/Souvignier 2006) und „Lesen 3+4: Texte bearbeiten und besser verstehen" (Druschky/Knoll 2010).

4 Forschungsdesign und -methode

Das Leseförderkonzept wurde in zwei Ferienlerncamps eingesetzt. Die Leseleistungen der Kinder wurden mit dem ELFE 1-6 Leseverständnistest (Len-
hard/Schneider 2006) und der revidierten Fassung der Würzburger Leise Leseprobe (Knüspert/Schneider 2011) in einem quasi-experimentellen Prä-Post-
Design mit Follow-up zu drei Messzeitpunkten erhoben: Am ersten und am
letzten Lerncamptag und noch einmal 5 Monate nach der Intervention.

Insgesamt nahmen an beiden Ferienlerncamps 59 Erst- bis Viert-
klässler(innen) mit Migrationshintergrund teil, davon 27 am ersten und 32 am
zweiten Lerncamp. 7 der 59 Kinder nahmen an beiden Interventionsmaßnahmen
teil[2]. Von den verbleibenden 52 Schülerinnen und Schülern waren bei 39 Kindern alle Tests gültig. Mit Hilfe des t-Tests wurde ermittelt, ob sich signifikante
Unterschiede zwischen den Mittelwerten des Prä- und des Post-Tests sowie
zwischen dem Post-Test und dem Follow-up feststellen ließen.

5 Ergebnisse und Ausblick

Erste allgemeine Ergebnisse zeigen, dass die Schüler(innen) sowohl im ELFE 1-
6 als auch in der WLLP-R hochsignifikante Verbesserungen in den Bereichen
des Leseverständnisses, der Lesegenauigkeit und der Lesegeschwindigkeit zwischen dem ersten und dem zweiten Messzeitpunkt erzielten (WLLP-R: $t(df =
38) = 10,492$; $p < .001$; ELFE 1-6: t $(df = 38)= 7,748$; $p < .001$). Bei beiden
Tests zeigten sich große Effekte (WLLP-R: $d = 1,68$; ELFE 1-6: $d = 1,24$). Die
größten Fortschritte erzielten im Mittel die Dritt- und Viertklässler(innen), aber
auch die Zweitklässler(innen) verbesserten ihre Leseleistungen höchst signifikant (WLLP-R: 2. Jgst.: $t (df = 11)=7,791$; $p < .001$; 3. Jgst. $t (df = 8) =7,151$; $p
< .001$; 4. Jgst.: $t (df = 12) =5,464$; $p < .001$; ELFE 1-6: 2. Jgst.: $t (df = 11) =
4,318$; $p < .001$; 3. Jgst. $t (df = 8) =3,881$;; $p < .01$; 4. Jgst.: $t (df = 12) = 5,603$;
$p < .001$). Für die Erstklässler(innen) konnten aufgrund der kleinen Stichprobe
keine Signifikanzen berechnet werden.

An der ersten Follow-up-Untersuchung konnten von 20 Kindern leider nur 12
erneut getestet werden, weshalb die Ergebnisse nicht repräsentativ für die gesamte Gruppe sind. Bei den erneut getesteten Kindern zeigten sich für den EL-

---

1 Z.B. durch Übungen zum silbenweisen, lautierenden Lesen und zum schnellen Erfassen von
   Signalgruppen und Morphemen
2 Bei der Darstellung der Ergebnisse wurden bei diesen Kindern deshalb nur die Ergebnisse aus der
   ersten Testung berücksichtigt.

FE 1-6 keine signifikanten Unterschiede zwischen dem zweiten und dritten Messzeitpunkt. Das heißt, die Leseleistungen dieser Kinder blieben über die 5 Monate hinweg stabil. Da für die WLLP-R nur Normwerte für einen Testzeitpunkt vorliegen, ist aus den Ergebnissen nicht zu ersehen, wie sich diese im Vergleich zu einer Normstichprobe im Verlauf ändern würden.

Insgesamt deuten die Ergebnisse darauf hin, dass sich das Leseverständnis von Erst- bis Viertklässler(inne)n mit Deutsch als Zweitsprache durch die Förderung hierarchieniedriger und hierarchiehöherer Lesefähigkeiten in Verbindung mit expliziter Sprachförderung in relativ kurzer Zeit verbessern lässt. Sie erlauben jedoch keine Rückschlüsse darüber, wie groß der Einfluss der einzelnen Förderkomponenten auf die Entwicklung der Leseleistungen ist. Die Wirksamkeit des Leseförderkonzepts soll in zwei weiteren Lerncamps überprüft werden.

Literatur

Becker, M./Stanat, P./Baumert, J./Lehmann, R. (2008): Lernen ohne Schule: Differentielle Entwicklungen der Leseleistungen von Kindern mit und ohne Migrationshintergrund während der Sommerferien. Kölner Zeitschrift für Soziologie und Sozialpsychologie, Sonderband 48. 252-276.

Bos, W./Lankes, E.-M./Prenzel, M./Schwippert, K./Walther, G./Valtin, R. (Hg.). (2003): Erste Ergebnisse aus IGLU: Schülerleistungen am Ende der vierten Jahrgangsstufe im internationalen Vergleich. Waxmann: Münster.

Durgunoglu, A.Y. (1997): Bilingual reading: Its components, development, and other issues. In: de Groth, A. M. B./Kroll, J.F. (Hg.): Tutorials in bilingualism: Psychological perspectives. Mahwah, NJ: Erlbaum. 225-276.

Druschky, P./Knoll, C. (2010): Lesen 3+4: Texte bearbeiten und besser verstehen. Stuttgart: Klett.

Knüspert, P./Schneider, W. (2011): Würzburger Leise Leseprobe (WLLP-R). Göttingen: Hogrefe.

Koda, K. (1994): Second language reading research: Problems and Possibilities. Applied Psycholinguistics., 15. 1-28.

Laackmann, K. (2008): Hamburger TheaterSprachCamp. In: Ballis, A./Spinner, K.H. (Hg.): Sommerschule Sommerkurse Summer Learning – Deutsch lernen im außerschulischen Kontext. Schorndorf: Schneider Verlag Hohengehren. 76-92.

Lenhard, W./Artelt, C. (2009): Komponenten des Leseverständnisses. In: Lenhard, W/Schneider, W. (Hg.): Diagnostik und Förderung des Leseverständnisses. Göttingen: Hogrefe. 1-17.

Lenhard, W./Schneider, W. (2006): ELFE 1-6. Ein Leseverständnistest für Erst- bis Sechstklässler. Göttingen: Hogrefe.

Rösch, H. (2003): Deutsch als Zweitsprache: Sprachförderung – Grundlagen, Übungsideen, Kopiervorlagen. Braunschweig: Schroedel.

Rühl, K. (2006): Förderung des Textverstehens. Hamburg: Kovac.

Rühl, K./Souvignier, E. (2006): Wir werden Lesedetektive. Göttingen: Vandenhoeck & Ruprecht.

Schründer-Lenzen, A./Merkens, H. (2006): Differenzen schriftsprachlicher Kompetenzentwicklung bei Kindern mit und ohne Migrationshintergrund. In: Schründer-Lenzen, A. (Hg.): Risikofaktoren kindlicher Entwicklung – Migration, Leistungsangst und Schulübergang. Wiesbaden: Verlag für Sozialwissenschaften. 15-44.

Stanat, P./Müller, A. G./Baumert, J. (2008): Das Jacobs Sommercamp in Bremen. In: Ballis, A./Spinner, K. H. (Hg.): Sommerschule Sommerkurse Summer Learning Learning – Deutsch lernen im außerschulischen Kontext. Schorndorf: Schneider Verlag Hohengehren. 14-32.

Verhoeven, L. (2000): Components in early second language reading and spelling. Scientific studies of reading, 4. 313-330.

Der Erfolg von zwei Rechtschreibförderprogrammen unter Berücksichtigung individueller Voraussetzungen von Grundschülern

Skadi Neubauer & Sabine Kirchner

1 Fragestellung

Der Beherrschung der Schriftsprache kommt für die sprachliche Verständigung, für den Erwerb von Wissen und für das Berufsleben besondere Bedeutung zu (KMK 2003). Somit besteht ein Konsens zur Notwendigkeit frühzeitiger Diagnose und Förderung von SchülerInnen mit besonderen Schwierigkeiten im Lesen und Rechtschreiben, unabhängig von möglicher Verursachung, von Kriterien wie der Intelligenz oder besonderen Fehlerarten (KMK 2003). Daraus leitet sich die Notwendigkeit geeigneter Lern- und Förderangebote für den jeweiligen Entwicklungsstand ab. Diese Angebote sollten sich an Entwicklungsmodellen des Schriftspracherwerbs orientieren, indem sie grundlegende Strategien auf der jeweiligen Entwicklungsstufe fördern. Für den Erwerb basaler Strategien beim Lesen- und Schreibenlernen ist die phonologische Kompetenz bedeutsam. Sie gilt als Prädiktor für den erfolgreichen Schriftspracherwerb und ist die Fähigkeit, mit der Lautstruktur der gesprochenen Sprache analytisch und synthetisch umzugehen. Erst mit der phonologischen Kompetenz gelingt es, Einsicht in die Lautstruktur der Sprache zu gewinnen: Das Kind entdeckt die Beziehungen zwischen geschriebener und gesprochener Sprache, kann den Lautstrom der Wörter aufschließen und mithilfe von Buchstaben bzw. Buchstabenkombinationen schriftlich festhalten. Am Beispiel des Wortes ‚Brifmarke‘ ist ersichtlich, dass das alphabetische Schreiben beherrscht wird, das Kind schreibt sogar das vokalisierte *r* in Marke. Mit der orthografischen Strategie wird die Fähigkeit beschrieben, die einfache Laut-Buchstaben-Zuordnung unter Beachtung bestimmter orthografischer Prinzipien und Regeln zu modifizieren, z.B. ‚ie‘ in ‚Briefmarke‘ oder der Umlaut im Wort ‚Reuber‘, der sich erst durch den Bezug auf den Wortstamm in *rauben* erschließt. Der Beginn der orthographischen Strategie muss sich dabei nicht an die entfaltete alphabetische Strategie anschließen, sondern kann auch parallel erfolgen (Scheerer-Neumann/Ritter/Schnitzler 2010). Damit dies gelingt, kommt der Gestaltung des Übergangs von der alphabetischen auf die orthographische Entwicklungsstufe eine hohe Bedeutung zu. Wird das alphabetische Prinzip nicht ausreichend gefestigt, können Probleme beim Erwerb der orthographischen Strategie entstehen; werden hingegen orthographische Regeln zu früh trainiert, erschwert dies den Erwerb der Laut-Buchstaben-Zuordnung (Lenhard 2005). Um Entwicklungsverzögerungen zu vermeiden, ist somit ein besonderes Augenmerk auf den Strategiewechsel zu legen. Dabei kann der zeitliche Verlauf des Strategiewechsels sehr unterschiedlich sein, es wird davon ausgegangen, dass ab der dritten Jahrgangsstufe die alphabetische durch die orthographische Strategie überlagert wird (Scheerer-Neumann/Ritter/Schnitzler 2010). Eine Förderung in dieser Altersgruppe sollte demzufolge den Strategiewechsel zwischen den Entwicklungsstufen unterstützen. Oft mangelt es an einer ausreichenden Passung zwischen den individuellen Lernvoraussetzungen des Kindes und dem Lernangebot (Scheerer-Neumann 2012). Suchen die Lehrkräfte nach Fördermaßnahmen, stehen sie vor dem Problem der Auswahl: Für die Intervention bei Rechtschreibschwierigkeiten existiert eine Vielzahl von Förderprogrammen, von denen nur ein geringer Anteil theoretisch und empirisch begründet und zugleich praxiserprobt ist (Roth/Warnke, 2001). Für die schulische Förderung werden Ergebnisse kaum berichtet und noch seltener evidenzbasiert evaluiert (Schulte-Körne/Deimel/Remschmidt 2003).

Unsere Untersuchung nimmt deshalb in den Blick, ob sich bei Drittklässlern die Rechtschreibung durch Förderprogramme verbessern lässt und inwiefern der Erfolg durch individuelle Voraussetzungen im Rechtschreiben beeinflusst wird. Dabei geht es um folgende Fragen: Wie entwickeln sich die Rechtschreibleistungen durch die Förderung? Welchen Einfluss haben zwei unterschiedliche Programme auf den Fördererfolg? Welchen Einfluss haben individuelle Lernvoraussetzungen im Rechtschreiben auf den Fördererfolg?

2 Untersuchung und Stichprobe

Im Schuljahr 2010/11 haben 41 Lehramtsstudierende an Grundschulen Rechtschreibförderung mit je drei bis fünf Schülern durchgeführt. Die Studierenden wurden durch ein Blockseminar auf die Förderung vorbereitet und bei der schulischen Arbeit durch Supervisionssitzungen begleitet. Gefördert wurde entweder mit dem Marburger Rechtschreibtraining (Schulte-Körne/Mathwig 2001, 2004) oder mit der Lautgetreuen Lese- und Rechtschreibförderung (Reuter-Liehr 2006, 2008). Während bei Reuter-Liehr die Erfassung des phonologischen Prinzips zentral ist und über rhythmisches Syllabieren und synchrones Sprechschreiben vermittelt wird, steht beim Marburger Training die Vermittlung von spezifischem Regelwissen im Zentrum, indem Algorithmen eingeübt werden. Der inhaltliche Förderschwerpunkt lag auf der Vokalquantität und ihrer Markierung als ein zentraler Bereich in der orthographischen Strategie, der sich sowohl durch explizite Regelvermittlung als auch durch implizites Erfassen der Silbenstruktur einüben lässt. Jeweils zu Beginn (t1) und am Ende der Förderung (t2) wurde der Lernstand mit der Hamburger Schreibprobe für die dritte Jahrgangsstufe erhoben (May 2009). Zum Abschluss der einjährigen Förderung lagen Daten für 55 Kinder (31 Jungen, 24 Mädchen) aus 17 Schulen vor, 28 davon wurden mit dem Förderprogramm nach Reuter-Liehr (2006, 2008) und 27 mit dem Marburger Training (2001, 2004) gefördert. Die Verteilung auf die Programme erfolgte zufällig. Betrachtet man die Stichprobe, so weisen die Kinder bei unterdurchschnittlichen Mittelwerten in allen Strategien vergleichbare Eingangswerte auf.

3   Ergebnisse

Insgesamt sind mittels T-Test signifikante Lernzuwächse für die allgemeine
Rechtschreibleistung (MW_{Diff} = 3,09, t(55) = 3.04, p = .004) und für die alphabetische (MW_{Diff} = 3,02, t(55) = 2.49, p = .016), orthographische (MW_{Diff} = 4,25, t(55)
= 2.72, p = .009) und morphematische (MW_{Diff} = 3,55, t(55) = 3.00, p = .004)
Strategie zu verzeichnen. Am deutlichsten fällt der Effekt auf der Ebene der Graphemtreffer (d = 0.48) aus; im Bereich der orthographischen (d = 0.47) und der
morphematischen Strategie (d = 0.47) sind die Lernzuwächse ebenfalls deutlich.

Wird der Lernfortschritt nach den beiden Förderprogrammen betrachtet, ist
Zuwachs besonders auf den geförderten Strategieebenen erkennbar: Die alphabetische Strategie wurde signifikant mit der lautgetreuen Rechtschreibförderung
nach Reuter-Liehr gefördert (MW_{Diff} = 4,57, t(28) = 3.19, p = .004, d = 0.69),
auch für die orthographische (MW_{Diff} = 3,25, t(28) = 1.51, p = .143, d = 0.36)
und morphematische Strategiebeherrschung (MW_{Diff} = 4,18, t(28) = 2.76, p =
.010, d = 0.56) sind deutliche Effekte erkennbar. Das Marburger Rechtschreibtraining förderte signifikant die orthographische Strategie (MW_{Diff} = 5,29, t(27) =
2.28, p = .031, d = 0.58), während sich bei derEntwicklung auf der alphabetischen (MW_{Diff} = 1,41, t(27) = 1.61, p = .484, d = 0.16) und morphematischen
(MW_{Diff} = 2,88, t(27) = 1.61, p = .119, d = 0.38) Strategieebene eher ein kleiner
bis mittlerer Effekt zeigt.

Bislang erscheint das phonologisch orientierte Training nach Reuter-Liehr
erfolgreicher, unberücksichtigt blieb dabei, wie die Programme in Abhängigkeit
von der individuellen Ausgangslage der Schüler wirken. Deshalb werden die Aus-
gangswerte in den Graphemtreffern nach unterdurchschnittlichen sowie nach
durchschnittlichen t-Werten gruppiert (<40 sowie >40) und der Lerneffekt nach
den Programmen betrachtet. Tabelle 1 zeigt den Lernzuwachs für die Programme:

Tabelle 1: Fördererfolg der Programme in Abhängigkeit von den Ausgangslagen der Schüler

	Reuter-Liehr				Marburger Regeltraining			
	t-Wert <40 (N=14)		t-Wert >40 (N=14)		t-Wert <40 (N=13)		t-Wert >40 (N=14)	
Strategie	p	d	p	d	p	d	p	d
Graph.	0.015**	1.06	0.070	0.77	0.314	0.44	0.267	0.46
Alphab.	0.014**	1.07	0.094	0.71	0.895	0.06	0.429	0.33
Orthogr.	0.087	0.72	0.689	0.16	0.077	0.79	0.065	0.78

** auf dem Niveau von 0.01 signifikant

Danach sind die Effekte im Programm nach Reuter-Liehr im Bereich der Graphemtreffer und bei der alphabetischen Strategie hoch und statistisch signifikant. Im Marburger Regeltraining sind deutliche Effekte lediglich im Bereich
der orthographischen Strategie erkennbar. Es lässt sich feststellen, dass die
Schüler mit unterdurchschnittlichen Anfangswerten in hohem Maße durch die
lautgetreue Förderung profitieren, während die Zuwächse mit dem Regeltraining
deutlich geringer ausfallen. Auch Schüler mit mindestens durchschnittlichen

Leistungen profitieren vom phonologischen Training deutlich, während im Regeltraining vor allem die orthographischen Strategie gefördert wurde.

4 Bilanz

In der vorliegenden Studie wurde überprüft, ob sich durch verschiedene Rechtschreibförderprogramme bei Drittklässlern die Rechtschreibung fördern lässt und inwiefern der Erfolg durch individuelle Voraussetzungen im Rechtschreiben beeinflusst wird. Es ist festzustellen, dass sich mit der lautgetreuen Rechtschreibförderung nach Reuter-Liehr die alphabetische Strategie signifikant fördern ließ, deutliche Effekte sind auch für die orthographische und morphematische Strategiebeherrschung erkennbar. Das Marburger Rechtschreibtraining hingegen förderte signifikant die orthographische Strategie. Somit lässt sich ein deutlicher Vorteil für die mit dem Programm nach Reuter-Liehr geförderten Schüler bilanzieren. Auch bezüglich der Ausgangslagen der Schüler im Bereich der Graphemtreffer erwiesen sich die Programme als unterschiedlich wirksam: Schüler mit anfänglich unterdurchschnittlichem Lernstand profitieren bei Reuter-Liehr durchgängig in hohem Maße. Im Regeltraining werden unabhängig von den Ausgangswerten lediglich im Bereich der orthographischen Strategie starke Effekte erzielt. Auch wenn weitere Forschung angesichts der kleinen Stichprobe und der fehlenden Alpha-Adjustierung bei wiederholten Messungen notwendig ist, lässt sich doch als wichtige Schlussfolgerung erkennen, dass für erfolgreiche Förderung die differenzierte Erfassung des Lernstandes sowie eine daran orientierte Auswahl des Förderprogramms notwendig sind.

Literatur

Kultusministerkonferenz (KMK) (2003): Sekretariat der Ständigen Konferenz der Kultusminister der Länder in der Bundesrepublik Deutschland. Beschluss der KMK vom 4.12.2003.

Lenhard, W. (2005): Schwierigkeiten im Schriftspracherwerb. In: Ellinger, S.,/Wittrock, M. (Hg.): Sonderpädagogik in der Regelschule. Konzepte, Forschung. Stuttgart: Kohlhammer. 257-277.

May, P. (2009): HSP 3. Hamburger Schreibprobe. Donauwörth: Verlag für pädagogische Medien.

Reuter-Liehr, C. (2006, 2008): Lautgetreue Lese-Rechtschreibförderung. Bochum: Winkler.

Roth, E./Warnke, A. (2001): Therapie der Lese-Rechtschreibstörung. Kindheit und Entwicklung.10, H. 2. 87-96.

Scheerer-Neumann, G. (2012): Lese-Rechtschreib-Schwäche. In: Sandfuchs, U./ Meltzer, W./ Dühlmeier, B./ Rausch, A. (Hg.): Handbuch Erziehung. Bad Heilbrunn: Klinkhardt. 463-468.

Scheerer-Neumann, G./Ritter, C/Schnitzler, C. D. (2010): Individuelle Lernstandsanalysen. Ludwigsfelde-Struveshof: Landesinstitut für Schule und Medien: Berlin-Brandenburg.

Schulte-Körne, G./Deimel, W./Remschmidt, H. (2003): Rechtschreibtraining in schulischen Fördergruppen. Zeitschrift für Kinder- und Jugendpsychiatrie. 31, H. 2. 85-98.

Schulte-Körne, G./Mathwig, F. (2001, 2004): Das Marburger Rechtschreibtraining. Bochum: Winkler.

Die Förderung der Schlussfolgerungsfähigkeit beim naturwissenschaftlichen Lernen im Primarbereich

Christin Robisch & Kornelia Möller

Angemessenes Schlussfolgern gilt als bedeutsam für die bereits in der Grundschule geforderte Prüfung von Hypothesen. Studien zeigen jedoch, dass angemessenes Schlussfolgern eine Herausforderung für Grundschulkinder darstellt. Daher wurde ein Lernsetting zur Förderung des Schlussfolgerns entwickelt, welches in einer (quasi-) experimentellen Laborstudie mit 100 Drittklässlern untersucht wurde. Eine Überlegenheit der geförderten Gruppen gegenüber den nicht-geförderten Gruppen hinsichtlich angemessener Schlussfolgerungen sowie ein Zusammenhang zwischen der Schlussfolgerungsfähigkeit und der Falsifikation von Vermutungen konnten nachgewiesen werden.

1 Angemessenes Schlussfolgern – Definition und Relevanz

In der kognitionspsychologischen Forschung zum *conditional reasoning* wird Schlussfolgern als Fähigkeit, Ereignisse in Bezug auf die Bedeutung für die Prüfung einer Hypothese zu evaluieren, definiert (Barrouillet/Gauffroy/ Lecas, 2008). Eine kindliche Hypothese zum exemplarischen Projektthema „Wie kommt es, dass ein Ding springt?" lautet „Dinge, die leicht sind, springen". Aus der Kombination des Vorhandenseins und Nicht-Vorhandenseins ($\neg$) der Antezedens p (leicht) und der Konsequenz q (springt) resultieren vier mögliche Ereignisse: pq, $p\neg q$, $\neg pq$ und $\neg p\neg q$. Die Evaluation dieser Ereignisse gilt als angemessen, wenn bekräftigende, widerlegende und für die Prüfung irrelevante Ereignisse adäquat unterschieden werden können. Es ist anzunehmen, dass angemessene Schlussfolgerungen in Prozessen forschenden Lernens, wie zum Beispiel der Planung von Experimenten oder der Falsifikation von Vermutungen, relevant sind.

Sowohl das von Barrouillet, Gauffroy und Lecas (2008) vorgestellte Entwicklungsmodell – siehe die durch Beispiele ergänzte Tabelle1 – als auch weitere Studien (z.B. English, 1997; Tröbst/Hardy/Möller, 2011) zeigen, dass insbesondere die angemessene Evaluation irrelevanter Ereignisse $\neg pq$ und $\neg p\neg q$ eine Herausforderung für Grundschulkinder darstellt. Während Personen mit konjunktiver Interpretation die Verknüpfung von Antezedens und Konsequenz als ein „und" wahrnehmen, wird die Antezedens bei einer bikonditionalen Interpretation als einziger und ausschließlicher Grund begriffen. Erst bei der konditionalen Interpretation wird die Antezedens als möglicher Grund für die Konsequenz wahrgenommen. Sie ist als die angemessene Form des Verständnisses konnotiert (Barrouillet/Gauffroy/Lecas, 2008).

Tabelle 1:   ereignisbezogene Interpretationsmuster bei Hypothesen p→q

Ereignis	Beispiel	Interpretationsmuster		
		Konjunktiv	Bikonditional	Konditional
p q	Die Styroporkugel ist leicht und springt.	+	+	+
p $\neg q$	Der Wattebausch ist leicht und springt nicht.	-	-	-
$\neg p$ q	Die Bocciakugel ist schwer und springt.	-	-	o
$\neg p$ $\neg q$	Der Luftballon mit Sand ist schwer und springt nicht.	-	o	o

Anmerkungen: ¬ Negation, + bestätigend, − widerlegend, o irrelevant.

2   Gründe für abweichende Schlussfolgerungen

Unter Rückgriff auf die *mental models theory* wird davon ausgegangen, dass die Ereignisevaluation von der Bildung der erforderlichen mentalen Modelle im Arbeitsgedächtnis abhängt (Johnson-Laird/Byrne, 1991). So gilt die Überlastung des Arbeitsgedächtnisses als ein Grund für abweichende Schlussfolgerungen (Klauer/Stegmaier/Meiser, 1997). Weitere Gründe können die inhaltsbasierte Wahrnehmung der Bedingung – hinreichend oder notwendig? – (Thompson, 1994), die linguistische Komplexität von Hypothese und Ereignis (Evans, 1984), ein unzureichendes Wissenschaftsverständnis sowie die als Inhibition bezeichnete Fähigkeit zur Hemmung spontaner Reaktionen sein (Tröbst/Hardy/ Robisch/Stephan-Gramberg/Möller, i. V.).

3   Zur Förderung angemessener Schlussfolgerungen

Unabhängig vom Förderinhalt kann innerhalb des Konstruktes *scaffolding* zwischen einer komplexitäts-reduzierenden Aufmerksamkeitslenkung und der in fortgeschrittene Lösungsansätze einführenden Modellierung unterschieden werden, die jeweils entweder statisch oder adaptiv sein können (Pea, 2004).
       Studien zeigen, dass eine adaptive Aufmerksamkeitslenkung die Schlussfolgerungsfähigkeit bei Erwachsenen und Viertklässlern fördern kann (z.B. English, 1997), während eine (alleinige) statische Aufmerksamkeitslenkung keinen Einfluss auf die Schlussfolgerungsfähigkeit zeigte (Tröbst/Hardy/Möller, 2011). Studien, in welchen die Probanden jünger waren als Viertklässler oder in welchen die Förderung eine Modellierung fortgeschrittener Lösungsansätze umfasste, wurden nicht gefunden.
       Aufgrund der heterogenen Ursachen für abweichende Schlussfolgerungen wurde ein aufmerksamkeitslenkendes (statisch und adaptiv) sowie gleichzeitig modellierendes (statisch) Lernsetting entwickelt. Dieses expliziert im ersten Schritt die Bedeutung der jeweils zu prüfenden Hypothese. Die Explikation dient der Hemmung oberflächlicher Denkabläufe zugunsten analytischer Verar-

beitungsprozesse, der Beeinflussung der inhaltsbasierten Wahrnehmung sowie der Reduktion der linguistischen Komplexität. In einem zweiten Schritt wird das zu evaluierende Ereignis in einen Setzkasten sortiert, um die Aufmerksamkeit, zur Entlastung des Arbeitsgedächtnisses, auf die relevanten Aspekte des Gegenstandes zu lenken. Im oberen Feld des Setzkastens wird zwischen Vorhandensein und Nicht-Vorhandensein der jeweiligen Antezedens (z.b. leicht – schwer) differenziert, während im unteren Feld jeweils das Sprungverhalten (springt – springt nicht) unterschieden wird. Bei Bedarf wird die Aufmerksamkeit zusätzlich auf relevante Aspekte der Vermutung und des Gegenstands gelenkt, um die Koordination von Theorie und Evidenz zu erleichtern.

4 Die (quasi-)experimentelle Laborstudie

Das Lernsetting wurde im Rahmen einer (quasi-) experimentellen Laborstudie[1] mit 100 Drittklässlern eingesetzt. Es wurde erwartet, dass (1) die Gruppen mit *scaffolds* Ereignisse häufiger korrekt evaluieren, als die Gruppen ohne *scaffolds* sowie dass (2) Vermutungen häufiger von Kindern mit hoher Schlussfolgerungsfähigkeit falsifiziert werden als von Kindern mit geringerer Schlussfolgerungsfähigkeit.

Zur Vermeidung einer Konfundierung von *Falsifikationsaufforderung (F)* und *scaffolds (S)* wurden vier Bedingungen unterschieden: (a) *OHNE S* und *OHNE F*, (b) *MIT S* und *OHNE F*, (c) *OHNE S* und *MIT F* und (d) *MIT S* und *MIT F*, die auf Basis eines Inhibitionstests parallelisiert wurden. Im Inhibitionstest musste die adäquate Farbe von falsch eingefärbten Obst- und Gemüsesorten so schnell wie möglich genannt werden, wozu die spontane Reaktion der Nennung der sichtbaren Farbe gehemmt werden muss. Der in Einzelsituationen durchgeführte Schlussfolgerungstest umfasste vier rotierende Vermutungen mit je vier zu evaluierenden Ereignissen. Die Gruppen *MIT S* erhielten im Gegensatz zu Gruppen *OHNE S* die zuvor beschriebene Unterstützung. Bei den Gruppen *MIT F* erfolgte im Gegensatz zu den Gruppen *OHNE F* nach jeder Vermutung eine Zusammenfassung der gewählten Evaluationen, bevor ein abschließendes Urteil über die Vermutung – stimmt, stimmt nicht, weiß nicht – eingefordert wurde. Eine *repeated-measures ANOVA* mit den über die vier Vermutungen gemittelten korrekten Ereignisevaluationen als abhängiger Variable ergab neben einem signifikanten Haupteffekt des Faktors Ereignis (pq, p¬q, ¬pq und ¬p¬q), einen signifikanten Haupteffekt des Faktors *scaffold (MIT S, OHNE S)* sowie eine signifikante Interaktion beider Faktoren. Der Faktor Falsifikation (*MIT F, OHNE F*) lieferte keine signifikanten Effekte. Die deskriptiven Verteilungen machen die Unterschiede in der Evaluation der Ereignisse sowie die erwartete Überlegenheit der Gruppen *MIT S* gegenüber den Gruppen *OHNE S* bezüglich der korrekten Ereignisevaluationen sichtbar. Die *scaffolds* wirken dabei unterschiedlich stark auf die vier Ereignisse. Insbesondere die angemesse-

---

1 Die vorgestellte Untersuchung wurde durch eine Sachbeihilfe (Kennz.: MO 941/5-1) der Deutschen Forschungsgemeinschaft (DFG) ermöglicht.

ne Evaluation der irrelevanten Ereignisse nimmt zu. Die Analyse des Zusammenhangs zwischen hoher Schlussfolgerungsfähigkeit (d.h. konditionale Interpretation bei mind. drei von vier Vermutungen) und Falsifikation der vier Vermutungen zeigte einen mittelstarken Zusammenhang. Ein X^2-Test ergab, dass Kinder mit hoher Schlussfolgerungsfähigkeit die Vermutungen signifikant häufiger falsifizieren als Kinder mit geringerer Schlussfolgerungsfähigkeit.

Es konnte gezeigt werden, dass angemessenes Schlussfolgern bereits bei Drittklässlern am Thema „Ball" gefördert werden kann und eine hohe Schlussfolgerungsfähigkeit bei der Falsifikation von Vermutungen relevant ist.

5 Ausblick

Die vorgestellte Förderung des Schlussfolgerns erfolgte exemplarisch an einem Inhalt. Die Transferierbarkeit des Fördereffekts wird in einer weiteren Studie untersucht. Zudem werden mögliche Zusammenhänge zwischen der Schlussfolgerungsfähigkeit und weiterer Prozesse forschenden Lernens geprüft. Da es sich um eine Laborstudie in Einzelsituationen handelte, soll künftig die effektivste Instruktion in einen Unterricht für ganze Schulklassen überführt werden.

Literatur

Barrouillet, P./Gauffroy, C./Lecas, J. F. (2008): Mental models and the suppositional account of conditionals. In: Psychological Review. 115. Jg., H. 3. 760-772.

English, L.D. (1997): Interventions in children's deductive reasoning with indeterminate problems. In: Contemporary Educational Psychology. 22. Jg., H. 3. 338-362.

Evans, J.St.B.T. (1984): Heuristic and analytic processes in reasoning. In: British Journal of Psychology. 75. Jg., H. 4. 451-468.

Johnson-Laird, P./Byrne, R.M.J. (1991): Deduction. Hilldale. NJ: Lawrence Erlbaum Associates.

Klauer, K.C./ Stegmaier, R./ Meiser, T. (1997): Working memory involvement in propositional and spatial reasoning. In: Thinking and Reasoning. 3. Jg., H. 1. 9-47.

Thompson, V. A. (1994): Interpretational factors in conditional reasoning. In: Memory & Cognition. 22. Jg., H. 6. 742-758.

Tröbst, S./Hardy, I./Möller, K. (2011): Die Förderung deduktiver Schlussfolgerungen bei Grundschulkindern in naturwissenschaftlichen Kontexten. In: Unterrichtswissenschaft. 39. Jg., H. 1. 7-20.

Tröbst, S./ Hardy, I./Robisch, C./Stephan-Gramberg, S./Möller, K. (in Vorbereitung): The development of conditional reasoning in the context of science education: The role of working memory and inhibition.

Pea, R.D. (2004): The social and technological dimensions of scaffolding and related theoretical concepts for learning, education, and human activity. In: Journal of the Learning Sciences. 13. Jg., H. 3. 423-451.

Die Koordination von Theorie und Evidenz bei Vorschulkindern: Ergebnisse einer Vorstudie zu Scaffolding-Maßnahmen

Simone Stephan-Gramberg & Ilonca Hardy

1 Naturwissenschaftliches Lernen im Elementarbereich

Kinder im Vorschulalter verfügen über vielfältige Alltagserfahrungen, die im Rahmen von naturwissenschaftlichen Lernarrangements aufgegriffen und ausdifferenziert werden können. Der Bereich der naturwissenschaftlichen Bildung findet sich in den meisten Bildungsplänen für den Elementarbereich, häufig verknüpft mit dem Ziel, einen Aufbau von grundlegenden Kompetenzen im Sinne einer „Scientific Literacy" zu ermöglichen. Dabei stellt auch schon das frühe naturwissenschaftliche Lernen hohe Ansprüche an Lernende hinsichtlich der kognitiven Verarbeitung von Beobachtungen und Erkenntnissen, die im Rahmen von handlungs- und forschungsorientierten Lernarrangements gemacht werden. So wird insbesondere die Nutzung von empirischer Evidenz, d.h. der Abgleich eines beobachteten Ereignisses mit einer entsprechenden Hypothese, als zentraler Aspekt naturwissenschaftlicher Kompetenz hervorgehoben (Duschl, 2003). Ausgehend von Theorien des Conceptual Change kann vermutet werden, dass eine kognitive Umstrukturierung bei Lernenden nur eingeleitet wird, wenn diese in der Lage sind, ihre Vorstellungen auf Basis von empirischer Evidenz zu reflektieren (z.B. Tröbst/Möller/Hardy 2011). So müssen Lernende im Hinblick auf eine formulierte Hypothese zwischen bestätigenden, widerlegenden und irrelevanten Ereignissen unterscheiden, wenn Schlussfolgerungen bezüglich der Angemessenheit einer Vorstellung gezogen werden sollen (Barrouillet/Gauffroy/Lecas 2008). Dieser Prozess des deduktiven Schlussfolgerns fällt Kindern im Vorschulalter in der Regel noch sehr schwer (Zimmerman 2007).

Ausgehend von Befunden zur Wirksamkeit von Scaffolding in tutoriellen Settings (Van de Pol/Volman/Beishuizen 2010) kann angenommen werden, dass auch das frühe naturwissenschaftliche Lernen unterstützt werden kann, wenn charakteristische Elemente wie das adaptive Rückmelden und die sukzessive Übernahme von Verantwortung in tutoriellen Settings mit Vorschulkindern implementiert werden. So sollten Unterstützungsmaßnahmen nach dem sog. Kontingenzprinzip fortwährend an den aktuellen Lernstand des Kindes anpasst sein. Diese adaptive Angleichung der Hilfen in Form von Hinweisen, Erklärungen oder Fragen ist im besten Fall auf der Grundlage einer fortwährenden Lernstandsdiagnose im direkten Austausch mit dem Lernenden möglich (ibid.). Als charakteristische Elemente werden zudem das Fokussieren auf zentrale Merkmale eines Inhaltsgebietes gesehen, da so die Aufmerksamkeit des Lernenden auf relevante Merkmale gelenkt und Freiheitsgrade bei der Bearbeitung einer Aufgabe reduziert werden sowie das Modellieren fortgeschrittener Lösungswege und Denkweisen, da auf diese Weise relevante Verhaltensmuster in die Interaktion eingebracht werden können (Pea 2004). Während also beim Fokussieren lediglich adaptive, zielführende Hinweise gegeben werden, legt der Tutor bei der Modellierung seinen gesamten Denkprozess offen. Dies kann insbesondere bei anspruchsvollen Inhalten, für die bei Kindern noch keine Verhaltensstrategien existieren, von Vorteil sein.

2 Forschungsfragen und Methode

Die hier beschriebene Pilotstudie fand im Rahmen eines größeren Projekts zur Förderung von Modellbildungs- und Falsifikationsfähigkeiten bei Vorschul- und Grundschulkindern statt[1] (siehe auch Tröbst/Möller/Hardy 2011). Es sollten folgende Forschungsfragen beantwortet werden:
2. Lässt sich die Koordination von Theorie und Evidenz bei Vorschulkindern durch eine Intervention mit Scaffolding (adaptiver Unterstützung) fördern?
3. Zeigen sich Unterschiede zwischen zwei Formen des Scaffolding (mit Modellierung / ohne Modellierung)?
An der Vorstudie nahmen 45 Kinder mit einem durchschnittlichen Alter von 5.7 Jahren teil. In einem Prä-Postdesign mit einer Kontrollgruppe ohne Scaffolding und zwei Experimentalgruppen (Scaffolding ohne Modellierung, Scaffolding mit Modellierung) und einer Gruppengröße von jeweils N = 15 wurden die Kinder in insgesamt zwei 30-minütigen Einzelsitzungen in jeweils zwei Kontexten zum Thema Ball bei der Evaluation von Evidenz unterstützt. Als Grundlage für die Aufgabenkonstruktion der Interventionen und der Prä-Posttests diente die Wason-Selection-Task (Wason 1966), die für den Kontext „Warum springt ein Ball?" adaptiert wurde. Eine Vermutung zum Springen von Bällen wird dabei mit jeweils vier Gegenständen überprüft, wobei die systematische Kombination von Eigenschaft (p, ¬p) und Sprungverhalten (q, ¬q) zu vier unterschiedlichen Ereignissen führt, die für die Vermutung (z.B. Dinge, die mit Luft gefüllt sind, springen) entweder bestätigend, widerlegend oder irrelevant sind (siehe Tabelle 1).

Im Prä- und Posttest wurden den Kindern jeweils 3 Aufgaben präsentiert, die unterschiedliche Vermutungen zum Sprungverhalten von Bällen sowie jeweils vier *Ereignisse* der Form p/q, p/¬q, ¬p/q und ¬p/¬q beinhalteten und die von den Kindern anhand von Smileys als bestätigend, widerlegend oder irrelevant beurteilt werden sollten.

---

1 DFG Projekt mit dem Geschäftszeichen HA 3205/5-1

Tabelle 1: Kombination von Eigenschaft / Sprungverhalten

	Ereignis	
Gegenstand	**Eigenschaft (p, ¬p)** mit Luft gefüllt	**Sprungverhalten (q, ¬q)** springt
Tennisball	p	q
Wasserball mit wenig Luft	p	¬q
Würfel	¬p	q
aufgeschnittener Luftballon	¬p	¬q

Im ersten Teil der Intervention sortierten die Kinder jeweils vier Objekte nach dem Merkmal mit Luft / ohne Luft (Vermutung 1) bzw. nach dem Merkmal weich / nicht weich (Vermutung 2). Hierzu nutzten sie eine Visualisierung, welche als Kissen mit Luft oder Kissen ohne Luft jeweils mit den Objekten belegt werden sollte. Im nächsten Schritt wurde zusätzlich zum Merkmal p / ¬p auch nach dem Sprungverhalten q / ¬q sortiert. Die Kinder wurden beim Sortieren in beiden experimentellen Bedingungen durch adaptives Nachfragen unterstützt. Im zweiten Teil der Intervention wurde in den beiden Experimentalgruppen die Nutzung von Evidenz auf unterschiedliche Weise gefördert. Die Kinder in der Gruppe „Scaffolds ohne Modellierung" wurden bei der Evaluation eines Ereignisses im Zusammenhang mit einer Vermutung lediglich durch adaptives Nachfragen unterstützt. Die Kinder der Gruppe „Scaffolds mit Modellierung" erhielten zunächst durch das explizite laute Denken der Versuchsleiterin bei der Evaluation eines Ereignisses im Hinblick auf die Hypothese ein Denkmodell für die Koordination von Theorie und Evidenz; im weiteren Verlauf wurde dieses Modell durch adaptives Nachfragen ersetzt.

3 Ergebnisse

Die beiden Experimentalgruppen sowie die Kontrollgruppe wurden durch multivariate Varianzanalysen mit den Differenzwerten von Prä- und Posttest verglichen. Bei den Ereignissen [p q], [p ¬q] zeigte sich in keiner der Gruppen ein signifikanter Unterschied. Hingegen ließ sich beim Ereignis [¬p ¬q] in der Gruppe „Scaffolds mit Modellierung" im Unterschied zur Gruppe „Scaffolds ohne Modellierung" ein statistisch signifikanter Zuwachs feststellen. Tendenziell zeigte sich ein ähnlicher Unterschied für das Ereignis [¬p q], dieser war jedoch statistisch nicht signifikant, siehe auch Tabelle 2. Beim deskriptiven Vergleich der beiden Experimentalgruppen mit der Kontrollgruppe ergaben sich bei den Ereignissen [p q] und [p ¬q] kaum Veränderungen vom Prä- zum Posttest, da hier schon hohe Erfolgsraten im Prätest vorlagen. Bei den Fällen mit [¬p q] und [¬p ¬q] war in beiden Experimentalgruppen ein deutlicher Zuwachs an korrekten Antworten festzustellen.

Tabelle 2:   Differenzwerte Prätest – Posttest (Standardabweichungen).

Ereignis	Scaffolds ohne Modellierung	Scaffolds mit Modellierung	Kontrollgruppe
p q	-0.13 (0.35)	-0.27 (0.46)	-0.07 (0.59)
p ¬q	-0.13 (1.12)	-0.13 (0.92)	-0.27 (0.92)
¬p q	0.13 (0.92)	0.40 (1.35)	0.13 (0.92)
¬p ¬q	0.47 (1.13)	1.13 (1.50) *	0.00 (0.85)

* $F_{(4,39)} = 3.89$ $p < .05$

4 Diskussion

Insgesamt konnte durch diese Pilotierung gezeigt werden, dass Kinder im Vorschulalter durchaus in der Lage sind, mit Formen von Evidenz bei naturwissenschaftlichen Themenstellungen umzugehen, wenn sie entsprechend unterstützt werden. Die Ergebnisse zeigen, dass Kinder in der Gruppe „Scaffolds mit Modellierung" im Durchschnitt bei den schwierigen, irrelevanten Ereignissen deutlich mehr korrekte Antworten im Posttest äußerten als die Kinder in der Gruppe „Scaffolds ohne Modellierung". Die Kinder dieser Gruppe unterschieden sich wider Erwarten nicht von der Kontrollgruppe ohne Intervention. Die Kombination aus adaptivem Nachfragen und Modellieren stellte sich also als wirksame Unterstützungsmaßnahme heraus. Das Modellieren von Denkweisen scheint gerade beim Aufbau einer anspruchsvollen Fähigkeit wie der Koordination von Theorie und Evidenz eine besondere Rolle einzunehmen, welche das anschließende adaptive Nachfragen im Sinne des Kontingenzprinzips möglicherweise besonders effektiv machte.

Literatur

Barrouillet, P./Gauffroy, C./Lecas J. F. (2008): Mental models and the Suppositional Account of Conditionals. Psychological Review, Vol. 115, (1), 760-772.
Duschl, R. A. (2003): Assessment of inquiry. In: Atkin, J.M/Coffey, J. (Hg.): Everyday assessment in the science classroom. Arlington, VA: NSTA Press. 41-59.
Pea, R. D. (2004): The Social and Technological Dimensions of Scaffolding and Related Theoretical Concepts for Learning, Education and Human Activity. The Journal of the Learning Sciences. 13. 423–453.
Tröbst, S./Hardy, I./Möller, K. (2011): Die Förderung deduktiver Schlussfolgerungen bei Grundschulkindern in naturwissenschaftlichen Kontexten. Unterrichtswissenschaft, 39. Jg., H.1. 7-20.
van de Pol, J/Volman, M./Beishuizen, J. (2010): Scaffolding in Teacher-Student Interaction: A Decade of Research. Educational Psychological Review. 3. 210-215.
Wason, P.C. (1966): Reasoning. In: Foss, B. (Hg.) New Horizons in Psychology. Harmonswordth: Middx. Penguin.
Zimmermann, C. (2007): The development of scientific thinking skills in elementary and middle school. Science Direct. 2. 172–223.

»Dissensfähigkeit« und gemeinsames Lernen

Bettina Blanck

1 Ungenutzte Potenziale im Umgang mit Dissens als „unbeliebter Differenz" im „harmonieorientierten" Unterricht?

Folgt man Petra Korte (2003), so lässt sich für den Umgang mit Dissens, Konflikt und Differenz, die sie auch als „unbeliebte Differenz" zusammenfasst, in gegenwärtigen pädagogischen Zusammenhängen ein gespaltenes Verhältnis beobachten. Einerseits bestünde eine verbreitete Harmonieorientierung:

> „Pädagoginnen und Pädagogen haben ihrem Selbstverständnis nach und schon aufgrund ihrer Profession, ihres Berufes *keine Freude am Dissens* und keinen Sinn dafür, da sie ihr pädagogisches Handeln (auch Theorie gehört dazu) an einem *kommunikativen Harmoniemodell* ausrichten. [...] Mein Unbehagen geht dahin, dass *Lösungen auf jenes Harmoniemodell hin getrimmt werden* [...]. Harmonie ist die Basis und die Regel, Störung die Ausnahme. Vor diesem Hintergrund ist es kein Zufall, dass das Finden und Erproben von Lösungswegen *oft* der Behebung technologischer Kommunikationsstörungen gleicht und entsprechend technische Lösungswerkzeuge gesucht werden (Methodentipps, Handlungsanleitungen, Redestrategien, formalistische Gesprächsverläufe, Handlungen wie Belohnen und Strafen)" (Korte 2003, 146; Hervorhebungen durch die Autorin).

Andererseits gäbe es die These von der „Produktivität der Differenzkultur für pädagogisches Handeln" (Korte 2003, 149ff.): „Das Zulassen und produktive Erfahren von Differenz sind primär Übungs- und Lernfelder" (Korte 2003, 151). Hierfür „müssen die Differenz, die Störung, der Widerstand, der Konflikt oder die Unstimmigkeit als solche nicht nur wahrgenommen, sondern auch gewürdigt und ausgehalten werden, indem man die Differenz als Gefühlsspannung zulässt und ernstnimmt" (Korte 2003, 146). Wie Hellmut Geißner (1988) hält Korte Dissens als Freiheit zum Neinsagen als essentiell für eine Gesprächskultur in einer demokratischen pluralistischen Gesellschaft (s. Korte 2003, 147). Geißner erläutert, warum eine *Verständigung* über einen Dissens „nicht harmonistisch" enden muss, dennoch aber Klärungen ermöglichen mag:

> „Wenn also ein Streitgespräch mit einem *begründeten* Dissens endet, dann war es nicht ‚vergeblich', hat es doch den in der Ausgangslage ‚*blinden* Dissens' durch Argumentation in eine[n]*‚einsichtigen' überführt. Dieser begründete Dissens hält entweder die Chance offen zu einem neuen Ansatz von ‚Klären', bzw. nach neuerlichem Beraten mit neuen Argumenten zu neuerlichem ‚Streiten'; oder aber es wird durch Formalverfahren über ihn ‚mit Mehrheit' entschieden; oder aber er führt endgültig [...] zum ‚Abbruch der Beziehungen'; oder aber der begründete Dissens wird nicht ausgehalten, sondern als Konflikt an eine andere Instanz delegiert [...]" (Geißner 1988, 163;Hervorhebung durch die Autorin ; *Original: einem).

Das Zitat von Geißner ist für eine Bestimmung von Dissens und Dissensfähigkeiten in dreifacher Hinsicht hilfreich: Erstens wird ein wechselseitiges reflexives Aufeinanderbezogensein von Dissens und Konsens deutlich: man kann z. B. einen Konsens über einen Dissens haben – Geißner nennt das dann „einsichtigen" bzw. „begründeten Dissens". Als jeweiliger Startpunkt für einen Dissens ist zweitens darauf zu achten, in welchem Stadium der reflexiven Auseinandersetzung man sich befindet. Jeweilige Stadien könnten unterschiedliche Anforderungen an die Beteiligten stellen: Ist der erste Übergang vom blinden zum einsichtigeren Dissens vielleicht besonders schwierig? Welche Probleme entstehen, wenn ein einsichtiger Dissens in die x-te Klärungs- und Streitrunde geht? Drittens eröffnet Geißner mit dem Bezug auf Begründungsunterschiede zwischen verschiedenen Stadien eines Dissenses einen weiteren Bestimmungshorizont für mögliche Bestimmungen von Dissens und Dissensfähigkeiten.

2 Erwägungsorientierung im Umgang mit konträren Lösungen

Aus erwägungsorientierter Perspektive werden Positionen/Lösungen in ihrer Güte besonders danach beurteilt, inwiefern zu ihnen Alternativen erwogen wurden und angebbar sind. Insofern werden die jeweils *erwogenen Alternativen* als eine *Geltungsbedingung* betrachtet und sie sind in dieser Funktion zu bewahren (Erwägungs-Geltungsbedingung), damit sie z. B. bei Nachfrage genannt werden können (z. B. Blanck 2012). Je vollständiger problemrelevante erwogene Alternativen – etwa mögliche Wege vom Nürnberger Hauptbahnhof zum Tagungsgebäude an der Universität – angegeben werden können, desto besser ist eine Aussage, dass der Weg C der kürzeste sei, begründet. Würde ich als Neuankömmling in der Stadt zufällig diesen Weg C zur Universität wählen und ihn auch jemand anderem empfehlen, so bliebe es zwar der tatsächlich kürzeste Weg, den ich aber nicht gegenüber zu erwägenden Alternativen begründen könnte. Das mag dazu führen, dass es jemand vorzieht, sich anstelle von mir doch lieber von einem Ortskundigeren helfen zu lassen. Die Angabe der erwogenen Alternativen kann also eine Orientierung für diejenigen sein, die darauf angewiesen sind, eine Lösung/Position zu übernehmen. Insofern die zu erwägenden Alternativen nicht gleichzeitig als Lösungen (um)gesetzt werden können, stünden sie als Lösungen in einem Dissens zueinander. Während mir eine Frau Weg C empfiehlt, rät mir ihr Nachbar zu Weg A. Problemadäquat umfassende Erwägungszusammenstellungen sind so gesehen auch Zusammenstellungen von Positionen, die sich auf der Lösungs-/Realisierungsebene ausschließen (different zueinander sind).

Da man nicht alles umfassend erwägen kann, kommt es aus erwägungsorientierter Perspektive nicht darauf an, dieses zu versuchen oder anzustreben. Vielmehr ist reflexiv zu erwägen, wo man dies in welchem Umfang für sinnvoll erachtet (iterativ reflexiver Umgang mit dem Erwägen). Der Blick auf erwogene Alternativen ist vor allem eine leitende ideale Orientierung, die das Bewusstsein für die jeweiligen Begründungsdefizite wachhalten soll. Dieses Bewusstsein kann eine Quelle sein, sich bei Gelegenheit um die Verbesserung der Erwägungen zu kümmern – sich etwa einen Stadtplan von Nürnberg zu kaufen –, so dass man in Zukunft besser erwägen und den gewählten Weg begründen kann. Auch mit dem Verbesserungsengagement ist angesichts knapper Ressourcen reflexiv erwägend umzugehen. Die Frage nach Verbesserungen zielt auf die Methoden des Erwägens selbst und die Frage, inwiefern man für jeweilige Probleme/Aufgaben/Fragen möglichst methodisch-systematisch zu erwägende Alternativen zu bestimmen vermag. Das methodische Spektrum des Erwägens mag von spontanen Einfällen über listenartige Zusammenstellungen bis hin zu kombinatorischen Erfassungen reichen. Jeweilige Methoden sind bezüglich ihrer Grenzen einzuschätzen, was ein Einstieg in Verbesserung jeweiliger Erwägungen ist.

3   Dissens und Differenz als Ausgang einer erwägungsorientierten Entfaltung jeweiliger Subjektivitäten beim gemeinsamen Lernen

Wie das Nürnberger-Wege-Beispiel zeigt, ist Erwägen so alltäglich, dass man seine *erwägungsorientierte* Entfaltung hin zu einem methodisch *reflexiven Erwägen* des Erwägens und Denken in Möglichkeiten schon mit kleinen Kindern verfolgen kann. Derartiges erwägungsorientiertes Denken in Möglichkeiten gerät etwa in den Blick, wenn man kontinuierlich Fragen verfolgt, wie: Könnte es auch anders sein? Sieht das jemand vielleicht ganz anders? Wie viele Möglichkeiten gibt es? Wie bist du auf diese Lösungen gekommen? Woher können wir wissen, ob wir alle Möglichkeiten gefunden haben? Wie gehen wir damit um, wenn wir das nicht wissen können?

Insofern Erwägen seinen Ausgang bei den einzelnen Kindern und ihren jeweiligen bisherigen Positionen, Annahmen, Einfällen, Hypothesen usw. nimmt, kann gemeinsames Lernen als eine Entfaltung und Integration aller Erwägungen der Kinder in einen Horizont zu erwägender Möglichkeiten gestaltet werden. In diesem Erwägungshorizont finden sich die Kinder mit ihren Positionen nicht nur wieder, sie entfalten ihre jeweilige Subjektivität auch hin zu mehr Intersubjektivität (Objektivität). Indem sie das Ziel verfolgen, ihre Position möglichst gut gegenüber zu erwägenden Alternativen begründen zu können, verlassen sie ihre bisherigen Positionen als Lösungspositionen und begeben sich auf die Suche nach zu erwägenden Alternativen, wozu sie sich mit den anderen Kindern austauschen und zusammen über Unterschiede und Gemeinsamkeiten nachdenken sowie nach weiteren Lösungsmöglichkeiten suchen. Einen Austausch mit konträren – je nach Verständnis nur differenten oder auch im Dissens zu einander stehenden – Lösungspositionen wird dabei zu einer Selbstverständlichkeit. Das Zusammenstellen und Bewahren der zu erwägenden Lösungsmöglichkeiten erhält einen eigenen Wert und durch gemeinsames Arbeiten sind Wertsteigerungen des jeweiligen einzelnen oder auch gemeinsamen Erwägungshorizontes möglich, was zu einem aufgeklärteren Dissens oder Konsens führen mag.

Durch die Erwägungs-Geltungsbedingung kann sich der Umgang selbst bei einer Ausgangslage mit großem Dissens von einem konkurrenz- und kampfbetonten Schlagabtausch hin zu einer gemeinsamen Suche nach zu erwägenden

Alternativen verlagern, bei dem es der Idee nach auch dann keine Verlierenden gibt, wenn sich eine Position als »besser« herausstellen sollte und hierüber sogar ein Konsens erzielt werden kann. Hierzu muss allerdings eine ausgeprägte Begründungsorientierung vorliegen, die die gerade auch widerlegte Position in ihrer Relevanz für die Begründung der gewählten Position schätzt und bewahrt, was wiederum zu einer veränderten Lernkultur im Umgang mit Misslingen und Ungewissheiten führt (s. Blanck 2012).

In dem Maße, wie es gelingt, erwägungsorientiertes Denken zu einer selbstverständlichen Orientierung bei allen Fragen und Themen zu machen, wo es um zu begründende Antworten und Lösungen geht, umso mehr kann gemeinsames und individuelles Lernen von Dissens, Differenzen und Konflikten einen konstruktiven forschenden Ausgang nehmen.

4   Mehrwert erwägungsorientierten Umgangs mit Dissens und Differenz

Erwägungsorientierte Pädagogik und Didaktik können an zahlreiche pädagogische Konzepte anknüpfen, für die ein Bedenken von Alternativen relevant ist (s. die in Blanck 2012 erörterte Literatur). Ich deute ein Beispiel an. Bedenkt man die drei Prinzipien des Beutelsbacher Konsens für politische Bildung (s. Wehling 1977), so mag man sich fragen, inwiefern insbesondere Kontroversitätsgebot und Indoktrinationsverbot nicht schon für hinreichende Erwägungen sorgen. Denn nach dem Kontroversitätsgebot ist das, was kontrovers in Wissenschaft und Politik ist, kontrovers im Unterricht zu diskutieren, damit sich die Schülerinnen und Schüler ein eigenes Urteil bilden können und nicht von der Meinung/Position/Lösung der Lehrenden überwältigt und indoktriniert werden. Aus erwägungsorientierter Perspektive greift dieser Ansatz aber zu kurz: Ein Hauptkritikpunkt aus erwägungsorientierter Perspektive besteht darin, dass auch Positionen, zu denen es *Konsense* gibt, nur so gut begründbar sind, wie man die zu ihnen problemadäquat erwogenen Alternativen anzugeben vermag. Entgegen dem auf Dissens beschränkten Beutelsbacher Kontroversitätsgebot wird vom Konzept einer Erwägungsorientierung ein Kontroversitätsgebot gerade auch für solche Positionen gefordert, bei denen ein Konsens besteht (zu weiteren Konsequenzen von Erwägungsorientierung für politische Bildung s. Blanck 2012).

Literatur

Blanck, B. (2012): Vielfaltsbewusste Pädagogik und Denken in Möglichkeiten – Theoretische Grundlagen und Handlungsperspektiven. Stuttgart: Lucius & Lucius.

Geißner, H. (1988): Sprechwissenschaft. Theorie der mündlichen Kommunikation. 2., durchgesehene Auflage. Frankfurt am Main: Scriptor Verlag.

Korte, P. (2003): Pädagogische Kommunikation oder Ein Plädoyer für alltägliche pädagogische Differenz- und Dissenskultur. In: Girmes, R./Korte, P. (Hg.): Bildung und Bedingtheit. Pädagogische Kommunikation im Kontext individueller, institutioneller und gesellschaftlicher Muster. Opladen: Leske + Budrich. 141-152.

Wehling, H.-G. (1977): Konsens à la Beutelsbach? Nachlese zu einem Expertengespräch. In: Schiele, S./Schneider, H. (Hg.): Das Konsensproblem in der politischen Bildung. Stuttgart: Ernst Klett Verlag. 173-184.

Wenn Lernen und Lehren zusammentreffen: gegenseitiges Helfen in heterogenen Klassen

Sabine Campana Schleusener

1 Einleitung

Die Erkenntnis, dass die Vorstellung homogener Schulklassen nicht der Realität entspricht, hat sich in der Pädagogik durchgesetzt. Eine Möglichkeit auf diese Tatsache zu reagieren ist, die Heterogenität der Schülerinnen und Schüler als Chance wahrzunehmen und sie im Unterricht gewinnbringend zu nutzen. Aus lerntheoretischer Sicht gibt es gute Gründe dafür, unterschiedliche Kompetenzen und Perspektiven als gewinnbringend, wenn nicht gar als zentral für das Lernen zu betrachten (Piaget 1947, Stern 2006). Besonders für das Mit- und Voneinanderlernen ergeben sich vielfältige Möglichkeiten. Da das Konzept des Helfens von einem zumindest vorübergehenden Ungleichgewicht zwischen Helfer und Hilfeempfänger ausgeht (Bierhoff 1990), bieten sich die gegenseitige Unterstützung und das Lernen voneinander in heterogenen Klassen geradezu an.

Es finden sich auf empirischer Basis Hinweise darauf, dass beim gegenseitigen Helfen im Unterricht alle Beteiligten profitieren können. So zeigte sich bei Peer-Tutoring-Programmen, dass sowohl der Tutor als auch der Tutee Fortschritte erzielten (Ginsburg-Block/Rorbeck/Fantuzzo 2006, Topping 2005). Während der Tutor sein Wissen elaboriert und reflektiert, profitiert der Tutee von unmittelbaren Rückmeldungen und individualisierten Erklärungen. Damit das Helfen lernförderlich ist, muss es aber gewissen Qualitätsansprüchen genügen: Wird die Lösung einfach vorgesagt oder die entsprechende Aufgabe sogar vom helfenden Kind übernommen, ist kaum von einem Lerngewinn auszugehen. Gibt das helfende Kind dem Hilfeempfänger jedoch die Chance, sein Wissen selbst zu (re-)konstruieren, werden Schlussfolgerungen logisch hergeleitet und Lernprozesse verbalisiert, ist von positiven Effekten auf beiden Seiten auszugehen (Roscoe/Chi 2008, van Lehn/Siler/Murray/Yamauchi/Baggett 2003). Qualitativ gute Hilfe zu leisten ist jedoch ein hoher Anspruch – insbesondere an noch junge Schülerinnen und Schüler. Sein eigenes Wissen zu reflektieren, andere Perspektiven zu berücksichtigen, die Überzeugungen des Gegenübers in Erklärungen aufzunehmen und die Intensität der Hilfestellung auf die gezeigte Kompetenz des Mitschülers abzustimmen, sind Kompetenzen, welche sich erst im Laufe der Primarschulzeit entwickeln und ausdifferenzieren (für eine Übersicht siehe z. B. Malti/Perren 2008). Auch auf der sozialen Ebene sind Hilfestellungen herausfordernd und oft von fragiler Natur. So beschreiben Krappmann und Oswald (1995) in ihrer Studie problematische Hilfeinteraktionen, bei denen

Helfer ihre Macht ausnutzten oder Hilfeempfänger ihre verletzliche Position über Degradierung der Hilfe zu kompensieren versuchten.

2 Das Projekt 'Kinder unterstützen Kinder'

Im Dissertationsprojekt 'Kinder unterstützen Kinder' wurden Hilfestellungen von vier- bis achtjährigen Kindern in Basisstufenklassen[1] des Kantons Bern in der Schweiz untersucht (vgl. dazu Campana 2012). In zehn Klassen wurden 80 Fokuskinder je einen Unterrichtsmorgen lang beobachtet. Es wurden dabei 430 natürlich auftretende Hilfeinteraktionen systematisch protokolliert. Zusätzlich wurde die Hälfte der Fokuskinder nach Zufallsprinzip ausgewählt und in einem Interview zum Thema Helfen befragt. Die Analyse der gewonnenen Daten erfolgte sowohl qualitativ als auch quantitativ. Das Ziel der Untersuchung war eine möglichst dichte und differenzierte Beschreibung von Hilfeprozessen in heterogenen Klassen unter verschiedenen sich ergänzenden Perspektiven. Nicht zuletzt sollten sich daraus auch Hinweise für einen möglichst gewinnbringenden Umgang mit dem gegenseitigen Helfen im Unterricht ergeben.

3 Ergebnisse

Betrachtet man zunächst die Auftretenshäufigkeit, zeigt sich, dass die 80 beobachteten Kinder pro Unterrichtsmorgen durchschnittlich an etwas mehr als fünf Hilfesituationen beteiligt waren ($M = 5.38$, $SD = 2.56$). Die Häufigkeit der Beteiligung an Hilfeinteraktionen bleibt über die vier Altersgruppen konstant. Unterscheidet man jedoch nach der Rolle 'helfend' und 'Hilfe empfangend', wird deutlich, dass die älteren Kinder vor allem Hilfe leisteten (bei 61% ihrer Interaktionen nahmen sie die Rolle des Helfers ein), während die jüngeren Kinder eher Empfänger von Hilfestellungen waren (bei 61% ihrer Interaktionen nahmen sie die Rolle des Hilfeempfängers ein). Dabei zeigt die Varianzanalyse mit Messwiederholung, dass die älteren Kinder im Verhältnis nicht häufiger um Hilfe gebeten wurden ($F(3,76) = 0.519$; $p = .670$), sondern ihre Hilfe von sich aus anboten.

Allgemein wurden Hilfestellungen eher angeboten als erbeten. Die meisten angebotenen Hilfestellungen wurden akzeptiert. Umgekehrt wurden die meisten erbetenen Hilfestellungen gewährt (vgl. Abb. 1). Die Beobachtungen wurden von den Aussagen der Kinder im Interview unterstrichen. 82% der befragten Kinder betonten, dass sie es mögen zu helfen.

Bernadette[2] (4. Basisstufenjahr): „Ich helfe gerne in der Basisstufe. Weil ich weiß, dass ich es kann. Und dann kann es Jasmin dann auch und das ist ja gut." (ID 5-7, 100)

---

1 In Basisstufenklassen werden Kinder der beiden Kindergartenklassen und der 1. und 2. Primarschulklasse gemeinsam unterrichtet.
2 anonymisiert

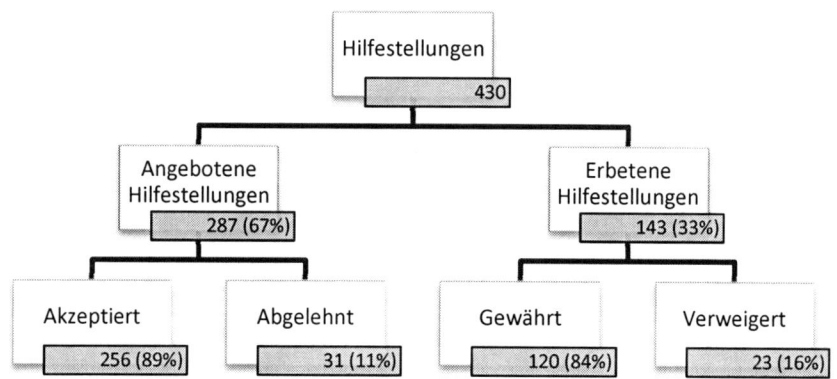

Abbildung 1:   Übersicht über Ablehnung und Annahme von Hilfestellungen

4% aller Hilfeinteraktionen wurden in dem Sinne als problematisch kodiert, als dass negative Gefühle auf der Seite des helfenden oder des Hilfe empfangenden Kindes vermutet wurden. Insbesondere bei der Ablehnung von Hilfegesuchen traten problematische Verläufe zutage, indem beispielsweise unehrliche Absichten unterstellt wurden (Beispiel: 'Du willst ja nur abschreiben').

Die Kinder halfen auf unterschiedliche Weise. Es zeigten sich drei Hauptkategorien. Da es sich hier um nominalskalierte Daten handelt, wurde mit dem Chi-Quadrat Test ein nicht-parametrischer Signifikanztest gewählt. Es wird dabei deutlich, dass das Alter nicht unabhängig von der Art der Hilfestellung ist ($\chi^2(6, N = 80) = 15.913, p = .014$).

- Aufgabe übernehmen: In 17% der Situationen löste das helfende Kind die Aufgabe anstelle des Hilfe erhaltenden Kindes. Die jüngsten Kinder waren in dieser Kategorie tendenziell häufiger vertreten.
- Lösungsprozess begleiten: In 71% der Situationen begleitete das helfende Kind über das Vorzeigen, Zurechtweisen oder Anleiten das Hilfe empfangende Kind in seiner Arbeit.
- Inhalte didaktisch aufbereiten: In 12% der Situationen griff das helfende Kind auf Lehrmethoden zurück, welche dem Hilfe empfangenden Kind Handlungsstrategien vermittelte, damit es die Aufgabe selbst lösen konnte. Solche didaktisierten Hilfestellungen wurden häufiger von den ältesten Kindern angewandt.

So scheint sich mit zunehmendem Alter eine Entwicklung der Qualität der Unterstützung abzuzeichnen. Diese Entwicklung lässt sich von der Lehrperson auf direktem und indirektem Weg unterstützen.

4 Fazit

Wenn man von Tausenden von lernbezogenen Hilfestellungen pro Schuljahr und Klasse ausgeht, wird deutlich, wie wichtig das Thema 'Helfen' ist. In altersgemischten Klassen ist sicherlich ein Vorteil, dass die Besetzung der Rolle des Helfers oder des Hilfeempfängers nicht über die Kompetenz alleine begründet werden muss. Das Alters- und Leistungsgefälle mit den damit jeweils verbundenen Rollen schien den befragten Kindern selbstverständlich. Wenn die jüngeren Kinder zu Beginn ihrer Bildungslaufbahn in einer Art Schonraum umsorgt und unterstützt werden, wachsen sie ganz natürlich in ihre zukünftige Rolle als Helfer hinein. Dass die Rollenfixierung über die Schuljahre hinweg weitgehend entfällt, scheint ein weiterer Vorteil altersgemischter Klassen. Dennoch bleiben Hilfeinteraktionen selbstverständlich nicht auf altersgemischte Klassen beschränkt. Da in Schulklassen immer verschiedene Begabungen, Interessen und Fertigkeiten zusammentreffen, bietet sich 'Helfen' als Thema im Unterrichtsalltag generell an. Wichtig ist, dass die Lehrperson die Kinder dabei unterstützt, qualitativ gute Hilfe zu leisten. Neben der Inszenierung von offenem Unterricht, der Schaffung von Lernanlässen, welche zum gegenseitigen Helfen anregen, der situativen Unterstützung bei problematischen Verläufen, dem Üben und Besprechen in Rollenspielen und der Sicherung eines Klassenklimas, in dem Heterogenität als Normalität gilt, muss die Lehrperson ihren eigenen 'Lehr-Drang' vielleicht öfters einmal zügeln. Gelingt es, in einer Klasse eine gute Helferkultur zu etablieren, kann von einer sonst oftmals als belastend wahrgenommenen Heterogenität im Klassenzimmer immer wieder profitiert werden.

Literatur

Bierhoff, H. W. (1990): Psychologie hilfreichen Verhaltens. Stuttgart: Kohlhammer.
Campana, S. (2012): Kinder unterstützen Kinder. Hilfestellungen in heterogenen Klassen. Bern: Haupt.
Ginsburg-Block, M./Rohrbeck, C. A./Fantuzzo, J. W. (2006): A Meta-Analytic Review of Social, Self-Concept, and Behavioral Outcomes of Peer-Assisted Learning. In: Journal of Educational Psychology. 98. Jg., H. 4. 732-749.
Krappmann, L./Oswald, H. (1995): Alltag der Schulkinder. Beobachtungen und Analysen von Interaktionen und Sozialbeziehungen. Weinheim: Juventa Verlag.
Lehn, K. van/Siler, S./Murray, C./Yamauchi, T./Baggett, W. (2003): Why do only some events cause learning during human tutoring? In: Cognition and Instruction. 21. Jg., H. 3. 209-249.
Malti, T./Perren, S. (2008): Soziale Kompetenzen bei Kindern und Jugendlichen. Stuttgart: Kohlhammer.
Piaget, J. (1947): Psychologie der Intelligenz. Zürich: Rascher.
Roscoe, R.D./Chi, M.T.H. (2008): Tutor learning: the role of explaining and responding to questions. In: Instructional Science. 36. Jg., H. 4. 321-350.
Stern, E. (2006): Was wissen wir über erfolgreiches Lernen in der Schule? In: Pädagogik. 58. Jg., H. 1. 45-49.
Topping, K. (2005): Trends in Peer Learning. In: Educational Psychology. 25. Jg., H. 6. 631-645.

Gemeinsam „Das Miteinander lernen" – Sachlernen in altersübergreifenden Lernsettings[1]

Iris Lüschen & Astrid Kaiser

1 Einleitung

Frühkindliche Bildung rückt zunehmend in den Fokus von Forschung. Dies zeigt sich z. B. darin, dass verschiedene Formen der Kooperation zwischen vorschulischen Einrichtungen und Grundschulen untersucht werden (u. a. Kreid/Knoke 2011). Aus fachdidaktischer Perspektive dominieren Fragestellungen, welche die Bereiche Schrift und Mathematik (u. a. Heinzel/Panagiotopoulou 2010) betreffen. Doch auch in der Sachunterrichtsdidaktik wird der Übergang zunehmend in den Blick genommen (u. a. Kaiser/Schomaker 2010). In diesem Beitrag wird ein Projekt vorgestellt, das seinen Fokus auf die Zusammenarbeit von Kindergarten- und Grundschulkindern in spezifischen Lernsettings (Peer-Tutoring) im Bereich des Sachlernens richtet. Das Forschungsprojekt *Das Miteinander lernen – frühe politisch-soziale Bildungsprozesse* untersucht den Aufbau kindlicher Wissensstrukturen und Erklärungsmuster im Übergang vom Elementar- in den Primarbereich.

Ein grundlegendes Gestaltungselement des Projektes ist das Prinzip *Kinder lernen von Kindern* (u. a. Scholz 1996). Durch die Initiierung gemeinsamer Lernprozesse soll herausgefunden werden, inwiefern es bereits Kindern des Primar- und Elementarbereichs gelingt, selbstständig im Tandem an sachunterrichtsrelevanten Inhalten zu arbeiten und welche Aspekte bezüglich Aufgabenstellungen, Hilfen und Interventionen zu beachten sind (Schomaker/Lüschen in Vorbereitung). Im Fokus stehen hierbei neben inhaltlichen Vorstellungen zu abstrakten Begriffen des politischen und sozialen Lernens reale soziale Interaktionen in Peer-Situationen, die durch eigens entwickelte Lernumgebungen angeregt werden. Um mehr über die Lernprozesse und Erklärungsmuster von Kindern in diesem Gebiet zu erfahren, wurde eine Grundschulklasse vom ersten Schuljahr an über zwei Jahre begleitet. In dieser Zeit wurde der Unterricht regelmäßig beobachtet, um die Entwicklung der Kinder nachverfolgen zu können. Jeweils einmal zur Mitte des zweiten Halbjahres des ersten und zweiten Schuljahres wurde mit den SchülerInnen eine Unterrichtseinheit zu einem Schwerpunktthema (z. B. gerechtes Verhalten und Verteilungsgerechtigkeit in der Gemeinschaft) durchgeführt. In diesen Unterrichtseinheiten wurden die fachlichen

---

1 Das diesem Artikel zugrundeliegende Vorhaben wird mit Mitteln des Bundesministeriums für Bildung und Forschung und des Europäischen Sozialfonds der Europäischen Union unter dem Förderkennzeichen 01NV1013/1014 gefördert. Die Verantwortung für den Inhalt dieser Veröffentlichung liegt bei den Autorinnen.

Gemeinsam „Das Miteinander lernen" – Sachlernen in altersübergreifenden Lernsettings   171

Grundlagen der jeweiligen Themen mit den Kindern erarbeitet sowie neue Methoden eingeführt. Anschließend haben die Grundschulkinder mit je einem Vorschulkind des jeweiligen Jahrgangs im Tandem eigenständig weitere Aufgaben zum entsprechenden Themenbereich bearbeitet. Vor und nach jeder Unterrichtseinheit wurden 10 Fokuskinder der Grundschule und ihre jeweiligen Partnerkinder aus dem Kindergarten in Einzelinterviews befragt. Die Peer-Tutoring-Phasen wurden außerdem mittels Audiogeräten aufgezeichnet. Alle Audiodateien wurden transkribiert und dienen als Grundlage für die Auswertung.

Auf Grundlage der Ergebnisse dieses Projektes und des Projektes *Miteinander die Welt erkunden. Naturwissenschaftliches Sachlernen im Übergang vom Elementar- in den Primarbereich* soll ein Konzept zur Gestaltung des Übergangs vom Elementar- in den Primarbereich in Bezug auf Inhalte des Sachunterrichts entwickelt werden (Schomaker/Lüschen in Vorbereitung).

2 Altersübergreifende Lernsettings – Struktur, Kriterien, Beispiele

Im Verlauf der insgesamt drei Projektjahre hat sich gezeigt, dass die Strukturierung der jeweiligen Lernsettings über eine Rahmengeschichte mit gleichbleibenden Protagonisten (Handpuppen) sinnvoll ist. Auf diese Weise wurde den SchülerInnen ein emotionaler Zugang zu den Lerngegenständen ermöglicht, gleichzeitig wurden ihnen Identifikationsfiguren angeboten.

Im Projektverlauf hat sich zudem gezeigt, dass der Konzeption und Strukturierung von Aufgaben beim altersübergreifenden Lernen eine besondere Bedeutung zukommt (Lüschen/Schomaker 2012). Die Gestaltung der Aufgaben erfolgte zum einen auf der Grundlage allgemeiner Kriterien für „gute Aufgaben" (Adamina 2010; Ruf 2008) und zum anderen aufgrund erster Schlussfolgerungen, die aus den Arbeitsergebnissen der Kinder und den Transkripten abgeleitet wurden. Lernaufgaben für altersübergreifende Lernsituationen sollten demnach so gestaltet sein, dass Lernenden mit sehr unterschiedlichen Voraussetzungen eine eigenständige Begegnung und Auseinandersetzung mit der Sache ermöglicht wird. Um dieser Heterogenität gerecht zu werden, sollten die Aufgaben z. B. möglichst offen gestaltet sein, wobei sich Offenheit auf verschiedene Aspekte einer Aufgabe bezieht (siehe auch Abb. 1): Zum einen sollte der Arbeitsauftrag so offen formuliert sein, dass sowohl Kindergarten- als auch Grundschulkinder sich mit ihren individuellen Kompetenzen, ihren Vorerfahrungen und ihrem Vorwissen gleichermaßen einbringen können. Zum anderen sollte die Aufgabe offen in Bezug auf vielfältige Zugangsweisen und Lösungsmöglichkeiten sowie Darstellungsweisen des Ergebnisses sein. Dieser Punkt beinhaltet auch den Einbezug von möglichen Hilfen (vgl. Lüschen/Schomaker 2012). Altersübergreifendes Peer-Lernen zeichnet sich neben der großen Heterogenität der Lerngruppe dadurch aus, dass es sich von der Konzeption her um das gemeinsame Arbeiten von mindestens zwei Kindern handelt. Es ist somit erforderlich, dass Aufgaben, die für diesen Zweck erarbeitet werden, explizit zur Kommunikation anregen. Durch Kooperation, Ko-Konstruktion und Perspektivenübernahme sollen kommunikativ gemeinsame Lösungen entwickelt werden (Ruf 2008). Unterstützt wurde dieser gemeinsame Aushandlungsprozess zudem dadurch, dass in der Peer-Phase den Tandems jeweils nur ein Logbuch zur Verfügung stand, in dem die Arbeitsergebnisse dokumentiert wurden.

Insbesondere in Bezug auf sozialwissenschaftliche Themen wurde zudem deutlich, dass den Kindern, anders als bei Themen wie Magnetismus oder Schall, der Bezug zwischen Unterrichtseinheit und Peer-Tutoring dadurch verdeutlicht werden sollte, dass die Aufgaben sich in Aufbau und Struktur ähneln.

Abbildung 1 veranschaulicht eine Aufgabe, die mehrere der oben aufgezeigten Kriterien beinhaltet. Hintergrund der abgebildeten Diskussion ist, dass Tom statt mit den anderen Kindern Essen zu sammeln, den ganzen Tag gespielt hat und sich abends bei dem Essen einer anderen Gruppe bedient. Diese Gruppe bezichtigt ihn des Diebstahls. Gemeinsam wird überlegt, wie man jetzt mit Tom umgehen sollte.

Abbildung 1:   Aufgabenbeispiel aus Peer-Tutoring

Der folgende Dialog zeigt, wie eines der Tandems aus Kindergartenkind (Lasse) und Grundschulkind (Lucas) mit der Aufgabe umgegangen sind:

Lucas[2]: Hm, „einige Kinder überlegen, was man jetzt machen sollte". (liest Sprechblasen vor). […] Hm, was findest du? Was findest du am gerechtesten? […]

Lasse: Was?

Lucas: (liest Aussagen erneut vor) „Was denkt ihr?" Was ist richtig? Das? Ja?

Lasse: Was ist das nochmal?

Lucas: „Ich finde Tim sollte bestraft werden". Bestrafen ist, glaube ich, ein bisschen zu viel.

Lasse: Jaa, aber ich würde das machen.

---

2 Namen anonymisiert

Lucas: Ich würde das (zeigt vermutlich auf eine der Sprechblasen) sagen.
Lasse: Was?
Lucas: Ich finde das.
Lasse: Nehm ich auch das.

Dieser Dialog zeigt zum einen, dass das Aufgabenformat die beiden dazu angeregt hat, gemeinsam über eine mögliche Lösung zu sprechen. Zum anderen zeigt er, dass Lucas sich sehr bemüht hat, Lasse in die Entscheidungsfindung einzubeziehen und auch Lasse seine Meinung geäußert hat. Unsere Daten zeigen des Weiteren, dass durchaus nicht alle Gruppen eine der angebotenen Lösungen angenommen haben, sondern dass die meisten zu eigenen, sehr solidarischen Lösungen gekommen sind.

3   Fazit

Ein erster Einblick in die Gespräche der Peer-Tutoring-Phasen verdeutlicht, dass es den Grundschulkindern gelingt, ihre Rolle als TutorIn anzunehmen und auch die Kindergartenkinder sich bei der gemeinsamen Arbeit einbringen. Die Kinder nutzen zur Gestaltung der gemeinsamen Arbeit vielfältige Erklärungs- und Interaktionsmuster. Das Peer-Lernen eröffnet auf der sozialen Seite Chancen der Partizipation und auf der inhaltlichen Seite Möglichkeiten zur Weiterentwicklung der eigenen Vorstellungen von sozialem und politischem Zusammenleben.

Literatur

Adamina, M. (2010): Mit Lernaufgaben grundlegende Kompetenzen fördern. In: Labudde, P. (Hg.): Fachdidaktik Naturwissenschaft. 1. – 9. Schuljahr. Bern: Haupt. 117-132.
Heinzel, F./Panagiotopoulou, A. (Hg.) (2010): Qualitative Bildungsforschung im Elementar- und Primarbereich. Bedingungen und Kontexte kindlicher Lern- und Entwicklungsprozesse. Baltmannsweiler: Schneider.
Kaiser, A./Schomaker, C. (2010): Weltwissen, Weltorientierung, Welterkundung? Zur Entwicklung und zum Stellenwert des Sachlernens im Übergang vom Elementar- zum Primarbereich. In: Giest, H./Pech, D. (Hg.): Anschlussfähige Bildung aus der Perspektive des Sachunterrichts. Bad Heilbrunn: Klinkhardt. 91-98.
Kreid, B./Knoke, A. (2011): Bildung gemeinsam gestalten – Kooperation von Kitas und Grundschulen begleiten und unterstützen. In: Kucharz, D./Irion, T./Reinhoffer, B. (Hg.): Grundlegende Bildung ohne Brüche. Wiesbaden: VS. 99-102.
Lüschen, I./Schomaker, C. (2012): Kinder erkunden die Welt. Zur Rolle von Lernaufgaben in altersübergreifenden Sachlernprozessen im Übergang vom Elementar- in den Primarbereich. In: Kosinar, J./Carle, U. (Hg.): Aufgabenqualität in Kindergarten und Grundschule. Grundlagen und Praxisbeispiele. Baltmannsweiler: Schneider. 185-196.
Ruf, U. (2008): Das Dialogische Lernmodell vor dem Hintergrund wissenschaftlicher Theorien und Befunde. In: Ruf, U./Keller, S./Winter, F. (Hg.): Besser lernen im Dialog. Dialogisches Lernen in der Unterrichtspraxis. Seelze-Velber: Kallmeyer. 233-270.
Scholz, G. (1996): Kinder lernen von Kindern. Baltmannsweiler: Schneider.
Schomaker, C./Lüschen, I. (in Vorbereitung): Miteinander Brücken bauen. Zusammen Gerechtigkeit erleben. Lernumgebungen für das gemeinsame Arbeiten von Kindergarten- und Grundschulkindern. Baltmannsweiler: Schneider.

Kita- und Grundschulkinder lernen zusammen. Altersmischung in kooperativen Settings aus Kindersicht

Agnes Kordulla

1 Theoretischer und empirischer Hintergrund

Im Zuge der Qualitätsdebatte zur Herstellung anschlussfähiger Lern- und Bildungsprozesse im Übergang von der Kita in die Schule werden derzeit verschiedene Modelle des altersgemischten Lernens im Übergang entwickelt und erprobt. Die Realisierungsformen reichen dabei von punktuellen Schnupperbesuchen bis hin zu fest verankerten Angeboten für jahrgangsgemischte Gruppen, in denen der Übergang als ein prozesshaft zu gestaltender Raum verstanden wird (Büker/Kordulla/Pollmann 2011). Neben der zeitlichen Strukturdimension der Projekte lassen sich außerdem unterschiedliche Formen der bewussten Nutzung der Altersheterogenität identifizieren. Dazu zählen einerseits subsidiäre Tutorenprogramme, andererseits symmetrisch angelegte Lernarrangements, in denen Erstklässler und künftige Schulanfänger in Projekten gemeinsam lernen.

Konzepten zum altersgemischten Lernen liegt die Annahme zugrunde, dass Kinder unterschiedlichen Alters und Entwicklungsstandes mit- und voneinander lernen. Aus entwicklungspsychologischer Perspektive kommt der sozialen Interaktion für kognitive und soziale Konstruktionsprozesse unter Lernenden besondere Bedeutung zu (Piaget 1947; Wygotski 1987; Youniss 1994). Nach Petillon (2010) werden soziale Interaktionen als „wechselseitige Einwirkung, als komplexes Gewebe von Handlungen und Gegenhandlungen" (ibid., 11) beschrieben, deren Qualität von „Intensität, Dauer sowie vom Ausmaß an gegenseitiger Vertrautheit und Wertschätzung" (ibid., 11) abhängig ist. Als besonders lernwirksam wird eine symmetrische Interaktion zwischen Kindern betont, in der aufgabenbezogene Problemlösungen in einem gleichberechtigten Konstruktionsprozess erarbeitet werden (Schmidt-Denter 2005). Tritt hingegen ein Lernpartner besonders dominant auf, kann der Lernzuwachs für andere Kinder ausbleiben. Damit rückt die Qualität der Interaktionen in den Vordergrund der Betrachtung. Aus pädagogisch-psychologischer Perspektive zeichnet sich Interaktionsqualität beim kooperativen Lernen insbesondere durch das gegenseitige Hilfeverhalten, einen wertschätzenden Umgang unter den Interaktionspartnern sowie durch eine gemeinsame Aufgabenbearbeitung aus (vgl. Battistich/Solomon/Delucchi 1993).

Die Wirkungen der Altersheterogenität auf die sozialen und kognitiven Lernprozesse der Kinder im Rahmen kooperativer Lernsettings sind im deutschen Sprachraum insbesondere im Rahmen der Erprobung der Modelle zur neuen Schuleingangsstufe untersucht worden. In der Zusammenschau der Forschungsergebnisse werden tendenziell positive Effekte auf der sozial-emotionalen Ebene beschrieben (Schulanfang auf neuen Wegen: Kultusministerium BW 2006; FLEX: Liebers 2008). Auch Kucharz/Wagener (2007) bestätigen in der Untersuchung von jahrgangsübergreifenden Lerngruppen im Schulanfang (JüLiSa) positive Effekte auf das Arbeits- und Sozialverhalten sowie die Kommunikation und Interaktion im Rahmen der Altersmischung ohne nachteilige Effekte der asymmetrischen Beziehungen zwischen älteren und jüngeren Kindern. Sie stellen jedoch fest, dass kooperative Verhaltensweisen geschlechts-, leistungs- und altersspezifisch sind. Für den Bereich des Übergangs liegen vereinzelt Forschungsergebnisse zu Wirkungen altersgemischten Lernens vor. Positive Effekte werden insbesondere bei fest implementierten, rhythmisierten Konzepten bestätigt (vgl. Bildungshaus 0-10 BW: Sturmhöfel 2011; Basisstufe Schweiz: Moser, Bayer, Berweger 2008; Campana Schleusener 2011). Bislang finden sich allerdings wenige Studien, die über qualitativ orientierte Forschungszugänge die Perspektive der Kinder auf das altersgemischte Lernen im Übergang erfassen. Reichmann (2010) bilanziert im Rahmen des Projektes „Schüler helfen Kindern" positive Effekte kooperativer Lernformen aus Sicht der Akteure. Eine besondere Rolle spielen für Kindergartenkinder und Zweitklässler der Aufbau von Freundschaften, das soziale Klima, aber auch eine hierarchielose Kooperation.

Für die Entwicklung von Lernsettings im Übergang ergeben sich aus den theoretischen Überlegungen und empirischen Ergebnissen wichtige Fragestellungen: Wie müssen kooperative Lernumgebungen gestaltet sein, um den heterogenen Lernvoraussetzungen und spezifischen Bedürfnissen aller Kinder gerecht zu werden? Was muss bei der Lerngruppenzusammensetzung beachtet werden? Welche Unterstützung brauchen Schul- und Kindergartenkinder, um in kooperativen Lernumgebungen mit- und voneinander zu lernen?

2 Projektbeschreibung und Untersuchungsdesign

Hier setzt die folgende Untersuchung an, indem sie die sozialen Interaktionen zwischen Kita- und Grundschulkindern fokussiert und im Sinne des Akteursparadigmas die Perspektive der Kinder auf das institutionenübergreifende und altersgemischte Lernen erfasst.

Um Kindern optimale Startbedingungen am Schulanfang zu ermöglichen, wird im Paderborner Modellprojekt Kinderbildungshaus eine modellhafte Zusammenarbeit zwischen zwei Kitas und einer Grundschule erprobt (Bührmann/Büker/Kordulla 2012). In rhythmisierten und fest implementierten Wochenstunden werden anschlussfähige, von Erzieherinnen und Lehrkräften konzipierte Lernarrangements zum naturwissenschaftlich-technischen Lernen angeboten, in denen künftige Schulanfänger und Erstklässler an zwölf Vormittagen im Schuljahr gemeinsam forschen, staunen, bauen und konstruieren. Am Lernort Schule treffen Kindergarten- und Schulkinder zusammen und bearbeiten in altersgemischten Gruppen die für sie vorbereiteten Angebote in verschiedenen

Lernwerkstätten, beispielsweise zum Thema Brückenbau, Verkehrserziehung oder zu den Phänomenen Wasser, Feuer, Luft. Im Rahmen einer qualitativ orientierten Teilstudie aus der auf drei Jahre angelegten wissenschaftlichen Begleitforschung des Modellprojektes durch die Universität Paderborn wurden die Interaktionen von Kita- und Grundschulkindern im Laufe des letzten Kindergartenjahres videogestützt beobachtet und analysiert. Auf Basis des Videodatenmaterials wurden nach Abschluss der Projektphase jeweils drei Gruppendiskussionen mit insgesamt zehn Kindergartenkindern und elf Schulkindern als auch eine Gruppendiskussion mit sechs Lehrer/innen und drei Erzieherinnen realisiert. Die Befragten wurden mit Videoszenen aus den Lernwerkstätten konfrontiert und aufgefordert, von ihren Erfahrungen zu berichten. Ein mehrperspektivischer Blick auf die Übergangsgestaltung und das Übergangserleben liefert erste wichtige Hinweise auf Bedingungen und Voraussetzungen eines gemeinsamen Lernens im Übergang.

3   Erste Ergebnisse aus der Kinderbefragung

Die Gruppendiskussionen zielten darauf, Einstellungen, Erfahrungen und Wünsche der Kinder bezüglich des altersgemischten Lernens im Übergang zu erheben. Dabei standen folgende Fragestellungen im Vordergrund: Wie erleben und beurteilen Kinder das altersgemischte Lernen in Bezug auf Kooperation und Hilfestellung in den Gruppen? Welche Ideen und Wünsche bringen die Kinder als Akteure in die Gestaltung der Werkstätten ein?

Erste Ergebnisse aus der Befragung der Kindergarten- und Schulkinder verweisen auf eine überwiegend positive Bewertung des altersgemischten Lernens. Vorteile der Lernwerkstattarbeit des Kinderbildungshauses werden von den Kindergartenkindern insbesondere im kognitiven und sozialen Bereich gesehen: *„… gut, weil dort viele Kinder und Freundinnen sind – gut zum Lernen, damit man was kann – und um sich gut zu benehmen!"* (Kita-Kinder 1-4). Sowohl Kindergartenkinder als auch Grundschulkinder sehen den Gruppenzusammenhalt als bedeutsam für das kooperative Lernen an, das Entfernen aus der Gruppe oder unterlassene Hilfestellung durch die jeweiligen Lernpartner werden hingegen scharf kritisiert. Bei der Präferenz der Lernpartner spielen Freundschaft und Vertrautheit sowohl für Kindergarten- als auch für die Schulkinder eine wichtige Rolle. Einige Schulkinder bevorzugen allerdings beim Lernen ihre Klassenkameraden *„… weil die verstehen besser Sachen"* (Schulkind 3). Insgesamt wünschen sie, selbst über ihre Lernpartner zu bestimmen. Bezüglich der Lernangebote präferieren Grundschulkinder anspruchsvolle Aufgaben und fordern größere Freiräume bezüglich Aufgabenbearbeitung ein. Beide Gruppen betonen den Wunsch nach mehr Bewegungs-, Spiel- und Sportmöglichkeiten.

Zusammenfassend zeichnet sich in den Aussagen der Kinder ab, dass die bewusst hergestellte Alters- und Leistungsheterogenität eine breite Angebotsdifferenzierung erfordert. Hier ist an komplexe Lernaufgaben zu denken, die eine natürliche Differenzierung ermöglichen und dadurch der Vielfalt kindlicher

Zugänge zu den Lerngegenständen sowie den Bedürfnissen der Kinder gerecht werden. Die Ergebnisse legen nahe, dass Autonomie und Beteiligung für die Kinder eine besondere Rolle zu spielen scheinen. Des Weiteren sollten Kontinuitätserfahrungen durch vertraute Peers sowie Statusunterschiede bei der Konzipierung altersgemischter Settings in den Fokus genommen werden.

Literatur

Battistich, V./Solomon, D./Delucchi, K. (1993): Interaction processes and student outcomes in cooperative learning groups. Elementary School Journal, 94. 19-32.

Bührmann, T./Büker, P./Kordulla, A. (2012): Schul- und Kindergartenentwicklung als neues interdisziplinäres Forschungsfeld: Methodologische Herausforderungen am Beispiel des Paderborner Modellprojektes: „Kinderbildungshaus". In: Hellmich, F. (Hg.): Bedingungen des Lehrens und Lernens in der Grundschule – Bilanz und Perspektiven. Wiesbaden. 135-138.

Büker, P./Kordulla, A./Pollman, A. (2011): Eine Didaktik für den Übergang? Kita- und Grundschulkinder forschen gemeinsam. In: Die Grundschulzeitschrift, 248/249. 42-45.

Campana Schleusener, S. (2011): Wenn Kinder voneinander lernen: Hilfestellungen auf der Basisstufe. In: Franziska Vogt u.a. (Hg.): Entwicklung und Lernen junger Kinder. Münster u.a. 161-171.

Kucharz, D./Wagener, M. (2007): Jahrgangsübergreifendes Lernen. Eine empirische Studie zum Lernen, Leistung und Interaktion von Kindern in der Schuleingangsphase. Baltmannsweiler.

Kultusministerium BW (2006): Schulanfang auf neuen Wegen. Abschlussbericht zum Modellprojekt. Arbeitskreis Wissenschaftliche Begleitung „Schulanfang auf neuen Wegen".

Liebers, K. (2008): Kinder in der flexiblen Schuleingangsphase. Perspektiven auf einen gelingenden Schulstart. Wiesbaden.

Moser, U./Bayer, N./Berweger, S. (2008): Summative Evaluation Grundstufe und Basisstufe. Zwischenbericht zuhanden der EDK-OST. Zürich.

Petillon, H. (2010): Soziales Lernen im Primarbereich. In: Zeitschrift für Grundschulforschung. Bildung im Elementar- und Primarbereich. 3 Jg.(2), 7-20.

Piaget, J. (1947): Psychologie der Intelligenz. Zürich/Stuttgart.

Reichmann, E. (2010): Übergänge vom Kindergarten in die Grundschule unter Berücksichtigung kooperativer Lernformen. Baltmannsweiler.

Schmidt-Denter, U. (2005): Soziale Beziehungen im Lebenslauf. 4. Auflage. Weinheim und Basel.

Sturmhöfel, N. (2011): Sozial-emotionale Entwicklung von Kindern im badenwürttembergischen Modellprojekt „Bildungshaus 3- 10". In: Hellmich, F. (Hg.): Bedingungen des Lehrens und Lernens in der Grundschule. Bilanz und Perspektiven. Jahrbuch Grundschulforschung. Wiesbaden. 131-134.

Wygotski, L. (1987): Arbeiten zur psychischen Entwicklung der Persönlichkeit. Ausgewählte Schriften, Bd. 2. Köln.

Youniss, J. (1994): Soziale Konstruktion und psychische Entwicklung. Herausgegeben von Lothar Krappmann und Hans Oswald. Frankfurt /M.

Jedem das Seine oder allen das Gleiche? – Individuelle Lernunterstützung in Schülerarbeitsphasen im Leseunterricht der Grundschule

Miriam Lotz & Frank Lipowsky

1 Einleitung und Fragestellungen

Lehrpersonen im Anfangsunterricht der Grundschule stehen vor der Herausforderung, trotz heterogener Klassenzusammensetzung jedem einzelnen Schüler förderliche Lernangebote bereitzustellen (z. B. Pauli/Reusser 2006). Dabei ermöglichen Schülerarbeitsphasen grundsätzlich eine dem eigenen Lerntempo entsprechende individuelle und aktive Auseinandersetzung mit dem Unterrichtsgegenstand und geben der Lehrperson gleichzeitig zahlreiche Gelegenheiten, einzelne Schüler individuell zu unterstützen (vgl. Krammer 2009). Es ist jedoch bisher wenig darüber bekannt, wie Lehrpersonen im Anfangsunterricht der Grundschule Hilfestellungen geben und ob sie dabei eher versuchen, alle Schüler gleichermaßen zu berücksichtigen oder aber die Schülerarbeitsphasen zur gezielten Förderung einzelner Schüler nutzen.

Der Beitrag soll daher die Frage beantworten, wie Lehrpersonen die Hilfestellungen, die sie den Schülern während der Schülerarbeitsphasen zukommen lassen, auf die einzelnen Schüler verteilen. Werden einzelne Schüler dabei unterschiedlich häufig berücksichtigt? Und wenn ja, zeigen sich hierbei systematische Zusammenhänge zur Schülerleistung, beispielsweise in der Form, dass schwächeren Schülern mehr Hilfestellungen gegeben werden?

2 Methodisches Vorgehen

Die Datengrundlage bildet die Videostudie im Fach Deutsch des längsschnittlich angelegten Forschungsprojekts PERLE (Persönlichkeits- und Lernentwicklung von Grundschulkindern), in der die Lehrpersonen unter anderem gebeten wurden, eine Leseübung durchzuführen. Die Unterrichtsstunden wurden im März des ersten Schuljahres videografiert (Lotz/Corvacho del Toro 2013).

Durch eine niedrig inferente Kodierung der Sozialformen (prozentuale Übereinstimmung $\geq$ 96.02%) wurde zunächst der öffentliche Unterricht von den Schülerarbeitsphasen (z. B. Einzel-, Partner- und Gruppenarbeit) abgegrenzt, sodass die Schülerarbeitsphasen (M = 18 Minuten; SD = 13 Minuten) als Analyseeinheit zur Beantwortung der genannten Fragestellung festgelegt werden konnten. Für den vorliegenden Beitrag konnten die Schülerarbeitsphasen von 46 videografierten Leseübungen ausgewertet werden.

Im Event-Sampling-Verfahren wurde jede vorkommende Hilfestellung identifiziert. Eine Hilfestellung wurde definiert als verbale oder nonverbale Aktion der

Lehrperson zur Unterstützung von Schülern, wozu sowohl direkte Anleitungen zum Erlesen von Wörtern als auch indirekte Hinweise zur Aufgabenbearbeitung zählen (vgl. auch Krammer 2009). Die Übereinstimmung bei der Identifikation der Hilfestellungen ist mit 91.48 % gut. Der Zeitpunkt der Hilfestellung konnte in 94.62 % der Fälle übereinstimmend bestimmt werden (Toleranzbereich +/- 1 Sekunde), sodass eine ausreichende Zuverlässigkeit der Beobachtungen angenommen werden kann. Für jede Hilfestellung wurde zudem kodiert, an welchen Schüler sie sich richtet (Übereinstimmung = 93.11 %).

Zu Beginn des ersten Schuljahres wurde als Vorläuferfertigkeit für das Lesen die Buchstabenkenntnis der Schüler getestet. Dadurch können die Leistungsvoraussetzungen der Schüler mit der Häufigkeit, in der sie von der Lehrperson Hilfestellungen erhalten, in Beziehung gesetzt werden.

3 Ergebnisse

Bevor auf die Verteilung der Hilfestellungen eingegangen wird, werden zunächst die Ergebnisse zur Häufigkeit ihres Vorkommens berichtet. Im Mittel werden pro Minute 2.19 Hilfestellungen erteilt (SD = 1.71), wobei sich die Lehrpersonen hierbei stark unterscheiden: Während eine Lehrperson nur 0.19 Hilfestellungen pro Minute gibt (d.h. nur etwa alle fünf Minuten erfolgt eine Hilfe), unterstützen andere Lehrpersonen die Schüler bis zu durchschnittlich 7.43 Mal pro Minute.

Für die folgenden Berechnungen wurden nur diejenigen Hilfestellungen einbezogen, die sich an einzelne Schüler (also nicht an Schülergruppen) richten, welche während der gesamten Zeit der Analyseeinheit im Klassenzimmer anwesend sind.

Für eine erste Analyse, inwiefern sich die Lehrpersonen in ihrem Unterstützungsverhalten an die Gegebenheiten der Klasse anpassen, wurde über alle Lehrpersonen ermittelt, inwieweit die Anzahl der Hilfestellungen pro Minute mit der Leistungsstärke der Klasse zusammenhängt. Über alle 46 Lehrpersonen zeigt sich eine signifikante Korrelation (Pearson) von r = -.45 (p < .01). Dies bedeutet: Je geringer die Leistungsstärke der Klasse, desto häufiger geben die Lehrpersonen den Schülern Hilfestellungen. Sie orientieren sich in ihrem Handeln also an den Voraussetzungen ihrer Klasse.

Dieser Zusammenhang sagt aber noch nichts darüber aus, wie sich die Hilfestellungen auf einzelne Schüler verteilen. Um zu analysieren, ob die Lehrpersonen ihre Hilfestellungen annähernd gleich verteilen oder aber einigen Schülern deutlich mehr Unterstützung zukommen lassen, wurde deshalb das individuelle Egalitätsideal in Anlehnung an Sacher (1995) berechnet, der dieses ursprünglich auf die Verteilung von Aufrufen und Meldungen im Klassenunterricht bezog. Das Prinzip soll kurz an einem Beispiel verdeutlicht werden: In einer Klasse mit 25 Schülern, in der die Lehrperson 50 Hilfestellungen erteilt, wäre eine absolute Gleichverteilung gegeben, wenn jeder Schüler zwei Hilfestellungen erhielte. Je stärker die tatsächliche Verteilung davon abweicht, desto höher ist die Varianz oder die Standardabweichung, die deshalb als Maß für das individuelle Egalitätsideal verwendet wird. Dabei muss allerdings berücksichtigt werden, dass dieser Wert umso höher werden kann, je größer die Anzahl an Hilfestellungen insgesamt ist. Betrachtet man dieses Maß für die einzelnen Klassen, so gibt es sowohl Klassen, in denen die Hilfestellungen annähernd gleich auf die einzelnen Schüler verteilt werden als auch Klassen mit einer starken Ungleichverteilung (die Standardabweichungen bewegen sich zwischen 0.32 und 22.81 bei einer mittleren Standardabweichung von 4.42). In der Klasse mit der höchsten Standardabweichung werden 212 Hilfestellungen erteilt. Da in dieser Klasse 21 Schüler anwesend sind, wäre eine Gleichverteilung gegeben, wenn jeder Schüler etwa 10 Hilfen erhalten würde. Faktisch unterstützt die Lehrperson aber sechs Schüler nie, 14 Schüler erhalten zwischen einer und 20 Hilfestellungen und einem Schüler kommt mit 106 Hilfen die Hälfte der gesamten Unterstützungsmaßnahmen zu.

Inwiefern die Verteilung der Hilfestellungen mit der Leistung der einzelnen Schüler in Zusammenhang steht, stellt Abbildung 1 dar, in der die klassenspezifischen Korrelationen zwischen den Leistungen im Buchstabenlesen zu Beginn des ersten Schuljahres und der Anzahl an erhaltenen Hilfestellungen während der videografierten Leseübung abgebildet sind.

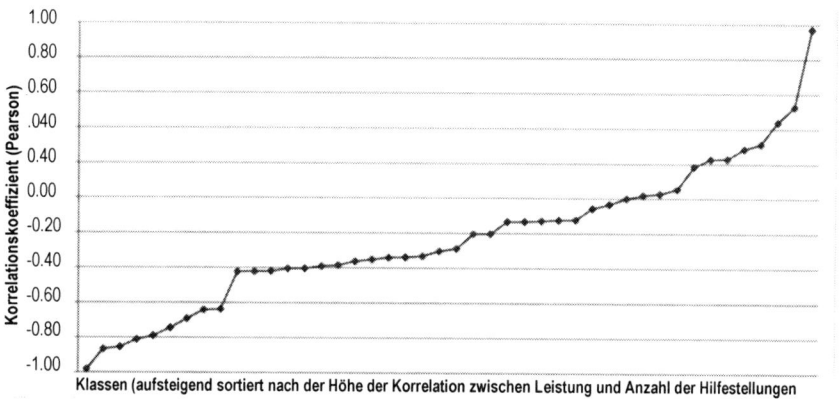

Abbildung 1: Klassenspezifische Korrelationen zwischen der Anzahl der erhaltenen Hilfestellungen und den Schülerleistungen[1]

Dabei bestehen in 22 Klassen negative Zusammenhänge von mindestens $r = .30$, die zum Teil sehr eng sind (bis zu $r = -.99$). In diesen Klassen konzentrieren sich die Lehrpersonen in ihrem Unterstützungsverhalten also auf die leistungsschwächeren Schüler. In 18 Klassen bestehen keine oder nur geringe Zusammenhänge ($-.30 < r < .30$) zwischen der Verteilung der Unterstützungsmaßnahmen und der

---

1 Die klassenspezifischen Korrelationen konnten für zwei der 46 Klassen nicht berechnet werden, da für die zu analysierenden Hilfestellungen der spezifische Adressat nicht erkennbar war.

Schülerleistung. In vier Klassen ergeben sich aber auch positive Zusammenhänge (zwischen r= .42 und r = .98). Hier unterstützen die Lehrkräfte demnach eher die leistungsstärkeren Schüler. Der Mittelwert der klassenweisen Korrelationen liegt bei r = -.23 und zeigt damit die insgesamt etwas stärkere Berücksichtigung leistungsschwächerer Schüler. Bei der Interpretation der Ergebnisse muss berücksichtigt werden, dass die Schüleranzahl in den einzelnen Klassen zum Teil sehr gering ist, sodass nur wenige Korrelationen signifikant werden.

4 Diskussion und Ausblick

Es konnte gezeigt werden, dass sich die videografierten Lehrpersonen in ihrem Unterstützungsverhalten und dessen Verteilung auf einzelne Schüler deutlich unterscheiden. Sie bewegen sich hierbei zwischen der Erfüllung des Anspruchs, jedem Schüler das gleiche Angebot zu gewähren, und der Adaptivität des Unterrichts – also der Anpassung an die spezifischen Voraussetzungen jedes einzelnen Schülers. In weiterführenden Analysen wird es daher beispielsweise darum gehen, Überzeugungen oder Kompetenzen der Lehrpersonen zu identifizieren, die deren unterschiedlichen Umgang mit der Heterogenität der Schüler erklären können. Dabei soll neben der Häufigkeit auch die Art und Qualität der Unterstützung berücksichtigt werden. Daneben ist geplant, noch weitere Merkmale der Schüler, wie deren Selbstkonzept oder Geschlecht, einzubeziehen und zu überprüfen, inwiefern die Lehrpersonen unterschiedlichen Schülergruppen andere Formen der Unterstützung zukommen lassen. Zum anderen ist von zentralem Interesse, ob und inwiefern das Unterstützungsverhalten im Unterricht die Entwicklung der Schüler in Abhängigkeit von deren Lernvoraussetzungen beeinflusst. Da für die hier verwendeten Unterrichtsvideos neben den Hilfestellungen beispielsweise auch die Fragen, Aufgabenstellungen oder die Rückmeldungen der Lehrperson an die Schüler identifiziert und kategorisiert wurden, soll weiterhin überprüft werden, ob sich hierbei ähnliche oder aber ganz unterschiedliche Muster bezüglich der Berücksichtigung bestimmter Schülergruppen zeigen.

Literatur

Krammer, K. (2009): Individuelle Lernunterstützung in Schülerarbeitsphasen. Eine videobasierte Analyse des Unterstützungsverhaltens von Lehrpersonen im Mathematikunterricht. Münster: Waxmann.
Lotz, M./Corvacho del Toro, I. (2013): Die Videostudie im Fach Deutsch: „Lucy rettet Mama Kroko". In: Lotz, M./Lipowsky, F./Faust, G. (Hg.): Technischer Bericht zu den PERLE-Videostudien. In: Lipowsky, F./Faust, G. (Hg.): Dokumentation der Erhebungsinstrumente des Projekts „Persönlichkeits- und Lernentwicklung von Grundschulkindern" (PERLE). Frankfurt am Main: Gesellschaft zur Förderung Pädagogischer Forschung (GFPF). Materialien zur Bildungsforschung, 23/3. 29-36.
Pauli, C./Reusser, K. (2006): Von international vergleichenden Video Surveys zur videobasierten Unterrichtsforschung und -entwicklung. Zeitschrift für Pädagogik. 52. Jg., H. 6. 774-798.
Sacher, W. (1995): Meldungen und Aufrufe im Unterrichtsgespräch: Theoretische Grundlagen, Forschungsergebnisse, Trainingselemente und Diagnoseverfahren. Augsburg: Wißner.

Mit Video einen mikroanalytischen Blick auf gemeinsam konstruierte Lernprozesse von Kindern richten

Monika Sujbert, Patrick Sunnen, Béatrice Arend & Pierre Fixmer

1 Theoretische und empirische Annäherung an das Lernen der Kinder

Im Zuge der Diskussion um die Bedeutung von (früh)kindlichen Bildungs- und Lernprozessen rückt die Frage der Beobachtbarkeit des *Lernens* in den Blickpunkt der grundschul- und elementarpädagogischen Forschung. Um *Lernen* sichtbar werden zu lassen, braucht es die Entwicklung einer methodischen Strategie und einen theoretischen Rahmen für dessen Beschreibung und Analyse (vgl. Wiesemann 2006, 175). Das hier vorgestellte und laufende qualitative Forschungsprojekt „ColeaP – Collaborative Learning among Peers" (Sunnen/ Arend/Fixmer 2010) zielt darauf ab, sich gemeinsam konstruierten Lernprozessen von Kindern anzunähern und somit in der Diskussion um die Beobachtbarkeit von *Lernen* einen Beitrag zu leisten.

In Bezug auf Lernen wird sich in diesem Projekt an dem Konzept des „collaborative learning", wie es in der englischsprachigen Diskussion z.B. von Charles Crook (1994) vertreten wird und an den Arbeiten von Gerold Scholz (2008, 2010) orientiert. Lernen wird hier als Prozess verstanden, der von den interagierenden Kindern gemeinsam hergestellt wird. Dies spricht methodisch für die Verwendung von Videos für die Beobachtung und Analyse von Lernprozessen.

2 Methodische Überlegungen

2.1 Videoaufzeichnungen

Videoaufzeichnungen bieten die Möglichkeit, beobachtbare Details sehr genau zu beschreiben. So erlauben sie es, die sequentielle Entfaltung interaktiver Abläufe zu untersuchen und dabei simultane Elemente zu berücksichtigen. Damit wird auch das komplizierte Zusammenspiel der verschiedenen multimodalen oder kommunikativen Ressourcen – wie etwa: gesprochene Sprache, Blicke, Gesten, Körperhaltungen und Körperpositionen sowie die Manipulation von Gegenständen – der Analyse zugänglich (vgl. Knoblauch/Tuma/Schnettler 2010, vgl. Mondada 2007). Trotz der Reichhaltigkeit von Videodaten muss man sich stets vor Augen halten, dass sie „keine schlichten Abbildungen der Wirklichkeit" (Knoblauch/Tuma/Schnettler 2010, 11) sind, sondern Konstruktionen der „technisch unterstützten und erweiterten Handlungen der Forschenden" (Knoblauch 2011, 141). Gleichwohl geben Videoaufnahmen den Forschenden die

Möglichkeit die Details zu reproduzieren, an denen die Teilnehmenden sich orientieren, um das Verhalten der anderen zu deuten sowie das eigene zu konstruieren (Mondada 2006, 54).

2.2 Fragestellung

Um die Fragen – *wie* lernen Kinder von und miteinander, und *wie* kann man dies beobachten und sichtbar machen? – beantworten zu können, wurde im Rahmen des Projektes ein Untersuchungsdesign entwickelt, mit dessen Hilfe die auf den Videoaufzeichnungen sichtbaren Interaktionen mikroanalytisch untersucht werden können.

2.3 Untersuchungsdesign

Nach einer Pilotstudie nahmen an der Hauptuntersuchung zwei altersgemischte Kinderpaare im Alter von fünf bis acht Jahren teil, die entweder befreundet waren oder Geschwister sind. Hierbei wird in Anlehnung an Vygotskij (2002) von der Grundannahme ausgegangen, dass die über das Alter herbeigeführte Differenz zur Schaffung von zusätzlichen Lernmöglichkeiten beiträgt. Als Ort für die Datenkonstruktion wurde ein pädagogischer Bauernhof ausgewählt, wo eine Dyade einen Tag lang bei verschiedenen Aktivitäten begleitet wurde. So haben die Kinder dort u.a. die Tiere besucht und gebacken. Diese Organisation gab den Kindern die Möglichkeit allmählich mit den Forschern, der Umgebung sowie dem Umstand vertraut zu werden, dass ihre Handlungen mit Videokameras aufgezeichnet werden. Unser Interesse galt besonders der Backaktivität, die so ausgerichtet war, dass die beiden Kinder dieser möglichst ‚gestaltungsoffen' nachgehen konnten. Diese Aktivität wurde aus vier unterschiedlichen Kameraperspektiven aufgezeichnet.

2.4 Datenaufbereitung und Analyse

Die vier daraus resultierenden Videoaufzeichnungen wurden in einem Mehrfachbild zusammengestellt, welches ‚dasselbe' Geschehen aus vier Perspektiven zeigt. Als Editierungstechnik wird dieses Verfahren in der einschlägigen Literatur als „split screen" (vgl. Mondada 2009) bezeichnet. Während der Analyse wurde die kombinierte Betrachtung dieser vier Perspektiven zu einem zentralen Instrument. Diese Konstruktion haben wir „joint screen" genannt (Arend/ Sunnen/Fixmer/Sujbert eingereicht).

Bei der Analyse der Daten wurde in Anlehnung an die ethnomethodologische Konversationsanalyse sequenzanalytisch vorgegangen, d.h. es wurde versucht „Einheiten" zu bestimmen „die jeweils von den Akteuren gesetzten Markierungen (z.B. ‚turns') anhand des ‚Relevanzprinzips' sensitiv festgelegt werden" (Knoblauch 2011, 143). Durch das koordinierte Hervorbringen von Hand-

lungszügen zeigen sich die Kinder gegenseitig an, was sie gerade tun und wie
sie ihre(n) Interaktionspartner verstehen.

3 Erste Ergebnisse

Mit Hilfe der ersten Mikroanalysen von so bestimmten, relativ kurzen Aus-
schnitten konnte gezeigt werden, *wie* die Kinder ihre Interaktionen untereinander und mit den Gegenständen organisieren und aufrechterhalten: Sie greifen
neben der gesprochenen Sprache auch auf eine Reihe von anderen kommunikativen Ressourcen zurück. Sie fokussieren einen gemeinsamen Gegenstand (z. B.
den werdenden Teig) mit ihren Blicken, bewegen einen Gegenstand (z. B. einen
Schneebesen) gemeinsam oder parallel, nehmen eine besondere Körperhaltungen zueinander ein (z. B. eine, die es einem Kind erlaubt gleichzeitig eine Hand-
lung wie das Rühren auszuführen und sie für das andere sichtbar zu las-
sen/machen). Im zeitlichen Verlauf organisieren die Kinder gemeinsam ihr
Verhalten im gemeinsamen Tun, Zeigen und Zuschauen. So gestalten sie ‚Momente', in denen es etwas in Bezug auf einen für sie relevanten thematischen
Gegenstand (z. B. ‚Verrühren des Teiges') zu tun gibt. Im Laufe der Analyse
wurde ‚Moment' als Arbeitsbegriff eingeführt, da er sowohl auf eine kurze
Zeitspanne verweist, sowie die Idee von Dynamik enthält, da er von dem latei-
nischen Verb ‚movere' (bewegen) abstammt.

4 Fazit und Ausblick

Im weiteren Verlauf des Projektes werden noch zusätzliche Momente auf die
Frage hin untersucht, ob und wie sich diese als 'Lern-Momente' verstehen lassen. Die Tragfähigkeit dieses Begriffes sowie das Design der Studie werden
weiterhin geprüft und ggf. erweitert, um zu einer theoretischen und empirischen
Fundierung von gemeinsam konstruierten Lernprozessen von Kindern beitragen
zu können. Das hier vorgestellte Untersuchungsdesign bedarf einer kontinuierli-
chen Reflexion, um u.a. zu klären, welchen Einfluss die Anwesenheit von mehreren, mit technischen Geräten ausgestatteten Beobachtern auf die Interaktionen
der Kinder hat und wer die Adressaten der Handlungen der Kinder sind (sie
selbst und/oder die anwesenden Forscher)? Eine Herausforderung des Designs
liegt zudem darin, dass es schwierig wird Kinder aufzuzeichnen die in Bewegung sind und nicht an einem Ort verweilen, um einer Aktivität nachzugehen.
Auch ethische Fragen müssen mit größter Sorgfalt bedacht werden (vgl. Sun-
nen/Arend/Fixmer, 2013). Indes bietet es sich an, dieses Design auch für institutionelle Kontexte weiterzuentwickeln. Die Ergebnisse dieser und zukünftiger
Studien sollen über das Lernen der Kinder Aufschluss geben und somit Reflexi-
onsmöglichkeiten für die dort tätigen professionellen Akteure für das Erkennen
von Lern- und Bildungsprozessen der Kinder bieten.

Literatur

Arend, B./Sunnen, P./Fixmer, P./Sujbert, M. (eingereicht): Expanding Multimodal Interaction Analysis with Joint Screen. In: Classroom Discourse, Special Issue Multimodality. 4. Jg., H. 2.
Crook, C. (1994): Computers and the Collaborative Experience of Learning. London: Routledge.
Knoblauch, H./Tuma, R./Schnettler, B. (2010): Interpretative Videoanalysen in der Sozialforschung. In: Maschke, S./Stecher, L. (Hg.): Enzyklopädie Erziehungswissenschaft Online. Weinheim, München: Juventa.
Knoblauch, H. (2011): Videoanalyse, Videointeraktionsanalyse und Videographie – zur Klärung einiger Missverständnisse. In: sozialer sinn. 12. Jg., H. 1. 139-147.
Mondada, L. (2006): Video Recording as the Reflexive Preservation and Configuration of Phenomenal Features for Analysis. In: Knoblauch, H./Schnettler, B./Raab, J./Soeffner, H.-G. (Hg.): Video Analysis: Methodology and Methods. Qualitative Audiovisual Data Analysis in Sociology. Frankfurt am Main: Peter Lang. 51-67.
Mondada, L. (2009): Video Recording Practices and the Reflexive Constitution of the Interactional Order: Some Systematic Uses of the Split-Screen Technique. In: Human Studies. 32, H. 1. 67-99
Mondada, L. (2007): Interaktionsraum und Koordinierung. In: Schmitt, R. (Hg.): Koordination. Analysen zur multimodalen Interaktion. Tübingen: GNV. 55-93.
Scholz, G. (2008): Der Sprung über die Bank. In: Mitgutsch, K./Sattler, E./Westphal, K./Breinbauer, I. M. (Hg.): Dem Lernen auf der Spur. Die Pädagogische Perspektive. Stuttgart: Klett-Cotta. 78-96.
Scholz, G. (2010): Lernen als kommunikative Haltung. Überlegungen zu einem erziehungswissenschaftlichen Lernbegriff. In: Schäfer, G./Staege, R. (Hg.): Frühkindliche Lernprozesse. Ethnographische und phänomenologische Beiträge zur Bildungsforschung. Weinheim, München: Juventa. 51-68.
Sunnen, P./Arend, B./Fixmer, P. (2010): Collaborative Learning among Peers. Research project proposal. Submitted and accepted for funding by the National Research Fund Luxembourg. Projekt-Nr. C10/LM/783 921.
Sunnen, P./Arend, B./Fixmer, P. (2013): « Sibling Stories » – L'invasion des chercheurs. Réflexions méthodologiques et déontologiques sur la construction d'observables vidéo en contexte familial. Actes du 14e Colloque AIFREF (Association Internationale de Formation et de Recherche en Education Familiale).Université du Luxembourg. Luxembourg. 123-128.
Wiesemann, J. (2006): Die Sichtbarkeit des Lernens. Empirische Annäherung an einen pädagogischen Lernbegriff. In: Cloos, P./ Thole, W. (Hg.): Ethnographische Zugänge. Professions- und adressatInnenbezogene Forschung im Kontext von Schule und Sozialer Arbeit. Wiesbaden: VS Verlag für Sozialwissenschaften. 171-183.
Vygotskij, L. S. (2002): Sprechen und Denken. Weinheim: Beltz. (Orig. Moskau 1934).

Gemeinsames Reflektieren über im Kunstunterricht entstandene Arbeiten. Zur Konzeption der videobasierten Untersuchung

Sonja Orth & Gabriele Faust

1 Ausgangslage

Mit der Reflexion über eigene bildnerische Arbeiten können die individuelle Leistung eines Schülers und damit verbunden seine Person in den Mittelpunkt des Kunstunterrichts gestellt werden. Das gemeinschaftliche Lernen wird unterstützt, indem im gemeinsamen Gespräch von der Lehrkraft und der Klasse auf unterschiedliche bildnerische Ergebnisse der Schüler eingegangen wird. Die Reflexionsphase im Kunstunterricht kann daher einen entscheidenden Beitrag zur individuellen Förderung einerseits und dem Lernen in der Gemeinschaft andererseits leisten.

Im Folgenden wird eine videobasierte, quantitativ angelegte Untersuchung zur fachdidaktischen Analyse von Reflexionsphasen im Kunstunterricht der Grundschule vorgestellt. Diese Reflexionseinheiten sollen beschrieben und hinsichtlich ihrer Qualität eingeschätzt werden, um dadurch Erkenntnisse zu gewinnen, wie in der aktuellen Unterrichtspraxis Reflexionsphasen von Lehrkräften implementiert werden. Dies soll dazu beitragen, das bislang in der Unterrichtsqualitätsforschung vernachlässigte Fach Kunst empirisch zu untersuchen und in Qualitätsanalysen einzubeziehen.

2 Theoretischer Hintergrund

2.1 Rezeption, Produktion und Reflexion

Rezeption, Produktion und *Reflexion* stellen die drei zentralen Handlungsfelder des Fachs Kunst dar (Niehoff 2009). Neben dem Betrachten und Besprechen ästhetischer Objekte wie Werken der Bildenden Kunst (*Rezeption*) und dem eigenen bildnerischen Gestalten (*Produktion*) wird im Kunstunterricht über das eigene gestalterische Tun nachgedacht (*Reflexion*). Die Vernetzung dieser drei Bereiche stellt ein wesentliches Grundprinzip des Kunstunterrichts dar (Kirchner 2009a).

2.2 Die Reflexionsphase im Kunstunterricht

Die Reflexion nimmt für das Lernen einen zentralen Stellenwert ein. In Modellen selbstgesteuerten Lernens wird in der Reflexionsphase die Aufgabenbearbeitung beurteilt, um den aktuellen Lernprozess abzuschließen und nachfolgendes

Lernen zu beeinflussen (Schmitz/ Wiese 2006). Auch im Fach Kunst dient die gemeinsame Reflexion der Bewusstwerdung über das momentane eigene Tun und der Erweiterung des Gestaltungsvermögens für zukünftiges Lernen (Kirchner 2009b). Gleichzeitig stellt die kunstunterrichtliche Reflexionsphase eine fachspezifische Besonderheit dar: Gegenstand der Auseinandersetzung sind hier Ergebnisse, die für alle sichtbar, z. B. in Form von Zeichnungen oder dreidimensionalen Objekten, vorliegen. Anders als in anderen Fächern können diese nicht in richtige oder falsche Lösungen eingeteilt werden, weshalb für deren Reflexion eigene kunstspezifische Qualitätsaspekte erforderlich sind. Die entstandenen Produkte können dabei z. B. hinsichtlich ihrer *Gestaltung* und *Unkonventionalität* besprochen werden. Außerdem kann der Entstehungsprozess reflektiert werden, indem z. B. auf den *Umgang mit dem Material* oder *aufgetretene Probleme* eingegangen wird (Kirchner 2003).

3   Forschungsdesign

3.1 Ziel, Fragestellungen und Datengrundlage der Untersuchung

Bisher fehlen empirisch angelegte systematische Untersuchungen zur Beschreibung und Qualitätseinschätzung der Reflexionsphase im Kunstunterricht. Ziel der vorgestellten Arbeit ist es daher, die Reflexionsphase des Kunstunterrichts anhand videografierter Unterrichtsstunden der PERLE-Videostudie Kunst zu analysieren. Forschungsleitend ist dabei zunächst die Frage, welche fachdidaktischen Kriterien eine angemessene Reflexionsphase im Kunstunterricht der Grundschule kennzeichnen. Außerdem soll erhoben werden, wie sich die Ausgestaltung und Qualität der videografierten Reflexionsphasen unterscheiden, um dadurch Erkenntnisse zu gewinnen, wie diese in der aktuellen Unterrichtspraxis von Lehrkräften implementiert werden.

Die Auswertung erfolgt anhand des Datenmaterials der Videostudie Kunst des Forschungsprojekts PERLE (Persönlichkeits- und Lernentwicklung von Grundschulkindern, 2005-2012, Lipowsky/ Faust/ Greb 2009). 2007 wurde in 33 Klassen des zweiten Schuljahres eine 90-minütige Einheit zum Thema Joan Miró aufgezeichnet. Im Rahmen dieser Studie erhielten die Lehrkräfte am Lehrplan orientierte inhaltliche Vorgaben, wie das eigene plastische Gestalten der Schüler mit den Materialien Modelliermasse und Draht und das Reflektieren der aus dem gestalterischen Tun resultierten Ergebnisse (Lotz/ Berner/ Gabriel/ Post/ Faust/ Lipowsky 2011).

3.2 Methodisches Vorgehen

Die vorliegende Untersuchung der Reflexionsphasen baut auf der Basiskodierung auf, bei der u. a. die Analyseeinheit der Reflexion festgelegt wurde (Berner/ Schmidt/ Lotz/ Stackmann in Vorb.). Für genauere Analysen ist ein Instrument erforderlich, mit dem die Ausgestaltung der Reflexionsphasen untersucht werden kann. Das methodische Vorgehen ist dabei angelehnt an das der Pythagoras-Studie (Hugener/ Pauli/ Reusser 2006): In einem ersten Schritt wird der theoretische Hintergrund auf der Basis kunstdidaktischer und instruktionspsychologischer Literatur erarbeitet. Neben diesem theoriegestützten deduktiven Vorgehen wird das Instrument induktiv, d. h. vom Material her, weiterentwickelt, indem aus den Unterrichtslektionen Hinweise auf bislang noch nicht berücksichtigte Aspekte gewonnen werden. Die in diesem Prozess entwickelten Kategorien werden in einem Manual beschrieben und durch beobachtbare Indikatoren operationalisiert. Anhand des Manuals beurteilen zwei Personen unabhängig voneinander die Reflexionsphasen der Unterrichtsvideos und es wird die Beobachtereinstimmung berechnet, um die Brauchbarkeit des Analysesystems zu überprüfen. Gegebenenfalls wird es noch einmal überarbeitet. Daran schließt sich die Analyse des gesamten Datenmaterials durch einen Master und zwei Personen an. Die Reliabilität wird dabei fortlaufend überprüft. In einem letzten Schritt werden die Daten aufbereitet, statistischen Analysen unterzogen und in Bezug auf die Fragestellungen interpretiert und diskutiert (Hugener 2006).

Das zu entwickelnde Analysesystem setzt sich aus sog. Items zusammen, die verschiedene Facetten der Reflexionsphase im Kunstunterricht darstellen und niedrig bis hoch inferent beschrieben bzw. eingeschätzt werden sollen. Während niedrig inferente Kodierungen die Häufigkeit und Dauer von Ereignissen erfassen (z. B. Wiederholung des Arbeitsauftrags: Kommt vor/Kommt nicht vor) und das Ziel in der Beschreibung des Unterrichts liegt, sind bei hoch inferenten Items interpretative Schlussfolgerungen nötig und die Analysen zielen auf die Beurteilung der Unterrichtsqualität. Auf einer vierstufigen Skala wird eingeschätzt, inwieweit die beobachtete Reflexionsphase mit der formulierten Grundidee hinsichtlich eines bestimmten Merkmals übereinstimmt (1 = sehr geringe Ausprägung; 4 = sehr hohe Ausprägung).

4 Zwischenstand und Ausblick

Das Auswertungsmanual besteht gegenwärtig aus insgesamt ca. 20 Items, von denen ein Teil niedrig inferent kodiert, der andere Teil hoch inferent eingeschätzt werden soll. Jedes Item beschreibt ein Merkmal bzw. einen Qualitätsaspekt der Reflexionsphase. Die bisher skizzierten Items lassen sich den beiden Bereichen *Gegenstand der Reflexion* (Was wird reflektiert?) und *Unterrichtliche Umsetzung* (Wie wird reflektiert?) zuordnen. Zum Gegenstand der Reflexion zählen Items zum Produkt (z. B. *Darstellung; Unkonventionalität*) und zum Prozess (z. B. *Handwerkliche Herstellung; Gestaltungsprozess*). Beim Item *Darstellung* soll z B. auf einer Skala von 1 bis 4 eingeschätzt werden, wie intensiv die Lehrkraft mit den Schülern die Gestaltung der Plastiken bespricht. Als Auftakt zu einer intensiveren Besprechung, die nicht nur oberflächlich den Namen einer Figur abfragt, kann die Frage gewertet werden: „Warum hat deine Figur so ein großes Maul?" Mit dieser Äußerung lenkt die Lehrkraft die Aufmerksamkeit auf die Verbindung von Motiv, Intention und Gestaltung in der spezifischen Schülerarbeit. Die unterrichtliche Umsetzung beinhaltet Items wie

z. B. den *Einbezug der Schüler*, die *Präsentation der Schülerarbeiten* oder die *Art der Rückmeldungen der Lehrkraft*.

Im weiteren Fortgang der Entwicklung werden zusätzlich auch allgemeindidaktische Kriterien der Unterrichtsqualitätsforschung, die kunstdidaktisch relevant sind, z. B. der *Gebrauch von Fachsprache* oder die *inhaltliche Fokussierung*, aufgegriffen und für den Kunstunterricht modifiziert.

Literatur

Berner, N. E./Schmidt, R./Lotz, M./Stackmann, S. (in Vorb.): Niedrig inferente Kodierung der inhaltsbezogenen Aktivitäten in der Videostudie Kunst. In: Lipowsky, F./Faust, G./Greb, K. (Hg.): Dokumentation der Erhebungsinstrumente des Projekts „Persönlichkeits- und Lernentwicklung von Grundschulkindern" (PERLE) – Teil 3: Technischer Bericht zu den PERLE-Videostudien. Materialien zur Bildungsforschung, Bd. 23/3. Frankfurt a. M.: GFPF.

Hugener, I./Pauli, C./Reusser, K. (Hg.) (2006): Videoanalysen. Materialien zur Bildungsforschung, Bd. 15. Frankfurt a. M.: GFPF.

Hugener, I. (2006): Überblick über die Beobachtungsinstrumente. In: Hugener, I./Pauli, C./Reusser, K. (Hg.): Videoanalysen. Materialien zur Bildungsforschung, Bd. 15. Frankfurt a. M.: GFPF. 45-54.

Kirchner, C. (2003): Ästhetisches Verhalten im Kindes- und Jugendalter. In: Busse, K.-P. (Hg.): Kunstdidaktisches Handeln. Dortmunder Schriften zur Kunst Studien zur Kunstdidaktik, Bd. 1. Norderstedt: Books on Demand. 76-109.

Kirchner, C. (2009a): Prinzipien des Kunstunterrichts. In: Kirchner, C. (Hg.): Kunstunterricht in der Grundschule. Ziele, Inhalte, Techniken. Beispiele für das 1. bis 4. Schuljahr. Berlin: Cornelsen Scriptor. 24-31.

Kirchner, C. (2009b): Kunstpädagogik für die Grundschule. Bad Heilbrunn: Klinkhardt.

Lipowsky, F./Faust, G./Greb, K. (2009): Dokumentation der Erhebungsinstrumente des Projekts „Persönlichkeits- und Lernentwicklung von Grundschulkindern" (PERLE) – Teil 1: PERLE-Instrumente: Schüler, Lehrer, Eltern (Messzeitpunkt 1). Materialien zur Bildungsforschung, Bd. 23/1. Frankfurt a. M.: GFPF.

Lotz, M./Berner, N. E./Gabriel, K./Post, S./Faust, G./Lipowsky, F. (2011): Unterrichtsbeobachtung im Projekt PERLE. In: Kucharz, D./Irion, T./Reinhoffer, B. (Hg.): Grundlegende Bildung ohne Brüche. Jahrbuch Grundschulforschung, Bd. 15. Wiesbaden: VS Verlag für Sozialwissenschaften. 183-194.

Niehoff, R. (2009): Bildung – Bild(er) – Bildkompetenz(en): Zu einem wesentlichen Bildungsbeitrag des Kunstunterrichts. In: Bering, K./Niehoff. R. (Hg.): Bildkompetenz(en). Beiträge des Kunstunterrichts zur Bildung. ARTIFICIUM – Schriften zu Kunst und Kunstvermittlung, Bd. 28. Oberhausen: Athena. 13-42.

Schmitz, B./Wiese, B. S. (2006): New perspectives for the evaluation of training sessions in self-regulated learning: Time-series analyses of diary data. In: Contemporary Educational Psychology. 31. Jg., H. 1. 64-96.

„Hiermit eröffne ich…" – Gesprächspraxis in einem Schülerparlament

Ilka Hutschenreuter

1 Schülerparlamente in der Grundschule

Der Beitrag stellt die Gesprächsorganisation eines Schülerparlamentes in einer beteiligungsorientierten Grundschule in den Mittelpunkt und geht der Frage nach, welche Gesprächspraktiken und Routinen erkennbar sind. Schülerparlamente orientieren sich an einem repräsentativen Demokratieverständnis, nach dem gewählte Schüler/innen die Interessen einer Klasse oder Lerngruppe in einem Gremium, dem Schülerparlament, vertreten. An Grundschulen ist die Institutionalisierung dieser Versammlungsform eher selten anzutreffen. Aushandlungsprozesse finden sich hier vor allem in direkten Partizipationsformen wie dem Klassenrat oder Morgenkreis und wurden bereits empirisch untersucht (vgl. zum Klassenrat de Boer 2006, Kiper 1997; zum Morgenkreis vgl. Heinzel 2001). Die Sitzungen in Schülerparlamenten können im Sinne einer kommunikativen Praktik als Gesprächssituationen eingeordnet werden, genauer als moderierte pluralistische Gespräche, mit denen in der Regel eine Diskussion einhergeht (vgl. Vogt 2002). Die Eröffnung dieser Gespräche wird im Folgenden in zwei kurzen Szenen näher betrachtet.

Grundlage für die Interpretation ist das Datenmaterial von zehn Sitzungen eines Schülerparlamentes einer „best practice" Schule, die im Rahmen einer ethnographischen Studie teilnehmend beobachtet wurden. Fokussiert wurde dabei auf die perfomativen und diskursiven Praktiken des Settings (vgl. Reckwitz 2003). Festgehalten sind die Beobachtungen in Protokollen, die mit Hilfe von Feldnotizen und verschrifteten Audiomitschnitten erstellt wurden. In der Auswertung wurden Sequenzanalysen (vgl. bspw. Deppermann 2008, S. 49ff.) mit Kodierverfahren (angelehnt an das Forschungsverfahren der Grounded Theory vgl. Strauss 1994, Strauss et. al. 1998/2005) verknüpft. Nach der Identifikation von Strukturen und Themen im Datenmaterial wurde an ausgewählten Materialausschnitten Schritt für Schritt nach den konstituierenden Bedingungen und konsekutiven Effekten der einzelnen Äußerung gefragt, um so die implizite Vollzugslogik spezifischer Praktiken herauszuarbeiten.

2 Eröffnungsroutinen im Schülerparlament

Das vom Schulleiter initiierte Schülerparlament wurde zum Beobachtungszeitpunkt bereits seit einem halben Jahr durchgeführt. Es findet jeden Montag in der großen Pause (10.00 Uhr bis 10.20 Uhr) statt. In der Regel kommen zwei Kinder als Vertreter/innen für eine Klasse, das sind oftmals der Klassensprecher/in und ein weiteres Kind. Dadurch ist die Gruppe der teilnehmenden Kinder eher heterogen und wechselt oft von Woche zu Woche. Die Alterspanne reicht je nachdem von fünf bis elf Jahre. Des Weiteren ist bei nahezu jeder Sitzung der Schulleiter (Herr Ab) anwesend.

Der Ablauf der Sitzung wird hergestellt über formelhafte Sätze, die in die einzelnen Abschnitte der Versammlung einführen. Zunächst eröffnet das leitende Kind die Versammlung mit dem Satz: „Ich eröffne das Schülerparlament." Daran anschließend wird die Frage gestellt: „Was wollen wir besprechen?" und fortgesetzt mit „Wer hat was dazu zu sagen?". Beendet wird das Parlament mit dem Zusammenfassen der Ergebnisse („Unser Ergebnis") und dem Satz „Ich schließe das Schülerparlament."

2.1 „dann eröffne mal" – Strukturierende Handlungsanweisungen

Herr Ab:	so
Joscha:	└ (meldend) leitn leitn leitn leitn (Klara meldet sich ebenfalls)
Herr Ab:	ma guckn, du hast das letzte Mal die Leitung gehabt Joscha, jetzt nehm wir mal die Klara, ne? (..)
Joscha:	└ mhm
Herr Ab:	└ ja? (5 sec) so (..) guck mal, kannst du das lesen Klara, was die Lisa geschrieben hat? (Protokoll der letzten Sitzung)
Klara:	mhm
Herr Ab:	└ die ham schon geschrieben, ne (zu dem Mädchen, dass das Protokoll weitergeben will), dann eröffne mal (zu Klara)
Klara:	ich eröffne das Schülerparlament
Herr Ab:	└ auch in die Richtung
Klara:	ich eröffne das Schülerparlament
Herr Ab:	└ (leise) was wolln wir besprechen?
Klara:	was wolln wir besprechen?

Herr Ab leitet hier mit „so" in die Szene ein. Dieses „so" hat eine strukturierende Funktion; in der Regel schließt Herr Ab damit ein Thema oder eine Diskussion ab und leitet über in das nächste Thema. Die Kinder kennen den Ablauf und knüpfen an diese Überleitung an, Joscha und Klara melden sich ungefragt für die Leitung des Schülerparlamentes. Herr Ab teilt seine Entscheidung mit („Klara") und begründet diese damit, dass Joscha letzte Woche geleitet hätte. Die Entscheidung und deren Kommentierung sind nicht kongruent: Herr Ab trifft allein die Entscheidung, rahmt diesen jedoch als kollektiven Beschluss („jetzt nehm wir mal die Klara"). Joschas Zustimmung zu der Entscheidung wird zweimal nachgefragt. Wiederum mit „so" wird auch die Festlegung der Leitung abgeschlossen und zum nächsten Abschnitt übergeleitet. Herr Ab klärt im Folgenden verschiedene Vorgänge: Klara bekommt das Protokoll der letzten Sitzung, das sie lesen soll; ein Mädchen wird daran gehindert, das Protokoll der aktuellen Sitzung an andere Kinder weiterzugeben und Klara wird aufgefordert, zu eröffnen und zur Wiederholung des Einleitungssatzes in „die andere Richtung". Im Anschluss spricht Herr Ab den zweiten Einleitungssatz vor und Klara wiederholt auch diesen.

Erkennbar ist eine starke Hierarchisierung der Situation. Der Erwachsene strukturiert und kontrolliert nahezu vollständig den Ablauf (er legt die Leitung des Parlamentes fest, er verfolgt das Eintragen in das Protokoll und die Eröffnung der Sitzung). Die teilnehmenden Kinder sind bis auf einige wenige Tätigkeiten von einer Mitwirkung befreit: sie können sich für Aufgaben melden, sie können zustimmen und Handlungsanweisungen ausführen. Unabhängig davon, wie die Kriterien für eine Parlamentsversammlung angelegt werden, weist die Szene eher den Rahmen eines lehrerzentrierten Unterrichtsgesprächs auf, als dass hier die Aushandlungsprozesse vor Beginn einer Debatte eines Parlamentes erkennbar wären. Die nachfolgende Szene entstammt einer anderen Sitzung, die ungefähr einen Monat später stattfand.

2.2 „Soll ich ihr das immer sagen?" – Neue Gesprächsstrukturierung

Herr Ab: so (.) du bist die (.) Vivien? (Kinder flüstern)
Rieke: └ nein ich bin die Rieke
Herr Ab: └ ach gut Rieke,
           dann fängst du jetzt an, sagste (etwas lauter und gedehnt) ich eröffne (leiser) das
           Schülerparlament
Rieke: └ ich eröffne das Schülerparlament
Herr Ab: (betont) was wollen wir besprechen, musst du jetzt sagen
Kirsten: └ soll ich ihr das immer sagen?
Herr Ab: └ kannst du auch machen
Kirsten: └ ähm sag einfach (zu Rieke, die Satzmelodie von Herrn Ab
           wiederholend) was wolln wir heute besprechen
Rieke   (wiederholt die Satzmelodie) was wolln wir heute besprechen

Nach der Klärung des Namens erfolgt eine ähnliche Lenkung der Eröffnung wie in der ersten Szene. Die Abfolge von Vorsagen und Auffordern wird von Herrn Ab für die ersten beiden Sätze eingeleitet, dann aber von Kirsten unterbrochen. Kirsten fragt, ob sie Rieke immer vorsagen soll und Herr Ab stimmt zu. Kirsten sagt vor, fügt hier jedoch ein neues Wort ein: „was wolln wir *heute* besprechen" und Rieke wiederholt den Satz in dieser Form. Die von Herrn Ab mit dem Wechsel zwischen Vor- und Nachsagen hervorgebrachte Gesprächsordnung ist typisch für Situationen in der Grundschule; der Ablauf kann von den Kindern immer wieder geübt werden, bis er verinnerlicht ist und zur Routine wird. Irritierend an dem hier protokollierten Ablauf ist jedoch, dass sich die Routine nicht einstellt. Die Kinder dürfen die Ablaufsätze nicht eigenständig einbringen, obwohl das Schülerparlament seit über einem halben Jahr durchgeführt wird, die formelhaften Ablaufsätze einfach gehalten und die Kinder mit ähnlichen Eröffnungssätzen aus anderen Settings, wie dem Morgenkreis, vertraut sind. Dafür hat sich eine andere Routine durchgesetzt, die an der Unterbrechung durch Kirsten erkennbar ist: um das Schülerparlament gelungen zu eröffnen, muss es jemanden geben, der vorsagt. Dieses Wissen wird von den Kindern eingeordnet: das Vorsagen ist eine Aufgabe, die man übernehmen kann und als solche wird sie auch von Kirsten ganz selbstverständlich bei Herrn Ab eingefordert. Hier überträgt Herr Ab die Aufgabe des Vorsagens auf Kirsten und Kirsten nutzt diese Aufgabe auf besondere Art. Zwar bleibt sie in dem vorgegebenen Rahmen, jedoch gibt sie ihrem Redebeitrag eine individuelle Färbung, indem sie ihn ein wenig abwandelt.

3 Praxis der Regulierung

Die Strukturierung und Steuerung durch Handlungsanweisungen, die lenkende Gesprächsführung und die Hierarchisierung der Situation durch Herrn Ab lassen sich als Praxis der Regulierung des Schülerparlamentes rekonstruieren. Empirische Befunde zu den Mitbestimmungsmöglichkeiten von Grundschulkindern zeigen deren geringe Beteiligung auf (vgl. bspw. World Vision Kinderstudie 2007). Obwohl die Institutionalisierung eines Schülerparlamentes an der Schule diesen Befunden widerspricht, zeigt sich auf der Mikroebene der Gesprächspraxis, dass auch hier die Gestaltungsmöglichkeiten der Schüler/innen eher beschränkt sind. Die Hierarchisierung der Situation wird von den Kindern mitgetragen, jedoch gleichzeitig durch das Besetzen eigener Handlungsspielräume gebrochen.

Literatur

de Boer, H. de (2006): Klassenrat als interaktive Praxis. Auseinandersetzung, Kooperation, Imagepflege. Wiesbaden: VS Verlag für Sozialwissenschaften.
Deppermann, A. (2008): Gespräche analysieren. Eine Einführung. Wiesbaden: VS Verlag für Sozialwissenschaften.
Glaser, B. G./Strauss, A. L. (1998/2005): Grounded Theory. Strategien qualitativer Forschung. Bern: Verlag Hans Huber, Hogrefe AG.
Heinzel, F. (2001): Kinder im Kreis. Kreisgespräche in der Grundschule als Sozialisationssituation und Kindheitsraum. Halle: Habilitationsschrift.
Kiper, H. (1997): Selbst- und Mitbestimmung in der Schule: das Beispiel Klassenrat. Baltmannsweiler: Schneider Verlag Hohengehren.
Reckwitz, A. (2003): Grundelemente einer Theorie sozialer Praktiken. Eine sozialtheoretische Perspektive. In: ZfS. 32. Jg., H. 4. 282-301.
Strauss, A. L. (1994): Grundlagen qualitativer Sozialforschung: Datenanalyse und Theoriebildung in der empirischen und soziologischen Forschung. München: Fink.
Vogt, R. (2002): Im Deutschunterricht diskutieren: zur Linguistik und Didaktik einer kommunikativen Praktik. Tübingen: Niemeyer.
World Vision e.V. (2007): Kinder in Deutschland 2007. World Vision Kinderstudie. Bonn: Bundeszentrale für politische Bildung.

Interkulturelles Lernen in Kindergruppen – eine vergleichende Grundschulstudie in Frankreich und Deutschland

Bernd Wagner

Mein Artikel beschäftigt sich mit Lernenprozessen in Kindergruppen im Kontext von Schüleraustauschprogrammen. Ich möchte eine international vergleichende, videoethnographische Studie vorstellen, die von 2013 bis 2015 von einem französisch-deutschem Forscherteam durchgeführt wird.[1] Zwei Forschergruppen begleiten im Auftrag des Deutsch-Französischen Jugendwerks zehn französische und zehn deutsche Grundschulklassen. Auf deutscher Seite ist der Austausch im Sachunterricht verortet, d. h. er wird dort, beispielsweise im Rahmen einer *Frankreichwoche*, vorbereitet und auch von den Sachunterrichtslehrenden betreut. Ausgehend vom Stand der erziehungswissenschaftlichen Kindheitsforschung (Heinzel 2010) werden Kinder als gesellschaftliche Akteure gesehen, die Lernprozesse gestalten. Im Rahmen der Studie werden gruppen- und körperbezogene Lernpraxen in interkulturellen Begegnungssituationen herausgearbeitet. Um Interaktionen, insbesondere spontane Spielmomente und Selbstinszenierungen (Stauber 2006) von Kindern in Wechselwirkung zum (Klein-)Gruppengeschehen erfassen zu können, wird die Datenerhebung mit teilnehmender Beobachtung, Videoethnographie und verdichteter Sitzungsprotokollierung durchgeführt. Diese Methoden gewährleisten die Sichtbarkeit von Schülerhandeln in interkulturellen Begegnungssituationen und die Rekonstruktion sichtbarer und beobachtbarer Lernpraktiken an Schnittstellen zwischen formalen und informellen Lernprozessen[2]. Ethnographische Untersuchungen zielen in der Regel darauf ab, Menschen über einen längeren Zeitraum in ihrem alltäglichen Leben zu begleiten. Als Grundlage für spätere Analysen dienen *dichte Beschreibungen* (Geertz 2003) die von ethnographisch Forschenden angefertigt werden. Ein zentrales Qualitätskriterium ethnographischer Forschung ist die intensive und langfristige In-Beziehung-Setzung zum Untersuchungsfeld. Über die reine Datenerhebung hinaus, trägt ethnographische Forschung im Sinne von Friebertshäuser 2012 dazu bei, Erfahrungen und Erlebnisse zu generieren welche den/die Feldforscher/in zunehmend zu einem Teil des Feldes machen. Diesen engen Bezug zu Feld streben wir im Rahmen der dreijährigen Projektlaufzeit an. Die Verstrickung der Forschenden im Feld und daraus resultierende

---

1 Weiter Informationen zum Projekt unter: http://www.dfjw.org/forschung-und-evaluierung-0
2 Die empirische Schulforschung zu Übergängen zwischen informelleren und formalen Lernarrangements ist ausbaufähig. Bildungstheoretisch kann auf John Dewey (1997) verwiesen werden, der *informal education* als Grundlage formal organisierter Lernprozesse versteht.

Interpretationen werden immer auch Gegenstand der Analyse sein. In Kooperation mit den Schulen bzw. den Lehrerinnen und Lehrern werden die Kindergruppen teilnehmend beobachtet: in alltäglichen (schulischen) Situationen, auch im Unterricht und insbesondere im Kontext des Schüleraustauschs. Die Kontaktaufnahmen der Kinder untereinander werden (video-)protokolliert. Der Fokus bei der Beobachtung der Kinder im Rahmen der Austausche liegt auf den offeneren Besuchsmomenten, so interessieren z. B. Pausen und Ausflüge, in denen die Kinder in kein offizielles schulisches Programm einbezogen sind oder speziellen Arbeitsaufträgen nachgehen. Die erhobenen Daten werden mit Verfahren der *Grounded Theory* ausgewertet, die gewonnenen Kategorien interpretiert und komparativ vorgestellt.

1 Selbstinszenierungen von Kindern in interkulturellen Begegnungssituationen

Die videoethnographische Studie fokussiert spielerische und handlungsorientierte Aneignungs- und Lernformen von Kindern (Wagner 2010) in interkulturellen Kommunikationssituationen. Die Forscherinnen und Forscher untersuchen Gruppenstrukturen sowie individuelle Zugangsweisen zu interkulturellen Fragestellungen. Anschließend wird die Klasse in Kontaktsituationen im Schüleraustausch teilnehmend beobachtet. In diesem Zusammenhang kommt dem Gruppengeschehen und spielerischen Inszenierungen von Kindern besondere Aufmerksamkeit zu. Beispielsweise werden Selbstinszenierungen von Kindern betrachtet, die wesentlich zu Lernerfahrungen beitragen können. Diese Inszenierungen, wie z. B. spontane Kontaktaufnahmen oder die Einbeziehung in Gruppen, Spiele oder Freizeitgestaltungen sind Gelegenheiten, um informelle Lernmomente von Kindern in interkulturellen Begegnungssituationen zu identifizieren, beobachten und analysieren zu können. Unter Selbstinszenierung verstehen wir individuelle oder kollektive Handlungspraxen, mit denen sich Kinder soziale Realität aneignen (Stauber 2006). Selbstinszenierungen sind Erprobungen von Handlungsfähigkeit in wechselnden Kontexten, wie z. B. dem Übergang vom Kindergarten in die Schule. So inszenieren Kinder, was es bedeutet, ein Schulkind zu sein, dem eine größere Unabhängigkeit, etwa beim Bewältigen von Wegen, zugestanden wird. Selbstinszenierungen von Kindern sind mit einer biographischen Relevanz verbunden, durch die informelle Bildungsprozesse angeregt werden. In Peer-Gruppen sind Selbstinszenierungen Handlungsformen, die an Selbstwirksamkeit anschließen und ein hohes Orientierungspotential beinhalten können (Stauber 2004). Im Rahmen dieser Selbstinszenierungen werden Gruppenzugehörigkeiten über körperbezogene Ausdrucksmöglichkeiten und Bestätigungsformen geschaffen. Kinder erproben ihre Handlungsfähigkeiten in spielerischen Selbstdarstellungen, die Bewegungs-, Körper-, Kleidungs- und Sprachspiele beinhalten. Sie bilden Begrüßungs-, Beschimpfungs- oder Berührungsrituale aus und eignen sich performativ soziale Realität und Räume an. So entstehen selbstorganisierte Bildungsanlässe, in denen Grenzen und Widerstände erfahren werden. Mit Selbstinszenierungen eröffnen sich Kinder einen subjektbezogenen, selbstorganisierten Bildungsraum. Auf der Körper- und Bewegungsebene schaffen sie Gruppenzugehörigkeiten, Anerkennung und Selbstbestätigung. Spontane, informelle Lernanlässe entstehen im Rahmen der Erprobung von eigenen Fähigkeiten, die auch zu Positionierungen in Kindergruppen führen. Sie erproben, was als Eigenes und als Fremdes, was als anders bzw. Anderes erlebt wird, und wie Kinder in Gruppen aufgenommen werden können. Diese interaktiven Formen interkulturellen Lernens in französischen und deutschen Schulklassen und in deutsch-französischen Begegnungen werden vergleichend ausgewertet. Hinweise, wie Lehrkräfte kindliche Erlebensweisen und gruppenbezogene Lernerfahrungen aufgreifen können, werden mit Hilfe der in der Studie erstellten Videosequenzen erarbeitet. In der dichten Beschreibung des Verhaltens in der Kindergruppe wird explizit, was Kinder als interkulturelle Lerngelegenheit wahrnehmen, welche individuellen und kollektiven informellen Lernpraktiken in interkulturellen Begegnungssituationen entstehen können und wie sich soziale Beziehungen und Zuordnungen innerhalb von Kindergruppen in interkulturellen Begegnungen verändern. Die videoethnographische Studie arbeitet so gruppen- und körperbezogene Praxen interkulturellen Lernens heraus und trägt auch zur dichten Beschreibung mimetischer Lernprozesse von Kindern bei.

2   Forschungsperspektiven

Die Einblicke in Erfahrungshorizonte von Kindern zum interkulturellen Lernen ermöglichen Lehrenden, Unterricht an den Erfahrungshorizonten von Kindern zu orientieren. Interkulturelle Bildung als Dimension wird so im Schulalltag konkret erlebbar und nicht als abstrakte gesellschaftliche Zielvorstellung gelehrt (Montandon 2010). Die Querschnittsaufgabe Interkulturelle Bildung (KMK 1996) kann so schulbezogen umgesetzt, an lernbereichsübergreifende Unterrichtsplanungen angeschlossen und bei der Gestaltung von Schüleraustauschprogrammen fruchtbar gemacht werden. Wir hoffen, im weiteren Verlauf der Studie Impulse für die Lehreraus- und -weiterbildung im Kontext von Schülerhandeln in interkulturellen Begegnungs- und Dialogsituationen zu geben. Ergebnisse unserer Studie werden nicht nur in der Lehrerbildung, sondern auch in die curriculare Ausgestaltung des Grundschulfaches Sachunterricht einfließen. Um Kinder im Umgang mit kultureller Heterogenität und Globalisierungsprozessen zu stärken, kann der im Sachunterricht bereits bestehenden Schwerpunkt Inklusion erweitert werden. Konkret bedeutet dies, den angelsächsischen Inklusionsbegriff, der strukturelle Änderungen einfordert und nicht vorrangig förderpädagogisch besetzt ist, für ein sachunterrichtsspezifisches Bildungsverständnis fruchtbar zu machen. Die angelsächsische Diskussion um strukturelle Exklusion ist in Deutschland bisher fast ausschließlich im soziologischen Diskurs aufgenommen worden, eine schulpädagogische Rezeption steht noch weitestgehend aus. Das in der deutschen Schulpädagogik oft vertretene Verständnis von Inklusion als sonderpädagogischer Förderung berücksichtigt die faktisch gegebene Heterogenität der Schülerschaft nicht ausreichend. Es mangelt an Inklusionstrategien, die bildungsbezogene Zugangserschwernisse berücksichtigen. Im soziologischen Verständnis von Inklusion geht es um die Verringerung von struktureller Exklusion, die im Sinne eines intersektionalen Verständnisses migrationsbedingte, sozio-ökonomische und geschlechtsbedingte Differenzdimensionen in den Blick nimmt (Krüger-Potratz 2011). Es ist nicht ausreichend, schulische Inklusion nur unter förderpädagogischen Gesichtspunkten zu betrachten. *Sachunterricht und seine Didaktik* als Disziplin bietet die Chance zur Entwicklung inklusiver, partizipativer Bildungsstrategien. Schülerinnen und Schülern können im Sachunterricht kulturelle Diversität und die Pluralität von Wertorientierungen reflektieren. Schulklassen erhalten die Möglichkeit, Motive, Themen und Schwerpunkte, die oft schon in Schulprogrammen oder Leitlinien formuliert worden sind, auf ihre Gruppensituation zu beziehen und eigenständig auszuformulieren. Diese Partizipation von Kindern in Institutionen soll im Rahmen der international vergleichenden Studie weiter ausformuliert und somit ein Beitrag dazu geleistet werden, dass nicht einfach einzelne interkulturelle Elemente in den Sachunterricht eingepasst werden, sondern eine sachunterrichtsdidaktische Weiterentwicklung erreicht wird.

Literatur

Dewey, J. (1997): Democracy and Education. New York
Friebertshäuser, B. (2012): Der schulische Trainingsraum. In: Richter, S. (Hg.): Feld und Theorie. Herausforderungen erziehungswissenschaftlicher Ethnographie. Opladen. 71-87.
Geertz, C. (2003): Dichte Beschreibung. Frankfurt/Main.
Heinzel, F. (Hg.) (2010): Kinder in Gesellschaft. Frankfurt/ Main: Grundschulverband.
KMK (1996): Interkulturelle Bildung und Erziehung in der Schule. Beschluss vom 25.10.1996. Unter: www.kmk.org [abgerufen am: 07.12.2012]
Krüger-Potratz, M. (2011): Intersektionalität. In: Faulstich-Wieland, H. (Hg.): Umgang mit Heterogenität und Differenz. Baltmannsweiler. 183-200.
Montandon, Ch. (2010): Pédagogies de l'interculturel à l'école primaire. Paris. L'Harmattan.
Stauber, B. (2006): Mediale Selbstinszenierungen von Mädchen und Jungen. In Diskurs Kindheits- und Jugendforschung. Jg.1, H. 3. 417-432.
Stauber, B.: Junge Frauen und Männer in Jugendkulturen. Opladen 2004.
Wagner, B. (2010): Kontaktzonen im Museum – Kinder in der Ausstellung „Indianer Nordamerikas". In Paragrana, Bd.19. H. 2. 192-203.

Bifokales Experimentieren[1] im Sachunterricht: Förderung von naturwissenschaftlicher Bildung und Sprachkompetenzen

Anja Gottwald

1 Ausgangslage und Ziele der Studie

1.1 „Sprachförderung in allen Fächern" noch nicht etabliert

Sprachdefizite wirken sich negativ auf Leistungen in allen Schulfächern aus (Baumert et al. 2001) und beeinträchtigen die kognitiv-intellektuelle, soziale und psychisch-emotionale Entwicklung des Menschen (z.b. Durkin/Conti-Ramsden 2010). In Deutschland durchgeführte Sprachtests weisen bei ca. 20-25 % der Kinder vor Einschulung Sprachförderbedarf aus (BMBF 2008).

Die „Förderung in der deutschen Sprache als Aufgabe des Unterrichts in allen Fächern" (Ministerium für Schule Nordrhein-Westfalen, 1999) trifft jedoch in den Naturwissenschaften auf begrenztes Verständnis. „Muss ich jetzt auch noch Sprache unterrichten?" lässt Leisen (2005) in einem physikdidaktischen Artikel eine Lehrperson fragen. Entsprechend gelten „sprachbewusst unterrichtende Lehrer" als Glücksfall, weil es an „tragfähigen Schulkonzepten" mangelt, die es „naturwissenschaftlichen und anderen Fachlehrern ermöglichen, ihren Unterricht sprachbewusst zu gestalten" (Agel/Beese/Krämer 2012, 36).

Nur wenige naturwissenschaftsdidaktische Ansätze nehmen eine positive Sichtweise auf das Phänomen der Sprache ein (Scheuer/Kleffken/Ahlborn-Gockel 2010, Lück 2009, Wagenschein 1923). Unsere explorative Studie folgt diesen konstruktiven Perspektiven, indem sie das Experimentieren hinsichtlich möglicher Effekte auf kindliche Sprachkompetenzen untersucht.

1.2 Experimentieren in der Grundschule nicht selbstverständlich

Sowohl Kinder im Elementarbereich als auch Grundschulkinder experimentieren gern (Lück 2000; Risch 2006). Trotzdem ist das Experimentieren in der Grundschule kein selbstverständlicher methodischer Baustein. Die Ursachen gleichen einem „bildungsbiografischen Teufelskreis" (Gottwald 2013): Die zumeist weiblichen Lehrpersonen beginnen meist ohne positive Erfahrungen mit Chemie und Physik ihr Studium, in dem nur ca. 5 % von ihnen mit Inhalten diese Fächer konfrontiert werden (Drechsler-Köhler 2006). Entsprechend erhält die überwiegende Mehrheit keine Gelegenheit zum Aufbau höherer Selbstkompetenzerwartungen, traut sich das Unterrichten dieser Themen nicht zu und

---

1 „Bifokal": Zwei Fokusse verfolgend, hier naturwissenschaftliche Bildung und Sprachförderung.

meidet sie, so möglich. Hinzu kommt, dass nur 45 % der Sachunterricht Lehrenden Sachunterricht studiert haben (ebd.).

Dabei bietet sich die Grundschule als Ort zur Kultivierung einer argumentative Diskussionskultur an, weil die Kinder nun die Fähigkeit zum kausalen Argumentieren zu zeigen beginnen.

Als Fazit kann für die Grundschule formuliert werden, dass sie das Interesse der Kinder am Experimentieren verstreichen lässt, ohne dessen reichhaltiges Bildungspotential für Naturwissenschaften und Sprachförderung zu nutzen.

2 Forschungsfragen und Design

Das Rahmenprogramm zur Förderung der empirischen Bildungsforschung fordert neben „Aussagen über Wirkungsmechanismen von Lehr- und Lernprozessen" auch, „Bedingungen transparent zu machen, die [...] eine Leistung und Funktion zu erklären glauben" (BMBF 2007, 2).

Dem Ansatz der „nutzeninspirierten Grundlagenforschung" folgend (Stokes 1997), fragt diese Studie in einer Hypothese, ob Kinder beim Experimentieren neben naturwissenschaftlichen auch Sprachkompetenzen verbessern können. Der *qualitative* Teil der Studie zielt auf die Schaffung praxisrelevanten Wissens (Flick 2007, Denzin/Lincoln 2005), vor allem der Bedingungen für „gelingendes" bifokales Experimentieren im Sachunterricht (s. Gottwald 2013).

Um das Experimentierens hinsichtlich seiner Effekte auf Sprachkompetenzen in einer explorativen Praxisstudie mit begrenzter Fallzahl zu untersuchen, wurde die Studie in zwei ersten Klassen von Sprachförderschulen durchgeführt. Dies ermöglichte die Arbeit mit Gruppen von Kindern mit Sprachentwicklungsstörungen, die in Regelschulen weniger dicht anzutreffen sind.

Die Hypothese wurde mit einem Sprachtest vor und nach der Interventionsphase bearbeitet; für den qualitativen Teil dokumentierten die Lehrenden zeitnah, welche Aspekte des Unterrichtens aus ihrer Sicht für das Gelingen des bifokalen Experimentierens relevant waren. Diese Erlebnisprotokolle wurden per qualitativer Inhaltsanalyse ausgewertet (Mayring 2008).

3 Ergebnisse und Erkenntnisse

3.1 Hinweise auf positive Auswirkungen auf Sprachkompetenzen

Die Sprachkompetenzen wurde als „Objektbenennungen" im Vergleich von Pre- und Post-Test operationalisiert. Zur Analyse der Frage, ob sich das Experimentieren auf die Benennung der verwendeten Gegenstände auswirkte, wurden alle Items nach der Intervention gemäß ihrer Verwendung beim Experimentieren kategorisiert: Die Kategorie „Experimentier-Items" enthielt Gegenstände, die beim Experimentieren verwendet worden waren (z.B. Kerze, Filzstift, Trichter), „passive" waren nur *gesehen* worden (z.B. Kuchenform, Küchenrolle). Die Kategorie „nicht benutzte Items" (z.B. Sieb) diente dem Vergleich.

Es zeigte sich, dass die eigene handelnde Verwendung die spätere Abrufbarkeit der Begriffe fördert: Die Experimentier-Items erzielten mit über 30 Prozentpunkten den höchsten Zuwachs an richtigen Benennungen (von 35,6 auf 65,8 %), die „passiven" erreichten knapp 17 Prozentpunkte (von 55,2 auf 70,0 %) und nicht verwendete Items 7,5 Prozentpunkte (von 69,8 auf 77,3 %)[2].

3.2 Experimentieren verzahnt Handeln und Sinneserfahrung mit Sprechen und Denken – experimentierende Kinder sind für beide Pole motiviert

Beobachten wir experimentierende Kinder, so fällt die Ausdauer und Konzentration auf, mit der sie handelnd und beobachtend bei der Sache sind, sowie ihre hohe Motivation, über das Erlebte sprechen zu wollen.

Aufbauend auf diesen qualitativen, langjährigen Beobachtungen, haben wir das bifokale Experimentieren als verzahnte Abfolge von Handlungs- und Diskursschritten angelegt. Dies ermöglicht eine vielfältige, strukturierte Kommunikation zu einer für die Kinder interessanten Sache, die sie so sowohl sinnlich und handelnd als auch diskutierend und denkend bearbeiten.

3.3 Reflexion: Experimentieren und Sprachentwicklung zeigen als Prozesse wesenshafte Parallelen

Die Ausrichtung des Experimentierens auch auf Sprachförderung scheint uns aus mehreren Gründen als naheliegend (vgl. Gottwald 2013).

Neben der hohen intrinsischen Motivation der Kinder für beide Prozesse scheint uns von besonderer Bedeutung, dass sowohl Sprachentwicklung als auch das Experimentieren als ko-konstruktive Akte darauf zielen, Regeln und Kausalitäten des Auftretens von Worten oder Phänomenen ergründen zu wollen. In diesem Sinn suchen beide Prozesse wesenshaft nach Bedeutung (von Worten oder Phänomenen) und den Bedingungen ihres Erscheinens. Hierzu gehört bei beiden Prozessen das Erleben von Wiederholungen, weil nur sie die zuverlässige Erkenntnis erlauben, welche Bedingungen zum Auftreten eines Wortes oder Phänomens gehören (ebd.). So gehen beide Prozesse von konkreten Einzelfällen aus, bevor sie auf Abstraktes und Regeln schließen. Nicht zu unterschätzen ist auf diesem Weg, dass beide Prozesse zur Bedeutungsklärung ein Gegenüber benötigen – was ein Diktum Heisenbergs für die naturwissenschaftliche Erkenntnisgewinnung beschreibt: „Physik entsteht im Gespräch" (Leisen 1999).

---

2 Offenbar waren die Experimentier-Items, obwohl Alltagsgegenstände, vorab weniger bekannt, so dass sie theoretisch einen höheren Zuwachs hätten erzielen können. Gleichwohl wäre *in jeder Kategorie* ein höherer Zuwachs möglich gewesen. Neben der mathematischen Betrachtung stellt sich aus psycholinguistischer Sicht die Frage, ob ein Zuwachs bei Begriffen leichter zu erreichen ist, die viele Kinder vorab bereits kennen – oder bei solchen, bei denen dies nicht der Fall ist. Bedenkt man hierzu die mathematischen Implikationen, führt dies zum „Zuwachs an korrekten Benennungen" zurück, der für diese Studie die naheliegende und relevante Bewertungsgröße ist.

Literatur

Agel, C./Beese, M./Krämer, S. (2012): Naturwissenschaftliche Sprachförderung. Ergebnisse einer empirischen Studie. In: MNU. 65. Jg., H.1. 36-44.

Baumert, J./Klieme, E./Neubrand, M./Prenzel, M./Schiefele, U./Schneider, W./ Stanat, P./Tillman, K.-L./Weiß, M. (Hg.) (2001): PISA 2000. Basiskompetenzen von Schülerinnen und Schülern im internationalen Vergleich. Opladen: Leske und Budrich.

BMBF (Bundesministerium für Bildung und Forschung) (2008): Referenzrahmen zur altersspezifischen Sprachaneignung (= Bildungsforschung Bd. 29/1). Bonn: BMBF.

BMBF (Bundesministerium für Bildung und Forschung) (2007): Rahmenprogramm zur Förderung der empirischen Bildungsforschung. Bonn: BMBF.

Denzin, N./Lincoln, Y.S. (Hg.) (2005): The Sage Handbook of Qualitative Research. Thousand Oaks, CA: Sage Publications. IX-XIX.

Dewey, J. (1933): How we think. A restatement of the relation of reflective thinking to the education process. Lexington, Massachusetts: D.C. Heath and Company.

Drechsler-Köhler, B. (2006): Naturwissenschaftlicher Unterricht in der Primarstufe – derzeitige Situation und Veränderung durch Lehrerfortbildung. In: GDCP (Hg.): Lehren und Lernen mit neuen Medien. Berlin: LIT Verlag. 386-395.

Durkin, K./Conti-Ramsden, G. (2010): Young people with specific language impairment: A review of social and emotional functioning in adolescence. In: Child Language Teaching and Therapy 26. 105-121. Unter: http:clt.sagepub.com/content/26/2/105 [abgerufen am: 13.05.12]

Flick, U. (2007): Designing Qualitative Research. Los Angeles: Sage Publications.

Gottwald, A. (erscheint 2013): Vom Phänomen zum Begriff: Auswirkungen von naturwissenschaftlichem Experimentieren auf die Sprachentwicklung von Grundschulkindern. Wiesbaden: Springer VS Verlag für Sozialwissenschaften.

Leisen, J. (2005): Muss ich jetzt auch noch Sprache unterrichten? Sprache und Physikunterricht. In: Unterricht Physik. 16. Jg., H. 87. 4-9.

Leisen, J. (1999): Fachlernen und Sprachlernen im Physikunterricht. In: GDCH (Hg.): Zur Didaktik der Physik und Chemie. Probleme und Perspektiven. Alsbach, Bergstrasse: Leuchtturm-Verlag. 109-111.

Lück, G. (2009): Naturwissenschaft und Sprache. Jede Menge Sprechanlässe. In: Kindergarten heute, H. 11/12. 18-24.

Lück, G. (2000): Naturwissenschaften im frühen Kindesalter. Untersuchungen zur Primärbegegnung von Kindern im Vorschulalter mit Phänomenen der unbelebten Natur. Münster: LIT-Verlag.

Mayring, P. (2008): Qualitative Inhaltsanalyse. Grundlagen und Techniken. Weinheim und Basel: Beltz.

Ministerium für Schule und Weiterbildung des Landes Nordrhein-Westfalen (1999): Förderung in der deutschen Sprache als Aufgabe des Unterrichts in allen Fächern. Frechen: Ritterbach.

Risch, B. (2006): Entwicklung eines an den Elementarbereich anschlussfähigen Sachunterrichts mit Themen der unbelebten Natur. Göttingen: Cuvillier.

Scheuer, R./Kleffken, B./Ahlborn-Gockel, S. (2010): Sprachliche Bildung im naturwissenschaftlichen Sachunterricht. In: Giest, H./Pech, D. (Hg.): Anschlussfähige Bildung im Sachunterricht (= Jahresband der GSDU). Bad Heilbrunn: Klinkhardt. 169-179.

Stokes, D.E. (1997): Pasteur's quadrant: Basic science and technology innovation. Washington D.C.: Brookings Institution Press.

Wagenschein, M. (1923): Über die Förderung der sprachlichen Ausdrucksfähigkeit durch den mathematischen und naturwissenschaftlichen Unterricht. Staatsexamensarbeit. Unter: http://www.martin-wagenschein.de/Archiv/W-320.pdf [abgerufen am: 17.05.2012]

Prozesse der Zusammenarbeit im Teamteaching (ProZiTT) – ein Forschungsansatz zur Sichtbarmachung der Nutzung kreativer Potentiale

Elke Hildebrandt & Karin Maienfisch

1 Definition und theoretische Grundlagen

Der gemeinsame Faktor aller Definitionen zu Teamteaching (TT) beschränkt sich auf die gleichzeitige Anwesenheit von zwei (oder mehr) Lehrpersonen im Unterricht. So beschreibt Graumann (2006) knapp: „Teamteaching ist eine Unterrichtsform, bei der zwei oder mehrere Lehrende den Unterricht gemeinsam planen, durchführen und auswerten" (ibid., 308). Mit dieser Definition ist offen gelassen, inwiefern über das TT eine besondere Qualität erreicht wird. Aus unserer Perspektive erweist sich die Qualität von TT daran, ob das Potential der beteiligten Lehrpersonen unter den gegebenen Rahmenbedingungen konstruktiv und emergent umgesetzt wird.

TT ist im deutschsprachigen Raum bisher wenig erforscht. Wichtige Erkenntnisse mit zumeist positiven Rückmeldungen der Lehrpersonen liefert das Schweizer Projekt Grund- und Basisstufe (Vogt/Zumwald/Urech/Abt 2010). Huber dagegen berichtet auch über negative Erfahrungen, z. B. in Bezug auf Zeitaufwand und ungleiche Arbeitsbelastung (Huber 2000).

In vielen englischsprachigen Studien wurde TT in Integrationsklassen untersucht, wobei die Sonderpädagogen meist eine assistierende Rolle übernehmen und so ihre Kompetenzen nur bedingt für den Unterricht einbringen können (Murawski/Swanson 2001; Scruggs/Mastropieri/McDuffie 2007).

Der Lehrerkooperation – unabhängig von TT – wird im Hinblick auf Unterrichts- und Schulentwicklung große Bedeutung beigemessen (Seitz 2008; Bonsen/Rolff 2006). So haben z.b. Gräsel/Fussangel/Pröbstel (2006) herausgearbeitet, dass in der Kooperation kokonstruktive Prozesse entstehen und zu Innovationen im Unterricht führen. Insgesamt ist festzustellen, dass TT nicht per se wirksam ist, sondern die Qualität der Zusammenarbeit betrachtet werden muss (Carpenter/Crawford/Walden 2007; Halfhide et al. 2002).

Insofern stellt sich die Frage, wie tatsächlich im TT zusammengearbeitet wird, ob und wie das Potential tatsächlich zum Tragen kommt. Als theoretische Grundlage beziehen wir uns – die Idee kokonstruktiver Prozesse nach Gräsel/Fussangel/ Pröbstel aufgreifend – auf die Theorie der kreativen Felder von Burow, da aus unserer Sicht ein spezifischer Mehrwert für die Schüler entstehen kann, wenn über kreative Prozesse Innovationen entstehen (Burow 1999). Bisher vorliegende Studien geben Hinweise darauf, dass es u. a. die psychosozialen Basiskompetenzen (z.B. Lern- und Teamorientierung, soziale Kompetenzen,

Feedbackkompetenz) der am TT beteiligten Lehrpersonen sind, die für ein Gelingen des TT wesentlich mitverantwortlich sein könnten, weshalb diese in die Studie einbezogen werden (vgl. Bosse/Dauber/Döring-Seipel/Nolle 2012).

Unter Berücksichtigung dieser theoretischen Hintergründe lässt sich das mögliche Potential von TT folgendermaßen darstellen:

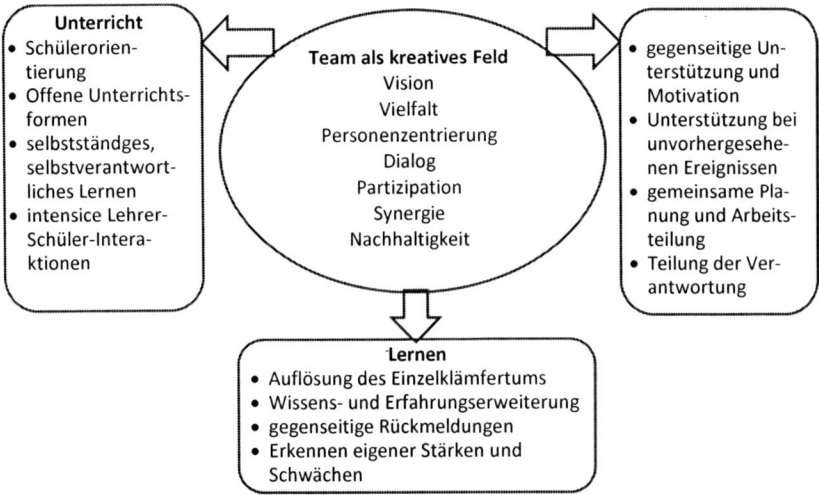

Unterricht
- Schülerorientierung
- Offene Unterrichtsformen
- selbstständges, selbstverantwortliches Lernen
- intensice Lehrer-Schüler-Interaktionen

Team als kreatives Feld
Vision
Vielfalt
Personenzentrierung
Dialog
Partizipation
Synergie
Nachhaltigkeit

- gegenseitige Unterstützung und Motivation
- Unterstützung bei unvorhergesehenen Ereignissen
- gemeinsame Planung und Arbeitsteilung
- Teilung der Verantwortung

Lernen
- Auflösung des Einzelklämfertums
- Wissens- und Erfahrungserweiterung
- gegenseitige Rückmeldungen
- Erkennen eigener Stärken und Schwächen

Abbildung 1:   Teamteaching und sein mögliches Potential (in Zusammenarbeit mit S. Bornemann und T. Nolle, Universität Kassel)

Das Potential des TT zielt zunächst auf eine Optimierung des Unterrichts, z.b. eine viel stärkere Schülerorientierung. Ein zweiter Potential-Baustein von TT ist die Entlastungsfunktion: Teamteacher können sich gegenseitig unterstützen, z.b. durch Teilen von Verantwortung und Arbeit sowie im Kontakt mit Eltern. Zudem ist die gegenseitige Motivation ein wichtiger Faktor.

Ein dritter entscheidender Baustein mit großem Potential ist das Lernen voneinander, z. B. durch Austausch, aber auch durch gegenseitige Rückmeldungen, welche zur Selbstreflexion, zum Erkennen eigener Stärken sowie Schwächen und damit zu einer erweiterten Professionalisierung führen (Nolle 2013).

Damit das Potential eines Teams optimal zum Tragen kommen kann, ist es nach Burow (1999) erforderlich, dass dieses sich im Sinne eines Kreativen Feldes entwickelt.[1] Die Schlüsselkonzepte kreativer Felder beschreiben förderliche personen- und teambezogene Aspekte für kreatives Gruppenhandeln. In Bezug auf TT können sie inhaltlich folgendermaßen beschrieben werden:
-    Vision- und Produktorientierung: Beide Lehrpersonen teilen Zielvorstellungen für den Unterricht und pädagogische Grundhaltungen.

---

1 Burow entwickelte die Theorie der Kreativen Felder in der Denktradition der Feldtheorie Kurt Lewins.

- Vielfalt und Heterogenität: Lehrpersonen bringen unterschiedliche Fachge-
biete, Arbeits- und Interessensschwerpunkte, Betrachtungsweisen und indi-
viduelle Unterrichtsstile ein. So erst werden querdenkerische Ansätze, über-
raschende Perspektiven und damit tatsächlich Neues möglich.
- Personenzentrierung: Es geht um gegenseitige Wertschätzung individueller
Eigenschaften und das Zulassen unterschiedlicher Lern- und Arbeitsstile.
- Partizipation umfasst das gemeinsame Bestimmen der Lernziele und Unter-
richtsgestaltung sowie die Beteiligung am Erfolg der Arbeit.
- Dialog steht für eine nicht-hierarchische Kommunikationskultur von Teams.
- Synergie: Mehrere der oben genannten Elemente spielen mit, wenn es zu
einem Synergieprozess, zur Bildung von etwas Neuem kommt.
- Nachhaltigkeit wird als eine Zieldimension betrachtet, welche sich z. B. auf
den Lernerfolg der Schüler und die professionelle Weiterentwicklung von
Lehrpersonen bezieht (vgl. Bornemann 2012, 109ff.).
- Insofern ist die Entwicklung eines TT-Teams als Kreatives Feld als Zieldi-
mension, als erstrebenswerter Optimalzustand zu betrachten.

2 Fragestellungen

Für das Projekt „Prozesse der Zusammenarbeit im Teamteaching" (ProZiTT)
stehen folgende Ziele im Zentrum: Es sollen Erkenntnisse gewonnen werden
über die Entstehung kreativer Prozesse im TT sowie über weitere Faktoren für
gelingendes TT. Diese sollen dann für Aus-, Weiterbildungs- und Beratungsangebote genutzt werden. Folgende Fragestellungen werden dazu bearbeitet:
- Wie wird im TT zusammengearbeitet in Bezug auf die Schlüsselkonzepte
eines kreativen Feldes?
- Lassen sich Bedingungen ausmachen insbesondere in Bezug auf spezifisch
für TT relevante psychosoziale Basiskompetenzen der Lehrpersonen sowie
Rahmenbedingungen in der Schule, über die Lehrpersonen Auswirkungen
in der Zusammenarbeit im TT erleben?

3 Untersuchungsdesign

Unter Mitwirkung von TT-Lehrpersonen und Schulleitern wurde ein Fragebogen entwickelt, der ab Januar 2013 in der deutschsprachigen Schweiz breit ge-
streut und von TT-Lehrpersonen beantwortet wird. Der Fragebogen behandelt
die Themenbereiche Rahmenbedingungen / Organisationsformen (1), kreative
Prozesse (2) und psychosoziale Basiskompetenzen (3), wobei für (1) und (2)
Items selbst entwickelt wurden und für (3) die trennschärfsten Items des Fragebogens zur Studie „Psychosoziale Basiskompetenzen" (Nolle 2013) ausgewählt
wurden. Zudem wurden vier TT-Tandems (freiwillige Meldung, Primarstufe, TT
aufgrund von Zusatzlektionen für Schulen in sozialen Brennpunkten) bei der
Unterrichtsplanung und -durchführung sowie einer Kurzreflexion gefilmt, wobei
deren Fragebogenergebnisse in Beziehung gesetzt werden können zu den Resul-
taten der quantitativen Studie.

Von den TT-Lehrpersonen sowie anhand der Theorie der kreativen Felder ausgewählte Sequenzen werden mit Hilfe eines integrativen Basisverfahrens (Kruse/Schmieder 2012) qualitativ untersucht, um so die Nutzung (oder Verhinderung) kreativer Potentiale sichtbar zu machen.

4 Ausblick

Noch läuft die systematische Auswertung der Videodaten. Allerdings ist bereits jetzt sichtbar, dass die freiwillig teilnehmenden TT-Tandems ihr Potential sehr unterschiedlich ausschöpfen und das Gewinnen von Erkenntnissen für gelingendes TT und eine entsprechende Umsetzung in Aus- und Weiterbildung hier wegweisend sein können.

Literatur

Bonsen, M./ Rolff, H.-G. (2006): Professionelle Lerngemeinschaften von Lehrerinnen und Lehrern. In: Zeitschrift für Pädagogik, H. 52. 167–184.

Bornemann, S. (2012): Kooperation und Kollaboration. Das Kreative Feld als Weg zu innovativer Teamarbeit. Wiesbaden: VS, Verlag für Sozialwissenschaften.

Bosse, D./Dauber, H./Döring-Seipel, E./Nolle, T. (Hg.) (2012): Professionelle Lehrerbildung im Spannungsfeld von Eignung, Ausbildung und beruflicher Kompetenz. Bad Heilbrunn: Klinkhardt.

Burow, O.-A. (1999): Die Individualisierungsfalle. Kreativität gibt es nur im Plural. Stuttgart: Klett-Cotta.

Carpenter, D. M./Crawford, L./Walden, R. (2007): Testing the efficacy of team teaching. In: Learning Environ Res, H. 10. 53–65.

Gräsel, C./Fussangel, K./Pröbstel, C. (2006): Lehrkräfte zur Kooperation anregen – eine Aufgabe für Sisyphos? In: Zeitschrift für Pädagogik, 52/2. 205–219.

Graumann, O.(2006) Teamteaching. In: Arnold, K.-H./Sandfuchs, U./Wiechmann, J. (Hg.): Handbuch Unterricht. Bad Heilbrunn: Klinkhardt.

Halfhide, Th./Frei, M./Zingg, Cl. (2002): Teamteaching. Wege zum guten Unterricht. Zürich: Lehrmittelverlag.

Kruse, J./Schmieder, Chr. (2012): In fremden Gewässern. Ein integratives Basisverfahren als sensibilisierendes Programm für rekonstruktive Analyseprozesse im Kontext fremder Sprachen. In: Dies./Bethmann, ST./Niermann, D. (Hg.): Qualitative Interviewforschung in und mit fremden Sprachen. Eine Einführung in Theorie und Praxis. Weinheim/Basel: Beltz/Juventa.

Murawski, W. W./Swanson, H. L. (2001): A Meta-Analysis of Co-Teaching Research: Where Are the Data? In: Remedial and Special Education, 22/5. 258–67.

Nolle, T. (2013): Psychosoziale Basiskompetenzen und Lernorientierung bei Lehramtsstudierenden in der Eingangsphase des Lehramtsstudiums. Bad Heilbrunn: Klinkhardt.

Scruggs, Th.E./Mastropieri, M. A./McDuffie, K. A. (2007): Co-Teaching in Inclusive Classrooms: A Metasynthesis of Qualitative Research. In: Exceptional Children, 73/4. 392–416.

Seitz, S. (2008): Der Lehrer als Innovator von Schule. Ein neues Professionsverständnis? Historische und empirische Analysen zum beruflichen Selbstverständnis von Lehrkräften unter dem Aspekt der Schulentwicklung. Hamburg: Kovač.

Soziale Integration in einer Klasse mit festem Lehrertandem – zum Stand nach dem ersten Schuljahr

Wolfgang Dworschak & Elke Inckemann

1 Gemeinsames Lernen von Kindern mit und ohne Behinderung

Mit Änderung des Bayerischen Erziehungs- und Unterrichtsgesetzes (BayEUG) zum 01.08.2011 wurden die Möglichkeiten und Organisationsformen des gemeinsamen Lernens von Kindern mit und ohne sonderpädagogischen Förderbedarf (SPF) in Bayern deutlich erweitert. So sieht das BayEUG in Art. 30b, Abs. 5 die Möglichkeit vor, Klassen mit festem Lehrertandem zu bilden. Diese Klassen werden von Kindern mit sehr hohem und ohne SPF besucht.

Zum Schuljahr 2011/2012 wurden in Bayern 12 Klassen mit festem Lehrertandem an Grund- und Mittelschulen gebildet. Eine dieser Klassen wird seit dem September 2011 von der Ludwig-Maximilians-Universität München wissenschaftlich begleitet. Die Klasse wird von insgesamt 20 Kindern besucht, acht Kinder davon weisen SPF auf. Der vorliegende SPF muss dem Gesetz nach ‚sehr hoch‘ sein. Auf eine förderschwerpunktspezifische Formulierung, bspw. eine Eingrenzung auf Schüler mit dem Förderschwerpunkt geistige Entwicklung, wurde in diesem Zusammenhang verzichtet. Dies macht den ‚Geist‘ des neuen BayEUG deutlich, dass das gemeinsame Lernen von Kindern mit und ohne SPF über die Grenzen unterschiedlicher Förderschwerpunkte hinweg ermöglichen soll. So ist für den Besuch einer Tandemklasse auch kein Sonderpädagogisches Gutachten nötig, sondern lediglich ein förderdiagnostischer Bericht, der Art und Notwendigkeit der sonderpädagogischen Förderung beschreibt und somit die Grundlage einer Unterrichtung an der allgemeinen Schule nach individuellen Lernzielen darstellt (vgl. VSO-F[1] §25, Abs. 1).

2 Fragestellung und Methode

Die wissenschaftliche Begleitung fokussiert sowohl die Entwicklung der Kinder, die sozialen Beziehungen innerhalb der Gruppe, die Einstellung der Eltern zum gemeinsamen Unterricht als auch die Gestaltung des Unterrichts.

In diesem Beitrag wird der Aspekt der sozialen Beziehungen herausgegriffen. Der Forschungsstand zur sozialen Integration von Schülern mit SPF im gemeinsamen Unterricht zeigt – nicht zuletzt auf Grund schwer vergleichbarer Studienpopulationen und -designs – keine einheitlichen Befunde. Während manche Autoren zusammenfassend zu dem Ergebnis kommen, dass „die soziale Integration i. d. R. erfolgreich stattfindet" (Klemm/Preuss-Lausitz 2008, 16)

---

1 Schulordnung für die Volksschule zur sonderpädagogischen Förderung

ergeben andere Überblicke ein eher negatives Bild (vgl. Speck 2011, 100ff), indem ein signifikant niedrigerer Wahl- und signifikant höherer Ablehnungsstatus im Soziogramm von Schülern mit SPF deutlich wird (vgl. Huber 2008, 4). Aus Platzgründen können hier nicht alle mit diesem Aspekt verbundenen Teilfragestellungen thematisiert werden. Im Folgenden soll der Fokus auf die mit dem Fragebogen zur sozialen Integration (Huber 2006) erhobene Fremdeinschätzung im Kontext soziale Integration gelegt werden. Mit dem Fragebogen wurde in Einzelinterviews im Rahmen eines unbegrenzten Nominierungsverfahrens ein Wahl- und Ablehnungsstatus für die Mitglieder der Klasse ermittelt (vgl. Huber 2006, 133f). Die Kriterien waren dabei der ‚Sitznachbar‘, das ‚Spielen in der Pause‘ und die ‚Einladung zu einem Geburtstag‘. Die Auswertung kann für jedes Item einzeln oder alle drei gemeinsam, auf rein deskriptiver Ebene (tabellarisch, Koordinatensystem, Soziogramm) oder über standardisierte z-Werte bzw. die Berechnung eines Integrationsstatus erfolgen (vgl. ebd., 135f, 147). Da im Folgenden der Vergleich zu verschiedenen Messzeitpunkten innerhalb einer Klasse – und nicht zwischen Klassen (mit unterschiedlicher Klassengröße) – im Fokus steht, wird die rein deskriptive Auswertung gewählt. Dabei werden die Schüler in Anlehnung an Huber (2006, 146ff) den Statusgruppen ‚beliebt‘, ‚unbeliebt‘, ‚ambivalent‘ und ‚unsichtbar‘ zugeordnet (vgl. Selmayr 2012, 43ff). Eine zentrale Schwierigkeit der wissenschaftlichen Begleitung von heterogenen Lerngruppen erweist sich in der Tatsache, dass nicht alle Kinder über standardisierte Gruppenverfahren einbezogen werden können (vgl. Ratz/Reuter 2012, 216). So konnte ein Schüler beim Fragebogen zur sozialen Integration nicht berücksichtigt werden. Besonders im Hinblick auf Schüler mit dem Förderschwerpunkt geistige Entwicklung muss daher zukünftig verstärkt über alternative Wege nachgedacht werden.

3 Ergebnisse

In Tab. 1 werden die Ergebnisse zur Fremdeinschätzung der sozialen Integration auf deskriptiver Ebene dargestellt, in dem die jeweiligen Wahlen bzw. Ablehnungen im Rahmen des unbegrenzten Nominierungsverfahrens für die drei Items zu den Messzeitpunkten März (t1) und Juli 2012 (t2) summiert angegeben sind. Die maximal zu erreichende Anzahl an Wahlen bzw. Ablehnungen liegt dabei bei 54. Die Schüler mit SPF sind durch ein ‚*‘ gekennzeichnet.

Die Ergebnisse vom März verdeutlichen ein heterogenes Bild. Während es einzelne Kinder gibt, die deutlich mehr Ablehnungen als Wahlen auf sich vereinigen (z. B. 106*, 108*, 118), gibt es eine Reihe von Kindern, die etwa gleich viel Wahlen und Ablehnungen erhalten (z. B. 101*, 103*, 105*, 110). Bei insgesamt acht Kindern überwiegt die Anzahl der Wahlen deutlich (z. B. 113, 117, 120). Im Juli zeigt sich – auf die ganze Klasse bezogen – ein ähnliches Bild: Wenige Schülerinnen und Schüler – alle haben SPF – werden häufig abgelehnt und kaum gewählt (z. B. 102*, 106*, 108*). Einige Kinder erhalten wieder etwa gleich viele Wahlen und Ablehnungen (z. B. 105*, 107). Bei insgesamt neun

Kindern überwiegt die Anzahl der Wahlen deutlich (z. B. 113, 115, 119) – darunter befindet sich kein Kind mit SPF.

Tabelle 1: Ergebnisse (Rohwerte) zu Wahlen und Ablehnungen im Fragebogen zur sozialen Integration im März (t1) und Juli 2012 (t2) und zugeordnete Statusgruppen

Schüler	t1			t2		
	Anzahl Wahlen	Anzahl Ablehnungen	Statusgruppe	Anzahl Wahlen	Anzahl Ablehnungen	Statusgruppe
106*	7	22	unbeliebt	1	44	unbeliebt
108*	6	35	unbeliebt	2	40	unbeliebt
118	1	8	unbeliebt	10	5	ambivalent
101*	6	5	ambivalent	5	8	ambivalent
102*	7	5	ambivalent	0	10	unbeliebt
103*	6	6	ambivalent	5	12	unbeliebt
104*	8	5	ambivalent	2	0	unsichtbar
105*	10	11	ambivalent	7	8	ambivalent
107	13	7	ambivalent	14	15	ambivalent
111*	6	8	ambivalent	5	14	unbeliebt
112	5	2	ambivalent	12	1	beliebt
110	1	2	unsichtbar	8	5	ambivalent
109	13	3	beliebt	15	1	beliebt
113	22	3	beliebt	27	0	beliebt
114	18	3	beliebt	18	0	beliebt
115	18	1	beliebt	24	0	beliebt
116	15	2	beliebt	21	0	beliebt
117	20	2	beliebt	16	0	beliebt
119	15	3	beliebt	20	0	beliebt
120	20	3	beliebt	22	3	beliebt

(N=19; 101* keine Angabe)

Die Ergebnisse lassen sich weitergehend vier Statusgruppen zuordnen, die aus den Spalten Statusgruppe in Tab. 1 ersichtlich werden. Im März können drei Kinder als ‚unbeliebt' eingeschätzt werden – zwei davon sind Kinder mit SPF. In der Gruppe der ‚ambivalenten' Kinder finden sich sechs Kinder mit und zwei ohne SPF. Ein Kind (110) kann als ‚unsichtbar' gelten, es wird kaum gewählt bzw. abgelehnt. Eine Gruppe von acht Kindern – ausschließlich Kinder ohne SPF! – kann als ‚beliebt' gelten. Zum zweiten Messzeitpunkt zeigen sich die Ergebnisse folgendermaßen: Die Gruppe der ‚unbeliebten' Kinder wächst an. Nun sind dort fünf Kinder mit SPF zu finden. Dagegen nimmt die Gruppe der ‚ambivalenten' Kinder ab, hier sind zwei Kinder mit und drei ohne SPF zu finden. Weiterhin ist ein Kind ‚unsichtbar' – jedoch ein anderes als im März. Die Gruppe der ‚beliebten' Kinder ist nahezu unverändert, die meisten Kinder verlieren zudem Ablehnungen, so dass sechs der neun Kinder überhaupt keine Ablehnungen zu verzeichnen haben.

4 Zusammenfassung und Ausblick

Im Hinblick auf die Fremdeinschätzung der sozialen Integration verdeutlicht die Tab. 1, dass unter den ‚unbeliebten' Kindern nur Kinder mit SPF sind, während bei den ‚beliebten' Kindern nur Kinder ohne SPF zu finden sind. Unter den ‚unsichtbaren' und ‚ambivalenten' Kindern sind sowohl Kinder mit als auch ohne SPF. Der hier ersichtliche, deutlich ungünstigere Status von Kindern mit SPF findet sich auch in anderen Studien mit vergleichbarem Aufbau (vgl. Huber 2008, 4, 12).

Für ein umfassenderes Bild der sozialen Integration werden im Rahmen der wissenschaftlichen Begleitung auch die Selbsteinschätzung der sozialen Integration sowie konkrete Verhaltensweisen des Miteinander-Arbeitens, Miteinander-Spielens und Helfens erfasst. Wichtige Daten liefert beispielsweise ein Unterrichtstagebuch, in dem die Lehrerinnen verteilt über das gesamte Schuljahr ihre Beobachtungen und Eindrücke festhalten (vgl. Inckemann/Dworschak 2011). In der Zusammenschau aller Daten kann somit der Frage nach Divergenzen zwischen Fremd- und Selbsteinschätzung, von Freundschaft und Helfen nachgegangen werden.

Literatur

Huber, C. (2006): Soziale Integration in der Schule?! Marburg: Tectum.

Huber, C. (2008): Jenseits des Modellversuchs: Soziale Integration von Schülern mit sonderpädagogischem Förderbedarf im Gemeinsamen Unterricht – Eine Evaluationsstudie. In: Heilpädagogische Forschung, Bd. XXXIV. H. 1. 2-14.

Inckemann, E./Dworschak, W. (2011): Unterrichtstagebuch für Lehrkräfte, die in Klassen mit Kindern mit und ohne sonderpädagogischen Förderbedarf unterrichten. Unveröffentlichtes Material aus der wiss. Begleitung. München.

Klemm, K./Preuss-Lausitz, U. (2008): Gutachten zum Stand und zu den Perspektiven der sonderpädagogischen Förderung in den Schulen der Stadtgemeinde Bremen. Unter: http://www.bildung.bremen.de/fastmedia/13/Bremen%20Wv%20End%201-11%20End.pdf [abgerufen am: 06.09.2011]

Ratz, C./Reuter, U. (2012): Die Jakob-Muth-Schule Nürnberg und ihre ‚intensiv kooperierenden Klassen' (IKON). In: Breyer, C./Fohrer, G./Goschler, W./Heger, M./Kießling, C./Ratz, C. (Hg.): Sonderpädagogik und Inklusion. Oberhausen: Athena. 211-225.

Selmayr, A. (2012): Soziale Integration in einer Klasse mit festem Lehrertandem. Quantitative und qualitative Erfassung der sozialen Integration von Kindern mit und ohne sonderpädagogischem Förderbedarf. Unveröffentlichte Hausarbeit. München.

Speck, O.(2011): Schulische Inklusion aus heilpädagogischer Sicht. 2. Auflage. München: Reinhardt.

Entwicklung einer Studie zum gemeinsamen Unterricht von Kindern mit und ohne Sehschädigung

Sarah Wieckert

1 Ausgangslage

Der Schulbeginn kennzeichnet für jede Schülerin und jeden Schüler einen entscheidenden neuen Lebensabschnitt. Zum einen gilt es, sich in das neue Umfeld einzugewöhnen und Kontakte zu den Mitschülerinnen und Mitschülern zu knüpfen sowie sich auf die Lehrkräfte einzulassen. Andererseits eröffnet sich den Schulanfängerinnen und Schulanfängern eine Vielzahl von Lernbereichen, die es für sich zu entdecken und zu erobern gilt. Das Selbstkonzept hat Auswirkungen auf das Zutrauen in das eigene Vermögen und beeinflusst insofern den Lernweg der Schülerinnen und Schüler. Eine realistische oder leicht optimistisch überhöhte Selbsteinschätzung kann dazu beitragen, Lernanforderungen selbstbewusst und erfolgreich zu meistern und an noch vorhandenen Schwierigkeiten zu arbeiten. Die Unterrichtsgestaltung sowie die Praxis der Leistungsmessung können dabei entscheidenden Einfluss auf die Selbstwahrnehmung der Schülerinnen und Schüler haben. Die Entwicklung und Erweiterung mathematischer Kompetenzen ist neben dem Schriftspracherwerb ein Teilgebiet, dem im ersten Schuljahr besondere Aufmerksamkeit geschenkt wird. Gerade die Entwicklung einer Mengenvorstellung hängt von der Wahrnehmung jedes Individuums ab. Insofern ist dies unter anderem ein Bereich, in dem die Sehfähigkeit eines Kindes zu unterschiedlichen Entwicklungsverläufen führen kann. Kinder mit und ohne Sehschädigung, welche im gemeinsamen Unterricht beschult werden, sehen sich eben diesen neuen Eindrücken und Anforderungen gegenüber. Dabei stellen sich unter anderem folgende Fragen: (1) Hat die Sehschädigung eine Auswirkung auf das akademische Selbstkonzept und wie entwickeln sich die Selbstkonzepte aller Kinder? (2) Beeinflusst die Vermittlungsmethodik im gemeinsamen Unterricht die Selbstkonzeptentwicklung der Kinder?

2 Forschungsstand und theoretische Grundlagen

2.1 Selbstkonzeptentwicklung

Das Selbstkonzept eines Menschen umfasst das deklarative Wissen über sein individuelles Können und Selbst (vgl. Helmke 1992, 20). Ist das Selbstkonzept eines Individuums hoch ausgeprägt, verleiht ihm dies Sicherheit und Handlungskompetenz (vgl. Habermas 1982, 85). Insofern können auch neue Herausforderungen mit der Hoffnung auf Erfolgserleben und dem Vertrauen auf die Bewältigbarkeit der Aufgaben angenommen werden. In der Längsschnittstudie

KILIA (vgl. Kammermeyer/Martschinke 2003) zeigt sich die Bedeutung des Selbstkonzeptes für die Leistungsentwicklung im Mathematikunterricht besonders in der Übergangsphase am Schulanfang. Üblicherweise gelingt Schulanfängerinnen und Schulanfängern relativ schnell eine Gewöhnung an das neue Lern- und Lebensumfeld Schule. Sie zeigen oft eher eine Überschätzung der eigenen schulfachbezogenen Fähigkeiten (vgl. Prücher 2002). In Abhängigkeit von schwierigen oder ungünstigen Lernvoraussetzungen, wie sie das eingeschränkte Sehvermögen darstellen kann, könnte aber für diese Kinder ein niedrigeres Selbstkonzept und damit schlechteren Leistungen im Anfangsunterricht erwartet werden.

2.2 Mathematikunterricht der Primarstufe

In Bezug auf die Initiierung und Gestaltung mathematischer Lernprozesse in der Grundschule hat in den letzten Jahren unter anderem das Projekt „mathe 2000", das 1987 an der Universität Dortmund begonnen hat, entscheidende Impulse geliefert. Die Forschungsgruppe stellt in besonderem Maße die Bedeutung selbstentdeckenden Lernens und produktiven Übens in den Vordergrund gelingender Auseinandersetzung mit Mathematik. Neben einer Vielzahl an Unterrichtsmaterialien wie dem Zahlen-, Formen- und Denkspielbuch gilt die Forschung auch der Aus- und Weiterbildung von Lehramtsstudentinnen und Lehramtsstudenten sowie Lehrerinnen und Lehrern (vgl. Müller/Steinbring/ Wittmann 2002, 39 ff.). Außerdem befasst sich das im Jahr 2008 gestartete Projekt KIRA (Kinder rechnen anders) mit den Denk- und Lernwegen von Grundschulkindern hinsichtlich mathematischer Aufgaben. Ziel ist dabei ein tieferes Verständnis für die Vielzahl an Lernwegen zu erzielen und Lehrkräfte für diese zu sensibilisieren, um individuelle Lösungswege als Bereicherung für die Unterrichtspraxis nutzen zu können (vgl. Spiegel/Selter 2003, 8 ff.). Es stellt sich hinsichtlich der Studie die Frage, welche didaktischen Zugänge von Lehrkräften in der Praxis insbesondere in Klassen mit Kindern mit Sehschädigung gewählt und wie diese gegebenenfalls für den gemeinsamen Unterricht modifiziert werden.

2.3 Diagnostik als Voraussetzung für gemeinsamen Unterricht von Kindern mit und ohne Sehschädigung

Eine medizinische Diagnose allein ermöglicht noch keine weitreichenden Aussagen über das funktionale Sehen. Da jedoch gerade dieses für den Schulalltag von zentraler Bedeutung ist, sind für die Studie demzufolge hauptsächlich aus Beobachtung gewonnene Erkenntnisse hinsichtlich folgender Fragen relevant: (1) Arbeitet/spielt das Kind mehr mit taktilen oder visuell angebotenen Materialien? (2) Welchen Abstand wählt das Kind zum Arbeitsgegenstand/Spielmaterial? (3) Kann das Kind Schriftzeichen erkennen? (4) Welche Vergrößerung ist erforderlich, damit das Kind effizient arbeiten kann? (5) Wie lange kann das

Kind mit visuell bzw. taktil angebotenem Material arbeiten? (6) Welche Raum-
bedingungen müssen geschaffen werden? (7) Hat sich das Sehen im Laufe der
Zeit verändert? Damit werden die Bereiche Kommunikation, Orientierung und
Bewegung, Aktivitäten des täglichen Lebens und Aufgaben im Nahbereich des
funktional orientierten Klassifikationsschemas nach Hyvärinen für die Studie
aufgegriffen (vgl. www.lea-test.fi Zugriff 08.05.2013).

3   Forschungsprojekt

3.1 Untersuchungsaufbau und Fragestellungen

Im Rahmen einer Triangulationsstudie werden das akademische Selbstkonzept
sowie der Leistungsstand von Kindern mit einer Sehschädigung im Bereich
mathematischer Kompetenzen erhoben, die im gemeinsamen Unterricht beschult werden. Darüber hinaus werden sowohl Selbstkonzept als auch mathematische Fähigkeiten von Kindern ohne Sehschädigung erfasst, die dieselbe Klasse
besuchen wie die Kinder mit Sehschädigung. Im Sinne einer Längsschnittuntersuchung werden diese Aspekte zu drei Erhebungszeitpunkten (Beginn, Halbjah-
resende, Schuljahresende des ersten Schuljahres) anhand von leitfadengestützten
Interviews und Lernstandserhebungen ermittelt. Außerdem finden Unterrichts-
hospitationen mit anschließender Befragung der Lehrkräfte über deren subjektive Theorien hinsichtlich ihres professionellen Handelns statt.
      Die Entwicklung der Interviewleitfäden basiert auf in der Literatur vorge-
fundenen Herangehensweisen (vgl. Beutel/Hinz 2008, 82 ff.). Beispielsweise
werden die Kinder zum ersten Erhebungszeitpunkt unter anderem gefragt, ob sie
bereits zählen sowie Zahlen erkennen können. Anschließend werden ihnen
ausgehend von Lernstandserhebungen des Zahlenbuches Aufgaben gestellt, die
der Erhebung dieser mathematischen Kompetenzen dienen. Zentrale Fragestellungen der Untersuchung sind dabei, ob die Selbstkonzepte der Kinder mit
ihren tatsächlichen mathematischen Fähigkeiten übereinstimmen und wie sich
diese während des ersten Schuljahres entwickeln. Außerdem wird der Frage
nachgegangen, ob die Selbstkonzepte der Kinder mit Sehschädigung aufgrund
von Etikettierungsprozessen eher negativ ausgeprägt sind. Die Studie geht
weiter der Frage nach, welche Sichtweisen die Lehrkräfte bezüglich des gemeinsamen Unterrichts haben und welche Möglichkeiten der Unterstützung einer
positiven Selbstkonzeptentwicklung sie im Unterrichtsalltag sehen. Die Analyse
der Interviews mit den Lehrkräften erfolgt im Rahmen einer qualitativen Inhaltsanalyse nach Mayring (2010) mithilfe von MAXQDA, während die
Kinderinterviews sowohl mit MAXQDA als auch mit SPSS ausgewertet
werden, da die Interviewleitfäden wie Fragebögen konzipiert sind.

3.2 Stichprobe

Die Studie wird in fünf ersten Klassen in Nordrhein-Westfalen durchgeführt, sodass insgesamt fünf Lehrkräfte (die in den Klassen Mathematik unterrichten) und 94 Kinder an der Untersuchung teilnehmen. In jeder der fünf Klassen befindet sich ein Kind mit Sehschädigung.

4 Ausblick

Die Analysen sind noch nicht beendet, sodass an dieser Stelle noch keine Ergebnisse vorgelegt werden können. Sobald die Auswertung und Interpretation der Daten abgeschlossen ist, wird darüber an anderer Stelle berichtet werden.

Literatur

Beutel, S.-I./Hinz, R. (2008): Schulanfang im Wandel: Selbstkonzepte der Kinder als pädagogische Aufgabe. Berlin: LIT.

Drave, W./Rumpler, F./Wachtel, P. (2000): Empfehlung zur sonderpädagogischen Förderung. Allgemeine Grundlagen und Förderschwerpunkte (KMK). Würzburg: Edition Bentheim.

Habermas, J. (1982): Zur Rekonstruktion des Historischen Materialismus. Frankfurt a. M.: Suhrkamp.

Helmke, A. (1992): Selbstvertrauen und schulische Leistungen. Göttingen: Hogrefe.

Hyvärinen, L. Unter: http://lea-test.fi [abgerufen am 08.05.2013]

Kammermeyer, G./Martschinke, S. (2003): Schulleistung und Fähigkeitsselbstbild im Anfangsunterricht – Ergebnisse aus dem KILIA-Projekt. In: Empirische Pädagogik. Jg. 17, H. 4. 486–503.

Mayring, Ph. (2010): Qualitative Inhaltsanalyse. Weinheim u.a.: Beltz.

Müller, G. N./Wittmann, E. Ch. (2004): Das Zahlenbuch. 1. Materialband. Stuttgart: Klett.

Müller, G. N./Steinbring, H./Wittmann, E. Ch. (2002): Jenseits von PISA. Bildungsreform als Unterrichtsreform. Ein Fünf-Punkte-Programm aus systemischer Sicht. Seelze: Kallmeyer.

Prücher, F. (2002): Selbstkonzepte von Grundschulkindern. Eine empirische Untersuchung über das Selbstkonzept sozialer Integration und das Selbstkonzept allgemeiner Fähigkeiten von Kindern der ersten Grundschulklasse. Osnabrück: Der Andere Verlag.

Spiegel, H./Selter, Ch. (2003): Kinder & Mathematik. Was Erwachsene wissen sollten. Seelze: Kallmeyer.

Schulbegleitung – Die richtige Unterstützungsmaßnahme für Schüler mit (geistiger) Behinderung zur Realisierung ihres Bildungsrechts an der allgemeinen Schule?

Wolfgang Dworschak

1 Ausgangspunkt

Das Schulsystem hält verschiedene Unterstützungsressourcen bereit, für den Fall, dass ein Schüler mit (geistiger) Behinderung sein Bildungsrecht an der allgemeinen Schule realisieren möchte. Neben zusätzlichen Lehrerstunden ist hier insbesondere die Kooperation von Förder- und Regelschullehrern im Rahmen der Mobilen Sonderpädagogischen Dienste (MSD) oder der Klassen mit festem Lehrertandem zu nennen (vgl. BayEUG, Art. 21, 30b). Neben diesen schulrechtlich finanzierten Unterstützungsressourcen stellt die Schulbegleitung eine Unterstützungsmaßnahme in der Schule dar, die in den letzten Jahren vehement zunimmt. So stieg die Zahl der Schulbegleiter (SB) an allgemeinen Schulen in Bayern von 439 im Schuljahr 2009 auf 623 im Schuljahr 2011. Ein Anstieg um über 40% (vgl. VbB 2012a, 4)!

Problematisch dabei ist, dass der relativ jungen Maßnahme bisher kein wohl definiertes Konzept zu Grunde liegt, d. h., dass bislang nicht ausreichend geklärt ist, welche Rolle der Schulbegleiter im Hinblick auf die Umsetzung einer inklusiven Schule erfüllen soll[1].

Im folgenden Beitrag soll daher der Frage nachgegangen werden, ob die Maßnahme der Schulbegleitung als adäquate Unterstützungsmaßnahme im Hinblick auf die integrative Unterrichtung von Schülern mit (geistiger) Behinderung angesehen werden kann. Hierfür werden Ergebnisse einer bayernweiten Vollerhebung zur Schulbegleitung im Förderschwerpunkt geistige Entwicklung (FsgE) an der allgemeinen Schule (Einzelintegration) vorgestellt und diskutiert.

2 Theoretische Grundlegung und Studiendesign

Die Schulbegleitung, auch Integrationsassistenz, Schulassistenz oder Individualbegleitung genannt, stellt eine Einzelfallhilfe dar. Sie wird von den Eltern beantragt und von den örtlichen bzw. überörtlichen Sozialhilfeträgern finanziert. Die Schulbegleitung ist also eine Hilfe aus dem Sozialrecht, die sich auf ein einzelnes Kind bezieht und additiv zu den Unterstützungsressourcen der Schule hinzukommt (vgl. Dworschak 2010, 131f). Ein Kind erhält eine Schulbeglei-

---

[1] Die vom Verband der bayerischen Bezirke und dem Bayer. Staatsministerium für Unterricht und Kultus herausgegebenen Empfehlungen zum Einsatz von Schulbegleitern lassen diesbzgl. grundlegende Fragen offen (vgl. VbB 2012b, Dworschak 2012a).

tung, wenn es einen besonderen Betreuungsbedarf hat, dem die Schule im Rahmen ihrer Möglichkeiten so nicht gerecht werden kann. Dieser Betreuungsbedarf kann in ganz unterschiedlichen Bereichen vorliegen. So sind die Bereiche Lernen, Verhalten, Kommunikation, medizinische Versorgung und/oder Alltagsbewältigung denkbar (vgl. ebd.).

Der Schulbegleiter soll durch lebenspraktische Hilfestellungen, einfache pflegerische Tätigkeiten, Hilfen zur Mobilität, Unterstützung im sozial-emotionalen Bereich oder bei der Kommunikation dazu beitragen, dass der Schüler den Schulalltag besser und möglichst selbstständig bewältigen kann (vgl. VbB 2012b, 6f). Dabei wird aus formaler Sicht klargestellt:

> „Schulbegleiter sind **keine** Zweitlehrer, Nachhilfelehrkräfte, Hausaufgabenbetreuer oder Assistenten der Lehrkräfte bei der Vermittlung der Unterrichtsinhalte" (ebd., 7, H.i.O.).

Dementsprechend müssen Schulbegleiter an der allgemeinen Schule formal auch keine fachliche Qualifikation vorweisen (vgl. ebd., 5). Aus Sicht der Unterrichtspraxis lässt sich diese geforderte Trennung zwischen alltagspraktisch-pflegerischer Hilfe einerseits und pädagogisch-unterrichtlicher Tätigkeit andererseits jedoch nicht aufrechterhalten (vgl. Niedermayer 2009, Dworschak 2012a, Lassak/Piering 2012).

An diesem Widerspruch setzt die hier explizierte Studie an, die im Schuljahr 2010/11 im Rahmen einer postalischen Fragebogenuntersuchung an allgemeinen Schulen die Arbeitssituation und Tätigkeitsbereiche der Schulbegleiter erhoben hat. Die Studie bezieht sich ausschließlich auf Schulbegleitungen im FsgE, also auf die Begleitung von Schülern mit geistiger Behinderung, die im Rahmen einer Einzelintegration die allgemeine Schule besuchen. Im Untersuchungszeitraum besuchten 306 Schüler mit geistiger Behinderung im Rahmen der Einzelintegration die allgemeine Schule (vgl. KMK 2012, 56). Um ein möglichst objektives Bild zu erhalten, wurden folgende Personengruppen in die Befragung einbezogen: Schulbegleiter ($n=87$), MSD ($n=59$), Klassenleiter ($n=88$) und Schulleiter ($n=56$). Der Rücklauf dieser bayerischen Vollerhebung ist mit 43,9% als ausreichend einzuschätzen (vgl. Dworschak 2012b, 82f).

3 Ergebnisse[2]

Der Grund bzw. die Gründe für die Beantragung der SB wurden über den MSD und die Klassenleiter erhoben. Dabei stellt der Aspekt des Lernens mit rund 90% den am häufigsten genannten Grund dar, gefolgt vom Aspekt der Alltagsbewältigung, mit rund 80%. Probleme in der Kommunikation spielen bei rund 65% der Schüler eine Rolle, wohingegen Verhaltensprobleme bei jedem Zweiten als Grund genannt werden. Die Aspekte Pflege und medizinische Versorgung spielen mit unter 10% eine untergeordnete Rolle (vgl. Dworschak 2012b, 84).

---

2 Aus Platzgründen können im Folgenden nur wenige, ausgewählte Ergebnisse präsentiert werden. Eine detaillierte Darstellung der Ergebnisse lässt sich bei Dworschak (2012b) nachlesen.

Entgegen der formalen Empfehlungen (vgl. VbB 2012b, 5) mussten 38,8% der SB (*n*=85) eine fachspezifische Qualifikation für die Tätigkeit als Schulbegleiter vorweisen. Über die Hälfte (53,5%) der SB (*n*=71) hat einen sozialen Beruf erlernt, knapp ein Viertel (24%) ist dagegen fachfremd und wiederum knapp ein Viertel (22,5%) geht der Tätigkeit während des Zivildienstes, des Freiwilligen Sozialen Jahres oder des Studiums nach. In diesem Zusammenhang erscheint es interessant, das Thema Einarbeitung näher zu betrachten. Über die Hälfte (51,7%) der SB gibt an, **nicht** eingearbeitet worden zu sein (*n*=87).

Bei der Erhebung des Tätigkeitsprofils wurden vier Bereiche unterschieden: die Unterstützung bei lebenspraktischen Anforderungen, bei Lernvorhaben in der Gruppe, bei Einzelförderung nach Anleitung sowie sonstige Aufgaben, die der SB erfüllt. Die einzelnen Tätigkeitsbereiche wurden mit je zwischen sieben und 14 Einzelitems detailliert erhoben. Die Daten zeigen zusammenfassend, dass neben vielen alltagspraktisch-pflegerischen Tätigkeiten auch genuin pädagogisch-unterrichtliche Tätigkeiten in den Aufgabenbereich der Schulbegleiter fallen (vgl. Dworschak 2012b, 86ff). So sind z. B. alle SB (*n*=87) in der Einzelförderung tätig, bei der sie die Regie übernehmen, um mit dem Schüler in einer 1:1-Situation nach fachlicher Anleitung zu arbeiten. Die Planung der Einzelfördersequenzen fällt nach eigenen Angaben bei rund der Hälfte der SB in ihr Aufgabengebiet. Die Vorbereitung von Unterrichtsmaterialien übernimmt jeder zweite SB. Des Weiteren geben 16,1% der SB an, Unterricht für den begleiteten Schüler zu planen.

Als ein Indikator für den Erfolg einer SB wurde das Maß an äußerer Differenzierung erhoben, also der Zeitanteil, den der Schüler nicht in der Klassengemeinschaft integriert ist, sondern mit dem SB außerhalb der Klassengemeinschaft anderen Tätigkeiten nachgeht. Hierbei muss zwischen Vollzeit- und Teilzeit-SB differenziert werden. Während die Schüler, die während der gesamten Unterrichtszeit die SB erhielten, im Durchschnitt vier Unterrichtsstunden in äußerer Differenzierung waren, waren es bei den Schülern, die nur teilweise SB erhielten, im Durchschnitt knapp sechs Unterrichtsstunden (vgl. Dworschak 2012b, 92f).

4 Diskussion

Sowohl die Beantragungsgründe als auch die dokumentierten Tätigkeiten der SB weisen darauf hin, dass diese nicht nur alltagspraktisch-pflegerische sondern auch pädagogisch-unterrichtliche Aufgaben übernehmen. Eine strikte Begrenzung auf außerunterrichtliche Tätigkeiten erscheint im Hinblick auf Schüler mit dem FsgE als nicht realistisch (vgl. Dworschak 2012a).

Angesichts des beschriebenen Tätigkeitsprofils verdeutlichen die Ergebnisse zur Qualifikation und Einarbeitung der SB dringenden Handlungsbedarf. So erscheint es dringend nötig, die SB in verpflichtenden Einführungskursen für ihre Tätigkeit zu sensibilisieren und mit grundlegenden Aspekten von Assistenz, Unterricht und Didaktik vertraut zu machen.

Allerdings würde die Diskussion zu kurz greifen, würde man bei der Frage der Qualifikation der SB stehen bleiben. In erster Linie geht es bei der Einzelintegration bzw. der Entwicklung einer inklusiven Schule darum, dass sich die Lehrkraft der allgemeinen Schule für alle Schüler gleichermaßen verantwortlich fühlt. In diesem Zusammenhang zeigen die Zahlen zur äußeren Differenzierung eindrucksvoll die Gefahr für den Lehrer auf, den Schüler mit besonderem Betreuungsbedarf über eine nicht unerhebliche Zeitspanne aus seiner pädagogischen Verantwortung zu geben und die besondere, individuelle Förderung des Schülers mit sonderpädagogischem Förderbedarf möglicherweise nicht qualifizierten SB zu überantworten.

Die Ergebnisse machen sowohl Potenziale als auch Risiken der Maßnahme Schulbegleitung deutlich. So fungieren Schulbegleiter einerseits als „Türöffner" im Hinblick auf den Besuch der allgemeinen Schule – ermöglichen also häufig erst die Einzelintegration (vgl. Dworschak 2012b, 83f) –, was uneingeschränkt positiv zu bewerten ist. Andererseits müssen die kritischen Ergebnisse im Hinblick auf das Tätigkeitsprofil und die Qualifikation der SB ernst genommen werden. Derzeit stellt die Schulbegleitung **konzeptionell** also noch keine adäquate Unterstützungsmaßnahme für die Umsetzung einer inklusiven Schule dar. Die Maßnahme bedarf dringend einer grundlegenden Diskussion, Konzeptualisierung und unterrichtlichen Implementation. Es geht schlicht um die Frage, was von Schulbegleitern im Hinblick auf inklusiven Unterricht erwartet wird. Möglicherweise kann zur Klärung dieser Frage ein Blick in die Förderschulen mit dem FsgE hilfreich sein, in denen seit langem pädagogisches Assistenzpersonal unterstützende Tätigkeiten mit Blick auf die ganze Lerngruppe übernimmt (vgl. Dworschak 2012a).

Literatur

Dworschak, W. (2010): Schulbegleiter, Integrationshelfer, Schulassistent? In: Teilhabe. 49. Jg., H. 3. 131-135.
Dworschak, W. (2012a): Assistenz in der Schule. In: Zeitschrift 'Lernen konkret'. 31. Jg., H. 4. 2-7.
Dworschak, W. (2012b): Schulbegleitung im Förderschwerpunkt geistige Entwicklung an der allgemeinen Schule. In: Zeitschrift Gemeinsam leben. Zeitschrift für Inklusion. 20. Jg., H. 2. 80-94.
KMK (Kultusministerkonferenz) (2012): Sonderpädagogische Förderung in Schulen 2001-2010. Unter: http://www.kmk.org/fileadmin/pdf/Statistik/KomStat/Dokumentation_SoPaeFoe_2010. pdf [abgerufen am: 03.12.2012]
Lassak, M./Piering, M. (2012): Schulbegleitung in der Einzelintegration. Zeitschrift 'Lernen konkret'. 31. Jg., H. 4. 19-21.
Niedermayer, G. (2009): Die Rolle der Integrationsbegleiter. In: Thoma, P./Rehle, C. (Hg.): Inklusive Schule. Bad Heilbrunn: Klinkhardt. 225-235.
VbB (Verband der bayerischen Bezirke) (2012a): Rundschreiben Nr. 116/2012. Unter: http://www.bay-bezirke.de/downloads/97fc5bc0153ecca8251d0fe435b403a0_RS%20116%20 Eingabe%20von%20Professor%20Stollenwerk.pdf [abgerufen am: 20.04.2012]
VbB (2012b): Rundschreiben 118/2012. Unter: http://www.bay-bezirke.de/downloads/d8d20aa05 ab6e32f4cc07b321d76ced0_RS%20118%20Gemeinsame%20Empfehlung%20fuer%20den%2 0Einsatz%20von%20Schulbegleitern.pdf [abgerufen am: 03.05.2012]

Grundschullehrkräfte im Entscheidungsdilemma zwischen Fördern und Selektieren

Brigitte Kottmann & Susanne Miller

Trotz Zunahme von bildungspolitischen Bemühungen um Inklusion seit der UN-Konvention, wird die Antinomie professionellen Lehrerhandelns zwischen Förderung und Selektion nicht aufgehoben. Diese zeigt sich, wenn Lehrkräfte vor der Frage stehen, ob sie ein Kind zur Überprüfung auf sonderpädagogischen Förderbedarf melden oder nicht. Zur Frage, welche Einschätzungen Lehrkräfte dazu führen, sich für oder gegen eine Meldung zu entscheiden, werden erste Ergebnisse leitfadengestützter Interviews der vorliegenden Pilotstudie berichtet.

1 Einführung in die Thematik

Aktuelle Daten zum Förderschwerpunkt Lernen zeigen, dass trotz Verdoppelung der Integrationsquote keine Verringerung des Förderschulbesuchs zu konstatieren ist. Die Förderquote ist von 5,7 % (2000) auf 6,4 % im Jahr 2010 kontinuierlich angestiegen und verzeichnet je nach Bundesland Schwankungen zwischen 4,4 % und 11,9 % (KMK 2012), oder auch regionale Schwankungen innerhalb einzelner Bundesländer (Dietze 2011) wobei fast die Hälfte aller Kinder mit sonderpädagogischem Förderbedarf den Förderschwerpunkt Lernen aufweisen, der wiederum am stärksten mit einer sozialer Benachteiligung der Kinder korrespondiert. Das Verfahren zur Feststellung von sonderpädagogischem Förderbedarf (SPF) ist nicht – wie häufig behauptet – eine unverbindliche Überprüfung, da z. B. eine eigene Studie in NRW gezeigt hat, dass 90 % der eröffneten Verfahren zur Feststellung von SPF führen (Kottmann 2006). Die geringe Rückschulungsquote von unter 3 % sowie die Tatsache, dass 75 % der Schülerinnen und Schüler keinen Schulabschluss erwerben (KMK 2012) stellen die Förderwirkung ebenso in Frage wie die nachgewiesenen negativen Leistungseffekte in der Förderschule Lernen (Wocken 2007). Gerade weil mit der Zuweisung des SPF Lernen eine besonders nachhaltige und folgenreiche Bildungsentscheidung getroffen wird (auch, wenn die Kinder in integrativen bzw. inklusiven Settings beschult werden), wiegt es besonders schwer, dass es erhebliche Schwierigkeiten der Abgrenzung bzw. der klaren und eindeutigen Kriterien für die Definition einer Lernbeeinträchtigung gibt. Exemplarisch formuliert Kanter (2001), eine Lernbehinderung sei „sowohl eine relative (behindert je nach situativen Gegebenheiten) als auch eine relationale (behindert in Bezug auf schulische Erwartungsnormen) Größe". Die nordrhein-westfälische Definition „wenn die Lern- und Leistungsausfälle schwerwiegender, umfänglicher und langdauernder Art sind" (AO-SF 2005, §5) ist weich formuliert, so dass vermutet werden kann, unscharfe Kriterien würden flexibel angewandt (Radtke/ Gomolla 2002).

2 Forschungsinteresse

Ausgehend von dieser Problematik begründet sich das Forschungsinteresse, den Entscheidungsspielraum von Grundschullehrkräften im Vorfeld der Entscheidung zur Meldung näher auszuleuchten. Im Mittelpunkt des Interesses steht die Fragestellung, wie Grundschullehrkräfte sog. Risikokinder wahrnehmen, bei denen sie im Entscheidungsprozess sind bzw. waren, die Überprüfung eines sonderpädagogischen Förderbedarfs mit dem Förderschwerpunkt Lernen anzumelden. Das methodische Vorgehen beinhaltet zunächst eine quantitative Fragebogenerhebung (Miller 2013), die zeigt, dass über 90 % der in Nordrhein-Westfalen befragten Grund- und Förderschullehrkräfte (*N*= 330 bzw. 220) eine Abschaffung der Förderschulen mit dem Schwerpunkt Lernen nicht befürworten. Weiterhin wurden die Lehrkräfte gefragt: „Was glauben Sie, trägt zur Selektion von Kindern bei, denen sonderpädagogischer Förderbedarf attestiert wird?" Ebenfalls über 90 % der Lehrkräfte sind der Auffassung, die Selektion sei auf allgemeine kognitive Schwierigkeiten und Leistungsschwächen in den Hauptfächern zurückführen. Familiäre Gründe oder schulsystembezogene Gründe erfahren demgegenüber eine sehr viel geringere Zustimmung, tendenziell ist sie bei den Grundschullehrkräften noch niedriger als bei den Förderschullehrkräften.

Um die Gründe für oder gegen die Entscheidung genauer analysieren zu können, wurden anschließend sechs leitfadengestützte Interviews mit Grundschullehrkräften geführt, die mittels der qualitativen Inhaltsanalyse ausgewertet wurden. In den Interviews wurden die Lehrerinnen gebeten, konkret von zwei Kindern zu berichten, bei denen sie erwogen haben, ein Verfahren zur Feststellung von sonderpädagogischem Förderbedarf (AO-SF) einzuleiten.

3 Die Entscheidung für und gegen Eröffnung eines AOSF-Verfahrens

Interviews bestätigen die quantitativen Ergebnisse, da Leistungsschwächen in den Hauptfächern eine erhebliche Rolle bei allen Kindern spielen, bei denen eine Eröffnung zur Feststellung des SPF erwogen wird. Erstaunlich ist, dass sich die Beschreibungen der Lehrkräfte nicht erheblich von der späteren Entscheidung unterscheiden. Tabelle 1 zeigt dies exemplarisch für vier Lehrerinnen. Erhebliche Differenzen werden deutlich, wenn die Kategorien Sozialverhalten (1), Arbeitsverhalten (2), Unterstützungsverhalten durch die Familie (3) und Sicht auf eigene Förderung und die des Förderschulsystems (4) miteinander verglichen werden. Grundschullehrkräfte begründen ihre Entscheidung gegen die Eröffnung eines Feststellungsverfahrens, wenn sie in den genannten Bereichen Stärken oder positive Entwicklungen beim Kind bzw. deren Familien beobachten konnten oder wenn sie eine Skepsis der besseren Förderung in der Förderschule formulierten. Prototypische Erklärungen gegen AOSF-Eröffnung:

1. „Ja, also er hat soziale Stärken, ganz eindeutig" (Lehrerin C)
2. „Aber bei dem Kind war es, dass sie super-super eifrig war, die wollte, die wollte, (Lehrerin D)
3. „Aber da war ganz klar, die wollen das und kümmern sich und haben (…) ihre Tochter da unterstützt, so gut sie konnten" (Lehrerin D)
4. „…und ich konnte mir jetzt nicht vorstellen, dass man in allen Bereichen auf einer Förderschule da mehr hätte erreichen können" (Lehrerin A)

Tabelle 1: Beschreibung der Leistungsstände durch die Lehrkräfte

	Entscheidung für ein AOSF	Entscheidung gegen ein AOSF
B	die hat schon vier Jahre in der Eingangsstufe verbracht und konnte nur rudimentär lesen	…also er war in die Drei versetzt und konnte gar nicht lesen
C	die hat im Ersten gar nicht lesen können	der hat bis zum Ende des Ersten buchstabiert
D	Kulturtechniken, wie Buchstaben, sich merken, oder rechnen, konnte sie nicht, war schwierig, schon gleich im 1. Schuljahr	Also da ging am Anfang auch gar nichts mit Laut-Buchstaben-Zuordnung (…)Verständnis von Mathe war auch schwierig
F	Besondere Schwierigkeiten, abgesehen von der Lese-Schreibentwicklung, auch in Mathematik, wo er keine Zahlvorstellung hatte	Sie hatte ganz große Probleme, die Buchstaben zusammenzuschreiben

Insgesamt wird deutlich, dass bei den Erwägungen immer Leistungsschwächen wahrgenommen werden, es aber bei der konkreten Entscheidung für oder gegen Eröffnung eines Verfahrens auf weitere „nicht-kognitive" Merkmale ankommt. Diese haben zwar Einfluss auf die Lernentwicklung, sind aber auch abhängig von der subjektiven Erwartungshaltung der Lehrkräfte. Es ist belegt, dass Lehrkräfte einen hohen Leistungswillen, Konzentrationsfähigkeit, gewandten sprachlichen Ausdruck, ordentliche Arbeitsweisen etc. eher Kindern höherer sozialer Schichten zuschreiben (Preuß 1970). Gleichzeitig kommen in den Interviews weitere Momente zur Sprache, die scheinbar eine Rolle bei der Entscheidung spielen. So schildert Lehrerin A ausführlich ihre günstige Klassensituation, die es ihr erlaubte, sich besonders dem „Risikokind" zuzuwenden und von der Meldung abzusehen. Lehrerin C berichtet von einem Jungen, bei dem sie sehr schnell den SPF vermutete: „In den ersten Wochen war klar, der gehört hier eigentlich nicht hin. Gar nicht". Der Junge war erst vor kurzer Zeit aus Sri Lanka nach Deutschland gekommen, die Eltern sprachen beide kein deutsch und sind Analphabeten. Trotz ihrer klaren, schnellen Diagnose entschloss sich die Lehrerin nach Beratungsgesprächen mit dem Onkel: „So, wir schenken ihm dieses Jahr, und wir gucken mal. Machen wir einfach mal. Und es war gut". Bei diesem Jungen kam neben einer hohen Eigenmotivation und einer umfangreichen außerschulischen Unterstützung die Offenheit der Lehrkraft hinzu, sich auf das Wagnis – wie sie es bezeichnet –einzulassen und dem Kind eine Chance zu geben.

4 Resümee

Abschließend ist zu konstatieren, dass der Entscheidungsspielraum von Lehrkräften stark davon abhängt, wie sie die kindbezogenen, leistungsbezogenen und leistungsfremden Kriterien sehen. Die diesbezüglichen Erwartungshaltungen hängen von den eigenen Normalitätsvorstellungen ab, die nicht frei von sozialen Typisierungen sind. Hinzu kommen die Rahmenbedingungen, unter denen sie tätig ist sowie ihre eigenen Überzeugungen und Haltungen, beispielsweise in Bezug auf eigene Grenzen oder Bereitschaft, sich auf Wagnisse einzulassen. Während der Übergangsbereich zur Sekundarstufe I hinsichtlich sekundärer Herkunftseffekte schon recht gut untersucht ist, geben die dargestellten Ergebnisse der Pilotstudie Hinweise darauf, dass sich auch der Übergangsbereich zur Zuweisung sonderpädagogischen Förderbedarfs durchaus als ein ertragreiches Forschungsfeld darstellt, das „wie" der Herstellungsprozesse von Bildungsungleichheiten sichtbar und verstehbar zu machen. Gerade angesichts der breiten Diskussion um Inklusion erscheint dies lohnenswert, um aus Sicht der Lehrkräfte erfahren zu können, wo sie selber Grenzen und Schwierigkeiten sehen, Kinder mit erheblichen Lernschwierigkeiten in der Grundschule erfolgreich zu unterrichten. Nur so können Lehrkräfte auf dem Weg zu einer Schule für alle Kinder gezielt unterstützt und qualifiziert, bzw. Veränderungsnotwendigkeiten auf Einzelschul- und Schulsystemebene begründet werden.

Literatur

Autorengruppe Bildungsberichterstattung (Hg.) (2012): Bildung in Deutschland 2012. Ein indikatorengestützter Bericht mit Analyse zur kulturellen Bildung im Lebenslauf. Bielefeld: Bertelsmann.

Dietze, T. (2011): Sonderpädagogische Förderung in Zahlen – Ergebnisse der Schulstatistik 2009/10 mit einem Schwerpunkt auf der Analyse regionaler Disparitäten. In: Zeitschrift für Inklusion. 6. Jg., H. 2 Unter: http://www.inklusion-online.net/index.php/inklusion/article/view/ 105/106 abgerufen am 10.12.2012.

Gomolla, M./Radtke, F.-O. (2002): Institutionelle Diskriminierung. Die Herstellung ethnischer Differenz in der Schule. Opladen: Leske und Budrich.

Kanter, G. (2001): Lernbehinderung, Lernbehinderte, Lernbehindertenpädagogik. In: Antor, G./ Bleidick, U. (Hg.): Handlexikon der Behindertenpädagogik. Schlüsselbegriffe aus Theorie und Praxis. Stuttgart: Kohlhammer. 119-124.

Sekretariat der Ständigen Konferenz der Kultusminister der Länder in der Bundesrepublik Deutschland (Hg.) (2012): Sonderpädagogische Förderung in Schulen 2001 bis 2010. Statistische Veröffentlichungen der Kultusministerkonferenz, Dokumentation Nr. 196 – Februar 2012. Unter: http://www.kmk.org/fileadmin/pdf/Statistik/KomStat/Dokumentation_SoPaeFoe_2010.pdf abgerufen am 10.12.2012.

Kottmann, B. (2006): Selektion in die Sonderschule. Das Verfahren zur Feststellung von sonderpädagogischem Förderbedarf als Gegenstand empirischer Forschung. Bad Heilbrunn: Klinkhardt.

Miller, S. (2013): Die Sicht der Lehrkräfte auf Heterogenität. Ergebnisse einer quantitativen Erhebung in NRW. In: Jürgens, E./Miller, S. (Hg.): Ungleichheit in der Gesellschaft und Ungleichheit in der Schule. Eine interdisziplinäre Sicht auf Inklusions- und Exklusionsprozesse. Weinheim und Basel: Juventa. 235-251.

Preuß, Otmar (1970): Soziale Herkunft und Ungleichheit der Bildungschancen. Weinheim: Beltz.

Schulministerium NRW (2005): Verordnung über die sonderpädagogische Förderung, den Hausunterricht und die Schule für Kranke (Ausbildungsordnung gemäß§ 52 SchulG – AO-SF). Düsseldorf: Ritterbach.

Wocken, H. (2007): Fördert Förderschule? Eine empirische Rundreise durch Schulen für optimale Förderung. In: Demmer-Dieckmann, I./Textor, A. (Hg.): Integrationsforschung und Bildungspolitik im Dialog. Bad Heilbrunn: Klinkhardt. 35-60.

Inklusive Bildung auch für „Grenzfälle"? Lernprozessgestaltung für SchülerInnen mit starken Beeinträchtigungen. Eine fallrekonstruktive Studie aus systemtheoretischer Perspektive

Susanne Peters

1 Forschungskontext

Die Bedingungen erfolgreichen gemeinsamen Lernens für alle Kinder zu klären, ist eine der Aufgaben, die aus der UN-Behindertenkonvention resultiert. Rahmenbedingungen und Lernsettings zu beschreiben, die Schülerinnen und Schüler mit komplexen Beeinträchtigungen benötigen, stellt für die Implementierung inklusiver Bildung eine besondere Herausforderung dar.

Das Bundesland Hamburg hat als Reaktion auf die UN-Behindertenrechtskonvention 2009 reagiert, indem für Eltern von Kindern mit Beeinträchtigungen die freie Wahl der Schulform ohne Ressourcenvorbehalt im Hamburgischen Schulgesetz verankert worden ist (HmbSG). Mit dem Elternwahlrecht geraten die Erwartungen, die Eltern an Schule haben, und ihre Zufriedenheit mit dem schulischen Angebot in den Blick. Durch den eingeleiteten Paradigmenwechsel erhält für Menschen mit komplexen Beeinträchtigungen die Beteiligung von Eltern als Experten für ihr Kind einen neuen Stellenwert, um Teilhabe und Selbstbestimmung sicherzustellen (Hinz 2007; Mutzeck 2007). In der individuellen Förderplanung, die im Hamburger Schulgesetz (§ 12 HmbSG) als partizipatives Instrument zur Lernprozessgestaltung verankert ist, treffen die Vorstellungen aller beteiligten Akteure (SchülerInnen, PädagogInnen, Eltern) aufeinander und werden idealerweise im Dialog miteinander ausgehandelt.

In der Grundschulforschung werden Fragen der Kommunikation und Kooperation zwischen allen schulischen Akteuren – SchülerInnen, Eltern und den PädagogInnen – in letzter Zeit verstärkt in den Blick genommen (de Boer/ Deckert-Peaceman/Westphal 2011). Empirische Untersuchungen zur Elternperspektive auf Schule spielen bislang im deutschsprachigen Raum eine untergeordnete Rolle. Einzelne Studien gibt es zur institutionellen Zusammenarbeit mit Eltern behinderter Kinder (Sodogé/Eckert 2004; Lelgemann/Walter-Klose /Lübbeke/ Singer 2012).

Der für die hier vorgestellte Studie gewählte systemtheoretische Zugang von Luhmann mit dem zentralen Paradigma der Leitdifferenz von System und Umwelt (Luhmann 1984) ermöglicht eine Annäherung an die Begriffe Inklusion und Exklusion sowie Fragen der gesellschaftlichen und schulischen Bedingungen von Teilhabe und Begrenzung von Menschen mit Beeinträchtigungen, ohne sich der normativ aufgeladenen Inklusionsdebatte bzw. Schulstrukturdiskussion unterordnen zu müssen.

2 Anlage der Untersuchung

Im Mittelpunkt dieser im Rahmen einer Dissertation qualitativ angelegten Untersuchung stehen Schülerinnen und Schüler mit komplexen Beeinträchtigungen, die in den Jahren 2010 und 2011 in Hamburg auf Grund einer bewussten Entscheidung ihrer Eltern entweder an einer Grundschule oder an einer Sonderschule eingeschult worden sind. Die Studie fragt nach System-Umwelt-Differenzen **beispielsweise biologischer, psychischer oder sozialer Systeme wie der Interaktion oder der Organisation Schule** aus der Perspektive der beteiligten Eltern und der professionellen Akteure an den jeweiligen Schulen bezüglich der Wahrnehmung des Kindes, der pädagogischen Strukturen und Prozesse sowie bezüglich der Zusammenarbeit von Schule und Familie als soziales System. Als erstes Zwischenergebnis soll an einem Fall exemplarisch dargestellt werden, in welchem Spannungsverhältnis die Vorstellungen von Eltern eines Schülers und des pädagogischen Teams seiner Grundschule in Bezug auf die Lernprozessgestaltung stehen.

Dem Forschungsstil der Grounded Theory (Glaser/Strauss 2010) entsprechend werden Datenerhebung und Datenauswertung in mehreren Phasen miteinander verzahnt und die Fragestellung im Sinne eines zirkulären Vorgehens eingegrenzt. Für die als Fallstudie angelegte Untersuchung wurde die Auswahl der SchülerInnen nach dem Kriterium der größtmöglichen Kontrastierung der schulischen Settings vorgenommen. Im Mittelpunkt der Auswertung stehen leitfadengestützte Interviews mit Eltern von vier Kindern an Grund- und Sonderschulen, die im Rahmen der Datenerhebung nach dem 1. Schuljahr geführt wurden. Weitere Daten wurden erhoben durch: Gruppeninterviews mit den pädagogischen Klassenteams (bestehend aus Klassenlehrkraft, SonderpädagogInnen, ErzieherInnen und SchulbegleiterInnen), Experteninterviews mit Schulleitungsmitgliedern und die Sammlung schulischer Dokumente (Konzepte, Förderpläne, Zeugnisse und Materialien aus dem Schulalltag). Hinzu kamen mehrfache ganztägige Hospitationen während des Schuljahrs 2011/12 in vier Klassen. Die Datenanalyse erfolgt unter Verwendung eines Kodierparadigmas in Anlehnung an Strauss/Corbin (1996).

3 Erste Ergebnisse

Als erstes Zwischenergebnis soll exemplarisch dargestellt werden, in welchem Verhältnis die Vorstellungen der Mutter eines Schülers mit erheblichen Beeinträchtigungen in der kognitiven, sprachlichen und der motorischen Entwicklung und einem intensivem Assistenzbedarf zu denen des pädagogischen Klassenteams seiner Grundschule stehen. In zwei getrennt geführten Interviews wird auf eine täglich wiederkehrende Lernsituation Bezug genommen. Nick (Name geändert) geht während der täglichen Wochenplanarbeit regelmäßig mit einem anderen behinderten Jungen, der Erzieherin und der Schulbegleitung hinaus in die Küche, um frisches Obst kleinzuschneiden, welches die Kinder der Klasse beim anschließenden Pausenfrühstück verzehren dürfen.

Für die Mutter stellt sich diese Situation in folgender Weise dar:

> „E2: Dann kamen ihm schon im letzten Schuljahr eben so Aufgaben zu, wobei die immer gleich bleiben, dass er das Obst schnippelt für die Klasse [...] mit einem anderen Integrationskind zusammen. Das klappt jetzt auch immer selbstständiger. Wobei es ihm zwischendurch glaube ich nicht gut gefällt. Er macht das dann nicht mehr gerne, weil das einfach immer wieder das Gleiche ist. [...] Also hier schneidet er, hier hilft er total gerne immer beim Essen kochen mit. Wir schnippeln jetzt nicht ausgesprochen viel Obst oder – da hilft er mit, [...] mehr so das, was so in der Kochvorbereitung kommt, wie Gemüse oder gut, wenn es mal einen Obstsalat gibt, dann schnippelt er auch Obst. [...] Aber er wird da, man spürt einfach bei diesen Handgriffen, dass er da auch mehr motorisches Feingefühl entwickelt." (Interview_Schule2_E_20110907)

Die Mutter erkennt Lernfortschritte, die Nick aufgrund des Obstschnippelns im ersten Schuljahr gemacht hat: Es klappt „auch immer selbstständiger" und er hat „mehr motorisches Feingefühl entwickelt". Gleichzeitig nimmt sie wahr, dass es ihrem Sohn „nicht gut gefällt", weil es „immer wieder das Gleiche ist". Sie empfindet das Lernsetting „mit einem anderen Integrationskind zusammen", währenddessen alle übrigen im Klassenraum arbeiten, als aussondernd. Als positives Beispiel für eine Lernsituation beschreibt sie eine häusliche Kochsituation, an der alle Familienmitglieder beteiligt sind. Aus Sicht der Mutter soll sich die Lernprozessgestaltung an den Interessen des Kindes orientieren und Teilhabe ermöglichen. Die gleiche Situation des täglichen Obstschnippelns stellt sich aus der Sicht des pädagogischen Teams, anders dar:

> „SOPAD2:   Was wir ganz gut finden ist eigentlich das mit dem Obst. Das gefällt den Eltern aber auch schon nicht mehr. Dass wir hier Obst in der Klasse haben. Also andere Eltern besorgen Obst und dann
> ERZ2:   Schneidet
> SOPAD2:   Schneidet Frau G (ERZ2) das und macht dann immer zählen
> KL2:   Auch unheimlich gut für ihn
> SOPAD2:   Also so lebenspraktische Dinge, die ja auch wichtig sind. Das hatte ich auch nochmal angesprochen. Dass es wichtig ist, auch wenn er später mal in einer Wohngruppe lebt, was ich annehme, da ist die Mutter fast abgedreht..." (Interview_Schule 2_Team_20110914)

Das Phänomen des Obstschnippelns ist eingebettet in pädagogische Überlegungen: es ist „unheimlich gut für das Kind" und „wichtig". Die Situation wird genutzt, um Nicks mathematische Kompetenzen zu erweitern. Die Lernprozessgestaltung orientiert sich dabei an Festlegungen, die das Team für relevant hält. Der Erfolg der Maßnahmen soll sich in der Zukunft zeigen. Mutter und professionelle Akteure haben unterschiedliche Vorstellungen darüber, wie sich Lernen für Nick konkretisiert und auf welche Weise seine Lernprozesse begleitet bzw. unterstützt werden sollen. Für die professionellen Akteure dient Kompetenzzuwachs einer Erweiterung der Autonomie, für die Mutter bedeutet Autonomie die

Wahrnehmung eigener Interessen. Auch der Aspekt der Teilhabe wird von den Akteuren unterschiedlich definiert: Für die Mutter bedeutet er, *mit* anderen gemeinsam etwas zu tun, für die PädagogInnen, *für* andere etwas zu tun. Die ambivalenten Haltung der Mutter zum schulischen Lernangebot und die Äußerungen der professionellen Akteure über die Mutter machen deutlich, dass die jeweiligen Vorstellungen vom Lernen, den angestrebten Förderzielen und der geeigneten Unterstützung des Lernprozesses trotz mehrfacher gemeinsamer Gespräche nicht erfolgreich zwischen den Akteuren kommuniziert worden sind.

4 Resümee und Ausblick

Insgesamt zeigen die ersten Ergebnisse bezogen auf diesen Fall, dass die Kommunikation zwischen Eltern und dem multiprofessionellen Team bislang nicht zum gegenseitigen Verstehen geführt hat. Sowohl für das System Familie als auch für das System Schule sind die Koordination und die gegenseitige Vorhersehbarkeit von Handlungen erschwert und die Anschlussfähigkeit der Kommunikation zwischen beiden Systemen ist nicht sichergestellt (Luhmann 1984).

Eine Aufgabe hinsichtlich der weiteren Auswertung der Daten liegt darin, zunächst Charakteristika aller vier Fälle herauszuarbeiten, um diese in einem weiteren Auswertungsschritt durch Axiales Codieren miteinander in Beziehung zu setzen und über Themen- und Ausprägungszusammenhänge auf diese Weise ggf. zentrale Schlüsselkategorien zu entwickeln (Strauss/Corbin 1996).

Literatur

de Boer, H./Deckert-Peaceman, H./Westphal, K. (Hg.) (2011): Irritationen – Befremdungen – Entgrenzungen. Fragen an die Grundschulforschung. Frankfurter Beiträge zur Erziehungswissenschaft. Frankfurt am Main: Johann W. Goethe Universität.

Glaser, B.G./Strauss, A.L. (2010): Grounded Theory. Strategien qualitativer Forschung. 3., unveränderte Auflage. Bern: Huber.

Hamburgisches Schulgesetz (HmbSG) vom 16.04.1997 (HmbGVBl. S. 97), zuletzt geändert am 19.6.2012 (HmbGVBl).

Hinz, Andreas (Hg.) (2007): Schwere Mehrfachbehinderung und Integration. Herausforderungen, Erfahrungen, Perspektiven. Marburg: Bundesvereinigung Lebenshilfe für Menschen mit geistiger Behinderung e.V.

Lelgemann, R./Walter-Klose Chr./Lübbeke, J./Singer, Ph. (2012): Qualitätsbedingungen schulischer Inklusion für Kinder und Jugendliche mit dem Förderschwerpunkt Körperliche und Motorische Entwicklung. In: Zeitschrift für Heilpädagogik. 63. Jg., H. 11. 465-473.

Luhmann, Niklas (1984): Soziale Systeme. Grundriss einer allgemeinen Theorie. 1. Auflage. Frankfurt am Main: Suhrkamp.

Mutzeck, W. (Hg.) (2007): Förderplanung. Grundlagen, Methoden, Alternativen. 3., überarbeitete und erweiterte Auflage. Weinheim und Basel: Beltz.

Sodogé, A./Eckert, A (2004): Kooperation mit Eltern in der Sonderschule – Ergebnisse einer Befragung von Eltern und Sonderschullehrern. In: Zeitschrift für Heilpädagogik. 55. Jg., H.10. 453–461.

Strauss, A./Corbin, J. (1996): Grounded Theory: Grundlagen Qualitativer Sozialforschung. Weinheim: Beltz, PsychologieVerlagsUnion.

Multikulturelle und mehrsprachige Schülerschaft – homogen ausgerichtete Lehramtsstudierende?

Astrid Rank

1 Ausgangspunkt: Multikulturelle und mehrsprachige Schülerschaft

Im Jahr 2011 hatten in Deutschland ein Drittel der fünf- bis zehnjährigen Kinder einen Migrationshintergrund (Statistisches Bundesamt o.j.). Daraus ergibt sich sprachliche und kulturelle Heterogenität in den Grundschulklassen. Um mit dieser angemessen umgehen zu können, benötigen Lehrkräfte spezifische Kompetenzen. Aus der Forschung kennen wir wesentliche Elemente eines kompetenten Umgangs mit migrationsbedingter Heterogenität, der sich auch auf die Schüler auswirkt, z.b. die positive Bewertung der Erstsprache als Ressource (vgl. u.a. Edelmann 2008, Koch 2008) und eine aufgeschlossene, kompetenzorientierte Sichtweise zur Mehrsprachigkeit (Edelmann 2008). Das Lehramtsstudium hat die Aufgabe, die Studentinnen und Studenten zum Umgang mit sprachlicher und kultureller Heterogenität zu befähigen. Die Kompetenzen von Studierenden sind aber noch ausbaufähig. Die Einstellungen von Grundschullehramtsstudierenden zu migrationsbedingter Heterogenität etwa sind eher intuitiv und nicht professionell fundiert (Hallitzky/Schliessleder 2008). Daher stellt sich welche Kompetenzen die Studierenden des Grundschullehramts bereits mitbringen und wo die Lehrerbildung ansetzen muss.

2 Forschungsfragen und Design

Die nun vorgestellte Studie fand 2010/11 an der Universität Regensburg statt. Im Rahmen zweier Seminare zur Mehrsprachigkeit wurden zu drei Messzeitpunkten Daten zu den Kompetenzen von Grundschullehramtsstudierenden im Umgang mit Kindern mit Migrationshintergrund erhoben. Diese wurden vor allem in Hinblick auf die Veränderung der Kompetenzen durch den Seminarbesuch untersucht (vgl. Rank 2012). In diesem Artikel werden die Ergebnisse der Typenbildung zum ersten Messzeitpunkt, also im Pretest, ausführlicher vorgestellt. Untersucht wurden die Fragestellungen:
- Welche pädagogische Kompetenz für den Umgang mit sprachlicher und kultureller Heterogenität bringen Studierende des Grundschullehramts mit?
- Lassen sich empirisch begründete Typen feststellen?
Als Messinstrumente wurden ein Fragebogen sowie ein Leitfadeninterview verwendet. Der Fragebogen zu fachlichem und fachdidaktischem Wissen über Mehrsprachigkeit (7 Items; MW 0,45; SD 0,12; Alpha ,46) wurde mit allen 48 Studentinnen durchgeführt. Diese Skala ist aufgrund des Reliabilitätswertes durchaus kritisch zu betrachten. In den weiteren Auswertungen wird daher der

Mittelwert des Wissens rein deskriptiv zur Beschreibung der Höhe des Wissens bei den einzelnen Fällen verwendet. Das leitfadengestütze Interview wurde mit acht Studentinnen durchgeführt. Die Auswertung erfolgte nach Schmidt (2010): Zunächst wurden am Material die Kategorien gebildet, Auswertungskategorien wurden diskutiert, beschrieben und ein Kodierleitfaden erstellt. Das Material wurde kodiert, pro Interview waren es im Durchschnitt 17,2 Stellen. Für zwei verschiedene Interviews wurde die Intercoderreliabilität mit einem geschulten Zweitkodierer berechnet (80%, 84%). Anschließend erfolgte die empirisch begründete Typenbildung (Vorgehen wie bei Edelmann 2008; vgl. Kelle/Kluge 2010): Vergleichsdimensionen wurden entwickelt. Die kontrastierenden Dimensionen waren Vorwissen, Überzeugungen und Werthaltungen, motivationale Orientierungen und Vorerfahrungen. Dann folgten die Gruppierung von Fällen und die Analyse empirischer Regelmäßigkeiten, das vergleichende Analysieren der Fälle und das Untersuchen typischer Gemeinsamkeiten und Kontraste. Die Vergleichsdimensionen wurden in Kreuztabellen kombiniert und die gefundenen Merkmalskombinationen auf Fallebene auf ihre inhaltlichen Übereinstimmungen untersucht. Es konnten zwei reine Typen und zwei Mischtypen gefunden werden.

3   Darstellung der gefundenen Typen

Die gefundenen Typen werden im Folgenden ausführlicher dargestellt. Zunächst lassen sich große Unterschiede zwischen den Studentinnen des Typs 1 und des Typs 2 feststellen. Die Studentinnen des ersten Typs bringen wenig Wissen und wenig Erfahrungen mit. Sie äußern Vorurteile, die unhinterfragt und unreflektiert dargestellt werden und erkennen viele Probleme in Schule und Gesellschaft, die durch migrationsbedingte Heterogenität entstehen. Die Studentinnen dieses Typs sehen nicht die Möglichkeiten und letztendlich auch nicht die Aufgabe, mit Kindern mit Sprachproblemen zu arbeiten. „Ich glaube, ich könnte nicht mit anschauen, dass ein Kind nur dasitzt und sich langweilt, weils nicht versteht, was ich sage, also wegen der Sprache" (JO19RA, MZP1, 80) äußert eine Studentin. Doch dass es ihre Aufgabe als Lehrerin ist, dieses Kind einzubeziehen, wird von ihr nicht reflektiert.

Genau an diesem Punkt besteht der deutlichste Unterschied zu den Studentinnen des Typs 2. Die Studentinnen dieses Typs fühlen sich selbst in ihrer Lehrerkompetenz gefordert und sehen die Probleme nicht bei den Kindern. Die Studentinnen erwarten nicht „dass das ein Spaziergang wird" (RA25NA, MZP1, 46), sehen aber ihre eigene Kompetenz gefordert und gehen davon aus, diese auch mitzubringen.

Tabelle 1:   Darstellung der gefundenen Typen

	Typ 1: Klischeebeladene, ängstliche Studentin (n=4)	Typ 2: Interkulturell erfahrene, reflektierende Studentin (n=2)	Mischtyp A: Wenig reflektierte, naiv optimistische Studentin (n=1)	Mischtyp B: Theoretikerin, hohes Wissen aber keine Erfahrung (n=1)
Vorwissen	Wenig	Durchschnittlich bis hoch	Wenig	Sehr hoch
Vorerfahrungen	Wenige	Viele, sowohl eigene als auch mit Kindern, werden reflektiert	Viele, werden klischeehaft gedeutet	Keine
Überzeugungen, Werthaltungen zu migrationsbezogener Heterogenität bezogen auf verschiedene Kulturen	Problembehaftet, Stereotype, kulturelle Überlegenheit der deutschen Kultur	Kaum Stereotype, eher „Normalität"	Sehr stereotype Sichtweise	Keine Stereotype
Überzeugungen, Werthaltungen zu migrationsbezogener Heterogenität bezogen auf Sprache und Kommunikation	Sprach- und Kommunikationsprobleme sowohl mit den Kindern als auch mit den Eltern	Sichtweise eher „Mehrsprachigkeit als Chance", bei Problembewusstsein lösungsorientiert	Problemorientiert, aber auch positiv	Positiv, sieht aber auch Probleme
Motivationale Orientierungen bezogen auf die Arbeit in sprachlich und kulturell heterogenen Klassen	Angst und Abwehr	Herausforderung der eigenen Kompetenz	Herausforderung	Angst aufgrund der geringen Vorbereitung, aber auch Optimismus, Herausforderung der eigenen Kompetenz

„Also, ich sehe bei den Kindern selbst, also im Umgang mit den Kindern würde ich jetzt weniger ein Problem sehen. Mein Problem wäre eher, ob ich bei jedem Kind feststelle, was es kann und was es noch nicht kann und was jetzt der nächste Schritt ist. Also, dieses prinzipielle Problem von richtigem Diagnostizieren und dann auch entsprechende Fördermaßnahmen einzuleiten." (RA25NA, MZP1, 51, 52)

Die Studentinnen des zweiten Typs bringen Vorwissen und Vorerfahrungen mit und unterscheiden sich wohl vor allem in der Kombination aus Wissen und Erfahrung von den anderen Studentinnen. Das zeigen die Ergebnisse zu den beiden Mischtypen.

Die Studentin des Mischtyps A bringt zwar viele Vorerfahrungen aus eigenen Auslandsaufenthalten und der Schule mit, hat aber wenig Vorwissen. Ihre Vorerfahrungen werden wenig reflektiert und klischeehaft gedeutet, man erkennt insgesamt die fehlende Auseinandersetzung mit der Thematik. Diese Studentin hat also Erfahrungen, aber wenig Wissen. Die Studentin des Mischtyps B hingegen bringt sehr viel Wissen mit – sie hat den höchsten Mittelwert der gesamten Stichprobe. Sie hat aber keinerlei Vorerfahrungen. Somit ist sie ängstlich, was die Arbeit in heterogenen Klassen betrifft und fühlt sich noch sehr wenig vorbereitet.

4 Konsequenzen für die Lehrerbildung

Die vorliegende Analyse zeigt, dass sich Studierende mitunter durchaus eine homogene Schule wünschen und mehrsprachige und multikulturelle Klassen scheuen. Aus dem Vergleich der Typen zeigt sich, dass sowohl Wissen als auch Erfahrung nötig sind, damit sich Kompetenzen für den Umgang mit einer heterogenen Schülerschaft bilden. Eine Möglichkeit, im Studium beides anzubahnen, wäre begleitete Fallarbeit und situiertes Lernen, damit durch gezielte instruktionale Unterstützung auch die professionellen Wertbindungen, Überzeugungen und motivationalen Orientierungen positiv beeinflusst werden. In einem Seminar dieser Studie wurde mit Erfolg so vorgegangen (Rank 2012).

Literatur

Edelmann, D. (2008): Pädagogische Professionalität im transnationalen sozialen Raum. Eine qualitative Untersuchung über den Umgang von Lehrpersonen mit den migrationsbedingten Heterogenität ihrer Klassen. 2. Auflage. Wien/Zürich: LIT-Verlag.

Hallitzky, M./Schliessleder, M. (2008): Welche pädagogischen Leitbilder haben Lehramtsstudierende in Bezug auf den Umgang mit migrationsbedingter Heterogenität? In: Ramseger, J./Wagener, M. (Hg.): Chancenungleichheit in der Grundschule. Ursachen und Wege aus der Krise. Wiesbaden: VS Verlag für Sozialwissenschaften. 267-270.

Kelle, U./Kluge, S. (2010): Vom Einzelfall zum Typus. Fallvergleich und Fallkontrastierung in der qualitativen Sozialforschung. Wiesbaden: VS Verlag für Sozialwissenschaften.

Koch, K. (2008): Zweitspracherwerb von Grundschulkindern nichtdeutscher Herkunftssprache im Kontext institutioneller Unterstützungsleistungen. Braunschweig. Unter: https://www.tu-braunschweig.de/Medien-DB/schulpaedagogik/habil_koch_.pdf [abgerufen am 19.09.2011]

Rank, A. (2012): Wie sind Studentinnen des Grundschullehramts auf sprachliche und kulturelle Heterogenität vorbereitet? In: Zeitschrift für Grundschulforschung. 5. Jg., H. 2. 79 – 93.

Schmidt, Ch. (2010): Auswertungstechniken für Leitfadeninterviews. In: Friebertshäuser, B./Langer, A./Prengel, A. (Hg.): Handbuch Qualitative Forschungsmethoden in der Erziehungswissenschaft. Weinheim und München: Juventa Verlag.

Statistisches Bundesamt (o.J.): Bevölkerung nach Migrationshintergrund. Unter: https://www.destatis.de/DE/ZahlenFakten/GesellschaftStaat/Bevoelkerung/MigrationIntegratio n/Migrationshintergrund/Tabellen/MigrationshintergrundAlter.html?nn=151688 [abgerufen am 14.1.2013]

Übergänge in das schulpraktische Studieren und Lernen unter den Bedingungen von sprachlicher Heterogenität: Theorie, Design und erste Ergebnisse der ÜschSL-Studie

Liselotte Denner & Fatma Ilyasoglu

1 Einleitung

Der Diskurs um „Heterogenität und individuelle Förderung" bestimmt gleichermaßen Schule, empirische Bildungsforschung und Bildungspolitik. Die heterogenen Lernausgangslagen und der individuelle Unterstützungsbedarf von Lehramtsstudierenden sind dagegen noch kaum im Blick. Die monolingual gebliebenen Lehrerzimmer stellen ein inadäquates gesellschaftliches Abbild dar, das neben Hürden individueller und struktureller Art auch Mechanismen von Exklusion und Diskriminierung vermuten lässt. Programme zur Gewinnung von mehrsprachigen Lehramtsstudierenden werden aufgelegt. Aufgrund ihrer spezifischen Potenziale werden Beiträge zur Reduzierung von Chancenungleichheit, zur Verbesserung der Kooperation zwischen (Zuwanderer-) Elternhaus und Schule und zur Kulturvermittlung erwartet (vgl. Georgi/ Ackermann/Karakaş 2011). Mehrsprachig aufgewachsene Lehrkräfte gehen in unterschiedlicher Weise mit diesen Erwartungen und Zuschreibungen um: (1) falls sich die eigenen und fremden Erwartungen decken, werden diese zur Selbstverpflichtung, (2) die von außen herangetragenen Erwartungen werden angenommen und (3) die Rollenzuschreibungen werden zurückgewiesen, da man sich wie die Kolleg/innen als Klassen- oder Fachlehrer/in ohne Zusatzaufgaben versteht (vgl. Rotter 2012). Unklar ist, welche Mechanismen, Ressourcen und Strategien den Zugang zum Lehramtsstudium eröffnen, Prozesse von Exklusion und Inklusion befördern sowie Kompetenzerwerb und Übergangsbewältigung im Qualifikationsprozess ermöglichen.

2 Theoriebezug und Projektfokus

Übergänge bzw. Transitionen werden als „komplexe, ineinander übergehende und sich überblendende Wandlungsprozesse bezeichnet, die sozial prozessierte, verdichtete und beschleunigte Phasen eines Lebenslaufes in sich verändernden Kontexten darstellen" (Griebel/Niesel 2004, 139). Übergänge gelten als kritische Schnittstellen in Bildungsbiographien. Dies trifft auch auf Lehramtsstudierende mit Deutsch als Zweit- oder Fremdsprache (DaZ/DaF) zu. Diese haben viele Bildungsübergänge erfolgreich bewältigt und eine gewisse Übergangskompetenz aufgebaut. In der ÜschSL-Studie wird mit den ersten beiden Praktika eine kritische Schnittstelle im Prozess des Lehrerwerdens gewählt. Es wird davon ausgegangen, dass ein gelingender Übergang in das schulpraktische Stu-

dieren und Lernen von Lehramtsstudierenden mit DaZ und DaF auf die Über-
windung allgemeiner und spezifischer, u.a. auch sprach- und herkunftsbedingter
Hürden angewiesen ist. Neben den vielfältigen Ressourcen und Bewältigungsstrategien der Studierenden werden die Normalitätserwartungen, wie Prakti-
kant/innen mit deutscher Erstsprache und Schulsozialisation zu agieren haben,
von Bedeutung sein. Zu untersuchen sind diese Prozesse vor dem Hintergrund
des jeweils realisierten Modells Schulpraktischer Studien, denn die Art und
Weise der Betreuung und Begleitung von Praktika variieren, auch aufgrund
einer unterschiedlichen Verbindung zwischen Schule und Hochschule in den
Bundesländern (vgl. Weyland 2012).

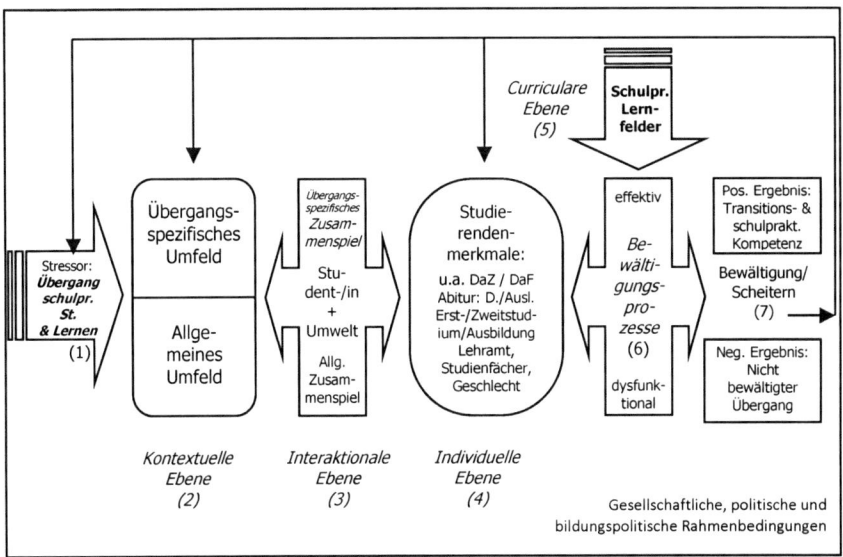

Abbildung 1:   Auf schulpraxisbezogenes Lernen von mehrsprachigen Studierenden adaptierter
Transitions- und Resilienzansatz (Denner/Plug i.V., in Anlehnung an Griebel/Niesel 2004; Wustmann 2005)

Übergänge in das schulpraktische Studieren und Lernen werden in Abb. 1 als
Stressoren (1) verstanden. Nach dem Transitionsansatz müssen Übergänge auf
der kontextuellen (2), interaktionalen (3) und individuellen Ebene (4) vollzogen
werden. In Lehrerbildung und schulischer Bildungsarbeit ist darüber hinaus eine
inhaltlich-curriculare Ebene (5) zu berücksichtigen, denn in den fünf zentralen
Lernfeldern schulpraktischer Kompetenzentwicklung „Beobachten", „Planen",
„Unterricht gestalten", „Erziehen und Beziehung gestalten" und „Reflektieren"
stehen spezifische Lernprozesse an, die mit über das Gelingen oder Misslingen
von Übergängen entscheiden (siehe Denner im Druck).
    Verbindet man den Transitions- mit dem Resilienzansatz (Wustmann 2005)
so könnte die Identifikation von vorhandenen oder fehlenden, von genutzten

oder ungenutzten Potenzialen und Ressourcen bei Studierenden, den beteiligten Personen und Kontexten Hinweise geben, wie sich die Übergänge in das praxisbezogene Lernen gestalten. Der neue Modus des Praxislernens ist zentral mit der eigenen Person und ihrem Gewordensein verbunden. Er verweist darüber hinaus auf die Anforderungen eines Praktikums im Kontext eines wissenschaftlichen Studiums, des jeweils realisierten Lehr-Lernsettings sowie auf die individuellen Bewältigungsprozesse und künftigen Handlungsoptionen.

Das gruppenbezogene Praktikum findet wöchentlich über die Dauer eines Semesters statt und wird von Schule und Hochschule betreut; das tandembezogene Blockpraktikum schließt sich in der vorlesungsfreien Zeit an. Die Studierenden haben zweierlei Aufgaben: Sie vollziehen selbst als Akteure den spezifischen Übergang in das schulpraktische Studieren, Reflektieren und Lernen. Darüber hinaus geben sie als Moderatoren Impulse für das Lernen der Kommilitonen und übernehmen Aufgaben als Übergangsbegleiter/in. Neben den studentischen Akteuren sind die Schulklassen und die Betreuenden mit ihrer Unterstützungsleistung an den Lern- und Wandlungsprozessen (Meyer-Drawe 1984) beteiligt. Gelungene Übergangsprozesse zeichnen sich durch die Bewältigung der Anforderungen (6) in den fünf Lernfeldern (5) aus, der erfahrenen Vergewisserung hinsichtlich der getroffenen Studien- und Berufswahl sowie einem als aussichtsreich geltenden künftigen Kompetenzerwerb (7). Die Wahrnehmung und Rückmeldung ungünstiger Voraussetzungen für den Lehrerberuf und unzureichender Lernprozesse im Praktikum führen zur Irritation, ggf. zum Abbruch, Nichtbestehen oder der Wiederholung eines Praktikums (7).

3   Fragestellung, Design und Sampling

Für die ÜschSL-Studie ist die Fragestellung leitend, welche individuellen Voraussetzungen, Strategien und Anstrengungen verbunden mit den mikrodidaktischen Angeboten im Praktikum geeignet sind, die anstehenden Übergangsprozesse von mehrsprachigen Studierenden zu befördern oder zu behindern. Befragt werden Studierende einer Pädagogischen Hochschule mit DaZ ($n = 13$) und DaF ($n = 5$) mittels Leitfadeninterview und Fragebogen zu den beiden ersten Praktika. Im Sampling werden neben acht Erstsprachen weitere Differenzlinien berücksichtigt: Geschlecht, Lehrämter, Ort des Erwerbs der Hochschulzulassung, Tätigkeiten vor Aufnahme des Studiums, Art und Umfang der Aufgaben neben dem Studium. Einem mehrperspektivischen Design entsprechend werden die Betreuenden ($N = 16$) von sieben Studierenden interviewt. In Fallstudien wird die Selbstsicht durch zwei bis drei Fremdeinschätzungen erweitert und um eine Analyse der Gutachten ergänzt.

4   Erste Ergebnisse aus Studierendensicht

Die inhaltsanalytische Interviewauswertung zu den im Praktikum eingesetzten Strategien kommt bei der induktiven Kategorienentwicklung nach Mayring zu fünf Hauptkategorien, in denen 132 Kodierungen gebündelt sind (Abb. 2).

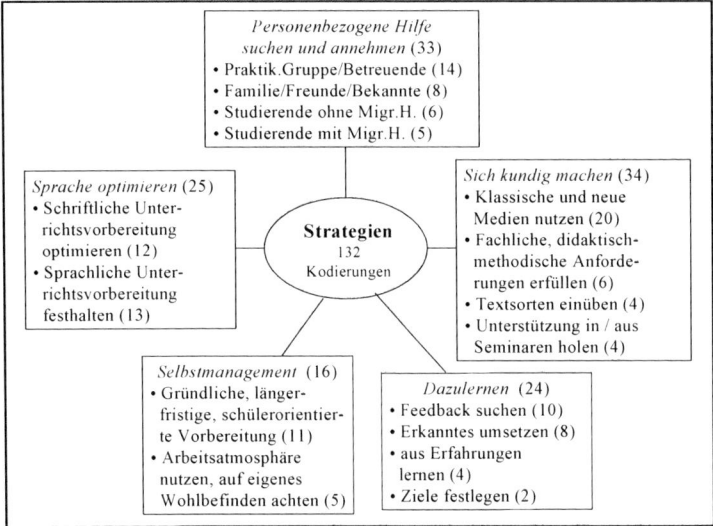

Abbildung 2:   Kategoriensystem: Studentische Strategien für erfolgreiches Lernen im Praktikum

Literatur

Denner, L. (im Druck): Professionalisierungsprozesse im Kontext Schulpraktischer Studien: Grund-lagen – Lehr-Lernsettings – empirische Befunde. Baltmannsweiler: Schneider.
Georgi, V.B./Ackermann, L./Karakaş, N. (2011): Vielfalt im Lehrerzimmer. Selbstverständnis und schulische Integration von Lehrenden mit Migrationshintergrund in Deutschland. Münster u.a.: Waxmann.
Griebel, W./Niesel, R. mit Beiträgen von Wörz, Th./Meiser, U. (2004): Transitionen: Fähigkeiten von Kindern in Tageseinrichtungen fördern, Veränderungen erfolgreich bewältigen. Weinheim, Basel: Beltz.
Mayring, Ph. (2003): Qualitative Inhaltsanalyse: Grundlagen und Techniken. 8. Auflage. Weinheim, Basel: Beltz, UTB.
Meyer-Drawe, K. (1984): Lernen als Umlernen. Zur Negativität des Lernprozesses. In: Lippitz, W. /Meyer-Drawe, K. (Hg.): Lernen und seine Horizonte. Pädagogische Konzeptionen menschli-chen Lernens – didaktische Konsequenzen. 2. Auflage. Frankfurt a. M. 19-45.
Rotter, C. (2012): Lehrkräfte mit Migrationshintergrund: individuelle Umgangsweisen mit bildungs-politischen Erwartungen. In: Zeitschrift für Pädagogik. 58. Jg., H. 2. 204-221.
Weyland, U. (2012): Expertise zu den Praxisphasen in der Lehrerbildung in den Bundesländern. Hamburg: Landesinstitut für Lehrerbildung und Schulentwicklung.
Wustmann, C. (2005): Die Blickrichtung der neueren Resilienzforschung. Wie Kinder Lebensbelas-tungen bewältigen. In: Zeitschrift für Pädagogik. 51. Jg., H. 2. 192-206.

Einstellungen und Sichtweisen von Grundschullehrerinnen und Grundschullehrern im Umgang mit ethnisch-kultureller Vielfalt

Birgit Hüpping

1 Einleitung

Aktuelle Studien bestätigen, dass Kinder mit Migrationshintergrund (MH) in Deutschland nach wie vor eine Bildungsbenachteiligung im Schulsystem erfahren. So belegen die Zahlen des Chancenspiegels 2012 deutlich, dass die Vielzahl adressatenorientierter Maßnahmen wie sprachlichen und soziale-integrative Förderprojekten für Schüler/innen mit MH nicht ausreichen, um die prekäre Situation zu lösen. Es handelt sich hier um ein komplexes Strukturproblem des gegliederten Schulsystems und die damit verbundene Selektionsfunktion an den Schnittstellen von Übergängen (vgl. ebd. Lenzen 2012). Besonders Grundschullehrer/innen nehmen Einfluss auf den bildungsbiografischen Werdegang von Kindern in Form von Übergangsempfehlungen auf weiterführende Schulformen (vgl. ebd.). Diese spiegeln sich z.T. in sozialselektiven Beratungs- und Empfehlungshandeln, das zu einer Beeinflussung eines (sozialschichtabhängigen) Entscheidungsverhalten von Eltern führen kann (vgl. Lenzen 2011). Pietsch und Stubbe (2007) sprechen hier von einer Mehrfachbelastung von Kindern mit MH mit der Folge, dass sie im Verhältnis zu vergleichbar leistungsstarken Kindern ohne MH an Gymnasien unterrepräsentiert sind (Bertelsmann Stiftung/Institut für Schulentwicklungsforschung 2012). Der Ruf nach Veränderungen auf der institutionellen Ebene, insbesondere nach Professionalisierung des reflexiven Umgangs mit ethnisch-kultureller Heterogenität bzw. mit individueller Vielfalt (vgl. Prengel 2006) klingt lauter denn je. Doch welche Einstellungen und Sichtweisen von Lehrer/innen liegen in Bezug auf den Umgang mit ethnisch-kultureller Vielfalt vor und welchen Professionalisierungsbedarf sehen sie? Interkulturelle Kompetenz, so Edelmann, darf bei Lehrer/innen nicht vorausgesetzt werden (vgl. 2008).

2 Design, Stichprobe und Methode der Studie

Der Fokus der vorliegenden Untersuchung liegt auf der Erfassung der subjektiven Perspektive von berufserfahrenen Lehrkräften. Sie ist als qualitative Vertiefung der quantitativ angelegten Paderborner Studie *ProLEG – Professionalisierung von Lehrkräften für einen reflektierten Umgang mit Ethnizität und Geschlecht in der Grundschule* im Bereich Grundlagenforschung zu verorten (vgl. Büker/Hüpping 2012; Winheller/Müller/Hüpping/Büker/Rendtorff 2012). Dabei werden die Befragten u.a. mit ausgewählten Ergebnissen aus der ProLEG-Studie

von über 200 Grundschullehrkräften konfrontiert und um Stellungnahmen gebeten. Ziel der Vertiefungsstudie ist es, Aufschlüsse über die kulturelle Selbst- und
Fremdwahrnehmung und deren Einfluss auf das pädagogische Handeln der
Befragten zu erhalten, um mögliche Bedarfe für eine Interventionsmaßnahme
zu erhalten.

In dem Vertiefungsschritt wurden im Sommer 2012 mittels problemzentrier-
ter Interviews 23 Grundschullehrer/innen (21 Frauen, 2 Männer) aus 10 Schulen
der Region Ostwestfalen Lippe befragt. Die Hälfte der Schulen weist jeweils
eine Größe von mehr als 250 Schüler/innen auf. Der Anteil der Kinder mit MH
in den Schulen liegt zwischen 9,5 und 95 Prozent. Die Berufserfahrung der
Lehrer/innen beziffert sich im Durchschnitt auf 16 Berufsjahre. Die Verhältnis-
mäßigkeit der Stichprobe (Berufsjahre, MH, Geschlecht, Alter) entspricht annähernd dem bundesweiten Durchschnitt der Gruppe der Grundschullehrer/innen
(vgl. Lenzen 2011).

Die Auswertung der Interviewdaten erfolgt in zwei Schritten. Zunächst erfolgt eine **Verdichtung** „sensibler Themen", aufgrund der Strukturationstheorie
nach Giddens (vgl. 1988). Die *Dualität der Struktur* (vgl. ebd.) wird auf den
Kontext von Schule übertragen, so dass die Akteurs- und Schulebene mit einer
sich daraus (re)produzierenden Struktur auf der pädagogischen Handlungsebene
den Schwerpunkt der Untersuchung bilden, deren Auswertung inhaltsanalytisch
erfolgt. Im zweiten Schritt der Studie werden ausgewählte Interviews in Anlehnung an *Subjektive Theorien* (vgl. Groeben, Wahl, Schlee, Scheele 1988) untersucht, um **Argumentationsstrukturen** für bestimmte Sicht- und Handlungs-
weisen der Befragten zu erfassen. Diese werden durch Rückkopplung auf die
Daten der Verdichtung als Filter angewendet, um Aussagen der Lehrer/innen in
ihrem Bedeutungszusammenhang zu hinterfragen, um so Ursachen und ggf.
Widersprüche im Umgang mit Ethnizität aufzuzeigen.

3   Erste Ergebnisse

Die Auswertung des Datenmaterials ist noch laufend. Die ersten Befunde sind
dem Schritt der Verdichtung zu zuordnen und vertiefen ausgewählte Ergebnisse
aus der ProLEG-Studie bezüglich Übergang, Fortbildung und Handeln auf der
Unterrichtsebene. Im Rahmen der ProLEG-Studie lehnen ca. 60 Prozent der
Befragten die Aussage ab, dass Übergangsempfehlungen für Kinder mit MH
nachteiliger ausfallen als für Kinder ohne MH. In der Interviewstudie wurden
die Befragten mit diesem Ergebnis konfrontiert und zu ihrer eigenen Einfluss-
möglichkeit im schulischen Kontext befragt. Diese wird als hoch eingestuft,
wenn ein gutes Vorwissen der Kinder durch Elternhaus und Kita grundgelegt
sind, eine hohe Elternmitwirkung vorliegt, Sprachförderung stattfindet und die
offene Ganztagsschule besucht wird. Als Umkehrschluss wird eine Abnahme der
eigenen Einflussnahme attestiert, wenn die genannten Bedingungen nicht erfüllt
sind. Eine Benachteiligung von Kindern mit MH bei Übergangsempfehlungen
wird vom Großteil der Befragten eher abgelehnt, was das o. g. Ergebnis der

ProLEG-Studie bestätigt. Als Grund wird die Berücksichtigung der Individualität der Kinder durch spezifische Förderung angegeben. In Form von Abwägungsentscheidungen beim Übergang auf die weiterführende Schulen würden Entwicklungspotentiale der Schüler/innen mit MH durch die Lehrkräfte berücksichtigt, spezifische Anschlussfähigkeiten bewertet und außerschulische Unterstützungspotentiale eruiert, so dass im Regelfall von „gerechten Übergangsempfehlungen" ausgegangen werden könne. Dem entsprechend schätzen die Lehrer/innen ihre Einflussnahme auf der **Unterrichtsebene** als hoch ein. Dieser Befund steht im Widerspruch zu den Ergebnissen bekannter Vergleichsstudien und aktueller Forschungsergebnisse zur Bildungsbenachteiligung von Kindern mit MH und bedarf auf der Argumentationsstruktur (vgl. Punkt 2) einer vertieften Analyse.

Auf der **Akteursebene** werden kritische Aspekte unter folgenden Punkten benannt: Eigene Vorurteile im Umgang mit Eltern und Kindern mit MH, Schwierigkeiten beim Umgang mit Sprach-/Verständnisproblemen sowie die Gefahr, diese nicht als Kommunikationsprobleme zu erkennen, sondern vorschnell als Lern- und Kognitionsschwächen einzustufen. Letzteres nehme maßgeblich Einfluss auf Übergangsentscheidungen, die auch horizontale Übergänge auf Förderschulen beinhalten. Diese kritisch-reflexive und insbesondere dem Anti-Bias-Ansatz entsprechende Sicht, wird allerdings von einer eher positiven Sicht der Befragten auf ihr eigenes Handeln überlagert. Ursachen sind nach derzeitiger Datenlage vermutlich im Berufsethos der Grundschullehrer/in zu finden sowie in der Erfüllung des gesetzlich verankerten Professionsanspruches nach individueller Förderung (vgl. Büker/Hüpping 2012). Es ist nicht auszuschließen, dass Lehrkräfte im Rahmen einer professionsbezogenen sozialen Erwünschtheit argumentieren. Forschungsmethodisch wird diesem Problem begegnet, indem die Auswertung auf der bereits skizzierten Argumentationsstruktur Begründungszusammenhänge und ggf. Widersprüche im Material aufdecken. Im Bereich von Fort- und Weiterbildungsbedarfen werden bei ProLEG in einem Rankingverfahren *soziales Lernen*, gefolgt von *individuellen Lernen* und *Inklusion* auf die ersten drei Plätzen gewählt, während *interkulturelles Lernen*, dicht gefolgt von *geschlechterbewusster Pädagogik* auf den hinteren Plätzen vier und fünf rangieren. Bei der Interviewbefragung zum Stellenwert interkulturellen Lernens lassen sich polarisierende Ergebnisse aufzeigen. Einerseits wird Interkulturalität als wichtiger Teilaspekt von sozialem /individuellem Lernen bewertet. Andererseits wird interkulturelles Lernen als nicht mehr relevant erachtet. Es gelte wie die „Geschlechterdebatte" als zeitlich abgeschlossen. Es erstaunt, dass die Legitimation einer interkulturellen Kompetenz durch Berufserfahrung als auch die beschriebene Abnahme der Relevanz des Themas zu Widersprüchen mit folgendem Ergebnis führt. Bei ProLEG stimmen ca. 60 Prozent der Befragten der Aussage zu, dass Kinder mit MH gerne als Experten für ihr Herkunftsland agieren. In der Interviewstudie wird deutlich, dass dies als Methode von den Lehrer/innen eingesetzt wird, wenn es um Themen wie Feste, Rituale, Religion und Herkunft geht. Hier überrascht eine eher folkloristische

Perspektive aus der Interkulturellen Pädagogik der 80er Jahre. Dieses Vorgehen auf der Handlungsebene mit z. T. kulturalisierenden Zuschreibungen und Erwartungshaltungen kann als ein Gefühl der Bedrohung von Schüler/innen mit MH wahrgenommen werden und ist kritisch zu hinterfragen (vgl. Herwartz-Emden et al. 2010). Ein Teil der Schüler/innen lebt heute in der dritten Generation hier und weisen Heterogenitätsdimensionen mit vielfältigen Differenzlinien auf, die u.a. im Ansatz der Transkulturalität diskutiert werden.

Die vorgestellten Ergebnisse verweisen auf eine Tendenz kulturalisierender Zuschreibungen, bei gleichzeitig geringen Fortbildungsbedarf zur Thematik. Übergangsempfehlungen werden unter Berufung auf das Individualisierungsparadigma als gerecht eingestuft und Unterstützungspotentiale für Kinder mit MH werden vermehrt im Elternhaus und Schule verortet als auf der Akteursebene. Somit besteht die Gefahr, dass Professionsansprüche im Bereich interkultureller Bildung unter dem Begriff einer allgemeinen Heterogenitätskompetenz sowie einem weit gefassten Begriff von Inklusion aus dem Blick geraten. Dieser Spur soll insbesondere durch die Analyse auf der Ebene der Argumentationsstruktur nachgegangen werden.

Literatur

Bertelsmann Stiftung/Institut für Schulentwicklungsforschung (Hg.) (2012): Chancenspiegel 2012. Zur Chancengerechtigkeit und Leistungsfähigkeit der deutschen Schulsysteme. Gütersloh: Bertelsmann Stiftung.

Büker, P./ Hüpping, B. (2012): Sichtweisen, Handlungslogiken und Belastungserleben von Grundschullehrer/innen im Umgang mit kultureller Vielfalt: Forschungsbefunde aus der Paderborner Professionsstudie ProLEG. In: Helmich, F. (Hg.): Bedingungen des Lehrens und Lernens in der Grundschule – Bilanz und Perspektiven. Wiesbaden. 173-176.

Edelmann, D. (2008): Pädagogische Professionalität im transnationalen Raum. Münster.

Giddens, A. (1988): The Constitution of Society, Outline of the Theory of Structuration. Cambridge.

Groeben, N./Wahl, D./Schlee, J./Scheele, B. (1988): Forschungsprogramm Subjektive Theorien. Eine Einführung in die Psychologie des reflexiven Subjekts. Tübingen.

Herwartz-Emden, L. /Schurt, V. / Warburg, W. (2010): Mädchen in der Schule. Empirische Studien in monoedukativen und koedukativen Kontexten. Opladen & Farming Hills.

Lenzen, D. (2011): Bildungsreform 2000 – 2010 – 2020. 1. Auflage. Wiesbaden: VS Verl. für Sozialwiss. (Jahresgutachten / Aktionsrat Bildung, 2011).

Pietsch, M./Stubbe, T. (2007): Inequality in the Transition from Primary to Secondary School: School Choices and Educational Disparities in Germany. European Educational Research Journal, 6 (4). 424-445.

Prengel, A. (2006): Pädagogik der Vielfalt. Wiesbaden.

Winheller, S./Müller, M./Hüpping, B./Rendtorff, B./Büker, P. (2012): Dokumentation der Studie ProLEG: Ausgewählte Daten, Skalen und Ergebnisse. Paderborn: PLAZ-Forum (Lehrerausbildung und Schule in der Diskussion, H.19).

Lesefähigkeiten und metakognitive Lesestrategien bei Kindern mit Deutsch als Erst- und Zweitsprache im Vergleich

Frank Hellmich, Sandra Niebuhr-Siebert & Sabrina Förster

1 Zusammenfassung

Auf der Grundlage der Befunde aus internationalen Schulleistungsstudien ist unbestritten, dass Kinder, die Deutsch als Zweitsprache erwerben, über deutlich weniger elaborierte Lesefähigkeiten verfügen als Kinder, deren Erstsprache Deutsch ist. Konsens besteht darin, dass Defizite beim Lesen auf verschiedene Bedingungen zurückzuführen sind. Im Rahmen dieser Studie wurden Unterschiede zwischen Kindern mit Deutsch als Erstsprache und denjenigen mit Deutsch als Zweitsprache in Bezug auf Lesefähigkeiten und den Einsatz metakognitiver Lesestrategien untersucht. Die ermittelten Befunde verdeutlichen, dass Kinder mit Deutsch als Erstsprache über bessere Lesefähigkeiten verfügen als Kinder mit Deutsch als Zweitsprache. Unterschiede zwischen Kindern mit Deutsch als Erstsprache im Vergleich zu denjenigen mit Deutsch als Zweitsprache werden hingegen in Hinblick auf die Verwendung metakognitiver Lesestrategien nicht deutlich.

2 Theoretischer und empirischer Hintergrund

In verschiedenen Untersuchungen konnte nachgewiesen werden, dass Kinder mit Deutsch als Erstsprache über bessere sprachliche Fähigkeiten in Deutsch verfügen als Kinder mit Deutsch als Zweitsprache (Ott 1997); dies ist – basierend auf der sprachlichen Sozialisation der Kinder – nicht weiter erstaunlich. Fraglich ist vielmehr, durch welche sprachlichen Teilfähigkeiten diese Unterschiede zwischen Kindern mit Deutsch als Erstsprache im Vergleich zu denjenigen Kindern mit Deutsch als Zweitsprache bestimmt sind und inwiefern sich diese Differenzen bei Leseprozessen von Kindern bemerkbar machen. Kinder, die Deutsch als Zweitsprache erwerben, zeigen bis weit in die Grundschulzeit einen deutlich niedrigeren Wortschatzumfang als Kinder mit Deutsch als Erstsprache und eine deutlich niedrigere Flexibilität in der Verwendungshäufigkeit von Wörtern als Muttersprachlerinnen und Muttersprachler. Kinder mit Deutsch als Zweitsprache verarbeiten sprachliche Inhalte im Deutschen weniger schnell und sicher als Kinder mit Deutsch als Erstsprache. Dies ist im Wesentlichen auf den so genannten fehlenden Sichtwortschatz zurückzuführen, der sich insbesondere beim Lesen bemerkbar macht (Karasu 1995, Ott 1997). Unterschiede zwischen Kindern mit Deutsch als Erst- und Zweitsprache werden dementsprechend auch beim Lesen deutlich: Im Detail zeigte sich beispielsweise bei den Internationalen Grundschul-Lese-Untersuchungen (IGLU; vgl. z.B. Bos et al. 2007), dass rund zwei Drittel aller Kinder mit Deutsch als Zweitsprache am Ende des vierten Schuljahres nicht über elementare Lesefähigkeiten verfügen. Als besonders problematisch wird weiter erachtet, dass nur rund ein Viertel der bei IGLU 2006 befragten Kinder mit Deutsch als Zweitsprache solide Lesefertigkeiten beherrschen, d.h. Wörter und Sätze in Erzähl- oder Sachtexten dekodieren und explizit angegebene Einzelinformationen in Texten identifizieren können. Nur knapp die Hälfte aller Kinder ist in der Lage, relevante Einzelheiten und Informationen im Text aufzufinden und miteinander in Beziehung zu setzen. Es ist fraglich, ob und inwiefern Kinder mit Deutsch als Zweitsprache ihre Leseprozesse durch metakognitive Lesestrategien stützen. Hypothetisch kann davon ausgegangen werden, dass sie solche bei aus ihrer Sicht komplexen Leseanforderungen häufiger einsetzen als Kinder mit Deutsch als Erstsprache, diese aber vermutlich nicht in einer effizienten Weise nutzen.

Anhand der vorgelegten Untersuchung wird der Frage nachgegangen, ob und inwiefern sich Kinder mit Deutsch als Zweitsprache von Kindern mit Deutsch als Erstsprache in Hinblick auf ihre Lesefähigkeiten voneinander unterscheiden. Auf diese Weise soll es gelingen, Erklärungen für das schlechtere Abschneiden der Kinder mit Deutsch als Zweitsprache beim Lesen in den Blick zu nehmen. Im Detail werden dabei folgende Forschungshypothesen geprüft:

- *Hypothese 1*: Kinder mit Deutsch als Erstsprache zeigen signifikant bessere Lesefähigkeiten und ein signifikant besseres Leseverständnis als Kinder mit Deutsch als Zweitsprache.

- *Hypothese 2*: Bei der Beobachtung der Leseprozesse wird deutlich, dass Kinder mit Deutsch als Zweitsprache ihr Leseverständnis signifikant häufiger durch den Einsatz metakognitiver Lesestrategien stützen (müssen) als Kinder mit Deutsch als Erstsprache.

3 Empirische Studie

3.1 Stichprobe

An der Untersuchung sind insgesamt 184 Schülerinnen und Schüler im Alter von acht bis elf Jahren beteiligt gewesen. Im Detail handelt es sich dabei um 113 Kinder, deren Muttersprache Deutsch ist, und 71 Kinder, die Deutsch als Zweitsprache erlernen. Die Kinder, die Deutsch als Zweitsprache erwerben, stammen u.a. aus Indonesien, Polen, Russland, Syrien und der Türkei.

Die Stichprobe wurde an vier nordrhein-westfälischen Grundschulen (insgesamt elf Schulklassen) rekrutiert; zum Zeitpunkt der Erhebungen besuchten die an der Studie beteiligten Kinder das zweite Halbjahr des dritten Schuljahres.

3.2 Methode

Zur Überprüfung der weiter oben dargestellten Forschungshypothesen wurden den an der Untersuchung beteiligten Kindern standardisierte und nicht-standardisierte Testinventare zur Bearbeitung vorgelegt: Erfasst wurden hier die Lesefähigkeiten der Kinder auf der einen Seite sowie ihr metakognitiver Lesestrategiegebrauch auf der anderen Seite. Die Lesefähigkeiten der Kinder wurden mit dem Leseverständnistest für Erst- bis Sechstklässler (ELFE 1-6; Lenhard/Schneider 2006) ermittelt. Im Rahmen der Studie wurden den Kindern außerdem verschiedene kürzere Lesetexte vorgelegt. Diese Lesetexte wurden dabei u.a. aus der Internationalen Grundschul-Lese-Untersuchung (Bos et al. 2007) entnommen. Der Lesestrategieeinsatz wurde – unter rein quantitativem Gesichtspunkt – erfasst, indem Auszählungen des Leseverhaltens der Kinder (z.b. Unterstreichungen, Notizen) bei diesen Lesetexten vorgenommen wurden.

3.3 Ergebnisse

Bei der ersten Forschungshypothese wurden Unterschiede in der Lesefähigkeit zwischen Kindern mit Deutsch als Erstsprache und denjenigen mit Deutsch als Zweitsprache zugunsten derjenigen Kinder mit Deutsch als Erstsprache vermutet. Unterschiede zwischen Kindern mit Erstsprache Deutsch (M=69,56; SD=17,84) und denjenigen mit Zweitsprache Deutsch (M=62,96; SD=17,57), die durch einen t-Test ermittelt wurden, können bei dem Leseverständnistest ELFE 1-6 auf dem 5%-Niveau nachgewiesen werden (t=2,46; df=182; p=.015). Während die Kinder mit Erstsprache Deutsch sich von den Kindern mit Zweitsprache Deutsch bei dem Subtest zur Erfassung des Leseverständnisses auf Wortebene nicht wesentlich unterscheiden (M=39,44; SD=10,49 versus M=36,61; SD=10,54; t=1,78; df=182; p=.076), erzielen die Kinder mit Deutsch als Erstsprache jeweils signifikant bessere Ergebnisse bei Aufgaben zum Leseverständnis auf Satzebene (M=17,96; SD=4,93 versus M=16,18; SD=4,92; t=2,38; df=182; p=.019) und auf Textniveau (M=12,16; SD=4,53 versus M=10,17; SD=4,65; t=2,87; df=182; p=.005).

Mit der zweiten Forschungshypothese wurde angenommen, dass die Kinder mit Deutsch als Zweitsprache ihre Leseprozesse signifikant häufiger durch den Einsatz metakognitiver Lesestrategien stützen als ihre Klassenkameradinnen und -kameraden, die Deutsch als Erstsprache erworben haben. Diese Vermutung wird durch die empirischen Daten nicht gestützt: Es wird deutlich, dass sich die im Rahmen der Studie befragten Kinder mit Deutsch als Zweitsprache nicht wesentlich von den Kindern mit Deutsch als Erstsprache in Hinblick auf die Verwendung metakognitiver Lesestrategien unterscheiden (M=0,14; SD=0,44 versus M=0,12; SD=0,37; t=0,29; df=179; p=.775).

4   Diskussion

In verschiedenen Untersuchungen konnten Unterschiede in Bezug auf Lesefä-
higkeiten bei Kindern mit Deutsch als Erstsprache und solchen, die Deutsch als
Zweitsprache erlernen, verdeutlicht werden. Die in unserem Beitrag betrachte-
ten Differenzen zwischen diesen Kindergruppen geben im Detail Auskunft über
Unterschiede in Lesefähigkeiten, nicht aber in der Verwendung metakognitiver
Lesestrategien. Betrachtet man Unterschiede zwischen Kindern mit Deutsch als
Erstsprache im Vergleich zu denjenigen mit Deutsch als Zweitsprache in Hinblick auf die von ihnen erworbenen Lesefähigkeiten, so wird Folgendes deutlich: Kinder mit Deutsch als Erstsprache verfügen – gemäß den von uns ermittelten Befunden – über signifikant bessere Lesefähigkeiten auf Satz- und Text-
ebene als Kinder mit Deutsch als Zweitsprache. Kein Unterschied wird hingegen beim Leseverständnis auf Wortebene evident.

Diese Ergebnisse sind nahezu erwartungsgemäß, gerade und im Besonderen
vor dem Hintergrund der im Rahmen der Internationalen Grundschul-Lese-
Untersuchungen (IGLU) vorgelegten Befunde zu Lesekompetenzen von Kindern mit Migrationshintergrund am Ende des vierten Grundschuljahres. Auch
hier wurde deutlich, dass insbesondere höherwertige Aufgabenstellungen zum
Leseverständnis nur schwer von diesen Kindern bewältigt werden konnten.

Konkrete Erklärungen für diese Unterschiede sind auf der Individualebene
nur sehr schwer in den Blick zu nehmen. Laut der von uns beobachteten Leseprozesse stützen Kinder mit Deutsch als Zweitsprache ihre Leseprozesse nicht
signifikant häufiger durch den Gebrauch metakognitiver Lesestrategien als Kinder mit Deutsch als Erstsprache. Zurückzuführen ist dies möglicherweise auf
unterrichtsbezogene Einflussgrößen, d.h. auf die Durchführung des Leseunter-
richts (z.B. Maßnahmen der Differenzierung im Klassenzimmer) und die Vermittlung metakognitiver Lesestrategien durch die Grundschullehrkräfte (vgl.
hierzu Lankes/Carstensen 2007). Dies müsste in weiterführenden Untersuchungen genauer mit dem Blick auf Ursache-Wirkungsmechanismen exploriert werden.

Literatur

Bos, W./Hornberg, S./Arnold, K.-H./Faust, G./Fried, L./Lankes, E.-M./Schwippert, K./Valtin, R.
    (Hg.) (2007): IGLU 2006. Lesekompetenzen von Grundschulkindern in Deutschland im inter-
    nationalen Vergleich. Münster: Waxmann.
Karasu, I. (1995): Bilinguale Wortschatzentwicklung türkischer Migrantenkinder vom Vor- bis zum
    Grundschulalter in der Bundesrepublik Deutschland. Frankfurt a. M.: Lang.
Lankes, E.-M./Carstensen, C. (2007): Der Leseunterricht aus der Sicht der Lehrkräfte. In: Bos,
    W./Hornberg, S./Arnold, K.-H./Faust, G./Fried, L./Lankes, E.-M./Schwippert, K./Valtin, R.
    (Hg.): IGLU 2006. Lesekompetenzen von Grundschulkindern in Deutschland im internationa-
    len Vergleich. Münster: Waxmann. 161-223.
Lenhard, W./Schneider, W. (2006): ELFE 1-6. Ein Leseverständnistest für Erst- bis Sechstklässler.
    Göttingen: Hogrefe.
Ott, M. (1997): Deutsch als Zweitsprache. Aspekte des Wortschatzerwerbs. Frankfurt a. M.: Lang.

Ressourcenorientierte Begabungsberatung

Susanne Trottler, Bettina Harder & Albert Ziegler

1 Beratungsarbeit

Unter Beratung wird ein Problemlöseprozess verstanden, der von der beratenden Person nach methodischen Aspekten gestaltet wird. Ziel einer Beratung ist die Verbesserung der Kompetenz zur Bewältigung anstehender Aufgaben des Ratsuchenden (Häcker/Stapf 2004). Diese Definition enthält zwei wichtige Aspekte. Als Ratsuchende in der Hochbegabungsberatung können Eltern, Lehrer, Schulen, aber auch Universitäten mit sehr unterschiedlichen Interessen auftreten. Zu Aufgaben, die durch die Begabungsberatung erfüllt werden sollen, gehören unter anderen die Entfaltung von Stärken, die Förderung herausragender Leistungen sowie die Kompensation von Defiziten (Harder 2012). An der Landesweiten Beratungs- und Forschungsstelle für Hochbegabung (LBFH), die an der Universität Erlangen-Nürnberg angesiedelt ist, werden 3 Beratungsanlässe unterschieden: Ein *primär präventiver* Anlass liegt vor, wenn Eltern wegen eines Diagnostikbedürfnisses oder Unsicherheiten bezüglich einer angemessenen Förderung ihres Kindes anfragen, ohne dass ein bestimmtes Problem vorliegt. Unter einem *sekundär präventiven* Beratungsanlass wird der Versuch verstanden, eine Lösung für ein oder mehrere aktuell bestehende Probleme, wie z. B. Underachievement oder soziale Isolation, zu finden. Die Schaffung von Möglichkeiten, um eine Begabung hin zu Leistungsexzellenz in einem ganz bestimmten Bereich zu entwickeln, gilt an der LBFH als *tertiär präventiver* Beratungsanlass (Grassinger, 2009).

2 Konzept der Landesweiten Beratungs- und Forschungsstelle für Hochbegabung (LBFH)

Begabung wird an der LBFH nicht als Persönlichkeitseigenschaft aufgefasst. Stattdessen wird ein Individuum dann als hochbegabt angesehen, wenn es in einer oder mehreren Domänen mit großer Wahrscheinlichkeit einmal exzellente Handlungen erreichen kann. Begabung wird zudem unter einer systemischen Sichtweise betrachtet, wodurch alle Systeme berücksichtigt werden, in die die betreffende Person eingebunden ist. Dieser Perspektive liegt das Aktiotop-Modell von Ziegler (2005) zugrunde, das besagt, dass herausragende Handlungen in der Interaktion zwischen einer Person und ihrer Umwelt entstehen.

Neben der systemischen Sichtweise auf Begabung herrscht zudem eine dynamische Perspektive vor, die besagt, dass Begabung aufgebaut, aber auch wieder verloren werden kann, weshalb Förderung zum Aufbau und Erhalt der Begabung unverzichtbar ist.

Die Förderung an der LBFH setzt der systemischen Perspektive gemäß an verschiedenen Stellen des Systems an, wie der Person selbst, ihren Eltern oder der Schule, und erfolgt demnach ganzheitlich. Als Ziel wird die Erweiterung der Handlungskompetenz der betreffenden Person angestrebt. Um dies zu erreichen werden verschiedene Ressourcen, hier Kapitale genannt, in die Förderung mit einbezogen, die einerseits im Individuum (Lernkapital), andererseits in der Umwelt verortet sind (Bildungskapital). Als Beispiele für Lernkapital können Konzentrationsfähigkeit, Basisfertigkeiten wie Lesen oder verbale Ausdrucksfähigkeit, funktionale Lernziele, Lernstrategien oder Zeit für die Beschäftigung mit einer bestimmten Domäne genannt werden. Unter Bildungskapital werden beispielsweise materielle Ressourcen, didaktisches Know-how, Werthaltungen in der Gesellschaft gegenüber der Schule/dem Lernen, soziale Unterstützung oder auch die bestehende Infrastruktur verstanden (Ziegler/Stöger 2011).

Der Diagnostik- und Beratungsprozess folgt einer Förderdiagnostik, die breit gefächert aufgebaut ist, um ein umfassendes Bild zu erhalten und so die Förderung an vielen Stellen im System ansetzen zu können. Die Methoden- und Perspektivenvielfalt in Form von Gesprächen, Verhaltensbeobachtung, Fragebögen und Testverfahren sorgt für eine hohe Qualität der Diagnostik. Die anschließende Förderung zielt darauf ab, das Bildungs- und Lernkapital zu erhöhen. Je nach Beratungsanliegen werden dabei einzelne Bereiche stärker fokussiert, z. B. kognitive Fähigkeiten, das Lern- und Arbeitsverhalten, Konzentration, Motivation, Sozialverhalten oder die Lernumwelt.

Die konkrete Umsetzung der Diagnostik und der Förderung folgt dem so genannten ENTER-Modell (Ziegler/Stöger 2004), das aus den fünf Phasen Explore, Narrow, Transform, Evaluate und Review besteht. In der Explore-Phase findet der Erstkontakt statt, während dessen die Eltern ihr Anliegen vorbringen und das weitere Vorgehen besprochen wird. Anschließend bekommen Eltern und Klassenlehrkraft bzw. ErzieherIn einen Fragebogen, der allgemeine Angaben zur Familie, dem Kind und zu den Kapitalen enthält. Auf dieses Screening aufbauend findet in der anschließenden Narrow-Phase eine detailliertere Diagnostik statt. Die Auswahl der eingesetzten Messinstrumente erfolgt je nach Anlass und Vorgeschichte der Klienten. Zudem wird ein Gespräch mit den Eltern und eines mit dem Kind geführt. Während der Transform-Phase werden das Gutachten mit den Diagnostikbefunden und die darin aufgeführten Fördervorschläge besprochen. Gemeinsam mit den Eltern entwickelt der/die BeraterIn anschließend einen ganzheitlichen Förderplan (sog. „Lernpfad"), der auf die Familie und ihre Umweltbedingungen zugeschnitten ist. Eine Begleitung während der Umsetzung des Lernpfades wird der Familie anschließend in der Evaluate-Phase zuteil, in der die Umsetzung des Lernpfads und Entwicklungsfortschritte diagnostiziert werden und entsprechende Anpassungen im Lernpfad vorgenommen werden können. Der Diagnostik- und Beratungsprozess endet schließlich mit der Review-Phase, in der die Realisierung des Lernpfades kritisch von allen Beteiligten reflektiert wird und ein Ausblick auf die weitere Begabungsentwicklung und -förderung gegeben wird.

3   Der Diagnostik- und Beratungsprozess anhand eines Fallbeispiels

Zur Illustration des Beratungsvorgehens an der LBFH wird der Fall Markus skizziert, der zu Beginn 6 Jahre und 8 Monate alt war und den Kindergarten besuchte.

Der Beratungsprozess begann mit einem Telefonat, in dem Markus Eltern ihre Anliegen, einen Diagnostikwunsch wegen der bevorstehenden Einschulung und Möglichkeiten zur weiteren Förderung, vorbrachten (primär präventiver Beratungsanlass). Eltern- und Erzieher-Fragebögen wiesen darauf hin, dass Markus bereits sehr viel Kapital nutzen konnte: Die Eltern erzogen ihn zweisprachig und ihm wurde ihre Unterstützung und Wertschätzung für Lernaktivitäten, Wissenszuwachs etc. zuteil. Markus verfügte nach Auskunft seiner Eltern über hohe Aufmerksamkeit, Neugierde, einen großen Wissensdurst und erlernte alle Kulturtechniken bereits im Kindergarten.

Die detaillierte Diagnostik vor Ort umfasste zwei Intelligenztests, die ergaben, dass Markus kognitive Fähigkeiten im Altersdurchschnitt lagen, er aber eine Stärke im sprachlichen Bereich aufwies. Zudem wurde über Leistungstests festgestellt, dass seine Schreib- und Lesefähigkeiten bereits dem Niveau Ende der 1. Jahrgangsstufe entsprachen, was eine reguläre Einschulung in die 1. Klasse als problematisch erscheinen ließ. Sein rechnerisches Denken lag allerdings im Altersdurchschnitt. Die Eltern beschrieben im Gespräch Markus Lernverhalten und Konzentration als sehr gut, er verfüge über eine hohe Motivation und agiere sozial kompetent. Er wachse in einer reichhaltigen und anregenden Lernumwelt auf. Seine zeitlichen Ressourcen seien aber eher gering (ungünstiges Kapital), da Markus unter der Woche regelmäßig viele Aktivitäten wahrnehme. Markus selbst erzählte im Gespräch, dass er viele Hobbies habe und später einmal Ingenieur werden wolle. Er freue sich außerdem auf die Schule, da es ihm im Kindergarten langweilig sei.

Beim Beratungstermin wurde zusammen mit den Eltern ein Förderplan mit verschiedenen Zielsetzungen entwickelt. Den Eltern wurde während des Gespräches geraten, Markus in eine Grundschule mit flexibler Eingangsstufe einzuschulen, um ihm, falls Unterforderung eintreten sollte, die Möglichkeit zu eröffnen, sich den Stoff der 1. und 2. Klasse in einem Schuljahr zu erarbeiten und nach einem Schuljahr direkt in die 3. Klasse versetzt zu werden. Es sollte aber zunächst abgewartet werden, wie Markus in der Schule und in seiner Klasse zurechtkomme.

Zum Halbjahr fand der erste Begleittermin statt. Die Eltern berichteten über eine positive schulische Entwicklung, konzentriertes Arbeiten und gute soziale Integration von Markus. Er habe sich nach Auskunft der Eltern bereits hoch motiviert gezeigt und erarbeitete sich mit den schulischen Übungsheften freiwillig den zusätzlichen Stoff der zweiten Klasse, da er die Erstklassinhalte bereits beherrsche oder sehr schnell lerne. Er wolle in seiner Klasse lieber mit den Zweitklässlern arbeiten und nach dem Schuljahr mit ihnen in die dritte Klasse gehen. Probleme, die für die Realisierung dieses Wunsches allerdings noch behoben werden mussten, zeigten sich beim selbständigen Arbeiten und in Mathematik, weshalb hierauf ein besonderer Fokus notwendig war. Zur erfolgreichen Umsetzung seines Ziels wurde mit den Eltern vereinbart, dass sie ihm dafür die nötigen Ressourcen bereitstellen würden (Lerngelegenheiten, Unterstützung wenn notwendig, Hilfe bei der Koordination des schnelleren Voranschreitens in allen Fächern), sowie bei anhaltender Unterforderung zusätzliche Förderung wie die Belegung eines Experimentier- oder Schachkurses ermöglichten.

Ein weiterer Termin fand zum Ende der ersten Klasse statt, in dem der Beratungsprozess und der aktuelle Stand reflektiert wurden. Die Familie berichtete von einem erfolgreichen Abschluss des ersten Schuljahres und der Erreichung von Markus Ziel, direkt in die 3. Klasse versetzt zu werden. Er wolle aber weiterhin versuchen, sein Lernkapital zu verbessern, indem er sich z. B. Strategien zur Vermeidung von Leichtsinnsfehlern aneigne, womit er noch einige Schwierigkeiten habe. Auch das didaktische Kapital seitens der Schule verändere sich nach den Ferien: In der dritten Klasse würde Markus eine neue Lehrkraft bekommen, von der die Eltern sich noch mehr Zusammenarbeit erhofften.

Literatur

Grassinger, R. (2009): Beratung hochbegabter Kinder und Jugendlicher. Münster: LIT.

Häcker, H. O./Stapf, K.-H. (Hg.) (2004): Dorsch – Psychologisches Wörterbuch. 14., vollst. überarb. und erw. Auflage. Bern: Hans Huber.

Harder, B. (2012): Ein kritisches Review der traditionellen Hochbegabungsberatung. In: Ziegler, A./Grassinger, R./Harder, B. (Hg.): Konzepte der Hochbegabtenberatung in der Praxis. Münster: LIT. 1- 12.

Ziegler, A. (2005): The actiotope model of giftedness. In: Sternberg, R./Davidson, J. (Eds.): Conceptions of giftedness. Cambridge, UK: Cambridge University Press. 411-434.

Ziegler, A./Stöger, H. (2004): Identification based on ENTER within the conceptual frame of the Actiotope Model of Giftedness. In: Psychology Science, Volume 46. 324-342.

Ziegler, A./Stöger, H. (2011): Expertisierung als Adaptions- und Regulationsprozess: Die Rolle von Bildungs- und Lernkapital. In: Dresel, M./Lämmle, M. (Hg.): Motivation, Selbstregulation und Leistungsexzellenz. Münster: LIT. 131-152.

Erkläre, was Familie ist! Präkonzepte von Kindern im sozialwissenschaftlichen Sachunterricht

Robert Baar

1 Präkonzepte im sozialwissenschaftlichen Sachunterricht

Versteht man Lernen als aktiven Konstruktionsprozess der Lernenden selbst, so wird die Bedeutung von Präkonzepten für den Erwerb und die Weiterentwicklung von Kompetenzen deutlich. Unter Präkonzepten versteht man bei Schülerinnen und Schülern bereits vorhandene Vorstellungen über Phänomene, Vorgänge und Begriffe aus der sie umgebenden Um- und Mitwelt, die sie mit den ihnen zur Verfügung stehenden Informationen im Rahmen ihrer kognitiven Möglichkeiten und aufgrund eigener Erfahrungen und Überlegungen konstruieren. Wenn sich diese nicht mit wissenschaftlichen Konzepten decken, müssen sie früher oder später aufgegeben und durch andere ersetzt werden, um anschlussfähig zu bleiben. Oder aber sie werden mit neuen Informationen und Erfahrungen angereichert, um in ausdifferenzierter Form Anschlussfähigkeit zu erlangen (vgl. Lohrmann/Hartinger 2012, 16).

Schwieriger als eine Konzeptentwicklung anzuregen ist es, einen Konzeptwechsel zu verfolgen: Hierzu müssen bisherige Vorstellungen, die sich im kindlichen Alltag bewährt haben, von diesen selbst in Frage gestellt werden. Das neue Angebot muss plausibel erscheinen, muss verständlich sein und auch im Zusammenhang mit weiterführenden Sachverhalten als gewinnbringend erlebt werden (vgl. Duit 1997, 228). Gerade wenn im Sachunterricht Themen bearbeitet werden, die den Kindern aus ihrer Alltagswelt bereits bestens bekannt sind, zeigt sich häufig die Determination der Vorstellungen durch die unmittelbare Lebenswelt, durch soziografische, kulturelle und/oder milieubedingte Erfahrungen der Kinder (vgl. Hempel 2004).

Von besonderer Schwierigkeit ist im sozialwissenschaftlichen Sachunterricht, dass wissenschaftliche Konzepte nicht immer eindeutig sind. Während bei naturwissenschaftlichen Phänomenen zum Beispiel das Verständnis von Kindern zu Wechselwirkungen zwischen Lebewesen in einem Ökosystem leicht auf dessen „Richtigkeit" hin überprüft werden kann, so stellen sozialwissenschaftliche Themen oftmals selbst historisch-gesellschaftlich bedingte Konstrukte dar. „Familie" ist beispielsweise ein Unterrichtsgegenstand, bei dem Soziologinnen und Soziologen, aber auch Politikerinnen und Politiker, seit Jahrzehnten – wenn nicht schon immer – um eine gültige Definition ringen (vgl. Lenz 2009, 78f.): Ist Familie „das Zusammenleben einer Gemeinschaft von Verwandten", „eine durch Generationendifferenz gekennzeichnete Gemeinschaft" oder einfach „dort, wo Kinder sind"? Gerade diese Uneindeutigkeit gibt Anlass, genauer auf die Präkonzepte der Schülerinnen und Schüler zu schauen, um jene einer Reflexion, Bearbeitung und Erweiterung zugänglich zu machen.

Vorliegender Beitrag möchte auf der Basis einer empirischen Studie kindliche Präkonzepte zu Familie und Familienkonstellationen darstellen. Hierzu wird zunächst das Design der Studie knapp skizziert (2.1), um anschließend Einblick in die kindlichen Vorstellungen zu gewähren (2.2). Abschließend werden Ergebnisse der Gesamtstudie zusammengefasst und Perspektiven aufgezeigt, die sich hieraus ergeben (3).

2 Präkonzepte zu Familie von Grundschulkindern

2.1 Zum Design der Studie

Um etwas über die Präkonzepte von Kindern über Familie zu erfahren, wurden im Rahmen einer kleineren Studie insgesamt sieben Gruppendiskussionen (vgl. Bohnsack 2008) mit je drei bis vier Kindern der zweiten Jahrgangsstufe durchgeführt. Die Kinder kamen aus insgesamt drei verschiedenen dritten Klassen an zwei süddeutschen Grundschulen im großstädtischen Raum. Beide Schulen gelten als Schulen in einem problematischen sozialen Milieu. Die Mischung der Gruppen erfolgte zufällig. Kategorien wie Geschlecht, ethnische Herkunft oder familiäre Situation zuhause wurden bei der Zusammensetzung der Gruppen absichtlich nicht berücksichtigt, da es nicht um die Entwicklung einer Typologie ging, sondern grundsätzlich um unterschiedliche Präkonzepte, die sich in den Diskussionen herauskristallisieren sollten. Für die Gruppendiskussionen wurde ein Interviewleitfaden entwickelt, der problemzentriert eingesetzt wurde. Bildkärtchen dienten als Impulse und weitere Strukturierungshilfe. Auf ihnen waren einzelne Personen, aber auch Haustiere oder ein Teddybär zu sehen, mit denen unterschiedliche Familienkonstellationen gelegt werden konnten. Alle Gruppendiskussionen wurden aufgezeichnet und transkribiert. Die Auswertung des Materials erfolgte inhaltsanalytisch (vgl. Mayring 2003). Die Kinder bekamen den Auftrag, einem Außerirdischen zu erklären, was eine Familie ist. Durch die Verfremdung wurden sie dazu angehalten, nicht nur über eigenen Erfahrungen zu sprechen, sondern vermeintlich Selbstverständliches auf einem abstrakteren Niveau auszuführen.

2.2 Ergebnisse aus den Gruppendiskussionen

Ungeachtet der Konstellationen in den Herkunftsfamilien haben sich in den Diskussionen zwei dominante Argumentationslinien abgezeichnet: Biologische Konstellationen sowie soziale Gemeinschaften machen für die Grundschülerinnen eine Gruppe zu dem, was sie als Familie bezeichnen.

Erste Vorstellungen genetischer Prinzipien werden deutlich, wenn beispielsweise Hannes argumentiert: „Wir ham da innen drin n Faden, der ist genau gleich wie bei unseren Eltern. (…) Wie beim Räuberbuch wenn sie nen Fingerabdruck finden, dann gucken sie unterm Mikroskop welcher Räuber das ist." Andere Kinder heben auf die ihnen vermeintlich vererbte Augenfarbe ab, wobei hier die eigenen Erklärungen bei genauerem Nachdenken teilweise als unbefriedigend erlebt werden. So wundert sich Lili im Verlauf der Diskussion: „Ich bin die einzigste in meiner Familie, halt in meinem Haus, der blaue Augen hat." Samantha dahingegen stellt die soziale Gemeinschaft in den Vordergrund: „Ne Familie, da ham sich alle lieb und verstehen sich alle." Andere Kinder betonen gemeinsame Aktivitäten als Ausdruck von *Care*, aber auch den Schutz, den Kinder in der Familie erfahren. Materielle Aspekte stellen ein weiteres Kennzeichen dar. So erläutert Dennis: „Ahm eine Familie ist was zum Leben (.) u:nd u:nd (.) was zum Essen, und dass man Geld wieder hat, Taschengeld wieder kriegt."

Im Zusammenhang mit möglichen – und eher unmöglichen – Familienkonstellationen zeigt sich die Heterogenität in den Konzepten der Kinder noch deutlicher: Für einige kann ein adoptiertes Kind nicht zur Familie gehören, „weil es ja aus'm anderen Land weil er aus'm ganz anderen Land ist." (Hannes), oder weil es „halt viel anderster" aussieht (Lili). Selbst unterschiedliche Essgewohnheiten werden als Hinderungsgrund angesehen. Andere Kinder hingegen meinen, dass ein Kind durchaus von einer Familie aufgenommen werden kann und dann auch dazugehört, vor allem, wenn es keine Eltern mehr hat oder von „Skalverei" (Muhammed) bedroht ist. Teddybären werden manchmal als Teil der Familie angesehen, Haustiere häufiger. Ein Junge erklärt das ganze Haus zur Familie: Tisch, Bett, Stuhl, aber auch das Essen im Kühlschrank.

Uneinig sind sich die Kinder in Bezug auf Trennung und Scheidung: Wann eine Familie noch eine Familie ist, ob neue und alte Partner bzw. Partnerinnen dazugehören, wird unterschiedlich bewertet. So bezweifelt Jonas beispielsweise vehement, dass eine Mutter mit ihren Kindern eine Familie sei, da ohne Vater die materiellen Grundlagen des Zusammenlebens nicht gewährleistet sei: „Und wer soll was immer kaufen, das Auto kaufen. Zum Beispiel kann deine Mutter nicht Auto fahren." Naomi entgegnet ihm: „Ich kenn das Leben. Ich lebe nur mit meiner Mutter", wovon sich Jonas aber zunächst wenig beeindrucken lässt.

3   Zusammenfassung und Ausblick

In den Gruppendiskussionen wird deutlich, dass Kinder über höchst unterschiedliche Präkonzepte von Familie verfügen. Als dominante Linien können „Familie als soziale Gemeinschaft" und „Familie als biologische Konstellation" überschrieben werden, wobei letzterer Definition insgesamt größeres Gewicht beigemessen wird. Häufig wird Eheschließung als Voraussetzung für eine Familiengründung angesehen, ebenso wie biologische Elternschaft. Der Großteil der Kinder orientiert sich am Leitbild der bürgerlichen Normalfamilie; nur sie wird als „richtige" Familie bezeichnet. In den Konzepten der Kinder werden das Grundbedürfnis nach emotionaler Geborgenheit sowie der Wunsch nach Schutz und Abwehr existenzieller Ängste (Hunger, Alleinsein, Armut) sichtbar. Diese

Konzepte teilen alle Kinder bei unterschiedlicher Gewichtung. Von der bürgerlichen Normalfamilie abweichende Familienkonstellationen werden uneinheitlich beurteilt: Bezogen auf gleichgeschlechtliche Familien und Adoption herrscht insgesamt Skepsis. Die Diskussionsverläufe sind hier von einigen Unsicherheiten geprägt. Vor allem im Zusammenhang mit Trennung, Patchwork- und Ein-Elternteil-Familien werden eigene Erfahrungen der Kinder als Orientierungsfolie sichtbar.

Es scheint gewinnbringend zu sein, die Begegnung mit anderen Erfahrungsträgern zu ermöglichen, um die Grundlage für eine Konzeptentwicklung zur Erweiterung von Einstellungen, Überzeugungen und ethischen Orientierungen zu schaffen. Dieses Ziel kann als notwendig erachtet werden, da Abgrenzung, Abwertung und Ablehnung des „Fremden" dem Wertepluralismus und Demokratieverständnis der (post)modernen Gesellschaft entgegenstehen. Indem man Kinder die Gelegenheit zum gegenseitigen Austausch über ihre Vorstellungen einräumt, können eine Klärung eigener Konzepte sowie deren Weiterentwicklungen oder Änderung angebahnt werden (vgl. Baar/Maier 2012).

Literatur

Baar, R./Maier, M.S. (2012): „Was ist Familie?" In: Die Grundschulzeitschrift. 26. Jg., H. 252/253. 46-51.

Bohnsack, R. (2008):Rekonstruktive Sozialforschung – Einführung in qualitative Methoden. Opladen & Farmington Hills: Budrich.

Duit, R. (1997): Alltagsvorstellungen und Konzeptwechsel im naturwissenschaftlichen Unterricht. Forschungsstand und Perspektiven für den Sachunterricht der Primarstufe. In: Köhnlein, W./Marquardt-Mau, B./Schreier, H. (Hg.): Kinder auf dem Weg zum Verstehen der Welt. Bad Heilbrunn: Klinkhardt. 233-246.

Hempel, M. (2004): Zur Bedeutung des Vorwissens der Mädchen und Jungen im Anfangsunterricht des sozialwissenschaftlichen Sachunterrichts. In: Kaiser, A./Pech, D. (Hg.): Lernvoraussetzungen und Lernen im Sachunterricht. Hohengehren: Schneider. 38-44.

Lenz, K.(2009): Haben Familie und Familiensoziologie noch eine Zukunft? In: Burkhard, G. (Hg.): Zukunft der Familie. Opladen & Farmington Hill: Barbara Budrich. 73-90.

Lohrmann, K./ Hartinger, A. (2012): Kindliche Präkonzepte im Sachunterricht. In: Die Grundschulzeitschrift. 26. Jg., H.252/253. 16-21.

Mayring, P. (2003): Qualitative Inhaltsanalyse. Grundlagen und Techniken. Weinheim: Beltz.

„Also Krieg ist, wenn …" – Empirisch begründete Impulse für die Konzeption von Lernsituationen für das politische Lernen im Sachunterricht

Nina Kiewitt

1 Phänomenografie als didaktischer Forschungsansatz

Der aus Schweden stammende Forschungsansatz „Phänomenografie" (Marton/Booth 1997) bietet die Möglichkeit, auf Grundlage empirisch gewonnener Daten Impulse für die Konzeption von Lernsituationen zu generieren. Die konzeptuelle Grundlage der Phänomenografie bildet die Phänomenologie Husserls (Husserl 1986). Der Untersuchungsgegenstand phänomenografischer Untersuchungen ist die Variation im menschlichen Erleben eines Phänomens: Menschen können ein Phänomen in verschiedenen Varianten erleben. Die Anzahl dieser Erlebensvarianten ist allerdings begrenzt (Marton/Booth 1997).

Der Begriff „Erleben" (engl. experience) meint dabei nicht die körperliche Gebundenheit an eine konkrete Situation verbunden mit unmittelbarer (konkret-sinnlicher) Wahrnehmung („Ich habe neulich etwas erlebt…"). Erleben beschreibt vielmehr die intentionale Bezugnahme des Menschen: Ein Mensch bezieht sich denkend, träumend, erinnernd, vorstellend usw. stets auf *etwas*. Gleichzeitig bedeutet er dieses *etwas* („Für mich ist *etwas* gerade…") (Zahavi 2007). Die jeweilige Bedeutung konstituiert sich durch die vom Individuum gleichzeitig am Phänomen wahrgenommenen[1] Aspekte (= Strukturen). Ein Komplex jeweils wahrgenommener Phänomenaspekte begründet eine bestimmte Bedeutung. Die Annahme eines dialektischen Verhältnisses von Bedeutung und Struktur ist für die Phänomenografie insofern zentral.

Der erste Analyseschritt phänomenografischer Untersuchungen besteht darin, die verschiedenen, im empirischen Datenmaterial vorhandenen Erlebensvarianten eines Phänomens herauszuarbeiten. Diese werden in sogenannten Beschreibungskategorien dargestellt. Die Beschreibungskategorien spiegeln das Spektrum aller empirisch feststellbaren Erlebensvarianten wider. Sie sind induktiv, auf das Wesentliche reduziert, abstrakt und überindividuell. In der Regel können zu einem Phänomen drei bis sechs Beschreibungskategorien entwickelt werden (Marton/Booth 1997).

---

[1] Der Begriff „Wahrnehmung" geht über die Konnotation konkret-sinnlicher Wahrnehmung hinaus. Die Phänomenografie nimmt hier Anleihen an dem phänomenologischen Begriff „Appräsentation".

1.1 Generierung empirisch begründeter inhaltlicher Impulse

Der Ergebnisraum phänomenografischer Untersuchungen sind didaktisch gewendete Sätze von Beschreibungskategorien. Die im ersten Schritt eruierten Kategorien werden in einem zweiten Schritt hierarchisiert, ausgerichtet auf einen normativen Bezugspunkt. Den normativen Orientierungsrahmen bildet die Anschlussfähigkeit der Kategorien an die didaktischen Zieldimensionen des jeweiligen Lernbereichs sowie die fachliche Deutung des fokussierten Phänomens. Die in eine didaktisch argumentierte Rangfolge gebrachten Beschreibungskategorien markieren damit jeweils lernrelevante Unterschiede (Marton/Booth 1997, Murmann 2002). Sie begründen empirisch fundierte inhaltliche Impulse für die Konzeption von Lernsituationen.

1.2 Generierung empirisch begründeter methodisch-medialer Impulse

Erleben bzw. Erlebensvarianten konstituieren sich aus der Wahrnehmung verschiedener Komplexe von Phänomenaspekten, die jeweils unterschiedliche Bedeutungen eines Phänomens manifestieren. Dies wurde bereits in Kapitel 1 skizziert. Die am Phänomen wahrgenommenen Aspekte stehen jedoch niemals losgelöst in einem luftleeren Raum. Sie bewegen sich stets in einem bestimmten Kontext. Das heißt, die vom Individuum als bedeutsam wahrgenommenen Phänomenaspekte leiten sich aus diesem jeweiligen Kontext ab und verweisen gleichzeitig auf ihn. Auch Lernsituationen verweisen auf Kontexte, die wiederum bestimmte Phänomenaspekte als bedeutsam erscheinen lassen (können) und damit die Bedeutung, das Erleben eines Phänomens (mit-) konstituieren (Marton/Booth 1997). Auf der Grundlage einer zusätzlichen Analyse der *Situation* des Erlebens können folglich empirisch begründete methodisch-mediale Impulse für die Konzeption von Lernsituationen formuliert werden.

2 Impulse für eine Thematisierung von „Krieg"

Die empirische Datengrundlage stellen 47 problemzentrierte Interviews dar, die mit GrundschülerInnen der Jahrgangsstufen 3 und 4 zu den Phänomenen „Krieg" und „Frieden" geführt wurden.[2]

2.1 Inhaltlicher Impuls: Thematisierung der politischen Dimension

Im ersten Schritt der Analyse (siehe 1.) wurden die verschiedenen empirisch feststellbaren Erlebensvarianten des Phänomens „Krieg" herausgearbeitet. Diese werden in Beschreibungskategorien dargestellt:

Krieg als ...
- zielgerichtete gewaltsame Auseinandersetzung
- Gewalt(-beschreibung)

---

2 Die Interviewstudie ist Bestandteil des vom BMBF geförderten Projektes „Kindliches Erleben politischer Phänomene". (z.B. Kiewitt 2012)

- gewaltsame Fortführung eines gesellschaftlichen Konfliktes (zur Durchsetzung von Interessen)
- (negativ bewerteter) gewaltsam ausgetragener Streit

In einem zweiten Schritt (siehe 1.1) wurden die Beschreibungskategorien in eine didaktisch begründete Hierarchie gebracht (Tabelle 1). Den normativen Rahmen stellt dabei die Anschlussfähigkeit der Kategorien an das politische Lernen sowie die politische Deutung des Phänomens „Krieg" dar. Dieser wird u.a. eine kriegstheoretische Begriffsbestimmung von Clausewitz in der Interpretation Münklers (2004) zugrunde gelegt.[3] Für das „fachliche Erleben" ergeben sich daraus als konstitutive Phänomenaspekte: *Konflikt, gescheiterte Konfliktaushandlung, Gewalt* und *Zweck der Gewalt*.

Der Kategoriensatz baut logisch aufeinander auf. Eine höhere Kategorie integriert jeweils, implizit oder explizit, die vorangegangenen Kategorien. Das Erleben wird damit zunehmend komplexer (Kategorien aufsteigend von I bis IV): Es werden mehr Aspekte am Phänomen wahrgenommen (gekennzeichnet durch „+") und miteinander in Beziehung gesetzt. Die Kategorien III und IV sind in Hinblick auf das politische Lernen besonders anschlussfähig. Dort werden Aspekte von „Krieg" wahrgenommen, die auch für die fachliche Interpretation des Phänomens von Bedeutung sind.

Impuls: Die Aspekte *Konflikt* und *(scheiternde) Aushandlungsprozesse* unterrichtlich thematisieren. Erst durch ihr Hinzukommen zum Aspekt der *Gewalt* wird Krieg zu einem politisch gedeuteten Phänomen.

Tabelle 1: Hierarchisierter Kategoriensatz „Krieg"

	Bedeutung	Struktur
I	Gewalt(-beschreibung)	• Handlungen (z.B. Schießen) • Kampf, Angriff, Verteidigung
II	(negativ bewerteter) gewaltsam ausgetragener Streit	+ Streit + (Negativbewertung)
III	zielgerichtete gewaltsame Auseinandersetzung	+ Zweck der Gewalt → Durch-setzung von Interessen bezogen auf einen (Konflikt-)Gegenstand
IV	gewaltsame Fortführung eines gesellschaftlichen Konfliktes (zur Durchsetzung von Interessen)	+ Konflikt + gescheiterte Konfliktaushandlung (→ Gewalt)

2.2 Methodisch-medialer Impuls: Arbeit mit Bildern

In einem weitergehenden Schritt (siehe 1.2) wurde die *Situation* des Erlebens analysiert. Im Anschluss an einen rein verbal geführten Interviewabschnitt mündeten die Interviews in einer Situation mit Bildmaterial: Zehn Bilder lagen auf einem Tisch verteilt. Neben Abbildungen von Panzern und Soldaten waren da-

---

3 Krieg als das Aufeinanderprallen politischer Willen, die einander mit dem Mittel der Gewalt zu brechen versuchen und Krieg als Fortsetzung der Politik mit anderen Mitteln (Clausewitz 1973)

runter auch eine Abbildung vom Deutschen Bundestag sowie eine von Angela Merkel am Rednerpult im Deutschen Bundestag. Die SchülerInnen waren aufgefordert zu begründen, welche Bilder ihrer Ansicht nach etwas mit Krieg zu tun haben und warum. In ihren Ausführungen nahmen die Kinder häufig auf die Bilder vom Deutschen Bundestag Bezug („Krieg regeln", „Frieden machen"). In dieser Situation kamen Phänomenaspekte zum Tragen (z.B. Aushandlung), die im rein verbal geführten Teil des Interviews nicht als derart bedeutsam von den SchülerInnen erlebt wurden – die für die fachliche Deutung jedoch konstitutiv sind. → *Impuls*: Bilder bzw. eine bestimmte Bildsymbolik als Ausgangspunkt für eine Thematisierung des Politischen nutzen.

3   Fazit und Ausblick

In Hinblick auf eine Thematisierung von „Krieg" kann empirisch begründet eine Schaffung von Lernsituationen[4] vorgeschlagen werden, die die Aufmerksamkeit der Lernenden (auch) auf die politische Dimension des Phänomens „Krieg" lenkt. Eine mit gewissen Bildern aufbereitete Lernsituation verweist hier möglicherweise auf einen Kontext „Politisches", der eine bestimmte Wahrnehmungsstruktur für das Erleben des Phänomens als politisches konstituiert. Erst durch die Fundierung eines Zugangs zum Politischen kann eine fachliche Deutung des Phänomens „Krieg" für die SchülerInnen sinnerschließend sein bzw. werden.

Literatur

Clausewitz, C. v. (1973): Vom Kriege. 18. Auflage. Bonn: Fred. Dümmlers.
Husserl, E. (1986): Die Idee der Phänomenologie. Fünf Vorlesungen. Hamburg: Felix Meiner.
Kiewitt, N. (2012): Kindliches Erleben politischer Phänomene – Vorstellung eines phänomeno-grafischen Forschungsvorhabens. In: Giest, H./Heran-Dörr, E./Archie, C. (Hg.): Lernen und Lehren im Sachunterricht. Zum Verhältnis von Konstruktion und Instruktion. Bad Heilbrunn: Klinkhardt. 167-174.
Marton, F./Booth, S. (1997): Learning and Awareness. Mahwah, N.J.: Erlbaum.
Münkler, H. (2004): Clausewitz und die neuen Kriege. Über Terrorismus, Partisanenkrieg und die Ökonomie der Gewalt. In: Heitmeyer, W./Soeffner, H.-G. (Hg.): Gewalt. Entwicklungen, Strukturen, Analyseprobleme. Frankfurt am Main: Suhrkamp. 362-380.
Murmann, L. (2002): Physiklernen zu Licht, Sehen und Schatten. Eine phänomenographische Untersuchung in der Primarstufe. Berlin: Logos.
Zahavi, D. (2007): Phänomenologie für Einsteiger. München: Wilhelm Fink.

---

4 Lernsituation meint eine Situation, in der die Aufmerksamkeit der Lernenden auf neue/andere Aspekte eines Phänomens gelenkt wird. Auf diese Weise erhalten sie die Möglichkeit, dasselbe Phänomen „neu", d.h. in einer anderen Bedeutung zu erleben und zu erlernen (Murmann 2002).

„Individuelle Förderung und Lernen in Gemeinschaft?!": Eine Qualitätsanalyse von Sachunterricht

Ines Oldenburg, Anne Mertens, Heinke Röbken & Klaus Zierer

Das hier vorgestellte Forschungsprojekt zielt auf die Auswertung der in den Jahren 2006 bis 2012 flächendeckend erhobenen Daten der Niedersächsischen Schulinspektion im Sachunterricht ab. Lassen sich Faktoren ermitteln, die das Urteil der Schulinspektorinnen und –inspektoren über die zu bewertende Sachunterrichtsstunde beeinflussen?

1 Einflussfaktoren auf die Evaluation von Sachunterricht: Hypothesenbildung

Evaluationen gelten derzeit als selbstverständliches Instrument zur Qualitätssicherung im Bildungswesen. Trotz der breiten Akzeptanz bedeutet dies jedoch nicht, dass Evaluationen selbst nicht auch optimiert werden können. In der erziehungswissenschaftlichen und psychologischen Literatur werden verschiedene Kontextvariablen diskutiert, die das Beurteilungsergebnis beeinflussen können (vgl. Mateo & Fernandez 1996, Kuo 2007). Zu den gängigsten Einflussvariablen gehört z.B. die Klassengröße. Generell wird von einem negativen Zusammenhang zwischen Klassengröße und Evaluationsergebnis ausgegangen, wie einige Studien aus dem Hochschulbereich zeigen (vgl. Watkins / Afzulpurkar 1988, Mateo & Fernandez 1996): Die befragten Studierenden beurteilten ihre Lehreinheiten umso besser, je kleiner die Lerngruppen waren. In Anlehnung an diese Überlegungen wird in der vorliegenden Studie davon ausgegangen, dass auch das Beurteilungsergebnis der Schulinspektoren für die Unterrichtseinsichtnahmen im Sachunterricht von der Klassengröße beeinflusst wird. Daraus resultiert folgende Hypothese:

- H1: Je größer die Klasse, desto schlechter fällt das Urteil der Schulinspektoren in den vier Qualitätsbereichen aus. Die vier zu beurteilenden Qualitätskriterien (QK) im Sachunterricht sind: a) Zielorientierung und Strukturierung, b) Didaktisch-methodische Stimmigkeit und Differenzierung, c) Unterstützung eines aktiven Lernprozesses und e) pädagogisches Klima.

Eine weitere Einflussgröße, die für Grundschulen von besonderer Relevanz ist, bezieht sich auf die Jahrgangsstufe. Typischerweise zeigt der Unterricht in der Eingangsphase (Jahrgang 1 und 2) andere Strukturmerkmale als in höheren Jahrgängen. Selbstständige Organisationsformen müssen in den ersten beiden Jahren zunächst eingeführt werden, um dann in höheren Jahrgängen effektiv von Lehrkräften und den Schülerinnen und Schülern umgesetzt werden zu können.

Höhere Jahrgänge sind eher in der Lage, ihren Lernprozess strukturiert und zielorientiert zu gestalten. Aufgrund des anstehenden Schullaufbahnverfahrens legen die Lehrkräfte insbesondere in den Klassen 3 und 4 höheren Wert auf die transparente Kommunikation von Leistungserwartungen. Diese Strukturmerkmale sind daher für Inspektoren auch leichter direkt beobachtbar. Die Aufteilung am Ende von Klasse 4 auf verschiedene Schulformen lässt eine stärkere Individualisierung des Unterrichts ab Klasse 3 vermuten, um die Schülerinnen und Schüler gezielt auf die anschließende Schullaufbahn vorzubereiten. Daraus resultieren folgende Hypothesen:

- H2: Je höher die Jahrgangsstufe, desto höher ist die Wahrscheinlichkeit, dass der Unterricht bezüglich „Zielorientierung und Strukturierung" besser bewertet wird.
- H3: Je höher die Jahrgangsstufe, desto höher ist die Wahrscheinlichkeit, dass der Unterricht bezüglich „Didaktisch-methodischer Stimmigkeit und Differenzierung" besser bewertet wird.
- H4: Je höher die Jahrgangsstufe, desto höher ist die Wahrscheinlichkeit, dass der Unterricht bezüglich „Unterstützung eines aktiven Lernprozesses" besser bewertet wird.

Bezüglich des pädagogischen Klimas legen Lehrkräfte in den Eingangsjahren ein stärkeres Augenmerk auf die Gestaltung eines lernförderlichen Klassenklimas, um ein gutes soziales Miteinander zu ermöglichen. Daher kann von folgender Annahme ausgegangen werden:
- H5: Je niedriger die Jahrgangsstufe, desto höher ist die Wahrscheinlichkeit, dass der Unterricht bezüglich „Pädagogisches Klima" besser bewertet wird.

2 Stichprobe

Insgesamt sind 4.092 Unterrichtsbeobachtungen von Sachunterricht in die Analyse eingeflossen. Alle im Datensatz enthaltenen Schulinspektionen fanden zwischen 2006 und 2012 statt. 88,2 % der Unterrichtsbeobachtungen wurden an Grundschulen durchgeführt, 3,7% in Grundschulklassen, die an Organisationseinheiten von Grund-, Haupt- und Realschulen angeschlossen sind sowie 8,1% an Förderschulen. Die durchschnittliche Klassengröße beträgt 18,24 (SD = 4,96) Kinder.

Tabelle 1: Übersicht

Variable	Kategorie		Rel. Häufigkeit in %
Klassenstufe	1		12,7
	2		23,2
	3		31,2
	4		32,9
	M	SD	Range
Anzahl der Schüler	8,24	4,96	3-33

3 Ergebnisse

Aufgrund der gebotenen Kürze des Beitrags in diesem Tagungsband können das dieser Studie zu Grunde liegende, außerordentlich komplexe Forschungsdesign mit seinen umfänglichen statistischen Prozeduren und die daraus resultierenden, umfangreichen Ergebnisse auch nicht annähernd (z.B. kennwertbezogen) dargestellt werden. Die Autoren bemühen sich an dieser Stelle um eine erste globale, aber ausschnitthafte Darstellung von Zusammenhängen.

In Bezug auf die formulierten Hypothesen lassen sich mittels ordinaler Regressionsanalysen folgende Ergebnisse festhalten.

Hypothese 1 konnte nur ansatzweise bestätigt werden. Lediglich beim Qualitätskriterium „Pädagogisches Klima" konnte der postulierte negative Zusammenhang belegt werden. Nur in diesem Qualitätsbereich war die Wahrscheinlichkeit einer positiven Bewertung des pädagogischen Klimas gekoppelt mit der Schülerzahl: Je größer die Klasse ist, desto wahrscheinlicher war eine schlechte Bewertung hinsichtlich des pädagogischen Klimas durch die Inspektion. In allen anderen Qualitätskriterien war der postulierte negative Zusammenhang nicht signifikant oder er fiel sogar positiv aus: Bei dem Qualitätskriterium „Unterstützung eines aktiven Lernprozesses" stieg die Wahrscheinlichkeit einer besseren Bewertung mit der Schülerzahl. Guter Unterricht in Bezug auf schülerorientierte aktive Lernformen ist auch in größeren Klassen möglich – ein Ergebnis, zu dem beispielsweise auch John Hattie (2012) kommt.

Bezüglich der Jahrgangsstufe können die eingangs formulierten Hypothesen im Wesentlichen bestätigt werden. Die Hypothesen 2 bis 4 postulierten einen positiven Zusammenhang zwischen Jahrgangsstufe und den Beurteilungen in den Qualitätskriterien „Zielorientierung und Strukturierung", „Differenzierung" und „Unterstützung eines aktiven Lernprozesses".

Die Ergebnisse deuten darauf hin, dass das QK „Zielorientierung und Strukturierung" in höheren Jahrgangsstufen besser bewertet wird (Hypothese 2).

Ein signifikanter Einfluss der Jahrgangsstufe auf eine gute Bewertung des QK zur didaktisch-methodischen Stimmigkeit des Unterrichts lässt sich hingegen nicht zeigen(Hypothese 3). Das kann heißen, dass eine gelingende Individualisierung des Unterrichts nicht zwangsläufig an eine höhere Jahrgangsstufe gebunden ist.

Bezüglich der Unterstützung eines aktiven Lernprozesses (Hypothese 4) können die erwarteten Effekte belegt werden. Offene, schülerorientierte Lernformen, die die Selbstständigkeit fördern, werden eher in höheren Jahrgängen beobachtet. Der vermutete negative Zusammenhang zwischen pädagogischem Klima und Jahrgangsstufe kann partiell bestätigt werden: Ein positives Lernklima scheint den Lehrkräften insbesondere bei jüngeren Schülerinnen und Schülern wichtig zu sein (vgl. Hypothese 5).

Als Kontrollvariable wurde zusätzlich das Jahr der Inspektion in den Analysen berücksichtigt. Diese Variable wirkt sich lediglich bei der Bewertung des Kriteriums „Didaktisch-methodische Stimmigkeit und Differenzierung" aus: Je länger das Inspektionsverfahren im Land etabliert ist, desto schlechter beurteilen offensichtlich die Evaluatoren dieses Kriterium. Die Bewertung der anderen drei Qualitätskriterien erweist sich über die Jahre als gleichbleibend stabil.

Zusammenfassend kann festgestellt werden, dass die Klassengröße, die Jahrgangsstufe, und auch das Inspektionsjahr einen nachweisbaren Einfluss auf die Beurteilung verschiedener Qualitätskriterien des Sachunterrichts durch externe Beobachter haben.

Die hier vorgestellte Studie schließt damit eine immer wieder bemängelte Forschungslücke zwischen empirischer Bildungsforschung und außeruniversitärer Forschung aus der Bildungsverwaltung (vgl. z.B. Lambrecht & Rürup 2012, S. 61). Mit der Auswertung der Schulinspektionsdaten wurde ein Beitrag geleistet, den Wissensaustausch zwischen Bildungsverwaltung und Wissenschaftssystem zu fördern.

Hinweis: Details der Studie sind unter den Autoren z.B. in der Zeitschrift für Bildungsverwaltung 2/2013 (Stand: März 2013) nachzulesen.

Literatur

Hattie, J. (2012): Visible Learning for Teachers. London, New York: Routledge.

Kuo, W. (2007): How reliable is teaching evaluation? The relationship between class size to teaching evaluation scores. IEEE Transactions on Reliability, 56 (2). 178-181.

Lambrecht, M. & Rürup, M. (2012): Bildungsforschung im Rahmen einer evidence based policy: Das Beispiel „Schulinspektion". In: Wacker, A./Maier, U./Wissinger, J.(Hg.): Schul- und Unterrichtsreform durch ergebnisorientierte Steuerung – Empirische Befunde und forschungsmethodologische Implikationen. Wiesbaden: Springer-VS. 57-77.

Mateo, M. A./Fernandez, J. (1996): Incidence of class size on the evaluation of university teaching quality. Educational and Psychological Measurement, 56 (5). 771-778.

Watkins, D./Afzulpurkar, N. (1988): Class size and student ratings of tertiary courses. Educational and Psychological Measurement, 48. 523-526.

Zum Zusammenhang von Schulnoten und Kreativität im Kunstunterricht der Grundschule – Erste Befunde

Nicole E. Berner, Miriam Lotz & Caroline Theurer

1 Einleitung und Fragestellung

Die Benotung von Schülerarbeiten im Kunstunterricht der Grundschule wird im *kunstdidaktischen theoretischen Diskurs* zwar stark diskutiert und es werden unterschiedliche didaktische Vorschläge entwickelt, um Schülerarbeiten individuell und den Schülervoraussetzungen entsprechend beurteilen zu können (Peez 2009). Jedoch stellt die Benotung von Schülerarbeiten im Kunstunterricht allgemein eine Schwierigkeit dar, der innerhalb der kunstdidaktischen *Forschung* nur wenig Aufmerksamkeit geschenkt wird. Es fehlen Untersuchungen, welche die Beurteilungs- und Bewertungspraxis von Kunstlehrpersonen empirisch untersuchen und Befunde liefern, wie diese verbessert werden kann. Über welche Fähigkeiten und Fertigkeiten lassen sich beispielsweise mit Hilfe der Schulnoten im Fach Kunst Aussagen treffen?

Im folgenden Beitrag wird empirisch der Frage nachgegangen, welcher Zusammenhang sich zwischen der bildnerischen Kreativität von Grundschülern zu Beginn des zweiten Schuljahres und der Zeugnisnote im Fach Kunst am Ende des zweiten Schuljahres zeigt. Da der Kunstunterricht unter anderem auf die Förderung der kreativen Leistung der Schüler abzielt ist hier zumindest von mäßigen Zusammenhängen auszugehen. Grundsätzlich kann erwartet werden, dass Korrelationen von Schulnoten und Schülerleistungen aufgrund von Referenzrahmeneffekten, Erwartungseffekten oder unbewussten Präferenzen der Lehrpersonen nur moderat ausfallen (Heller/Hany 2001). Zudem fließen in Schulnoten neben der zu beurteilenden bildnerischen Leistung unterschiedliche Aspekte mit ein, wie das Sozialverhalten im Kunstunterricht oder auch verbale Fähigkeiten. Zudem ist anzunehmen, dass nicht immer alle bildnerischen Leistungen für die Gesamtbeurteilung in Form der Zeugnisnote herangezogen werden.

2 Methodisches Vorgehen

Datengrundlage bildet die Grundschulstudie PERLE (Lipowsky/Faust/Karst 2011). Im Rahmen der PERLE-Videostudie im Fach Kunst entstanden plastische Schülerarbeiten, die zur Beurteilung der individuellen Schülerkreativität im plastischen Gestalten herangezogen wurden. Die bildnerische Kreativität wurde anhand von sechs Indikatoren bestimmt (vgl. Tabelle 1). Alle Schüler wurden anhand ihrer Plastiken von zwei Ratern in diesen Indikatoren auf einer Skala von 0 bis 6 eingeschätzt. Die Interraterreliabilität wurde mittels des relativen

Generalisierbarkeitskoeffizienten geprüft und ist mit $.84 < g < .96$ ausreichend hoch, sodass von einer reliablen und objektiven Auswertung ausgegangen werden kann (vgl. Berner in Vorbereitung). Für die Analysen wird neben den Indikatoren der Summenwert verwendet ($M = 2.33$; $SD = 0.65$).

Tabelle 1: Indikatoren bildnerischer Kreativität

Indikatoren	Beschreibung	M (SD)
Ausdruckskraft	Einschätzung der Expressivität der Plastik durch ihre Wirkung auf den Betrachter	3.34 (0.82)
Bildnerische Kommunikation	Einschätzung, inwiefern es dem Schüler gelungen ist, seine Ideen erkennbar bildnerisch-plastisch umzusetzen	3.14 (0.94)
Assoziative Kombination verschiedener Inhalte	Einschätzung, inwiefern es dem Schüler gelungen ist, in seiner Plastik unterschiedliche Ideen miteinander assoziativ zu kombinieren, also auch wenig miteinander verbundene Inhalte zu etwas Neuem zu verknüpfen	0.74 (1.37)
Mehrschichtigkeit der bildnerischen Umsetzung	Einschätzung der Komplexität der Idee sowie deren bildnerischer Umsetzung im Sinne einer mehrschichtigen Bedeutung sowie eines Gesamtzusammenhangs inhaltlicher und formaler Aspekte	1.6 (1.43)
Gestalterische Ausarbeitung	Einschätzung, inwiefern es dem Schüler gelungen ist, seine Plastik auszuarbeiten und auszugestalten	2.41 (0.86)
Individuelle bildnerische Umsetzung	Einschätzung, inwiefern eine individuelle gestalterische Lösung gelungen ist, Materialien umgedeutet wurden bzw. die Integration der im Unterricht behandelten Kunstwerke in die eigene Plastik	2.79 (1.11)

Darüber hinaus liegen mit dem „Test zum schöpferischen Denken – zeichnerisch" (kurz: TSD-Z; Urban/Jellen 1996) erfasste Kreativitätsdaten für alle Schüler zu Beginn des ersten (T1) und zum Ende des zweiten Schuljahres (T2) vor ($M_{T1} = 17.61$; $SD = 8.24$; $M_{T2} = 23.78$; $SD = 9.01$). Der TSD-Z liefert einen Schätzwert für das allgemeine schöpferische Potenzial der Schüler. Für den TSD-Z wurde die Interraterreliabilität ebenfalls überprüft, die für den Gesamtwert mit $g > .70$ ausreichend hoch ist. Insgesamt wurden am Ende des zweiten Schuljahres die Noten 1 bis 3 vergeben ($M = 1.49$; $SD = 0.54$). Sollte sich zeigen, dass die bildnerische Kreativität stärker mit der Schulnote zusammenhängt als der TSD-Z, könnte dies als Hinweis darauf interpretiert werden, dass für die Note im Fach Kunst fachspezifische kreative Fähigkeiten mehr Relevanz besitzen als allgemeine kreative Fähigkeiten. Die Noten wurden für die Analyse nicht rekodiert, d. h. eine 1 bedeutet eine sehr gute Leistung, eine 6 eine ungenügende Leistung. Da nur für einen Teil der Stichprobe Zeugnisnoten bereits am Ende des zweiten Schuljahres vergeben wurden, konnte für die Analysen nur ein Teil der Schüler einbezogen werden. Insgesamt liegen von 190 Schülern Daten zur Zeugnisnote im Fach Kunst am Ende des zweiten Schuljahres, zur bildnerischen Kreativität sowie TSD-Z-Daten zu Beginn des ersten und am Ende des zweiten Schuljahres vor. Da es sich bei den Zeugnisnoten im Fach Kunst um ordinalskalierte Daten handelt, wurden Spearman-Rangkorrelationen berechnet.

3   Ergebnisse

Aus den Korrelationen in Tabelle 2 wird ersichtlich, dass der Summenwert der Indikatoren bildnerischer Kreativität mit der Zeugnisnote im Fach Kunst am Ende des zweiten Schuljahres einen signifikanten negativen Zusammenhang von $r = -.23$ aufweist. Je kreativer die Schüler im plastischen Gestalten eingeschätzt wurden, desto besser ist also auch ihre Zeugnisnote im Fach Kunst.

Auf Indikatorebene zeigen sich mit der Schulnote im Fach Kunst signifikante Korrelationen der „Ausdruckkraft" ($r = -.30$), der „Bildnerischen Kommunikation" ($r = -.17$), der „Gestalterischen Ausarbeitung" ($r = -.19$) und der „Individuellen bildnerischen Umsetzung" ($r = -.22$).

Mit der anhand des TSD-Z erfassten allgemeinen Kreativität zeigen sich keine Zusammenhänge mit der Schulnote im Fach Kunst.

Tabelle 2:   Zusammenhänge der individuellen Schülerkreativität mit der Zeugnisnote im Fach Kunst am Ende des zweiten Grundschuljahres

	r	p
Ausdruckskraft	-.30	.000
Bildnerische Kommunikation	-.17	.018
Assoziative Kombination verschiedener Inhalte	-.08	.258
Mehrschichtigkeit der bildnerischen Gestaltung	-.03	.729
Gestalterische Ausarbeitung	-.19	.011
Individuelle bildnerische Umsetzung	-.22	.003
Gesamtwert: Bildnerische Kreativität	-.23	.001
TSD-Z (Beginn 1. Schuljahr)	-.04	.564
TSD-Z (Ende 2. Schuljahr)	-.02	.837

4   Diskussion

Wie vermutet, zeigt sich ein zwar geringer, aber signifikanter Zusammenhang zwischen der bildnerischen Kreativität der Schüler und der Zeugnisnote im Fach Kunst. Mit den Indikatoren und der Zeugnisnote ergeben sich unterschiedliche Zusammenhänge. Bei den Indikatoren lassen sich solche unterscheiden, die eher für bildnerische Kreativität notwendige technische Fertigkeiten erfassen und solche, die eher die Individualität der Schüler abbilden und Hinweise auf unkonventionelle Gestaltungsweisen liefern. Auffällig ist, dass vornehmlich diejenigen Indikatoren bildnerischer Kreativität mit den Schulnoten korrelieren, die Aussagen über technische Fertigkeiten zulassen. Hierzu zählen die Indikatoren „Ausdruckskraft", „Bildnerische Kommunikation" und „Gestalterische Ausarbeitung" (vgl. Berner in Vorbereitung). Lediglich die „Individuelle bildnerische Umsetzung" lässt Aussagen über eine individuelle Herangehensweise in der Umsetzung vom Motiv in die Schülerplastik erkennen und korreliert signifikant mit den Schulnoten. Insgesamt deuten die Befunde darauf hin, dass in der vorliegenden Stichprobe in der Zeugnisnote im Fach Kunst eher technische Aspekte berücksichtigt sind als ein unkonventionelles und originales Vorgehen.

Am höchsten korreliert die Zeugnisnote mit dem Indikator „Ausdruckskraft" – einem Schätzwert, wie beeindruckend die Rater die Plastik im Sinne einer überraschenden, ansprechenden Darstellung wahrnehmen. Demnach scheint hier ein Schätzurteil vorzuliegen, das auch in der Schulnote enthalten ist. Einschränkend ist die Höhe der Korrelationen dahingehend zu relativieren, als dass die bildnerische Kreativität lediglich anhand von plastischen Arbeiten erfasst wurde, im Kunstunterricht der Grundschule aber vorwiegend zweidimensional gearbeitet wird. Zudem liegt zwischen den beiden Erhebungen ein knappes Schuljahr, da die Videostudie Kunst zu Beginn des zweiten Schuljahres stattfand.

Wie sich zeigt, hängt die anhand des TSD-Z erfasste Kreativität zu Beginn des ersten und am Ende des zweiten Schuljahres nicht mit der Schulnote im Fach Kunst zusammen, obwohl der zweite Messzeitpunkt sehr viel näher am Zeitpunkt der Notenvergabe liegt als die Videostudie und damit die Entstehung der Schülerarbeiten. Hier deutet sich an, dass für die Note im Fach Kunst vornehmlich Kreativität fachspezifisch im bildnerischen Gestalten berücksichtigt wird.

Literatur

Berner, N.E. (in Vorbereitung): Bildnerische Kreativität im Grundschulalter. Eine empirische Studie zu deren Bestimmung anhand der Beurteilung plastischer Schülerarbeiten. Dissertation, Universität Augsburg.

Heller, K.A./Hany, E.A. (2001): Standardisierte Schulleistungsmessungen. In: Weinert, F.E. (Hg.): Leistungsmessungen in Schulen. Weinheim: Beltz. 87-102.

Lipowsky, F./Faust, G./Karst, K. (Hg.) (2011): Dokumentation der Erhebungsinstrumente des Projekts „Persönlichkeits- und Lernentwicklung von Grundschulkindern" (PERLE) – Teil 2. PERLE-Instrumente: Schüler, Eltern (Messzeitpunkt 2 & 3) (Materialien zur Bildungsforschung, 23/2). Frankfurt am Main: Gesellschaft zur Förderung Pädagogischer Forschung (GFPF).

Peez, G. (Hg.) (2009): Beurteilen und Bewerten im Kunstunterricht. Modelle und Unterrichtsbeispiele zur Leistungsmessung und Selbstbewertung. Seelze-Velber: Kallmeyer.

Urban, K.K./Jellen, H.G. (1995): Test zum schöpferischen Denken – Zeichnerisch (TSD-Z). Frankfurt am Main: Swets.

Entwicklung von Kindern im mathematischen Bereich im Übergang von der Kindertageseinrichtung in die Grundschule – Ergebnisse aus dem FiS-Projekt

Melanie Eckerth, Petra Hanke & Anna Katharina Hein

1 Problemaufriss und Forschungsstand

Die Ergebnisse aktueller Studien verweisen auf eine große Heterogenität mathematischer Fähigkeiten von Kindern (u.a. Niklas/Schmiedeler/Schneider 2010). Zudem konnte die Bedeutsamkeit lernbereichsspezifischer Voraussetzungen für die weitere mathematische Entwicklung herausgestellt werden (u.a. Krajewski/Schneider 2006). Kenntnisse über den Verlauf und Kontextfaktoren der Entwicklung sind daher von Relevanz, um Kinder möglichst früh fördern zu können. Vorliegende Befunde geben Hinweise darauf, dass Jungen im Verlauf der Grundschulzeit höhere Mathematikleistungen erzielen als Mädchen (u.a. Krajewski/Küspert/Schneider 2002). Allerdings leisten diese Unterschiede z.T. nur einen geringen Beitrag zur Varianzaufklärung (u.a. Bonsen/Lintorf/Bos 2008). Zudem konnte gezeigt werden, dass Kinder ohne Migrationshintergrund bezogen auf ihre mathematischen Fähigkeiten besser abschneiden als Kinder mit Migrationshintergrund (u.a. Niklas/Schmiedeler/Schneider 2010). Die Befunde einer Studie von Krajewski und Schneider (2006) legen nahe, dass die soziale Herkunft für die mathematischen Fähigkeiten von Kindern insbesondere am Ende der Grundschulzeit von Bedeutung ist, weniger zu Schulbeginn. Werden Entwicklungsverläufe betrachtet, zeigt es sich, dass der Leistungszuwachs von leistungsschwächeren Kindern (Künsting/Post/Greb/ Faust/Lipowsky 2010) sowie von Kindern mit Migrationshintergrund (Niklas/Schmiedeler/Schneider 2010) signifikant größer ist als der von leistungsstärkeren Kindern bzw. Kindern ohne Migrationshintergrund. Es besteht Bedarf an Studien, welche die Befunde für den Übergang von der Kindertageseinrichtung in die Grundschule überprüfen, erweitern und verschiedene individuelle Kontextfaktoren berücksichtigen.

2 Untersuchungsdesign

Vor diesem Hintergrund wird im Projekt FiS (Förderung der Lern- und Bildungsprozesse von Kindern in der Schuleingangsphase) untersucht, inwiefern sich im Bereich Mathematik im Übergang von der Kindertageseinrichtung zur Grundschule Unterschiede zwischen verschiedenen Gruppen von Kindern feststellen lassen (bzgl. ihrer Lernvoraussetzungen, ihres Migrationshintergrunds, ihres Geschlechts, des Bildungsstands und sozialen Status ihrer Eltern). Die Entwicklung der mathematischen Fähigkeiten der Kinder wurde im Projekt zu sechs Erhebungsphasen (EHP) erfasst: ca. ein halbes Jahr (1. EHP: MZ-Test,

Krajewski 2006) und kurz vor der Einschulung (2. EHP: MZ-Test) sowie Anfang (3. EHP: MZ-Test), Mitte (4. EHP: MBK, Ennemoser/Krajewski 2008) und Ende des 1. Schuljahres (5. EHP: DEMAT 1+, Krajewski/Küspert/Schneider 2002) und Ende des 2. Schuljahres (7. EHP: DEMAT 2+, Krajewski/Liehm/ Schneider 2004). Insgesamt nahmen 306 Kinder an allen mathematischen Lernbeobachtungsverfahren teil. Für 194 der Kinder liegen aus einem Elternfragebogen Angaben zum Migrationshintergrund, zum Bildungsstand (ISCED) und sozialen Status (HISEI) der Eltern vor. Bezogen auf die Angaben zum sozialen Hintergrund der Kinder ist von einem selektiven Stichprobenausfall auszugehen. Dies ist bei der Lektüre der Ergebnisse kritisch zu reflektieren.

3   Untersuchungsergebnisse

Bezogen auf die Frage, ob sich *geschlechtsspezifische Unterschiede* in den mathematischen Fähigkeiten der Kinder der FiS-Stichprobe zeigen, lässt sich feststellen, dass die Jungen (n=150) im Vergleich zu den Mädchen (n=156) tendenziell etwas besser abschneiden (vgl. für die Mittelwerte und Standardabweichungen zu den folgenden Berechnungen Tabelle 1). Dieser Unterschied ist erst ab Mitte des 1. Schuljahres signifikant *(Ergebnisse der T-Tests bei unabhängigen Stichproben: 1. EHP: T(304)=-1.86, p>.05; 2. EHP: T(304)=-1.50, p>.05; 3. EHP: T(304)=-1.66, >.05; 4. EHP: T(304)=-2.17, p≤.05; 5. EHP: T(304)=-2.18, p≤.05; 7. EHP: T(304)=-4.92, p≤.001).* Diese Ergebnisse entsprechen somit Befunden, von denen zuvor berichtet wurde (siehe 1), was tendenziell auch auf die folgenden Befunde zutrifft. So schneiden Kinder ohne *Migrationshintergrund* (n=136) in den mathematischen Lernbeobachtungsverfahren im Projektverlauf signifikant besser ab als Kinder mit Migrationshintergrund (n=68) *(Ergebnisse der T-Tests bei unabhängigen Stichproben: 1. EHP: T(202)=5.89, p≤.001; 2. EHP: T(202)=3.16, p≤.001; 3. EHP: T(202)=4.02, p≤.001; 4. EHP: T(202)=5.30, p≤.001; 5. EHP: T(202)=4.85, p≤.001; 7. EHP: T(202)=4.85, p≤.001).* Entsprechendes gilt für Kinder mit einem relativ hohen *sozialen Status der Eltern* (die oberen 25% der HISEI-Werte der FiS-Stichprobe; n=52), die im Projektverlauf signifikant besser abschneiden als die Kinder mit einem relativ niedrigen sozialen Status der Eltern (die unteren 25% der HISEI-Werte der FiS-Stichprobe; n=61). Dies gilt, anders als in der benannten Studie von Krajewski und Schneider, bereits für den Beginn der Grundschulzeit. Kinder mit mittlerem sozialen Status der Eltern (die mittleren 50% der HISEI-Werte der FiS-Stichprobe; n= 101) unterscheiden sich hingegen nicht signifikant von denen mit hohem sozialen Status *(Ergebnisse der einfaktoriellen ANOVA: 1. EHP: F(2,211)=10.92, p≤.001; 2. EHP: F(2,211)=3.78, p≤.05; 3. EHP: F(2,211)=4.13, p≤.05; 4. EHP: F(2,211)=10.91, p≤.001; 5. EHP: F(2,211)=6.83, p≤.001; 7. EHP: F(2,211)=10.21, p≤.001).*

Tabelle 1:   Ergebnisse in den mathematischen Lernbeobachtungsverfahren: Mittelwerte (M) und Standardabweichungen (SD) für die Personengruppen hinsichtlich der z-Werte bezogen auf die FiS-Stichprobe (M mit unterschiedlichen Subskripten unterscheiden sich signifikant)

	1. EHP M (SD)	2. EHP M (SD)	3. EHP M (SD)	4. EHP M (SD)	6. EHP M (SD)	7. EHP M (SD)
Mädchen	-.05 (.95)	.00 (.99)	.03 (.98)	-.07 $_a$ (.92)	-.11 $_a$ (.98)	-.33 $_a$ (.95)
Jungen	.16 (.99)	.15 (.83)	.20 (.84)	.16 $_b$ (.90)	.14 $_b$ (.97)	.20 $_b$ (.92)
Migrationshintergrund	-.51 $_a$ (1.04)	-.19 $_a$ (.99)	-.26 $_a$ (1.11)	-.45 $_a$ (1.00)	-.50 $_a$ (1.05)	-.45 $_a$ (.93)
ohne Migrationshintergrund	.34 $_b$ (.83)	.24 $_b$ (.77)	.33 $_b$ (.72)	.29 $_b$ (.78)	.22 $_b$ (.88)	.19 $_b$ (.86)
niedriger sozialer Status der Eltern	-.34 $_a$ (1.07)	-.09 $_a$ (.95)	-.08 $_a$ (1.01)	-.31 $_a$ (1.08)	-.30 $_a$ (1.06)	-.41 $_a$ (.95)
mittlerer sozialer Status der Eltern	.25 $_b$ (.81)	.19 $_a$ (.82)	.27 $_b$ (.77)	.21 $_b$ (.79)	.12 $_b$ (.96)	.12 $_b$ (.93)
hoher sozialer Status der Eltern	.36 $_b$ (.87)	.32 $_b$ (.71)	.31 $_b$ (.78)	.40 $_b$ (.65)	.34 $_b$ (.74)	.28 $_b$ (.71)
niedriger Bildungsstand der Eltern	-.64 $_a$ (1.09)	-.22 $_a$ (.93)	-.31 $_a$ (1.11)	-.42 $_a$ (1.01)	-.62 $_a$ (.99)	-.62 $_a$ (.93)
mittlerer Bildungsstand der Eltern	.05 $_b$ (.98)	-.07 $_a$ (1.04)	.02 $_b$ (.95)	-.04 $_b$ (.95)	-.01 $_b$ (1.03)	-.12 $_b$ (.99)
hoher Bildungsstand der Eltern	.25 $_b$ (.85)	.25 $_b$ (.78)	.30 $_b$ (.77)	.24 $_b$ (.79)	.19 $_b$ (.88)	.11 $_b$ (.89)
geringe Lernvoraussetzungen	-1.31 $_a$ (.53)	-1.01 $_a$ (.98)	-.91 $_a$ (1.06)	-.80 $_a$ (.97)	-.87 $_a$ (.91)	-.81 $_a$ (.84)
durchschnittliche Lernvoraussetzungen	.22 $_b$ (.36)	.27 $_b$ (.49)	.32 $_b$ (.53)	.13 $_b$ (.69)	.11 $_b$ (.81)	-.03 $_b$ (.89)
hohe Lernvoraussetzungen	1.13 $_c$ (.22)	.80 $_c$ (.29)	.75 $_c$ (.29)	.73 $_c$ (.49)	.74 $_c$ (.60)	.63 $_c$ (.66)

Ähnliche Befunde ergeben sich unter Berücksichtigung des *Bildungsstandes der Eltern*: Kinder mit hohem Bildungsstand der Eltern (ISCED 5-6; n=144) erzielen in den mathematischen Lernbeobachtungsverfahren stets signifikant bessere Ergebnisse als Kinder mit niedrigem Bildungsstand der Eltern (ISCED 0-2; n=36). Dies trifft mit Ausnahme der 2. EHP auch für Kinder mit mittlerem Bildungsstand der Eltern zu (ISCED 3; n=98) *(Ergebnisse der einfaktoriellen A-NOVA: 1. EHP: F(2,275)=13.23, p≤.001; 2. EHP: F(2,275)=6.13, p≤.01; 3. EHP: F(2,275)=8.02, p≤.001; 4. EHP: F(2,275)=9.16, p≤.001; 5. EHP: F(2,275)=10.58, p≤.001; 7. EHP: F(2,275)=9.12, p≤.001).* Werden Kinder mit *verschiedenen Lernvoraussetzungen im mathematischen Bereich* in den Blick genommen, zeigt es sich, dass die zu Projektbeginn bestehenden signifikanten Unterschiede zwischen den drei Gruppen der Kinder mit hohen Lernvoraussetzungen (die oberen 25% der FiS-Stichprobe; n=77), der Kinder mit durchschnittlichen Lernvoraussetzungen (die mittleren 50% der FiS-Stichprobe; n=150) und der Kinder mit geringen mathematischen Lernvoraussetzungen (die unteren 25% der FiS-Stichprobe; n=79) bis zum Ende des 2. Schuljahres bestehen bleiben *(Ergebnisse der einfaktoriellen ANOVA: 1. EHP: F(2,303)=809.05, p≤.001; 2. EHP: F(2,303)=181.72, p≤.001; 3. EHP: F(2,303)=13.53, p≤.001; 4. EHP: F(2,303)=86.58, p≤.001; 5. EHP: F(2,303)=8.16, p≤.001; 7. EHP: F(2,303)=59.97, p≤.001).* Werden die *Entwicklungsverläufe der Kinder* näher in den Blick genommen, ist es auffällig, dass für die Kinder mit geringen Lernvoraussetzungen (Le) und mit Migrationshintergrund (Mi) bzw. mit einem niedrigen sozialen Status (sSt) bzw. Bildungsstand (Bi) der Eltern ein signifikanter Leistungszuwachs im letzten Halbjahr in den Kindertageseinrichtungen in der Form zu verzeichnen ist, dass sie sich signifikant dem FiS-Durchschnitt annähern *(Ergebnisse der T-Tests für gepaarte Stichproben von der 1. zur 2. EHP: Le: T(78)=-2.87, p≤.01; Mi: T(67)=-3.22, p≤.01; sSt: T(61)=-2.45, p≤.05; Bi: T(35)=-2.98, p≤.01).* Dieser Befund fügt sich in den Forschungsstand ein (vgl. 1). Diese Gruppen von Kindern scheinen besonders vom letzten Halbjahr in den Kindertageseinrichtungen zu profitieren.

Literatur

Bonsen, M./Lintorf, K./Bos, W. (2008): Kompetenzen von Jungen und Mädchen. In: Bos, W./Bonsen, M./Baumert, J./Prenzel, M./Selter, Ch./Walther, G.(Hg.): TIMSS 2007. Mathematische und naturwissenschaftliche Kompetenzen von Grundschulkindern in Deutschland im internationalen Vergleich. Münster/New York/München/Berlin: Waxmann. 125-140.

Ennemoser, M./Krajewski, K.(2008): MBK. Mathematische Basiskompetenzen im ersten Schuljahr. Unveröffentlichte Forschungsversion.

Krajewski, K. (2006): MZ-Test: Test zur Mengen- und Zahlkompetenz. Unveröffentlichte Forschungsversion.

Krajewski, K./Küspert, P./Schneider, W. (2002): DEMAT 1+. Deutscher Mathematiktest für erste Klassen. Manual. Göttingen: Beltz Test.

Krajewski, K./Liehm, S./Schneider, W. (2004): DEMAT 2+. Deutscher Mathematiktest für zweite Klassen. Manual. Göttingen: Beltz Test.

Krajewski, K./Scheider, W. (2006): Mathematische Vorläuferfähigkeiten im Vorschulalter und ihre Vorhersagekraft für die Mathematikleistungen bis zum Ende der Grundschulzeit. In: Psychologie in Erziehung und Unterricht. 53. Jg, H. 4. 246-262.

Künsting, J./Post, S./Greb, K./Faust, G./Lipowsky, F. (2010): Leistungsheterogenität im mathematischen Anfangsunterricht – Ein Risiko für die Leistungsentwicklung? In: Zeitschrift für Grundschulforschung. 3. Jg., H. 1. 46-64.

Niklas, F./Schmiedeler, S./Schneider, W. (2010): Heterogenität in den Lernvoraussetzungen von Vorschulkindern. In: Zeitschrift für Grundschulforschung. 3. Jg., H. 1. 18-31.

Soziale und emotionale Kompetenzen von Kindern im Modellprojekt „Bildungshaus 3 – 10" – Eine Längsschnittstudie zu Übergangsprozessen vom Kindergarten in die Grundschule

Nicole Sturmhöfel

1 Soziale und emotionale Kompetenzen in der Zeit des Übergangs vom Kindergarten in die Grundschule

Der Übergang Kindergarten – Grundschule und der damit verbundene Eintritt in das schulische Bildungssystem wird häufig als besonders wichtiger Entwicklungsabschnitt bezeichnet (z.b. Reichmann 2010). Die ihm zugeschriebene Bedeutsamkeit rührt von der Annahme, seine Bewältigung habe langanhaltende Folgen für den Erfolg in den ersten Schuljahren und folgende Übergänge (Faust/Kratzmann/Wehner 2012). Sich in dieser Zeit verdichtende Lernprozesse können als Entwicklungsimpuls fungieren, sich aber auch hemmend auswirken (Griebel 2006). Ein Beispiel hierfür: die Entwicklung sozialer und emotionaler Kompetenzen.

Im Zuge gesellschaftlicher Veränderungen gewinnen entsprechende Kompetenzen wie prosoziales Verhalten und Stressregulierung zunehmend an Bedeutung. Neben ihrem Einfluss auf akademische Leistungen gelten sie als Entwicklungsressourcen und Resilienzfaktoren, welche die psychische und soziale Anpassungsfähigkeit unterstützen (Malti/Perren 2008).

2 Das Modellprojekt „Bildungshaus 3 – 10" und seine wissenschaftliche Begleitung

Das baden-württembergische Modellprojekt „Bildungshaus 3 – 10" strebt an, Kindern durch Verzahnung der pädagogischen Arbeit von Elementar- und Primarbereich einen möglichst fließenden Übergang vom Kindergarten in die Grundschule zu ermöglichen. Die beiden Institutionen bilden hierfür einen Kooperationsverbund. Kernelemente sind dabei durch beide Institutionen gestaltete, jahrgangsübergreifende Spiel- und Lernangebote, in denen Kindergarten- und Schulkinder regelmäßig zusammenkommen. Zudem sollen Kinder profitieren von dem intensivierten Austausch zwischen Erzieher/innen und Lehrkräften sowie einer individuellen Begleitung unter Berücksichtigung ihrer Voraussetzungen, Potentiale und Talente.

Seit September 2008 führt das ZNL TransferZentrum für Neurowissenschaften und Lernen die wissenschaftliche Begleitung des vom Kultusministerium Baden-Württemberg getragenen Modells durch. Die Studie wird aus Mitteln des

Bundesministeriums für Bildung und Forschung (BMBF) und dem Europäischen Sozialfonds der Europäischen Union (ESF) gefördert.

3 Wie entwickeln sich soziale und emotionale Kompetenzen von Kindern im „Bildungshaus 3 – 10"?

Die vorliegende Studie ist Teil der wissenschaftlichen Begleitung durch das ZNL und geht unter anderem folgenden Fragestellungen nach:

- Wie verändern sich soziale und emotionale Kompetenzen von Kindern zwischen dem letzten Kindergartenjahr und Ende der zweiten Klasse aus Elternsicht?
- Wie haben Kinder den Übergang vom Kindergarten zur Grundschule aus Sicht ihrer Eltern bewältigt?

3.1 Methodisches Vorgehen

Bei der Studie handelt es sich um eine quasi-experimentelle, prospektive Längsschnittuntersuchung mit Modellgruppe (MG, $N_{(MG)}$ = 98) und Vergleichsgruppe (VG, $N_{(VG)}$ = 93). Während Kinder der Modellgruppe regelmäßig an Bildungshausangeboten teilnehmen, besuchen Kinder der Vergleichsgruppe Kindergärten und Grundschulen, die in gewohnter Art und Weise miteinander kooperieren. Es wird ein mehrperspektivischer Ansatz verfolgt, der neben Fremdeinschätzungen durch Eltern, Erzieher/innen und Lehrkräfte auch Selbsteinschätzungen der Kinder umfasst. Bei den eingesetzten Erhebungsinstrumenten handelt es sich zum einen um standardisierte Verfahren (z. B. FEESS 1-2 (Rauer/Schuck 2004)). Zum anderen kommen neu entwickelte Instrumente wie Elternfragebögen zur sozial-emotionalen Entwicklung und zur Übergangsbewältigung zum Einsatz.

3.2 Erste Ergebnisse

3.2.1 Entwicklung sozialer und emotionaler Kompetenzen aus Elternsicht

Wie Tabelle 1 zu entnehmen ist, zeigen sich in vier untersuchten Bereichen Haupteffekte der Zeit.

Tabelle 1: Ergebnisse der Elternbefragung (Einfaktorielle, multivariate Varianzanalyse mit dem Faktor Zeit)

Skala	Haupteffekt: Zeit		
	F	p	η_p^2
Verhalten in Interaktion	264.11	.000**	.762
Positive Emotionalität	.380	.673	.005
Emotionale Probleme	226.98	.000**	.738
Empathie	5.93	.003**	.071
Ängstlichkeit	438.48	.000**	.844
Prosoziales Verhalten	1.62	.201	.028

Aus Sicht der Eltern verbessern sich das Verhalten in Interaktion sowie die Empathie der Kinder signifikant. Emotionale Probleme und Ängstlichkeit nehmen zu. Veränderungen sind vor allem zwischen dem letzten Kindergartenjahr und der ersten Klasse zu beobachten (vgl. beispielhaft Abbildung 1).

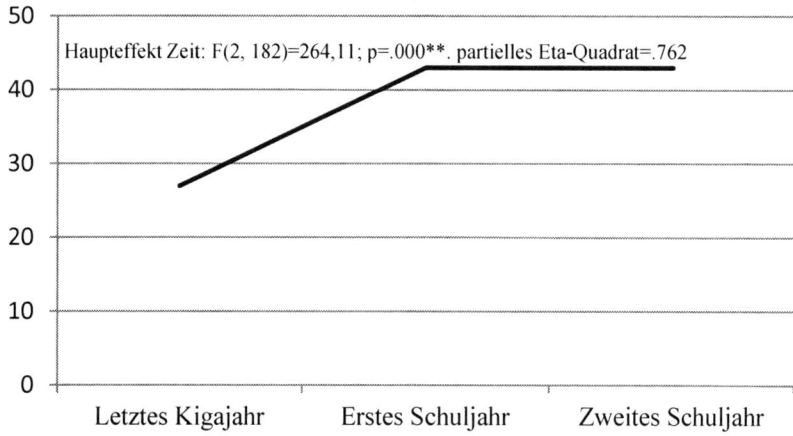

Abbildung 1: Verhalten in Interaktion

3.2.2 Bewältigung des Übergangs aus Elternsicht
Den Kindern beider Gruppen gelingt der Übergang aus Elternsicht gut. Verglichen mit Eltern in der VG beurteilen Eltern in der MG den Schuleintritt ihres Kindes rückblickend häufiger als „etwas leichter als erwartet" (MG: 12,5%, VG: 7%) (vgl. Abbildung 2).

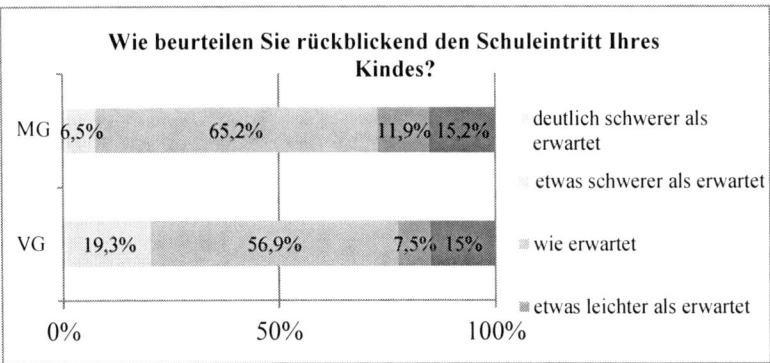

Abbildung 2: Retrospektive Beurteilung des Schuleintritts durch die Eltern

4 Diskussion

Die vorliegenden Ergebnisse zeigen, dass Eltern in der Übergangsphase vom Elementar- in den Primarbereich Veränderungen hinsichtlich sozialer und emotionaler Kompetenzen ihrer Kinder wahrnehmen. Eltern beobachten insbesondere zwischen dem letzten Kindergartenjahr und dem ersten Schuljahr positive wie auch negative Veränderungen. Den Schuleintritt beurteilen Eltern in MG und VG retrospektiv ähnlich, wobei dieser den Eltern der MG häufiger etwas leichter erschien. Um weiterführende Aussagen treffen zu können, werden im Rahmen weiterer Auswertungen Informationen zum familiären Hintergrund der Kinder einbezogen. Zudem ist eine Clusterung der an der Studie teilnehmenden Standorte anhand der Kooperationsintensität zwischen Kindergärten und Grundschulen geplant.

Literatur

Faust, G./Kratzmann, J./Wehner, F. (2012): Schuleintritt als Risiko für Schulanfänger? In: Zeitschrift für Pädagogische Psychologie, H. 26. 197-212.
Griebel, W. (2006): Übergänge fordern das ganze System. In: Diskowski, D. et al. (Hg.): Übergänge gestalten. Jahrbuch des pfv. Weimar: das netz. 32-47.
Malti, T./Perren, S. (Hg.) (2008): Soziale Kompetenzen bei Kindern und Jugendlichen. Stuttgart: Kohlhammer.
Rauer, W./Schuck, K.D. (2004): Fragebogen zur Erfassung emotionaler und sozialer Schulerfahrungen von Grundschulkindern erster und zweiter Klassen (FEESS 1-2). Handanweisung. Göttingen: Beltz Test GmbH.
Reichmann, E. (2010): Übergänge vom Kindergarten in die Grundschule unter Berücksichtigung kooperativer Lernformen. Baltmannsweiler: Schneider.

Kriterien der Übergangsempfehlung – Eine qualitative Interviewstudie mit Grundschullehrkräften

Kim Riek & Stefanie van Ophuysen

1 Herleitung des Forschungsvorhabens

Der Übergang von der Grundschule auf die weiterführende Schule ist „nach wie vor eine der wichtigsten Statuspassagen im Leben eines jungen Menschen" (Maaz/Hausen/McElvany/Baumert 2006, 322). Denn die Wahl der weiterführenden Schulform beeinflusst den schulischen und beruflichen Werdegang von Schülerinnen und Schülern. Grundschullehrkräften kommt in diesem Zusammenhang eine besonders verantwortungsvolle Aufgabe zu, da die Wahl der weiterführenden Schulform selbst in Bundesländern, in denen Eltern frei entscheiden können, eng mit der Übergangsempfehlung der Grundschullehrkraft zusammenhängt (Gresch/Baumert/Maaz 2009). Doch gerade in der Grundschule fehlen rechtliche Vorgaben, sodass mit einer großen Vielfalt an verwendeten Übergangskriterien zu rechnen ist. Quantitative regressionsanalytische Studien zeigen, dass neben Noten auch soziodemografische Merkmale übergangsrelevant sind (z.b. Stubbe/Bos 2008; Gresch/Baumert/Maaz 2009). Jedoch ist zu beachten, dass in die Analyse nur ausgewählte Kriterien Eingang finden. Zudem basieren die Berechnungen auf Schülerdaten, die keine Aussage darüber zulassen, welche Merkmale Lehrkräfte bewusst in ihre Entscheidung einbeziehen. Diesen Kritikpunkten wird in qualitativen Erhebungen Rechnung getragen, indem Lehrkräfte explizit und ohne Einschränkung auf bestimmte Kategorien nach ihren Entscheidungskriterien befragt werden. Neben leistungsbezogenen und soziodemografischen Merkmalen bilden sich in diesen Studien das Arbeits- und Sozialverhalten als übergangsrelevant ab (z.b. Pohlmann 2009; Nölle/Hörstermann/Krolak-Schwerdt/Gräsel 2009). Nachteilig erscheint bei diesen Studien das vergleichsweise hohe Risiko, dass sozial erwünschte Antworten gegeben bzw. problematische Kriterien (z.b. Migrationshintergrund, soziale Herkunft) bewusst oder unbewusst ausgeblendet werden. Außerdem wird durch die Abfrage allgemein genutzter Kriterien auf abstrahierte, generalisierte Erfahrungen fokussiert. Für den individuellen Einzelfall relevante Aspekte bleiben somit unberücksichtigt.

Diesen Kritikpunkten wurde im Rahmen der hier berichteten Studie durch eine stärker narrative Interviewform begegnet, die es ermöglicht individuelle, beschreibende Schülermerkmale herauszuarbeiten, die das Bild der Schülerin oder des Schülers prägen, und auf deren Grundlage die Grundschullehrkraft die jeweilige Übergangsempfehlung ausspricht.

2 Methode

Fünf Grundschullehrkräfte, die maximal ein Jahr vor der Befragung die Übergangsempfehlungen für ihre Schülerinnen und Schüler der vierten Klasse erteilt hatten, nahmen an einem episodischen Interview teil. Diese Interviewform ermöglicht es, „auf der Basis von gemachten Erfahrungen des Befragten das narrativ-episodische Wissen und daraus abgeleitet das semantische Wissen" (Lamnek 2005, 363) zu erfassen. In einer Kombination aus Narration und Befragung schilderten die Lehrkräfte am Beispiel einzelner Schüler und Schülerinnen, wie sie zu ihrer jeweiligen Empfehlung gekommen waren. Dazu sollten sie die Kinder möglichst anschaulich beschreiben und ihre Einschätzungen beispielhaft durch episodische Erfahrungen konkretisieren. Ein Interviewleitfaden diente den Interviewern als Orientierung und Gedächtnisstütze, um trotz der individuellen Gesprächsverläufe das Interviewziel nicht aus den Augen zu verlieren.

Im Wechselspiel von Deduktion und Induktion wurde im Sinne der inhaltlichen Strukturierung (Mayring, 2010) ein Kategoriensystem entwickelt, das die vollständige und reliable Abbildung ($\kappa = .88$) der Interviewdaten ermöglicht. Tabelle 1 stellt die finale Version des Kategoriensystems dar.

Tabelle 1: Kategoriensystem für die weitere Analyse

Hauptkategorien	Subkategorien
Fähigkeiten/ Leistung	Allgemein / Im mündlichen Bereich / Im schriftlichen Bereich / Im mathematisch und logischen Bereich / Im kreativen und musischen Bereich / Im handwerklichen und motorischen Bereich
Arbeitsverhalten	Allgemein / Leistungsbereitschaft / Zuverlässigkeit und Sorgfalt / Selbstständigkeit
Sozialverhalten	Allgemein / Verantwortungsbereitschaft / Konfliktverhalten / Kooperationsfähigkeit
Familiärer Hintergrund	Elterliches Verhalten / Wunschvorstellung / Familienstruktur und Bildungshintergrund der Eltern
Individueller Hintergrund	Wunschvorstellung / Außerschulische Aufgaben und Aktivitäten / Gesundheit und Körper des Schülers / Persönlichkeit des Schülers / Soziale Integration
Kommunikation	Schulinterne Kommunikation

3 Ergebnisse

In allen Interviews wurden Informationen genannt, die den aus empirischen Studien abgeleiteten Kategorien (leistungsbezogene und soziodemografische sowie das Arbeits- und Sozialverhalten betreffende Merkmale) zugeordnet werden konnten. Diese umfassten 377 von insgesamt 517 relevanten Äußerungen. Darüber hinaus bildete sich der individuelle Hintergrund, insbesondere die Persönlichkeit von Schülerinnen und Schülern, mit 140 Nennungen differenziert ab. Um die Vielfalt der Nennungen in der Kategorie Persönlichkeit (88 Nennungen) genauer aufzuschlüsseln wurde das Fünf-Faktoren-Modell der Persönlichkeitspsychologie (Ostendorf/Angleitner 2004) herangezogen. Während relativ wenige Äußerungen den Kategorien Extraversion, Gewissenhaftigkeit und Offenheit zugeordnet werden konnten, gab es zahlreiche Nennungen in den Kategorien Neurotizismus und Verträglichkeit. Der intrapersonelle Faktor Neurotizismus beschreibt eine unruhige und ängstliche Person. Beispielhaft kann die folgende Interviewaussage herangezogen werden: „Ein Mädchen, das im ersten Schuljahr total Ängste hatte und weinte auch die ersten drei Tage" (Riek 2012, 67). Der interpersonelle Faktor Verträglichkeit charakterisiert hingegen eine Person, die anderen Menschen gegenüber hilfsbereit und tolerant ist. Eine Lehrkraft beschreibt einen Schüler in diesem Zusammenhang wie folgt: „Also er hatte schon so ein gewisses – ich sage mal – Faible dafür sich um andere zu kümmern" (Riek 2012, 116).

Zusammenfassend ermöglicht es die Interviewform, anhand von Erzählungen und Beschreibungen implizit das Entscheidungsverhalten von Lehrkräften abzubilden. Das resultierende Kategoriensystem bestätigt bisherige Befunde (vgl. Stubbe/Bos 2008; Gresch/Baumert/Maaz 2009; Nölle/Hörstermann/ Krolak-Schwerdt/Gräsel 2009; Pohlmann 2009;) und führt zudem insbesondere im Bereich der Schülerpersönlichkeit zu detaillierten Ausdifferenzierungen.

4   Diskussion und Ausblick

Im Rahmen der vorliegenden Studie konnten zahlreiche übergangsrelevante Kriterien herausgearbeitet werden. Durch die Fokussierung auf die individuellen Schülerinnen und Schüler wurden in den Interviews mit Neurotizismus und Verträglichkeit zentrale Persönlichkeitseigenschaften genannt, die in bisherigen Studien keine Beachtung erhalten hatten. Aufbauend auf diesen Befund und unter Berücksichtigung der Erkenntnis, dass Eigenschaften im Vergleich zu Verhalten eher als stabil und schwer veränderbar wahrgenommen werden, schließen sich beispielsweise folgende Fragen an: (a) Unterscheiden sich Lehrkräfte in ihrer Fokussierung auf Eigenschaften vs. Verhalten? (b) Geht mit einem solchen Unterschied ggf. ein systematisch anderes Empfehlungsverhalten einher und (c) fühlen sich Lehrkräfte, die ihre Empfehlung stärker auf Eigenschaften gründen, sicherer in ihrer Entscheidung und weniger verantwortlich für die Entwicklung der Schülerinnen und Schüler im Laufe der Grundschulzeit?

Aus methodenkritischer Perspektive stellt sich die Frage, ob die genannten Kriterien tatsächlich entscheidungsrelevant sind oder ausschließlich einer allgemeinen Schülerbeschreibung dienen. Die Tatsache, dass die herausgearbeiteten Kriterien eine hohe Übereinstimmung mit Ergebnissen anderer empirischer Untersuchungen aufzeigen, spricht dafür, dass sie Auswirkungen auf die Übergangsempfehlung haben. Für diese Annahme spricht auch, dass den interviewten Lehrkräften zu jedem Zeitpunkt deutlich gemacht wurde, welche thematische Fokussierung die Interviews hatten. Zur Validierung der Befunde sollten die Lehrkräfte in weiteren Untersuchungen mit den herausgearbeiteten Kategorien konfrontiert und explizit nach ihrer Relevanz befragt werden. Auf Basis der bereits vorliegenden Daten könnte weiterhin eine inhaltlich tiefergehende Analyse der hinter den verwendeten Kategorien liegenden Denkmustester erfolgen. Dazu erscheint die Identifikation von Orientierungsrahmen mittels der Dokumentarischen Methode gewinnbringend.

Sowohl hoch individualisierte Schülerbeschreibungen als auch eine geringe Stichprobengröße geben schließlich Anlass zur Frage, ob die Befunde generalisierbar sind. Eine Erweiterung der Stichprobe könnte diesem Problem entgegenwirken. Auf Basis eines größeren Datenpools könnten darüber hinaus weiterführende vergleichende Analysen stattfinden, beispielsweise zwischen Lehrer-Experten und -Novizen. Zudem könnten die Kriterien verglichen werden, die bei leistungsstarken vs. leistungsschwachen Schülerinnen und Schülern oder bei Jungen vs. Mädchen angewandt werden.

Insgesamt lässt sich abschließend festhalten, dass die neu eingesetzte Interviewform gewinnbringende Ergebnisse liefern und zukünftig zu tieferen Erkenntnissen beitragen kann.

Literatur

Gresch, C./Baumert, J./Maaz, K. (2009): Empfehlungsstatus, Übergangsempfehlung und der Wechsel in die Sekundarstufe I: Bildungsentscheidungen und soziale Ungleichheit. In: Baumert, J./Maaz, K./Trautwein, U. (Hg.): Bildungsentscheidungen. Zeitschrift für Erziehungswissenschaft, Sonderheft Nr. 12. Wiesbaden: VS Verlag. 230-256.

Lamnek, S. (2005): Qualitative Sozialforschung. Lehrbuch. 4. Auflage. Weinheim und Basel: Beltz.

Maaz, K./Hausen, C./McElvany, N./Baumert, J. (2006): Stichwort: Übergänge im Bildungssystem. Theoretische Konzepte und ihre Anwendung in der empirischen Forschung beim Übergang in die Sekundarschule. In: Zeitschrift für Erziehungswissenschaft. 9. Jg., H. 3. 299-327.

Mayring, P (2010): Qualitative Inhaltsanalyse. Grundlagen und Techniken. 11. Auflage. Weinheim und Basel: Beltz.

Nölle, I./Hörstermann, T./Krolak-Schwerdt, S./Gräsel, C. (2009): Relevante diagnostische Informationen bei der Übergangsempfehlung -die Perspektive der Lehrkräfte. In: Unterrichtswissenschaft. 37. Jg., H. 4. 294-310.

Ostendorf, F./Angleitner, A. (2004): NEO-Persönlichkeitsinventar nach Costa und McCrae: NEO-PI-R. Göttingen: Hogrefe.

Pohlmann, S. (2009): Der Übergang am Ende der Grundschulzeit – Zur Formation der Übergangsempfehlung aus der Sicht der Lehrkräfte. Münster: Waxmann.

Riek, K. (2012): Kriterien der Übergangsempfehlung. Eine qualitative Interviewstudie mit Grundschullehrkräften. Unveröffentlichte Masterarbeit, Westfälische Wilhelms-Universität Münster.

Stubbe, T. C./Bos, W. (2008): Schullaufbahnempfehlungen von Lehrkräften und Schullaufbahnentscheidungen von Eltern am Ende der vierten Jahrgangsstufe. In: Empirische Pädagogik. 22. Jg., H. 1. 49-63.

Die Erfahrung des individuellen Lernens in der Grundschule als (mögliche) Herausforderung für den Übergang in die weiterführende Regelschule

Anca Leuthold-Wergin

1 Fragestellung, Anlage der Untersuchung und Auswertungsmethode

Der Schulwechsel von einer reformpädagogischen Grundschule in die weiterführende Schule stellt ein Dauerthema bei Eltern dar, deren Kinder die Grundschulzeit an einer solchen Schule verbracht haben. Neben verlängerten Arbeitsphasen, höheren Leistungsanforderungen und personellen Änderungen (vgl. Hacker 1988) bestimmen weniger individualisierte Unterrichtsformate und andere Arbeitsmittel den Unterricht in der Sekundarstufe I. Vor allem zuletzt genannte Veränderungen begründen die Besorgnis der Erwachsenen und lassen größere Probleme bei der Bewältigung des Schulwechsels für die Kinder vermuten.

Da das Privatschulsystem in den letzten Jahren einen regelrechten Boom erlebt hat (Weishaupt u.a. 2010; Ullrich/Strunck 2012), gewinnt der Schulwechsel von einer reformpädagogischen Grundschule in die weiterführende Schule innerhalb des schulpädagogischen Diskurses zunehmend an Bedeutung. So verwundert es, dass bislang dazu keine empirische Forschung vorliegt. Dem bestehenden Forschungsdesiderat soll mit dieser Studie begegnet werden, um die Alltagsdiskurse über den Übergang von einer reformpädagogischen Grundschule in die weiterführende Schule auch wissenschaftlich handhabbar zu machen.

Ausgehend von einer generationalen Ordnung der Gesellschaft (dazu: Alanen 2005; Honig 1999 a; Honig et al. 1999) kann nach differenten Wahrnehmungen und Erfahrungen zwischen Kindern und Erwachsenen gefragt werden. Die Studie fokussiert auf die Perspektive der Kinder, da diese als Betroffene sich mit der strukturellen Besonderheit des deutschen Schulsystems auseinander zu setzen haben. Sie werden als Konstrukteure ihrer Wirklichkeit verstanden, die sie aktiv gestalten und über die sie als Experten Auskunft geben können (vgl. Honig 1999 b).

In offenen leitfadengestützten Interviews werden zehn Kinder aus zwei reformpädagogischen Grundschulen (Montessori- und Freinetschule) vor dem Schulwechsel zu ihren Erwartungen hinsichtlich des bevorstehenden Ereignisses befragt. Nach dem Übergang in die weiterführende Schule schließen sich zwei weitere Interviews im fünften Schuljahr an, die insbesondere nach den Erfahrungen an der neuen Schule fragen. Zur Auswertung der Daten wird die *Dokumentarische Methode* verwendet, um insbesondere implizite Wissensbestände und letztendlich die Handlungspraxis der Kinder rekonstruieren zu können (Nohl 2009; Kramer 2009).

2 Der Fall Meggi[1]: Die Befürchtung den schulischen Anforderungen nicht gewachsen zu sein

Im Folgenden sollen Meggis Erwartungen hinsichtlich der neuen Schule vor dem Schulwechsel genauer vorgestellt werden. Seit der ersten Klasse ist Meggi Schülerin der Montessorischule. Dort findet der Unterricht in jahrgangsgemischten Lerngruppen statt. Mit Hilfe von Tages-, Wochen- oder Abschnittsplänen werden die in der Freiarbeit geforderten Fachinhalte und Kompetenzen aus dem Lehrplan erworben. Aufgrund der bei Meggi diagnostizierten Rechenschwäche erhält sie eine besondere Förderung durch die an der Montessorischule tätige Förderschulpädagogin. Zum Zeitpunkt des ersten Interviews stand noch nicht fest, welche Schule sie nach den Sommerferien besuchen wird. In Betracht gezogen werden die wohnortnahe Sekundarschule und das Georg-Friedrich-Händel-Gymnasium.

Meggi expliziert ihren zentralen Orientierungsrahmen im ersten Interview bereits zu Beginn ihrer Ausführungen. Im Fokus steht dabei der erhöhte Schwierigkeitsgrad der weiterführenden Schule:

„also:: ich::: hab: also ich denke dass es viel viel schwieriger werden wird ähm:: dass ich bin mir noch nich sicher ob ich aufs GFH komme ähm:: ähm: ich weiß aber auch nich ob ich (.) das schaffe sozusagen wenn ich drauf komm (.) und wenn nich dann würde ich das halt auch nich schlimm finden (.) also dann geh ich halt auf die Sekundarschule dass wär halt och ni:ch @(.)@ der Weltuntergang und ähm: ((schluckt)) ähm ich hoff das aber schon (.) wei::l da meine Freundin (.) drauf geht also Julia u:nd ähm:: t und die: und meine andere Freundin auch noch" (Z 19-26, 1. Interview mit Meggi)[2]

Die Zulassung für das Georg-Friedrich-Händel-Gymnasium ist die erste Hürde, der eine zentrale Bedeutung vor dem Schulwechsel zukommt und über die zu besuchende weiterführende Schule entscheidet. Nach Erhalt der Zusage schließt sich die zweite Bewährungsprobe an: das Gymnasium zu „schaffen". Dem Anspruch des GFH möchte sie somit gerecht werden. Allerdings ist sie sich nicht sicher, inwiefern sie diesen erfüllen kann. Als Alternative für das Nichtbestehen der Bewährungsprobe expliziert Meggi die Sekundarschule. Die Negierung von „schlimm" sowie die Bezeichnung als „Weltuntergang" verweisen auf das Gegenteil des Gesagten. Damit wird die angeführte Alternative zugleich wieder ausgeschlossen. Sie stellt eine von außen herangetragene Strategie dar, um die möglicherweise gescheiterte erste Hürde verarbeiten zu können. Die Verwendung des Wortes „halt" verweist darauf, dass sich Meggi der Einschätzung der

---

1 Sowohl Vornamen, Orte als auch Schulnamen wurden anonymisiert.
2 Für alle transkribierten Textauszüge wurden folgende Transkriptionszeichen in Anlehnung an Bohnsack (2007, S. 373) verwendet: (.) kurze Pause; @(.)@ kurzes Auflachen; @nein@ lachend gesprochen; ((schluckt)) Anmerkung zu nicht-verbalen Ereignissen; nei::n Dehnung, die Häufigkeit vom : entspricht der Länge der Dehnung; [I: mh] Sprecherwechsel im Fließtext

Entscheidungsinstanz über den Besuch der weiterführenden Schule fügen wird, auch wenn sie selbst die höhere Bildungsanstalt favorisiert. Das Nichtbestehen der Bewährungsprobe am Gymnasium ist damit ein „Weltuntergang" und im negativen Gegenhorizont Meggi´s zu verorten.

Der Wunsch, das GFH zu besuchen, wird damit begründet, weiter mit zwei Freundinnen in Kontakt zu bleiben, die diese Schule besuchen werden. Somit stellen die Freunde eine Begründungsfigur zur Wahl der weiterführenden Schule dar und verweisen auf einen hohen Stellenwert der Peers innerhalb des Orientierungsrahmens von Meggi.

Nach der Bitte der Interviewerin über die Grundschule zu erzählen, stellt sie die Besonderheiten der Montessorischule dar. Im Vergleich mit der weiterführenden Schule entwirft sie diese als einen Ort der Mitbestimmung, in dem Ressourcen zur Selbsthilfe existieren und Zeit für Gewöhnung nach der Einschulung gewährt wird:

> „ähm (.) an: der Schule find ich schön das ähm wir halt @Freiarbeit haben und so@ dass wir dann die Pläne haben (.) und ähm (.) erst ab der vierten Klasse (.) ich weiß ich glaub mal das ist für mich schöner weil (.) ab der ersten Klasse das is dann so is dann so in die Schule reingekommen muss sich erstmal vom Kindergarten um::orientieren sozusagen und dann kriegt man och schon Noten und dass finde ich nich gut [I:mh] (2) ja und dass hier keine festen Sitzplätze hat und nich (.) auf die Tafel schauen muss und auch Material hat um: (.) naja sich: (.) he- also helfen zu können (.) helfen können und auf der anderen Schule wird das halt nich sein also da werden zwar die Lehrer helfen aber (.) glaub ich zumindest @(.)@ [I: mh] aber (.) wenn man das da nich so gut versteht das is dann halt och so ((stockend gesprochen))" (Z 106-117, 1. Interview mit Meggi)

Das Material stellt Meggi ebenfalls als eine Besonderheit der Montessorischule heraus, welches ihr ermöglicht, sich selbst zu helfen. Das Material ist ein Hilfsmittel, um ihrerseits Defizite zu kompensieren. An der *neuen* Schule wird es kein Material geben. Dadurch sind die Selbsthilfemöglichkeiten an der neuen Schule eingeschränkt. Bei Problemen und Verständnisschwierigkeiten ist sie dann auf die Hilfe des Lehrers angewiesen. Um die Arbeitsaufträge erfolgreich bearbeiten und einen individuellen Lernerfolg erzielen zu können, ist Meggi an der neuen Schule demzufolge vom Lehrer abhängig. Meggi geht zunächst davon aus, dass die Lehrer an der weiterführenden Schule die gewünschte Hilfe gewähren. Eine Garantie hat sie dafür allerdings nicht. Somit wird in der Passage des Interviews Meggis Befürchtung hinsichtlich der neuen Schule offensichtlich: keine Hilfe durch den Lehrer zu erfahren und dadurch den Anforderungen des Gymnasiums nicht gewachsen zu sein.

3   Abschließende Überlegungen zur Herausforderung *Schulwechsel*

Durch die Ungewissheit zum Zeitpunkt des ersten Interviews, welche Schule Meggi nach den Sommerferien besuchen wird, zeichnet sich die Herausforderung des Schulwechsels ab. Sie ist eng verknüpft mit der Befürchtung, den schulischen Anforderungen des Gymnasiums nicht gewachsen zu sein. Welche Herausforderungen Meggi tatsächlich zu *meistern* hat, wird sich im zweiten Interview zeigen.

An dieser Stelle ist anzumerken, dass aus dieser Einzelfallbetrachtung keine generalisierende Schlussfolgerung über die Sicht der Kinder auf den Schulwechsel getroffen werden können. Zudem verweisen andere Fälle im Sample der Studie darauf, dass die Erfahrung des individuellen Lernens an der reformpädagogischen Schule nicht für alle Kinder eine *Herausforderung* beim Schulwechsel darstellt. Der Fall *Samuel* beispielsweise schreibt klaren Regeln und Strukturen eine hohe Bedeutung zu und sieht den Schulwechsel als Möglichkeit, in der gewünschten Normalität anzukommen. Folglich ist die Erfahrung des individuellen Lernens hinsichtlich der Relevanz für den Schulwechsel in die weiterführende Schule zu differenzieren.

Literatur

Alanen, L. (2005): Kindheit als generationales Konzept. In: Hengst, H./Zeiher, H. (Hg.): Kindheit soziologisch. Wiesbaden: VS Verlag für Sozialwissenschaften. 66–87.

Beck, G. (2005): Kinder begleiten von 4. zum 5. Schuljahr. Erfahrungen mit Schul- und Kindheitsforschung. In: Breidenstein, G./Prengel, A. (Hg.): Schulforschung und Kindheitsforschung – ein Gegensatz?. Wiesbaden: VS Verlag für Sozialwissenschaften. 55–70.

Bohnsack, R./Nentwig-Gesemann, I./Nohl, A.-M. (Hg.) (2007): Die dokumentarische Methode und ihre Forschungspraxis. Wiesbaden: VS Verlag für Sozialwissenschaften. 2., überarbeitete und erweiterte Auflage.

Hacker, H. (1988): Übergänge fordern uns heraus. In: Grundschule. 10 Jg., H. 20. 8-10.

Honig, M.-S. (1999a): Entwurf einer Theorie der Kindheit. Frankfurt am Main: Suhrkamp.

Honig, M.-S. (1999b): Forschung „vom Kinde aus"? Perspektivität in der Kindheitsforschung. In: Honig, M.-S./Lange, A./Leu, H. R. (Hg.): Aus der Perspektive von Kindern? Zur Methodologie der Kindheitsforschung. Weinheim: Juventa-Verlag. 33–50.

Honig, M.-S./ Lange, A./ Leu, H. R. (1999): Eigenart und Fremdheit. Kindheitsforschung und das Problem der Differenz von Kindern und Erwachsenen. In: Honig, M.-S./Lange, A./Leu, H.R. (Hg.): Aus der Perspektive von Kindern? Zur Methodologie der Kindheitsforschung. Weinheim: Juventa-Verlag. 9–32.

Koch, K. (2008): Von der Grundschule zur Sekundarstufe. In: Helsper, W./Böhme, J. (Hg.): Handbuch der Schulforschung. 2., durchgesehene Auflage. Wiesbaden: VS Verlag für Sozialwissenschaften. 577–592.

Kramer, R.-T. (2009): Selektion und Schulkarriere. Kindliche Orientierungsrahmen beim Übergang in die Sekundarstufe I. Wiesbaden: VS Verlag. für Sozialwissenschaften.

Nohl, A.-M. (2009): Interview und dokumentarische Methode. Anleitungen für die Forschungspraxis. 3. Auflage. Wiesbaden: VS Verl. für Sozialwissenschaften.

Ullrich, H./ Strunck, S. (2012): Private Schulen in Deutschland – Entwicklungen und Diskurse. In: Heiner, U./Strunck, S. (Hg.): Private Schulen in Deutschland. Entwicklungen – Profile – Kontroversen.

Weishaupt, H./ Baethge, M./ Döbert, H./ Füssel, H.-P./ Hetmeier, H.-W./ Rauschenbach, T./ Rockmann, U./Seeber, S./ Wolter, A. (2010): Bildung in Deutschland 2010. Ein indikatorengestützter Bericht mit einer Analyse zu Perspektiven des Bildungswesens im demografischen Wandel. Bielefeld: W. Bertelsmann Verlag.

„Liebe Mama Kroko…"
– Anlage und erste Ergebnisse des Projekts NaSch1

Sanna Pohlmann-Rother, Gabriele Faust & Anja Kürzinger

1 Hintergrund und Anliegen

Das Forschungsprojekt „Narrative Schreibkompetenz" untersucht aufbauend auf der Schreib- und Erzählforschung und der Schreib- bzw. Deutschdidaktik sowie der empirischen Bildungsforschung die narrativen Schreibfähigkeiten in der ersten Jahrgangsstufe. Die zu analysierenden Texte stammen aus dem Projekt PERLE (Persönlichkeits- und Lernentwicklung von Grundschulkindern, vgl. Greb et al. 2009) und wurden im Rahmen des Videomoduls Deutsch im März der Klassenstufe 1 erhoben. Das Ziel von NaSch1 besteht in der Analyse der Textqualität von Briefen aus Klasse 1 und deren Zusammenhänge mit dem Unterricht. Als Prädiktoren der Schreibkompetenz werden die Eingangsvoraussetzungen der Schüler (u.a. Vorläuferfähigkeiten Schriftsprache, Schreib- und Leseselbstkonzept, Kreativität) sowie deren familiärer Hintergrund (z.b. sozialer Hintergrund, Fördereinstellungen) herangezogen.

2 Forschungsfragen

Insgesamt geht die Studie von folgenden übergreifenden Fragestellungen aus:
- Welche Qualität weisen die Texte auf?
- Welche individuellen Merkmale zu Schulbeginn beeinflussen die Schreibkompetenz der Schüler, wie sie sich in den Texten zeigt?
- Auf welche Weise beeinflusst die Unterrichtsqualität die Textqualität?
- Wie lassen sich Extremklassen mit unterschiedlicher Textqualität charakterisieren?

3 Datengrundlage und Auswertungsschritte

Die 618 Texte aus Klasse 1 wurden bereits holistisch ausgewertet, indem die Qualität der Briefe – unter Berücksichtigung verschiedener Teilaspekte – zusammenfassend in einem Urteil bewertet wurde. Für diese Analyse wurde ein 4-stufiges, hoch inferentes Rating in Anlehnung an den NAEP Holistic Scoring Guide (U.S. Department of Education 2003) sowie Böhme, Bremerich-Vos/ Robiztsch (2009) entwickelt. Zwei geschulte Rater haben den Gesamteindruck der Texte unabhängig voneinander eingeschätzt, wobei die Reliabilität der Urteile ($N = 500$) anhand des relativen Generalisierbarkeitskoeffizienten kontrolliert wurde. Mit einem Kennwert von $g = .91$ und 0 % Varianz, die auf die Rater zurückgeht, wurde das Ziel einer objektiven Auswertung erreicht.

4   Erste Ergebnisse des holistischen Ratings

Die Qualität der Briefe, operationalisiert durch das holistische Rating, weist einen Mittelwert von 2,3 (SD = .93) auf. Geschlechtsspezifisch sind die Mädchen mit einem Wert von 2,4 (SD = .92) gegenüber den Jungen mit einem Wert von 2,2 (SD = .93) signifikant leicht im Vorteil (d = .22). Ein weiteres Ergebnis zu den holistischen Auswertungen belegt für die Texte prägnante Unterschiede auf Klassenebene (ICC = 21 %), was als erster Hinweis auf die Relevanz der Klassenzugehörigkeit und damit möglicherweise auch auf die Relevanz des Unterrichts für die Textqualität gedeutet werden kann.

5   Diskussion und Ausblick

Die holistische Bewertung der Briefe wird um eine analytische Einschätzung auf der Grundlage eines Kriterienrasters mit über 40 Items ergänzt. Im Anschluss daran werden unter Kontrolle der Eingangsvoraussetzungen der Schüler die Beziehungen zwischen der Textqualität und der Unterrichtsqualität der Schreibphasen in den 51 videografierten Unterrichtsstunden untersucht. Diese videogestützten Analysen sind umso wichtiger, da zur Praxis des Schreibunterrichts generell und verstärkt im Anfangsunterricht kaum etwas bekannt ist. Die großen Unterschiede in der holistisch eingeschätzten Textqualität zwischen den Klassen könnten – neben möglichen Einflüssen der Klassenzusammensetzung – darauf verweisen, dass die Einbindung der Schreibaufgabe in den Unterricht die Schüler unterschiedlich kognitiv aktivierte und unterstützte.

Literatur

Greb, K./Poloczek, S./Lipowsky, F./Faust, G. (2009): PERLE-Instrumente: Schüler, Lehrer, Eltern (Messzeitpunkt 1). In: Lipowsky, F./Faust, G./Greb, K. (Hg.): Dokumentation der Erhebungsinstrumente des Projekts „Persönlichkeits- und Lernentwicklung von Grundschülern" (PERLE) – Teil 1 (Materialien zur Bildungsforschung, Band 23/1). Frankfurt am Main: Gesellschaft zur Förderung Pädagogischer Forschung (GFPF); Deutsches Institut für Internationale Pädagogische Forschung (DIPF).

Persky,H. R./Daane, M. C./Jin, Y. (2003): The nation's report card: Writing 2002 (NCES 2003–529). Washington, DC: National Center for Education Statistics, Institute of Education Sciences, U.S. Department of Education. Unter http://nces.ed.gov/nationsreportcard/pdf/main2002/2003529.pdf [abgerufen am 06.01.2013].

Böhme, K./Bremerich-Vos, A./Robitzsch, A. (2009): Aspekte der Kodierung von Schreibaufgaben. In: Bremerich-Vos, A./Granzer, D./Köller, O. (Hg.): Bildungsstandards Deutsch und Mathematik. Weinheim: Beltz. 290-329.

Entwicklung diagnostischer Fähigkeiten bei Lehramtsstudierenden

Frank Hellmich & Fabian Hoya

1 Ausgangsbasis des Forschungsprojekts

Zu den zentralen Kompetenzen, die Lehramtsstudentinnen und -studenten im Studium erwerben sollten (vgl. Sekretariat der Ständigen Konferenz der Kultusminister der Länder in der Bundesrepublik Deutschland 2004), gehören das Diagnostizieren und Fördern. Ungeklärt ist bisweilen, wie und – vor allen Dingen – unter welchen Bedingungen Lehramtsstudentinnen und -studenten diagnostische Fähigkeiten im Verlauf des Studiums in einer erfolgreichen Weise entwickeln. Im Wesentlichen ist diese Forschungslücke darin begründet, dass kaum Instrumente zur Erfassung diagnostischer Kompetenzen von Lehramtsstudierenden in einzelnen Domänen im Bereich der Lehr-Lernforschung vorhanden sind (vgl. im Überblick auch Hascher 2011). Vor diesem Hintergrund wurden Studierende im Rahmen unseres Forschungsprojekts zu ihren diagnostischen Fähigkeiten (Messung, Bewertung und Beurteilung von Schulleistungen) befragt. Die Ergebnisse unserer Studie verdeutlichen, dass die diagnostischen Fähigkeiten von Lehramtsstudierenden anhand eines videogestützten Fragebogeninstruments reliabel erfasst werden können. Ein signifikanter Unterschied ist zwischen Studentinnen und Studenten zu erkennen, die zu Beginn ihres Studiums ein Schulpraktikum absolviert haben, und solchen, die dieses noch nicht durchgeführt haben: Die Studierenden mit ersten Erfahrungen in der Schulpraxis zeigen in Aspekten signifikant bessere Diagnosefähigkeiten als solche, die ein Schulpraktikum in der Unterrichtspraxis noch nicht durchlaufen haben. Die Befunde aus dem Forschungsprojekt weisen damit indirekt auf Möglichkeiten der Implementation von Praxisphasen im Verlauf des Studiums hin.

2 Anlage und erste Ergebnisse der empirischen Studie

An der Untersuchung waren insgesamt N=202 Studentinnen und Studenten aus Nordrhein-Westfalen beteiligt, davon 155 Studentinnen und 47 Studenten. Zum Zeitpunkt der Durchführung der Studie hatten 160 Studentinnen und Studenten bereits ein Schulpraktikum absolviert; die übrigen 42 Studentinnen und Studenten hatten laut ihrer Angaben noch keine Praxiserfahrungen sammeln können. Auf der Basis von Videosequenzen wurden die an der Studie beteiligten Studentinnen und Studenten gebeten, Lesefähigkeiten von Kindern mit Migrationshintergrund, die Deutsch als Zweitsprache erwerben, zu messen, zu bewerten und zu beurteilen: Die Messung der Leseleistungen der Kinder wurde darüber operationalisiert, dass die Studentinnen und Studenten die Lesefehler der Kinder erkennen und deuten sollten (4 Items; M=14.96; SD=2.89; Min=3.00; Max=21.00; α=.83). Die Studentinnen und Studenten wurden zusätzlich gebeten, die Lesefähigkeiten der Kinder per Schulnoten zu bewerten (von *sehr gut* bis *ungenügend*). Anhand einer fünfstufigen Fragebogenskala sollten sie zusätzlich die Güte der Leseleistungen der Kinder beurteilen (24 Items; M=3.22; SD=0.37; Min=1.00; Max=4.04; α=.77; Beispielitems: „Kind A hat nur wenig Zeit zum Vorlesen benötigt."/"Kind A hat verstanden, was es vorgelesen hat.").

Die Befunde geben Hinweise darauf, dass Studentinnen und Studenten mit Praxiserfahrungen aus einem Schulpraktikum bessere diagnostische Fähigkeiten aufweisen als Studentinnen und Studenten ohne Praxiserkundungen. Aus den ermittelten Ergebnissen wird dabei im Detail deutlich, dass Studentinnen und Studenten mit schulpraktischen Erfahrungen signifikant präziser Leseleistungen von Kindern mit Migrationshintergrund messen können als Studentinnen und Studenten ohne schulpraktische Erfahrungen (M=15.18; SD=2.94 versus M=14.08; SD=2.49; t=2.22; df=198; p≤.05; d=.39). Der Effekt ist allerdings als klein einzustufen. Die beiden Studierendengruppen unterscheiden sich nicht signifikant in Hinblick auf die Bewertung (M=3.02; SD=0.55 versus M=2.95; SD=0.60; t=0.68; df=200; p=.50; d=.13) und Beurteilung (M=3.17; SD=0.35 versus M=3.23; SD=0.38; t=0.89; df=202; p=.35; d=.17) der Leseleistungen der Kinder.

3 Diskussion

Die Ergebnisse aus dem Forschungsprojekt verdeutlichen, dass die Entwicklung diagnostischer Fähigkeiten bei Lehramtsstudierenden vermutlich in Aspekten durch Erfahrungen in der Schulpraxis begünstigt wird. Im Detail geben die Befunde tendenziell Hinweise darauf, dass das Auffinden von Lesefehlern effektiver nach dem Absolvieren eines Schulpraktikums gelingt als vorher. Im Gegensatz hierzu zeigen sich bei den Studierendengruppen keine bedeutsamen Differenzen beim Bewerten und Beurteilen. Konkrete Ursache-Wirkungsmechanismen in Hinblick auf den hier untersuchten Forschungsgegenstand sind dabei jedoch weitgehend ungeklärt. Diese müssten in weiteren Studien genauer in den Blick genommen werden.

Literatur

Hascher, T. (2011): Forschung zur Wirksamkeit der Lehrerbildung. In: Terhart, E./Bennewitz, H./Rothland, M. (Hg.): Handbuch der Forschung zum Lehrerberuf. Münster: Waxmann. 418-440.

Sekretariat der Ständigen Konferenz der Kultusminister der Länder in der Bundesrepublik Deutschland (2004): Standards für die Lehrerbildung: Bildungswissenschaften. Beschluss der Kultusministerkonferenz vom 16.12.2004. München: Luchterhand/Wolters Kluwer.

‚Individualisiertes und Gemeinsames Lernen' – Eine Antinomie inklusiven Unterrichts?

Katja Scheidt

Im Folgenden werden erste Ergebnisse einer aktuellen Untersuchung zum Thema Inklusive Didaktik vorgestellt. Dabei wird u.a. der Frage nachgegangen, ob das Spannungsfeld ‚Individualisiertes und Gemeinsames Lernen' aus der Perspektive erfahrener Lehrkräfte eine Antinomie inklusiven Unterrichts darstellt.

1 Hintergrund der Studie

In der vorgestellten Dissertationsstudie zur didaktischen Expertise an inklusiven Grundschulen steht das Handlungswissen von Lehrkräften im inklusiven Setting im Zentrum. Ziel der Studie ist es, anhand der Expertise Ableitungen zur Konkretisierung einer Inklusiver Didaktik (insbes. Seitz 2008) zu gewinnen.

Expertise äußert sich in Form von Handlungswissen, welches größtenteils implizit ist und sich in flexiblen Handlungsroutinen zeigt (Bromme 1992). Es kann anhand von Beschreibungen und Erzählungen sowie über Beobachtung von Praktiken rekonstruiert werden (ibid.). Die Erhebung erfolgt daher über eine Kombination aus Leitfaden-Interview mit hohem narrativem Anteil und teilnehmender Beobachtung. Sie wird deutschlandweit an 7-10 sogenannten best-practice Schulen[1] in je einer Lerngruppe mit leistungsheterogener Schülerschaft realisiert. Die Unterrichtsbeobachtung umfasst 3 bis 5 Tage. Das Interview wird mit den LehrerInnen der Lerngruppe durchgeführt. Voraussetzung ist, dass eine Lehrkraft über mind. 5 Jahre Berufserfahrung im Bereich Inklusion verfügt. Die Daten werden mit Hilfe der dokumentarischen Methode ausgewertet.

Eine zentrale Prämisse der Arbeit besteht darin, dass LehrerInnen mit langjähriger Berufserfahrung im inklusiven Unterricht eine spezifische Expertise entwickelt haben, insbesondere im (konstruktiven) Umgang mit ihrer heterogenen Schülerschaft[2] sowie bei der Bewältigung sogenannter Antinomien[3].

2 Erste Ergebnisse:

Mit Schlömerkemper werden Antinomien verstanden als Postulate, die „als gleichwertig bewertet werden, die aber nicht zugleich oder nicht in gleicher Intensität realisiert werden können" (Schlömerkemper 2006, 283).

---

1 bezogen auf Umgang mit Heterogenität/ Inklusion, z.B. Gewinner Dt. Schulpreis
2 insbesondere Leistungsheterogenität
3 insbesondere Spannungsfeld ‚Individualisiertes und Gemeinsames Lernen'

Im fachlichen Diskurs zur Inklusiven Didaktik wird das Verhältnis zwischen ‚Individualisiertem Lernen und Gemeinsamem Lernen' widersprüchlich beschrieben. Einerseits impliziert die Darstellung der beiden Aspekte in Form von zwei gegenüberliegenden Polen, zwischen denen es eine Balance herzustellen gilt, ein antinomisches Verhältnis. Andererseits betonen verschiedene Ansätze die Komplementarität des Beziehungsverhältnisses beider Aspekte (ausführlicher: Scheidt, in Vorb.). Anhand der Expertise inklusionserfahrener LehrerInnen soll u.a. genauer untersucht werden, ob es sich bei ‚Individualisiertem und Gemeinsamem Lernen' aus Sicht dieser Lehrkräfte um eine Antinomie handelt.

Als zentrales Ergebnis der bisherigen Erhebung lässt sich festhalten, dass ‚Individualisiertes und Gemeinsames Lernen' für die befragten Lehrkräfte nicht zwangsläufig eine Antinomie darstellt. In den darauf bezogenen Aussagen lassen sich nicht nur inter- sondern auch intrapersonelle Diskrepanzen finden. So wird ‚Individualisiertes und Gemeinsames Lernen' bspw. von einem Lehrer als schwer zu vereinbarendes Spannungsfeld beschrieben, an anderer Stelle wiederum gar nicht als Antinomie wahrgenommen, wie folgende Aussage zeigt:

„Also die gemeinsamen Phasen sind ja im Prinzip immer individualisiert, weil die Schüler ja so unterschiedliche Lernvoraussetzungen mitbringen, dass im kooperativen Lernen ja auch immer das individuelle Vorwissen, die individuellen Kompetenzen einfließen können."

Eine solche ‚Auflösung' der Antinomie gelingt einem Teil der Lehrkräfte. Sie haben Praktiken entwickelt, ‚Individualisiertes und Gemeinsames Lernen' in einer Situation zu realisieren (‚2in1'). Gerade die Ausarbeitung derartiger Praktiken wird als Gewinn bringend für die Konkretisierung einer Inklusiven Didaktik angesehen und deshalb auch im weiteren Verlauf der Studie verfolgt. Aufzuklären ist dabei auch der Hintergrund des Widerspruchs, der sich teilweise in den Aussagen der Lehrkräfte findet.

Literatur

Bromme, R. (1992): Der Lehrer als Experte. Zur Psychologie des professionellen Wissens. Bern: Huber.

Scheidt, K. (in Vorb.): Inklusive Didaktik. Lehrer/innen zum ‚Individualisierten und Gemeinsamen Lernen'. In: Carle, U. et al. (Hg.) : Inklusion.

Schlömerkemper, J. (2006): Die Kompetenz des antinomischen Blicks. In: Plöger, W. (Hg.): Was müssen Lehrerinnen und Lehrer können? Paderborn u.a.: Schöningh.

Seitz, S. (2008): Leitlinien didaktischen Handelns. In: Zeitschrift für Heilpädagogik, Jg. 59, H. 6. 226-233.

Die Wirkung von Ausbildung auf fachliches und fachdidaktisches Wissen von Lehrkräften im naturwissenschaftlichen Sachunterricht

Maike Schmidt, Katharina Fricke & Stefan Rumann

1 Motivation

Sachunterricht (SU) vereint natur- und gesellschaftswissenschaftliche Disziplinen. Um fachlich und methodisch fundierten Unterricht in dem inhaltlich breit angelegten Fach zu gewährleisten, müssen SU-Lehrkräfte in allen Disziplinen Professionswissen erwerben. Dem widerspricht die derzeitige Ausbildungsstruktur, die hauptsächlich Lehrkräfte mit Wissen in einzelnen Disziplinen des SUs hervorbringt (Möller 2004). Die Konsequenzen, die sich aus diesem deutlichen Widerspruch zwischen Praxis und Ausbildung ergeben, werden am Beispiel des Inhaltsbereichs „Feuer – Aspekte der Verbrennung" untersucht.

2 Theoretische Fundierung und Forschungsfrage

Professionswissen wird im Studium grundgelegt. Für den SU gilt: Da nicht alle SU-Disziplinen Gegenstand des Studiums sind, können die Studierenden kein Professionswissen erwerben, dass der inhaltlichen Breite des Fachs entspricht. Zwei Studienstrukturen des SUs sind in Deutschland am weitesten verbreitet: In fachbezogenen Studiengängen wählen die Studierenden eine Disziplin des SUs (z. B. Chemie). In lernbereichsbezogenen Studiengängen entscheiden sie sich für den Lernbereich Natur- oder Gesellschaftswissenschaften. Ergebnis beider Ausbildungsstrukturen sind Lehrkräfte, die natur- oder gesellschaftswissenschaftlich ausgebildet sind (Merkens 2012). Zu dieser einseitigen Ausbildung kommt, dass SU häufig fachfremd unterrichtet wird. Peschel (2007) berichtet von 62 % fachfremd Unterrichtenden in einer Erhebung in Nordrhein-Westfalen. Professionswissen lässt sich u. a. in Fachwissen, fachdidaktisches und pädagogisches Wissen unterteilen (Brunner et al. 2006). Für die ersten beiden Wissensbereiche konnte die Plus-Studie Einflüsse auf die Schülerleistung im SU nachweisen (Lange 2010; Ohle 2010).

Bei Betrachtung der Entwicklung des Professionswissens in der Unterrichtspraxis, ergaben sich unterschiedliche Ergebnisse: In der COACTIV-Studie beeinflusste nur die in Reflexionsprozesse eingebettete Erfahrung das Professionswissen positiv (Brunner et al. 2006). Andere Studien zeigen, dass das fachdidaktische Wissen von Unterrichtserfahrung generell positiv beeinflusst wird (De Jong/Van Driel 2004). Daraus ergibt sich folgende Forschungsfrage:

Welchen Einfluss haben unterschiedliche Ausbildungshintergründe und Unterrichtserfahrung auf das fachdidaktische Wissen und Fachwissen von SU-Lehrkräften im Inhaltsbereich „Feuer – Aspekte der Verbrennung"?

3 Methodisches Vorgehen

Die Stichprobe (n=210) gliedert sich in sechs Gruppen, die sich hinsichtlich der Ausbildung (Natur-, Gesellschaftswissenschaften, keine Ausbildung in SU) und der Unterrichtserfahrung (unerfahren, erfahren) unterscheiden.

Mithilfe zweier Leistungstests werden das fachdidaktische Wissen und das Fachwissen der Lehrkräfte erhoben. Auf die Erhebung des pädagogischen Wissens wird aus testökonomischen Gründen verzichtet. Der Test zum fachdidaktischen Wissen besteht aus Items, die lernprozess- und lehrbezogenes Wissen abbilden. Es wird u. a. nach typischen Schülervorstellungen und passenden Versuchen im Inhaltsbereich Verbrennung gefragt (Lange 2010).

Das Fachwissen ist operationalisiert als Fakten-, Relations- und Konzeptwissen. Die Items bilden das Wissen auf dem Niveau der Lernenden (Grundschule) und einem höheren Abstraktionsniveau (Sekundarstufe I) ab. In dieser Studie wird Wissen auf den genannten Niveaustufen als Fachwissen einer SU-Lehrkraft vorausgesetzt, in Anlehnung an z. B. Ohle (2010).

Erste Erkenntnisse bezgl. der postulierten Abhängigkeit des Professionswissens von der Ausbildung und des Einflusses von Erfahrung auf Professionswissen liefern die Pilotierungsergebnisse im Frühjahr 2013.

Literatur

Brunner, M./Kunter, M./Krauss, S./Baumert, J./Blum, W./Dubberke, T./Jordan, A./Klusmann, U./Yi-Miau, T./Neubrand, M. (2006): Welche Zusammenhänge bestehen zwischen dem fachspezifischen Professionswissen von Mathematiklehrkräften und ihrer Ausbildung sowie beruflichen Fortbildung? In: Zeitschrift für Erziehungswissenschaft. 9. Jg., H. 4. 521-544.

De Jong, O./Van Driel, J. (2004): Exploring the Development of Student Teachers' PCK of the Multiple Meanings of Chemistry Topics. In: International Journal of Science and Mathematics Education. 2. Jg. 477-491.

Lange, K. (2010): Zusammenhänge zwischen naturwissenschaftsbezogenem fachspezifisch-pädagogischem Wissen von Grundschullehrkräften und Fortschritten im Verständnis naturwissenschaftlicher Konzepte bei Grundschülerinnen und -schülern. Münster: Dissertation.

Merkens, H. (Hg.) (2012): Berichte aus der Arbeit des Arbeitsbereichs Empirische Erziehungswissenschaft der Freien Universität Berlin: Nr. 50. Technikinteresse von Grundschullehrkräften. Berlin. 13-37.

Möller, K. (2004): Naturwissenschaftliches Lernen in der Grundschule – Welche Kompetenzen brauchen Grundschullehrerkräfte? In: Merkens, H. (Hg.): Lehrerbildung: IGLU und die Folgen. Opladen: Leske und Budrich. 65-84.

Ohle, A. (2010): Primary School Teachers' Content Knowledge in Physics and its Impact on Teaching and Students' Achievement. Berlin: Logos-Verlag.

Peschel, M. (2007): Wer unterrichtet unsere Kinder? SUN – Sachunterricht in Nordrhein-Westfalen. In: Möller, K./Hanke, P./Beinbrech,C./Hein, A.-K./Kleickmann, T./Schages, R. (Hg.): Qualität von Grundschulunterricht. Entwickeln, erfassen und bewerten. Wiesbaden: VS. 171-174.

Persönlichkeitsförderung im Übergang von der Grundschule in die Sekundarstufe

Stefan Kienle & Bärbel Kopp

Übergänge sind Schlüsselsituationen für die individuelle Entwicklung und die Bildungslaufbahn von Kindern (Griebel/Niesel 2011). Dies gilt auch für den Übergang von der Grundschule in die Sekundarstufe. Am Institut für Grundschulforschung der Universität Erlangen-Nürnberg wird deshalb ein Trainingsprogramm zur Persönlichkeitsförderung entwickelt und evaluiert, um die persönlicher Ressourcen der Kinder in der vierten Jahrgangsstufe für den Übergang zu stärken. Die Intervention gliedert sich in zehn Einheiten, die ab Mai 2013 durchgeführt werden sollen. Der Schwerpunkt liegt bei der Förderung **emotionaler, personaler** und **sozialer Kompetenzen**. Das Projekt schließt sich an ein bereits durchgeführtes Übergangsprojekt von der Kindertagesstätte in die Grundschule (Martschinke/Frank 2012) an.

Die Untersuchung ist als Interventionsstudie mit Kontrollgruppendesign geplant. Dabei werden die Interventionsmodule (emotionale, personale und soziale Kompetenzen) im Zeitraum von Mai bis Juli 2013 in fünf Grundschulklassen (Interventionsklassen) durchgeführt. In den fünf Kontrollklassen findet keine Intervention statt.

Ziele des Moduls **Emotionale Kompetenz** sind die Wahrnehmung und Regulation von Umgang mit Emotionen sowie die Förderung der Empathiefähigkeit. Im Modul **Personale Kompetenz** stehen die Bereiche Selbstwertgefühl, Selbstkonzept und Selbstwirksamkeitserwartung im Fokus der Förderung. Kooperations- und Konfliktfähigkeit verbunden mit Problemlösestrategien werden im Bereich der **Sozialen Kompetenz** geschult.

Zu zwei Messzeitpunkten (MZP 1: vor der Intervention, MZP 2: nach der Intervention) werden mittels Fragebogenerhebung die emotionalen, personalen und sozialen Kompetenzen aller Grundschüler der Interventions- und Kontrollklassen erfasst. Da aus organisatorischen Gründen nicht alle ehemaligen Grundschüler mittels Fragebogen zu einem dritten Messzeitpunkt erhoben werden können, werden Leitfadeninterviews mit einigen randomisiert ausgewählten Schülern in den unterschiedlichen weiterführenden Schulen (Mittelschule, Realschule, Gymnasium) und mit unterschiedlichen Ausgangsbedingungen durchgeführt, um langfristige Wirkungen der Intervention zu erfassen.

Für die Evaluation wurde ein Messinstrument entwickelt, das Aspekte der drei Förderbereiche abbildet und in Anlehnung an bereits bekannte und erprobte Instrumente adaptiert wurde (vgl. Tabelle 1). Die Erhebung erfolgt in Form eines Fragebogens mit einer vierstufigen Ratingskala zur Selbsteinschätzung. In der ersten Pilotierung ($N = 97$) mit zwei Klassen erwiesen sich die Skalen Empathie, Selbstwertgefühl, Selbstkonzept, Selbstwirksamkeitserwartungen und Kooperationsfähigkeit als reliable Instrumente.

Zur Zeit werden die Module der Intervention in fünf Grundschulklasse durchgeführt und evaluiert.

Tabelle 1: Variablen und Beispielitems im Überblick

Variable	in Anlehnung an	Beispielitem	Itemanzahl	α
Empathie	Stadler/Janke/ Schmeck 2004	Ich erkenne selbst, wenn andere Schüler Hilfe benötigen.	8	.77
Selbstwertgefühl	Schauder/ Petermann/ Brähler 2011	In der Schule fühle ich mich wertvoll.	21	.76
Selbstkonzept	Schöne et al. 2002	Etwas Neues zu lernen fällt mir leichter als meinen Mitschülerinnen.	16	.81
Selbstwirksamkeitserwartung	Schwarzer/ Jerusalem 1999	Wenn sich Probleme in der neuen Schule auftun, finde ich immer einen Weg, mich durchzusetzen.	9	.83
Kooperationsfähigkeit	Fröhlich-Gildhoff/ Dörner/ Rönnau 2012	Ich spreche mit anderen Schülern über die neue Schule, wenn ich Angst oder Sorgen habe.	13	.69

Literatur

Fröhlich- Gildhoff,/K., Dörner, T./ Rönnau, M. (2012). Prävention und Resilienzförderung in Kindertageseinrichtungen – PRiK. München: Reinhardt.

Griebel, W. / Niesel, R. (2011). Übergänge verstehen und begleiten. Berlin: Cornelsen.

Martschinke, S./ Frank, A. (2012). Das Übergangsprojekt für Kindertagesstätte und Grundschule – Emotionale, personale und soziale Kompetenzen als wichtige Ressourcen für eine gelingende Übergangsbewältigung. In: Pohlmann-Rother, S. /Franz, U. (2012). Kooperation von Kita und Grundschule. Eine Herausforderung für das pädagogische Personal. Köln:Carl Link.157-173

Schauder, T., Petermann, F./ Brähler, E. (2011). Aussagen-Liste zum Selbstwertgefühl für Kinder und Jugendliche. Göttingen: Hogrefe.

Schöne, C./ Dickhäuser, O./ Spinath, B./Stiensmeier- Pelster, J. (2002).Skalen zur Erfassung des schulischen Selbstkonzepts. Göttingen: Hogrefe.

Schwarzer, R./ Jerusalem, M. (Hg.) (1999). Skalen zur Erfassung von Lehrer- und Schülermerkmalen. Dokumentation der psychometrischen Verfahren im Rahmen der wissenschaftlichen Begleitung des Modellversuchs Selbstwirksame Schulen. Berlin: FU Berlin.

Stadler, C./ Janke, W./ Schmeck , K. (2004). Inventar zur Erfassung von Impulsivität, Risikoverhalten und Empathie bei 9-14 jährigen Kindern. Göttingen: Hogrefe.

Verzeichnis der Autorinnen und Autoren

Arend, Béatrice, Dr.,

Forschungseinheit „Languages, Culture, Media and Identities" (LCMI), Universität Luxemburg

Baar, Robert, Dr.,

Istitut für Erziehungswissenschaften, Pädagogische Hochschule Freiburg

Backhaus, Johanna,

Lehrstuhl für Allgemeine Didaktik und Pädagogik der Grundschule, Universität zu Köln

Becher, Andrea, Prof. Dr.,

Professur für Sachunterrichtsdidaktik – Lernbereich Gesellschaftswissenschaften, Universität Paderborn

Beckerle, Christine,

Institut für Sonderpädagogik, Abteilung Sonderpädagogische Psychologie, Leibniz Universität Hannover

Berner, Nicole E., Dr.,

Lehrstuhl für Kunstpädagogik, Universität Augsburg

Blanck, Bettina, PD Dr.,

Institut für Erziehungswissenschaft und Forschungsredaktion EWE, Universität Paderborn

Bogatz, Andrea,

Lehrstuhl für Allgemeine Didaktik und Pädagogik der Grundschule, Universität zu Köln

Bonanati, Marina,

Institut für Grundschulpädagogik, Universität Koblenz-Landau, Campus Koblenz

Breidenstein, Georg, Prof. Dr.,

Arbeitsbereich Grundschulpädagogik, Martin-Luther-Universität Halle Wittenberg

Büker, Petra, Prof. Dr.,

Arbeitsbereich Grundschulpädagogik und Frühe Bildung, Universität Paderborn

Bunte, Nicola,

Institut für Musikwissenschaft und Musikpädagogik der Universität Bremen im Arbeitsbereich Systematische Musikwissenschaft, Universität Bremen

Campana Schleusener, Sabine, Dr.,

Institut Vorschul- und Unterstufe, Pädagogische Hochschule der Fachhochschule Nordwestschweiz

de Boer, Heike, Prof. Dr.,

Institut für Grundschulpädagogik, Universität Koblenz-Landau, Campus Koblenz

Denner, Liselotte, apl. Prof. Dr.,

Institut für Schul- und Unterrichtsentwicklung in der Primar- und Sekundarstufe, Pädagogische Hochschule Karlsruhe

Dollinger, Sonja, Dr.,

Arbeitsbereich Grundschulpädagogik und -didaktik, Ludwig-Maximilians-Universität München

Drexl, Doris,

ZNL TransferZentrum für Neurowissenschaften und Lernen, Ulm

Dworschak, Wolfgang, Dr.,

Lehrstuhl für Pädagogik bei geistiger Behinderung und Pädagogik bei Verhaltensstörungen, Ludwig-Maximilians-Universität München

Eckerth, Melanie, Dr.,

Lehrstuhl für Allgemeine Didaktik und Pädagogik der Grundschule, Universität zu Köln

Faust, Gabriele, Prof. Dr.,

Lehrstuhl für Grundschulpädagogik und -didaktik, Universität Bamberg

Fixmer, Pierre, Dr.,

Forschungseinheit „Languages, Culture, Media and Identities" (LCMI), Universität Luxemburg

Fölling-Albers, Maria, Prof. i. R. Dr.,

Lehrstuhl für Grundschulpädagogik und -didaktik, Universität Regensburg

Förster, Sabrina,

Lehrstuhl für Grundschulpädagogik, Universität Paderborn

Fricke, Katharina,

Fakultät für Physik (Physikdidaktik), Universität Duisburg-Essen

Gebauer, Susanne,

Lehrstuhl für Grundschulpädagogik und -didaktik, Universität Regensburg

Geiling, Ute, Prof. Dr.,

Arbeitsbereich Lernbehindertenpädagogik, Martin-Luther-Universität Halle Wittenberg

Geyer, Susanne,

Lehrstuhl für Grundschulpädagogik und -didaktik, Universität Augsburg

Gläser, Eva, Prof. Dr.,

Arbeitsbereich Sachunterricht, Universität Osnabrück

Gottwald, Anja, Dr.,

Institut der Primarstufe, Pädagogische Hochschule der Fachhochschule Nordwestschweiz

Götz, Margarete, Prof. Dr.,

Lehrstuhl für Grundschulpädagogik und -didaktik, Universität Würzburg

von der Haar, Jule,

Arbeitsbereich Grundschulpädagogik und -didaktik, Ludwig-Maximilians-Universität München

Haider, Michael, Dr.,

Institut für Grundschulforschung, Lehrstuhl für Grundschulpädagogik und –didaktik II, Friedrich-Alexander-Universität Erlangen-Nürnberg

Hanke, Petra, Prof. Dr.,

Lehrstuhl für Allgemeine Didaktik und Pädagogik der Grundschule, Universität zu Köln

Harder, Bettina, Dr.,

Lehrstuhl für Pädagogische Psychologie, Friedrich-Alexander-Universität Erlangen-Nürnberg

Hardy, Ilonca, Prof. Dr.,

Lehrstuhl für Grundschulpädagogik mit Schwerpunkt Empirische Bildungsforschung, Goethe-Universität Frankfurt am Main

Hartinger, Andreas, Prof. Dr.,

Lehrstuhl für Grundschulpädagogik und -didaktik, Universität Augsburg

Hein, Anna Katharina, Dr.,

Abteilung Schulpädagogik/Schul- und Unterrichtsforschung, Westfälische Wilhelms-Universität Münster

Hellmich, Frank, Prof. Dr.,

Lehrstuhl für Grundschulpädagogik, Universität Paderborn

Hertel, Silke, Prof. Dr.,

IDeA Forschungszentrum Frankfurt; DIPF Frankfurt; Fachbereich Erziehungswissenschaften, Goehte-Universität Frankfurt; Institut für Bildungswissenschaft, Ruprecht-Karls-Universität Heidelberg.

Hildebrandt, Elke, Prof. Dr.,

Institut Vorschul- und Unterstufe, Pädagogische Hochschule der Fachhochschule Nordwestschweiz

Hoya, Fabian,

Lehrstuhl für Grundschulpädagogik, Universität Paderborn

Hüpping, Birgit,

Arbeitsbereich Grundschulpädagogik und Frühe Bildung, Universität Paderborn

Hutschenreuter, Ilka,

Arbeitsbereich Grundschulpädagogik, Universität Kassel

Ilyasoglu, Fatma,

Institut für Schul- und Unterrichtsentwicklung, in der Primar- und Sekundarstufe, Pädagogische Hochschule Karlsruhe

Inckemann, Elke, Prof. Dr.,

Lehrstuhl für Grundschulpädagogik und –didaktik, Ludwig-Maximilians-Universität München

Jüttner, Ann-Kathrin,

Institut für Erziehungswissenschaft, Abteilung für Schulpädagogik und Allgemeine Didaktik, TU Braunschweig

Kaiser, Astrid, Prof. Dr.,

Arbeitsbereich Didaktik des Sachunterrichts, Carl von Ossietzky-Universität Oldenburg

Kammermeyer, Gisela, Prof. Dr.,

Institut für Bildung im Kindes- und Jugendalter, Arbeitsbereich Pädagogik der frühen Kindheit, Universität Koblenz-Landau, Campus Landau

Kienle, Stefan,

Institut für Grundschulforschung, Lehrstuhl für Grundschulpädagogik und –didaktik I, Friedrich-Alexander-Universität Erlangen-Nürnberg

Kiewitt, Nina,

Arbeitsbereich Grundschulpädagogik, Lernbereich Sachunterricht, Humboldt-Universität zu Berlin

Kirchner, Sabine, Dr.,

Arbeitsbereich Grundschulpädagogik und Kindheitsforschung, Universität Erfurt

Kirschhock, Eva-Maria, Dr.,

Institut für Grundschulforschung, Lehrstuhl für Grundschulpädagogik und –didaktik I, Friedrich-Alexander-Universität Erlangen-Nürnberg

Koch, Katja, Prof. Dr.,

Institut für Erziehungswissenschaft, Abteilung für Schulpädagogik und Allgemeine Didaktik, TU Braunschweig

Kopp, Bärbel, Prof. Dr.,

Institut für Grundschulforschung, Lehrstuhl für Grundschulpädagogik und –didaktik I, Friedrich-Alexander-Universität Erlangen-Nürnberg

Kordulla, Agnes,

Arbeitsbereich Grundschulpädagogik und Frühe Bildung, Universität Paderborn

Kottmann, Brigitte, Dr.,

Arbeitsbereich Grundschulpädagogik, Universität Bielefeld

Kucharz, Diemut, Prof. Dr.,

Lehrstuhl für Grundschulpädagogik und –didaktik mit dem Schwerpunkt Sachlernen und Sachunterricht an der Goethe Universität Frankfurt

Kürzinger, Anja,

Lehrstuhl für Grundschulpädagogik und –didaktik, Universität Bamberg

Leuthold-Wergin, Anca,

Arbeitsbereich Grundschulpädagogik, Martin-Luther-Universität Halle Wittenberg

Liebers, Katrin, Prof. Dr.,

Lehrstuhl für Schulpädagogik des Primarbereichs, Univerität Leipzig

Lipowsky, Frank, Prof. Dr.,

Arbeitsbereich Empirische Schul- und Unterrichtsforschung, Universität Kassel

Lotz, Miriam,

Lehrstuhl für Grundschulpädagogik und –didaktik, Universität Bamberg

Lüschen, Iris,

Arbeitsbereich Didaktik des Sachunterrichts, Carl von Ossietzky-Universität Oldenburg

Lütje-Klose, Birgit, Prof. Dr.,

Arbeitsbereich Sonderpädagogik mit dem Schwerpunkt Heterogenität, Fakultät für Erziehungswissenschaften, Universität Bielefeld

Mackowiak, Katja, Prof. Dr.,

Arbeitsbereich Sonderpädagogische Psychologie, Leibniz Universität Hannover

Maienfisch, Karin,

Institut Vorschul- und Unterstufe, Pädagogische Hochschule der Fachhochschule Nordwestschweiz

Mammes, Ingelore, Prof. Dr.,

Institut für Pädagogik, Universität Duisburg-Essen

Martschinke, Sabine, Prof. Dr.,

Institut für Grundschulforschung, Lehrstuhl für Grundschulpädagogik und –didaktik II, Friedrich-Alexander-Universität Erlangen-Nürnberg

Mehlem, Ulrich, Prof. Dr.,

Institut für Pädagogik der Elementar- und Primarstufe, Goethe-Universität Frankfurt am Main

Mertens, Anne,

Arbeitsbereich Weiterbildung und Bildungsmanagement, Carl von Ossietzky-Universität Oldenburg

Miller, Susanne, Prof. Dr.,

Arbeitsbereich Grundschulpädagogik, Universität Bielefeld

Möller, Kornelia, Prof. Dr.

Seminar für Didaktik des Sachunterrichts, Westfälische Wilhems-Universität Münster

Munser-Kiefer, Meike, Dr.,

Institut für Grundschulforschung, Friedrich-Alexander-Universität Erlangen-Nürnberg

Neubauer, Skadi, Dr.,

Arbeitsbereich Grundschulpädagogik und Kindheitsforschung, Universität Erfurt

Niebuhr-Siebert, Sandra, Dr.,

Studiengangsleitung: Sprache und Sprachförderung in Sozialer Arbeit, Hoffbauer Berufsakademie, Potsdam

Oldenburg, Ines, Dr.,

Arbeitsbereich Didaktik des Sachunterrichts, Carl von Ossietzky-Universität Oldenburg

Orth, Sonja,

Lehrstuhl für Grundschulpädagogik und –didaktik, Universität Bamberg

Peters, Susanne,

Institut für Bildungsmonitoring und Qualitätsentwicklung, Hamburg

Pohlmann-Rother, Sanna, Dr.

Lehrstuhl für Grundschulpädagogik und -didaktik, Universität Bamberg

Racherbäumer, Kathrin, Dr.,

Institut für Pädagogik, Universität Duisburg-Essen

Ranger, Gwendo,

Institut für Grundschulforschung Lehrstuhl für Grundschulpädagogik und –didaktik II, Friedrich-Alexander-Universität Erlangen-Nürnberg

Rank, Astrid, Prof. Dr.,

Institut für Bildung im Kindes- und Jugendalter, Universität Koblenz-Landau

Renner, Günter, Dr.,

Institut für Grundschulforschung, Lehrstuhl für Grundschulpädagogik und –didaktik II, Friedrich-Alexander-Universität Erlangen-Nürnberg

Riek, Kim,

Institut für Erziehungswissenschaft, Westfälische Wilhelms-Universität Münster

Robisch, Christin,

Seminar für Didaktik des Sachunterrichts, Westfälische Wilhems-Universität Münster

Röbken, Heinke, Prof. Dr.,

Arbeitsbereich Weiterbildung und Bildungsmanagement, Carl von Ossietzky-Universität Oldenburg

Röhner, Charlotte, Prof. Dr.,

Arbeitsbereich Pädagogik der frühen Kindheit und der Primarstufe, Bergische Universität Wuppertal

Rumann, Stefan, Prof. Dr.,

Institut für Sachunterricht, Universität Duisburg-Essen

Saalbach, Henrik, Prof. Dr.

Professur für Lehr- und Lernforschung/ Grundschulpädagogik, Arbeitsbereich Bildungswissenschaften, Universität des Saarlandes

Sauer, Sarah,

FB Erziehungswissenschaften / Institut für Pädagogik der Elementar- und Primarstufe, Goethe-Universität Frankfurt am Main

Scheidt, Katja,

Wissenschaftliche Mitarbeiterin am Lehrstuhl Inklusive Pädagogik mit Schwerpunkt Geistige Entwicklung, Universität Bremen

Schmidt, Maike,

Institut für Sachunterricht, Universität Duisburg-Essen

Spaude, Magdalena,

Institut für Pädagogik der Elementar- und Primarstufe, Goethe-Universität Frankfurt am Main

Spies, Anke, Prof. Dr.,

Erziehungswissenschaft mit dem Schwerpunkt Pädagogik und Didaktik des Elementar- und Primarbereichs, Carl von Ossietzky-Universität Oldenburg

Steinfeld, Julia,

Institut für Pädagogik, Universität Duisburg-Essen

Stephan-Gramberg, Simone,

Lehrstuhl für Grundschulpädagogik mit Schwerpunkt Empirische Bildungsforschung, Goethe-Universität Frankfurt am Main

Stöcker, Katrin,

Lehrstuhl für Grundschulpädagogik und -didaktik, Universität Würzburg

Sturmhöfel, Nicole,

ZNL TransferZentrum für Neurowissenschaften und Lernen, Ulm

Sujbert, Monika, Dr.,

Forschungseinheit „Languages, Culture, Media and Identities" (LCMI), Universität Luxemburg

Sunnen, Patrick, Dr.,

Forschungseinheit „Languages, Culture, Media and Identities" (LCMI), Universität Luxemburg

Theurer, Caroline,

Arbeitsbereich Empirische Schul- und Unterrichtsforschung, Universität Kassel

Trottler, Susanne,

Lehrstuhl für Pädagogische Psychologie, Friedrich-Alexander-Universität Erlangen-Nürnberg

Van Ophuysen, Stefanie, Prof. Dr.,

Institut für Erziehungswissenschaft, Westfälische Wilhelms-Universität Münster

Velten, Katrin,

Wissenschaftliche Mitarbeiterin, Fakultät für Erziehungswissenschaft, Universität Bielefeld

Vogt, Michaela,

Lehrstuhl für Grundschulpädagogik und -didaktik, Universität Würzburg

Wagner, Bernd, Juniorprof. Dr.,

Arbeitsbereich Erziehungswissenschaften mit dem Schwerpunkt Sachunterricht, Universität Siegen

Wieckert, Sarah,

Institut für Allgemeine Didaktik und Schulpädagogik, Technische Universität Dortmund

Wiesemann, Jutta, Prof. Dr.,

Arbeitsbereich Grund- und Vorschulpädagogik, Universität Siegen

Ziegler, Albert, Prof. Dr. Dr.,

Lehrstuhl für Pädagogische Psychologie, Friedrich-Alexander-Universität Erlangen-Nürnberg

Zierer, Klaus, Prof. Dr.,

Lehrstuhl für Allgemeine Didaktik / Schulpädagogik, Carl von Ossietzky-Universität Oldenburg

Printed by Printforce, the Netherlands